解读中国铁路科普丛书
JEDU ZHONGGUO TIELU KEPU CONGSHU

漫话
MANHUA

通信信号
TONGXINXINHAO

陆嘉森　谢肇桐　编著

中国铁道出版社

2009年·北京

内 容 提 要

你听说过铁路的"千里眼"和"顺风耳"吗？"红灯停、绿灯行"的规矩是怎么来的？列车运行和天上的卫星会有关系吗？本书为你解读铁路通信信号的发展历程，介绍了铁路通信信号的各种技术和设备原理。铁路凭什么本领使川流不息的数千列车有条不紊在路网上运行？本书为你破解其中的奥秘！

图书在版编目（CIP）数据

漫话通信信号／陆嘉森，谢肇桐编著．—北京：中国铁道出版社，2009.6
（解读中国铁路科普丛书）
ISBN 978-7-113-10246-3

Ⅰ．漫… Ⅱ．①陆… ②谢… Ⅲ．①铁路通信－普及读物 ②铁路信号－普及读物 Ⅳ．U28-49

中国版本图书馆 CIP 数据核字（2009）第 107180 号

书　　名：漫话通信信号
作　　者：陆嘉森　谢肇桐

责任编辑：吴大公　　**电　　话**：010－51873155
设计总监：吴大公　　**封面题字**：吴俊亮
装帧设计：崔丽芳　　**环衬篆刻**：邹　路
责任印制：郭向伟

出版发行：中国铁道出版社（100054，北京市宣武区右安门西街 8 号）
网　　址：http://www.tdpress.com
印　　刷：北京盛通印刷股份有限公司
版　　次：2009 年 6 月第 1 版　　2009 年 6 月第 1 次印刷
开　　本：787mm×1040mm　1/16　印张：18.5　字数：180 千
印　　数：1 ~ 10000 册
书　　号：ISBN 978-7-113-10246-3/U · 2531
定　　价：92.00 元

“解读中国铁路”科普丛书

总顾问　孙永福（中国工程院院士）

总策划　郑建东　吕长清

策　划　国建华　钟加栋

主　编　严介生　丁国平　吴大公

时代的列车

（代 序）

铁路纵横交错，四通八达，连接千家万户，贯通五湖四海，是经济发展的牵引机，是社会运行的大动脉。

当今中国的铁路，正以排山倒海之势，迅猛发展，运营里程接近 8 万公里，几乎绕地球赤道两周；尤其是在世界屋脊架起了天路长虹，不仅结束了西藏没有铁路的历史，也创造了在世界海拔最高的雪域高原铺设铁路的奇迹；我国铁路架设的桥梁和开凿的隧道之多之长之难举世罕见；自 1997 年以来，在短短的 10 年里，中国铁路成功地实施了六次大面积提速，时速 200 公里以上线路里程已达 6 200 余公里；京津城际铁路最高时速达到 350 公里，是现时世界上最快的运营铁路；以前人们企盼的夕发朝至、当日往返的长途旅行，如今已在许多城市间实现，给人们的工作和生活带来很大方便。

人民铁路为人民，这正是中国铁路的行业宗旨。它始终坚持国家利益至上、社会效益第一，在运输能力十分紧张的情况下，优先保证关系国计民生的重点物资运输，除承担全社会 85% 的木材、85% 的原油、60% 的煤炭、80% 的钢铁及冶炼物资的运输，坚持把化肥、农药、农机等“三农”物资作为运输重点，还多次圆满地完成电厂用煤、粮食、救灾物资的集中抢运任务……

中国铁路以占世界铁路 6%的营业里程，完成了世界铁路 25% 的工作量，运输效率世界第一，完成的旅客周转量、货物发送量、换算周转量、运输密度均居世界前列，2008 年大秦铁路年运量达到 3.4 亿吨，为世界之最。

中国铁路建设事业和运输事业日新月异，创建了一座座新的里程碑，为国家为人民做出了巨大贡献，建立了丰功伟绩。

然而目前的铁路现状还不能完全满足社会经济发展的需求，英雄的铁路员工，正在科学发展观的指导下，向着更高的目标前进：京沪高速铁路已经全面开工，

2012年时速200公里及以上客运专线及城际铁路里程将达到1.3万公里，一个更密、更快、更先进的铁路运输网正在形成。

火车到底能够跑多快？桥梁到底能建多长？台湾海峡能否架起一道钢铁彩虹？密如蛛网的铁路如何保证成千上万穿梭般的列车安全有序地运行？……

铁路充满着传奇的色彩，铁路饱含着动人的故事，铁路蕴藏着深奥的知识，铁路肩负着神圣的使命！

为了开启铁路的“神秘之窗”，让更多的人们认识铁路、了解铁路、热爱铁路，中国铁道学会和中国铁道出版社在中国科协科普部的指导下，组织一批资深的铁路专家学者，历时3年，编写了一套“解读中国铁路”的科普丛书，涉及高速列车、机车、车辆、线路、桥梁、隧道、通信信号、运输和安全等方面，用浅显通俗的生动语言和精美的图片，揭示了铁路的奥秘，展现了铁路的风采，读起来不仅能学到许多有关铁路的科技知识，还可以领略铁路的文化内涵，是一部精品科普图书，祝愿它早日与读者见面。

中国科普作家协会理事长

中国科学院院士

（刘嘉麒）

2009年4月3日

目录 CONTENTS

引　言

铁路包括线路、桥梁、隧道、站场、牵引供电等固定设施，又有机车、车辆、动车组等移动设备，大量的移动设备以车站作为运输生产基地，在固定设施上有条不紊地运转，完成旅客和货物的运输任务。为了维持这个庞大的铁路运输系统夜以继日地运转，必须有一套现代化的技术手段，来保证各个部门能协调一致、安全有效地工作。

这个现代化的技术手段主要体现在铁路的通信信号系统。铁路必须建立一套行车指挥与列车控制系统，高度集中、高度智能地指挥列车安全有效地运行。现代化铁路离不开信息化，离不开计算机与网络的支持，也就离不开现代通信系统搭建的多个管理信息与控制信息的传输平台。这些全靠铁路通信信号大显神威。

人们常把铁路通信信号比做中国古代神话传说中的“千里眼”和“顺风耳”，此话不假。“秀才不出门，全知天下事”，现在，在铁道部调度指挥中心的大屏幕上，可以将千里之外铁道线上列车运行的情况一览无余、尽收眼底；列车调度员也可以随时与正在行驶的列车上的司机通话。在更高级别的列车运行控制系统中，还可以做到车上车下即时互传语音、图像。在铁路运营线路上，通信信号技术装备无处不在，它们就像人的神经系统，又像一只看不见的大手，时时刻刻指挥着在密如蛛网的铁路上成千上万趟列车的运行。

别看全国万里铁道线上每天都有那么多的列车昼夜不停地来来往往，可是它们却秩序井然、有条不紊：一趟趟列车排着队进出车站，进站后又各进各自的股道，有的直接通过、有的停靠站台、有的在站内来回倒腾进行调车作业，全都相安无事、互不干扰；出站的列车又都沿着轨道保持一定的安全间隔行驶，前后绝对不会追尾，呼啸着奔向各自的目的地……

亲爱的朋友，当你安安稳稳地坐在风驰电掣般的火车上旅行时，你可知道那些看不见摸不着的电磁波，携带着铁路通信信号的信息，正以它奇妙的力量，在助你一路平安吗？

现在，就让我们一同去探索这个神秘的技术领域，来了解一下铁路上神通广大的通信信号吧！

TONGSHENG GONG

TONGSHENG

第1单元

同生共长"哥俩好"

ZHANG "GELIAHAO"

GONGZHANG "GELIAHAO"

铁路是人类交通体系中一个极其重要的部分。世界上自有铁路运营以来，铁路通信也就应运而生了，通信与铁路，关系密切，通俗地说，它们不愧是“哥俩好”。

铁路运输一开始，为了行车安全，就需要相邻两个车站之间建立通信联系。最早曾采用骑马报信的方法。随着列车速度的提高，19 世纪 40 年代，在电话发明之前，英国人发明了指针式电报机，首先在一条长 21 公里的铁路上用以实现站间联系，防止向两个车站之间的区间内同时发出两趟列车，以保证行车安全。从此现代通信手段与铁路运输“联姻”，推动了铁路运输的发展。中国铁路通信在 1876 年的吴淞铁路上也采用了指针式电报，指针式电报大概是最早应用在铁路上的通信设备。

应当说，铁路是应用现代通信最早的部门。后来当通信独立发展成为一个公众服务系统时，由于修铁路必须要在沿线建设许多车站，以提高运输效率和办理客、货运业务，而大量的中间小站远离城市，地处偏远，已有的公众通信（邮电部门）无法满足其通信要求。为此，直到如今，世界各国在修建铁路时，无一例外地都要沿着铁路线修建属于自己的铁路专用通信线路和设备。

随着科技的发展，通信与铁路更加广泛结盟，通信发展的每一项新技术，都在铁路上立即得到应用．例如，电话发明后，在铁路上立即用于车站间通信和站内作业通信（如扳道电话）；共线式磁石电话出现，很快就作为调度电话指挥区段列车的运行……此后，从对称电缆到小同轴电缆再到光纤通信、从步进制交换到纵横制交换再到计算机程控交换、从无线短波通信到微波通信到卫星通信再到移动通信、从模拟通信到数字通信到数据通信……一代一代通信新技术都在铁路上得到了应用，铁路靠通信支持，铁路通信伴铁路成长，通信和铁路休戚与共、同生共长。

列车桥上如箭飞，信息电波紧相随

铁路是架联动机

要了解铁路上的通信，首先必须弄清楚铁路的特点和铁路运输企业的组织模式以及管理架构。

1949 年中华人民共和国（简称新中国）成立后，中央人民政府即把铁路定位为“高、大、半”部门，即“高度集中、大联动机、半军事化”。这是由铁路运输的特点以及铁路是国民经济大动脉的地位决定的。通信的“全程全网，互联互通”与此是一致的。

铁路运输明显的特点是：点多线长、流动分散，不分昼夜、不论天气，24 小时全天候运转，请看：

——铁路的基层生产单位（不只是车站，还有各种设备维修单位）广泛分布在数万公里的铁路沿线，有的处于偏远山区、有的扎根在戈壁滩上，铁路线路连接着一个个车站，就像一条长长的彩带缀满了一串串珍珠，一趟趟列车沿着线路穿山越岭、跨江过河、走遍城乡……

——数不清的列车昼夜不停地在铁路线上往来奔波，在繁忙的双线铁路上，你只要向窗外望去，隔几分钟就会有一趟列车迎面驶来；而在较大的车站内也是车来车往，车列如阵，车流如织……

——大量的铁路职工，包括火车司机、运转车长、列车乘务员、乘警、随车的检车人员以及餐车工作人员等，工作在移动的列车上，处于流动的工作状态。

↑ 列车穿越山区小镇，通信电波遍布沿线

火车站内车来车往，通信电波无处不在

——全国铁路 24 小时运营，火车站夜晚灯火通明，有关的铁路职工均实行倒班制，日夜为运输生产而忙碌。无论大雾或雨雪天气，铁路上火车依然风雨无阻地照常开行。

我国铁路网拥有几万公里线路、几千个车站，几百万职工，配备了大量的技术设备，每天有上万台机车和几十万辆车辆编成数以千计的各种列车，在四通八达的铁路线上昼夜不停地运行；铁路运输作业环节多而复杂，而且环环相扣，铁路上下各级、各部门、各单位和各工种必须主动紧密配合、加强沟通与联系、协同动作，就像一架庞大的联动机，准确无误、分秒不差、紧张而有序地工作。

铁路是如何驾驭这个大联动机的呢？

线路伸向远方，通信铁塔伴随一旁

全国铁路目前实行三级管理，即铁道部—铁路局—基层站段。

铁道部统筹全局，统一管理全国铁路企业以及行车调度指挥工作，负责解决全路运输生产活动的重大问题。铁道部的下属是铁路局，目前有 18 个铁路局（公司）。跨铁路局（公司）的运输由铁道部统一指挥。

铁路局（公司）管辖范围大体同一个或数个省级行政区划相对应，但并不完全等同；负责在本局范围内组织运输生产活动，协调路内外、上下左右的关系，满足经济和社会发展对铁路运输的需求。

各铁路局（公司）下设有众多的基层站段，星罗棋布地分布在铁路沿线。站段是铁路运输生产的基层单位，也是铁路运输指挥系统的“神经末梢”。

铁路从上到下还实行按专业垂直领导，分类管理。铁路三百六十行，与运输生产直接有关的，主要有运输、机务、工务、电务、车辆（简称“车、机、工、电、辆”）五大专业。各专业部门的业务管理自成系统，又在统一的规章制度制约下，相互协调，有组织地从事运输生产活动。

1 车务（运输）部门

车务（运输）部门负责行车管理和客货运输经营，下设有车站和车务段。大的车站业务量大，可以自己管自己；较小的车站则归属车务段管理，一个车务段管辖沿线若干较小的车站。此外，还另设有客运段或列车段，管理旅客列车的乘务人员及运转车长等随列车出乘的乘务人员。

这里要仔细说一下铁路车站。

铁路线路上每隔一定距离便要设置一个车站。列车沿着铁路线路行驶，车站就是线路的节点，是列车歇脚的地方，也是旅客上下车、货车到达和改变去向以及机车换车头、车辆进行检查和客车上水等作业的地点。铁路的车站按作业性质和设备的不同可分为编组站、区段站和中间站。

编组站设置在铁路枢纽及大量车流的集散地。旅客乘火车作长途旅行，如果没有直达列车，可以在换乘车站换车；但是，货物怎么办？货物不能像旅客那样可以自己下车再改乘另一趟列车。这就需要将原来已编排成一整列车的一辆辆货车车辆解散，按不同去向把它们重新分配到不同的股道上排队。编组站就负责将到达的货物列车解体，然后按不同去向把它们重新进行编组连挂，组成新的出发列车。例如一趟从武汉方向来的货

郑州北编组站

物列车，到了郑州枢纽，这里是个“三岔口”，可以北去北京方向、东去徐州方向、西去西安方向，就要在郑州的编组站郑州北站对这列车按不同方向进行改编作业。这里是货车们“开会”的地方，开完“会”，货车们结成新的伴侣，就又各奔东西。

区段站是设有机务段的车站。长途列车的旅程要经过一个一个铁路区段，牵引列车的每台机车（火车头）只负责跑一个或几个区段（业内称作“**机车交路**”），到达机车交路的终点（区段站）就需要另换车头。因此机车牵引列车运行有点像“接力赛跑”，区段站就是火车司机们“接力赛跑”交接“棒”的地方。区段站设有调车场、调车设备（调车机车）、机车与车辆检修设备（机务段与车辆段），除担负更换机车或乘务员（机车司机）、对车辆进行检修等作业外，还担负对区段和沿线的零担摘挂列车的解体与编组作业。

编组站和区段站都属于**技术站**，**中间站**就是位于技术站之间的那些小站，它主要办理不停车列车的通过、停车列车的接车、发车以及停靠的列车避让通过列车或者快车超过停靠的慢车的“超车”（铁路叫“越行”）等作业。

供电段职工在维修接触网

2 机务部门

机务部门是专管火车头(即机车)的，内燃机车、电力机车、动车组等都归它管；它负责机车的运用和检修、司机的派班等。在区段站设有机务段或机务折返段（只管机车掉头折返的管理段）。在电气化铁路区段上，另设有供电段，负责维护电力机车或电动车组牵引供电设备的运行。

机务段整装待发的机车

3 车辆部门

车辆部门是专管车皮（即车辆）的，各种载运旅客的客车车厢、各种装运货物的敞车、棚车、罐车、平车等都归它管；它负责对车辆的检修、整治与报废业务。在铁路局确定的合适地点或大站附近设有车辆段，下面在沿线还设有列车检修所（列检所）以及红外线轴温检测设备等，同时也派出随旅客列车出乘的列车检修人员，负责检修车辆的走行部以及车上的水电设备等。

车辆段职工在检查车辆

4 工务部门

工务部门是管铁路线路（包括桥梁、隧道）的。铁路与公路不同，以路基面来区分，分为线上线下两部。路基面以下的桥涵，隧道仰拱（即隧道内的路基以下）排水沟等均为线下部分。路基面以上的道床、轨枕和钢轨、道岔以及轨端连接件、轨下垫衬件等就是线上部分了。不管线上线下，统归工务部门负责检查维修及巡护。在铁路局确定的地点或大站附近设有工务段。工务段在所管辖线路上一些车站还设有车间（领工区）或工区，以便就近组织维护线路作业。现在工务部门还设有大型养路机械段，线路大修段，桥梁大修段与隧道大修段（有的铁路局实行了合并，成立了桥工段），按照预定年、季、月维修计划使用大型现代养路机械上道，进行各类路基、桥梁、隧道的专项整修维护作业。

工务段职工在整修线路

5 电务部门

电务部门负责通信信号设备维修。在铁路局确定的地点或大站附近设有电务段和通信段，并设有铁路通信中心（枢纽），其中设有交换设备和通信、信号机械室等，室内安装有通信的交换、信息传输、发射设备和信号的车站联锁、区间闭塞、站间联系、各种电源与检测设备等。铁路电务部门在所管辖的适当车站处还设有电务车间（领工区）或工区，以便就近维护通信信号设备。

铁路运输业长期以来形成了高度集中、半军事化（调度命令必须执行）的管理模式与制度。铁路内部分工明确：管运输组织的、管机车的、管车辆的、管线路（包括桥梁隧道）的、管牵引供电的、管通信信号设备的……各司其职。为协调各部门的工作，铁路具有集中统一的运输调度指挥系统。而铁路通信正像人体的神经系统，遍布于这个长达数万公里的大联动机全身，“神经末梢”直达它的基层，从而使它能够有效地运转。

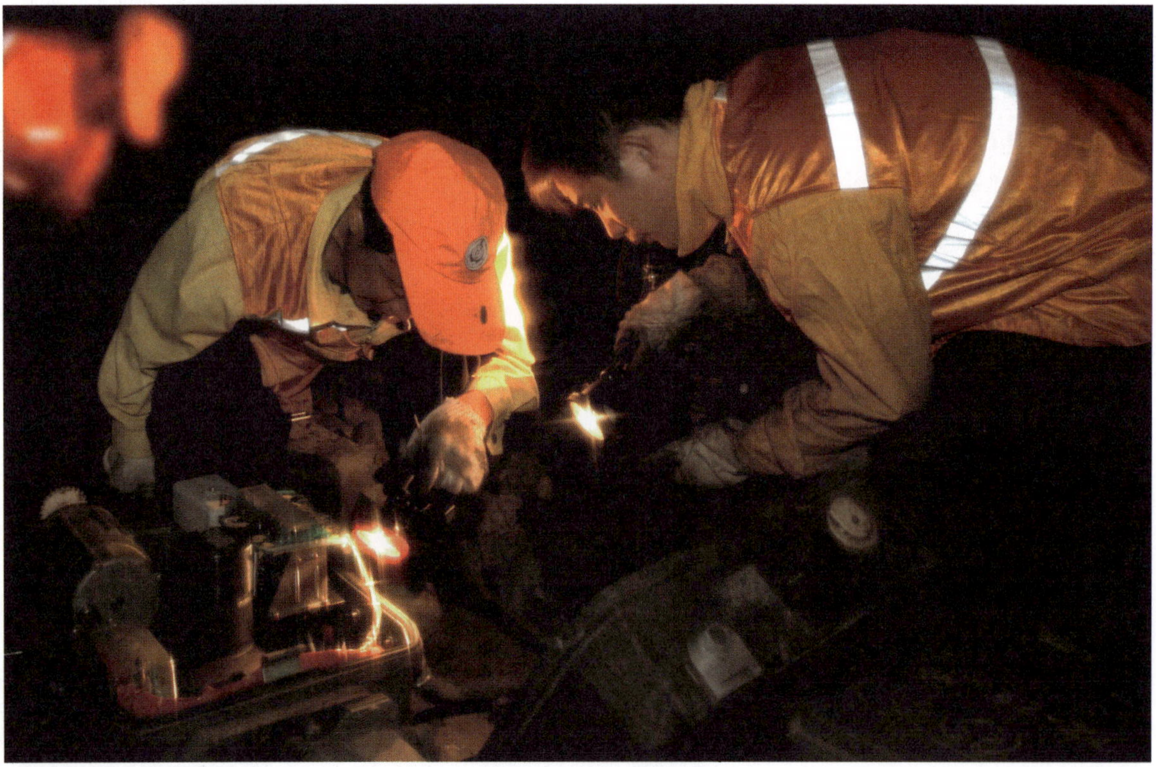

电务段职工在连夜检修设备

不通则痛　通则不痛

中医认为，人体的经络遍布全身，引导周身的气血，至关重要。如果哪里经络出了问题，就会引起疼痛，而经络一旦通畅，就不会再疼痛了。所以说："不通则痛，通则不痛"。铁路通信也像人体的经络系统，维护着铁路这台大联动机昼夜不停地运转。如果哪里通信出了问题，立刻会影响到铁路的"肌体健康"。

从首都到边疆，从城市到乡村，从工厂到矿山，从内陆到港口码头，全国铁路四通八达……通信与铁路如影随形。根据铁路跨省区分布的特点，铁路通信也像国家电信网一样，包括了长途通信和地区通信。其中，长途通信指不同城市或地区之间的通信，地区通信是指在同一城市或地区内的铁路单位用户之间的通信，铁路这两种通信的方式与地方电信部门没什么区别，而且还可以与公用通信网互联互通。铁路所不同的，是有自己的专用通信，它是直接为铁路运输生产一线服务的，其通信设备是根据铁路运输生产特点而研制的专用设备，并根据铁路企业内部各级单位和部门的关系而按照特定汇接方式组成单独的通信网，一般不与公用通信的电报、电话网等连接，具有专项服务性强、独立成网、快速安全的特点。

传统的**铁路专用通信**可分为干、局线通信，区段通信，站场通信，应急通信、列车通信以及无线专用通信等。最近铁路正在大力发展 GSM-R 数字移动通信系统。

1　铁路调度通信

铁路运输调度是铁路日常运输组织的指挥中枢，其责任重大，是铁路完成运输任务、保证列车安全、提高运输效率和经济效益的关键环节。调度通信是铁路专用通信的重要组成部分。

铁路运输为什么离不开调度呢？原因在于铁路运输的摊子大，客流、货流随时在变。例如：运营线上施工影响，春运中的民工专列、暑运中的学生专列、老兵复原新兵入伍时的军运专列以及抗灾抢险救援专列等。铁路线路基本上暴露在野外，极易受到风霜雨雪等恶劣自然条件以及洪水、泥石流等各种自然灾害的影响，而铁路却要全天候运转、风雨无阻。由于铁路

铁路专用通信分类

干、局线通信	区段通信			站场通信	无线专用通信	应急通信	列车通信
	区段调度通信	区段专用电话	区段数据通信	站场通信	无线专用通信	应急通信	列车通信
1.干线各种高度通信 2.局线各种调度通信 3.干、局线会议电话 4.干、局线会议电视	1.列车调度通信 2.货运调度通信 3.电力调度通信 4.其他调度通信	1.车务、工务、水电、供电等电话 2.桥隧守护电话 3.道口电话 4.站间行车电话	1.各类管理信息系统通道 2.电力远动通道 3.红外线轴温检测通道 4.信号控制信息通道 5.其他	1.站内调度电话 2.站场内部电话 3.扳道电话 4.客运广播 5.客运信息系统	1.列车无线调度电话 2.列车无线防护报警 3.站场无线电话 4.铁路数字移动通信系统	1.救援指挥系统电话 2.图像传输 3.数据传输	1.列车广播 2.列车电话 3.闭路电视 4.旅客电话 5.列车安全告警系统

运输中的变数很多，所以时刻都需要调度人员进行调度指挥管理。

铁路运输调度工作，实行的是分级管理、集中统一指挥的原则。

在各级调度机构中，按业务分工设置不同职名的的调度员，铁路局调度所一般设有列车调度员、计划调度员、货运调度员、机车调度员、客运调度员等，在电气化铁路区段还设有电力调度员。

铁路调度通信可分为干线调度通信、局线调度通信、区段调度通信和无线列车调度通信。

（1）干线调度通信

干线调度通信是铁道部为统一指挥各铁路局，协调完成全国铁路运输计划，在铁道部与铁路局之间设立的各种调度通信。这是最重要的远距离长途通信。

（2）局线调度通信

局线调度通信是铁路局为统一指挥所属站段，协调完成全局运输计划，在铁路局与编组站、区段站、主要大站之间设立的各种调度通信。

（3）区段调度通信

铁路局管辖的线路划分为若干个调度区段，每个调度区段内的调度员，负责本区段的运输指挥，叫做区段调度通信，主要有列车、货运、电力等调度通信。

——**列车调度通信**，用于列车调度员（一般简称“行调”）指挥区内的列车按计划运行；

——**货运调度通信**，用于货运调度员（一般简称“**货调**”）指挥各主要车站装卸货物作业；

——**电力牵引供电调度通信**，用于电力牵引供电调度员（一般简称“**电调**”）指挥电气化铁路区段牵引供电的基层单位对供电设备的送、停电及检修作业。

（4）无线列车调度通信

无线列车调度通信简称“**无线列调**”，是先进的地、车联系手段。在没有它之前，调度员同移动中的火车司机通话是不可能的。那时的办法就是通过车站人工中转，调度员把行车的调度命令下达给车站值班员，再由车站值班

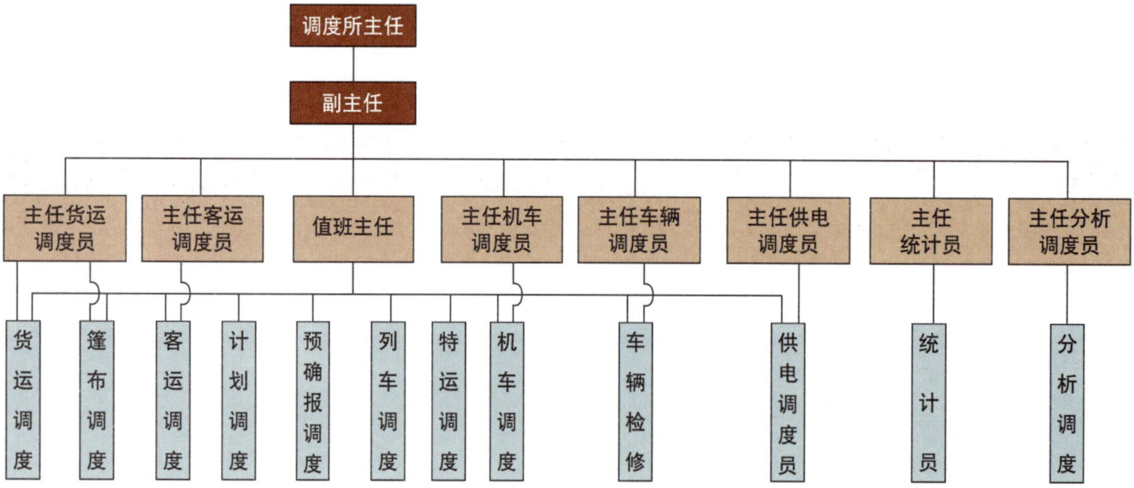

铁路局调度所调度组织系统图

员拟成书面命令，在站台上向司机传递转达。这样使得行车调度指挥的效率很低，也影响了列车速度的提高。采用无线列调后，调度员既可以与车站值班员以有线通信方式联系，又可以通过车站电台与机车电台进行无线通信联系，使调度员的命令可以在第一时间直接传达给移动列车上的司机，使司机及时采取措施执行命令。这样一来，就极大地保证了行车安全和提高了运输效率。

2 远在天边近在眼前

铁路点多线长，铁路职工流动分散，铁路管理的空间跨度可达数千公里，因此，作为铁路各级领导部署和协调工作的便利手段，会议通信对于铁路相当重要。会议通信包括会议电话和会议电视。

（1）会议电话

会议电话是为铁道部和铁路局召开电话会议时使用的铁路行业内电话系统，它使分散在铁路沿线各地的工作人员能够足不出户地利用电话形式参加会议，及时地沟通情况，分析形势，布置工作，解决问题。

如果是铁道部召开的电话会议，就在铁道部设主会场，各铁路局设分会场；如果是铁路局召开会议，则可以在铁路局设主会场，各大站段设分会场。事先约好时间，将会议电话的线路一一接通，会议就可以开始了。它与一般电话通话不同之处在于可以一人发言，多人同时收听，还可以随时插话。虽然互不见面，但也跟在一起开会差不多。

（2）会议电视

会议电视的作用与会议电话基本相同，只不过在其所实现的音频功能基础上增加了视频功能，使得会议的主会场与分会场的主持者、参会者以及发言者，均可以通过电视屏幕互相见面，即使远在天边，也如近在眼前，有亲临现场的感受，开会的气氛更浓。

3 让通信留下“真凭实据”

铁路通信的基本业务是报话业务，即电报通信和电话通信。就资格来说，电报比电话古老。就功能来说，电话中的语音转瞬即逝，即便是录音，也有口音或口齿不清以及背景噪声的问题；而电报却能够留下白纸黑字的“真凭实据”。

早在1839年末，英国就在铁路车站间利用电报发送列车出发及到达的信息。其后，又在各车站间传送列车行车有关的信息。电报在铁路上的这些应用比1844年电报正式用于公众通信还要早四五年，可见电报一出世就与铁路结下了不解之缘。中国1876年通车运营的第一条铁路——吴淞铁路也已开通了电报通信。因此，电报称得上是铁路通信的“元老”，在铁路通信发展中曾经是一度辉煌。

铁路通信中的电报业务大致可分4类：

（1）闭塞电报

闭塞电报曾用于站间行车闭塞，保证区间内列车的行车安全。随着铁路信号闭塞系统的发展，其他闭塞方式，如路签闭塞、半自动闭塞和自动闭塞已取代了电报闭塞方式（有关行车闭塞，请参见本书第九单元）。

（2）确报电报

确报电报（简称“**确报**”）用于铁路运输部门确认列车编组信息，将出发的列车编组顺序表，如车型、车号、载重、到站、货物品名等信息发至途中区段站和前方编组站，以便前方站场提前做好编解作业计划，由此大大地提高了运输效率。过去，列车的确报是用电话办理的，不但效率不高，而且容易出错。1953年全路推广确报业务后，在缩短列车编解作业时间、加快车辆周转、提高编解能力方面起到了显著作用。

随着铁路通信技术的发展，列车确报系统也发生了根本改变。1994年以传输“铁路运输管理信息系统”（TMIS）为主要内容的数据传输网一期工程基本建成后，列车编组顺序表（“运统一”）成了其中主要的子系统之一，于是数据网逐步取代了列车确报电报。

铁道部先进集体天津东站下九股调车场预确报所

20世纪80年代预确报微机通信代替了列车预确报电报电话

（3）普通电报

普通电报（简称“**普报**”）用于铁路公务通信，在很长一段历史时期内曾和电话一起分担着铁路内部主要公务通信业务。

20世纪50年代初期，铁路长途电话电路甚少，为缓解长途通话的拥塞曾开办了“电报通话”业务：用户将需要通话的内容浓缩为电报电文形式用地区电话向电报所申请电报通话，电报所经过译电用电报传送方式进行传递，对方电报

我国 1954 年规定的铁路电报种类

类别	含义	适用范围及时限
X	特别紧急电报	可中断其他电报立即拍发
L	列车电报	时间不限，但必须在列车到达同时或之前到达
A	A等电报	限3小时到达，报文不超过300个汉字，发转收报所在3个以内
B	B等电报	限6小时到达，报文不超过150个汉字，发转收报所在3个以内
C	C等电报	限8小时到达
D	D等电报	不属于以上各类的电报，限24小时以内到达
S	S等电报	定时电报，在附注栏内要注明到达用户的时间，但不得转发A、B等电报

所收到后，经过译电再用地区电话通知对方用户，达到长途通话的目的。电报通话既缓解了长途通话拥塞，又充分发挥了电报通信可以 24 小时连续工作的特点，且无须收发话人同时收、发，为信息传递提供了补充手段。

由于当初通信线路紧张，1954 年铁道部将铁路电报业务分成了 7 个等级，规定了其优先次序和送达时限等。1983 年铁道部又将电报类别调整为特急电报（T）、急报（J）、限时电报（X）、列车电报（L）和普通电报（P）。其中急报适用范围包括传送领导的紧急指示、命令，时间紧迫的会议，列车改点，变更到站和收货人，车辆甩挂，超限货物运送，行车设备的施工、停开、开通、限速等。1987 年还增加了财务拨款电报业务。1991 年又增加了银行汇款电报（K），规定按急报办理。

随着直拨电话、传真通信和数据通信的发展，普报业务量逐步减少了，但在一些必要的场合下，仍然利用它具有正式公函性质的长处，还在应用。

（4）传真电报

传真电报是利用光电扫描技术，将固定图像分割成很细小的图像像素，将像素的亮度信号转换成电信号，从一个地点传送到另一个地点，并以记录的形式复制出来，复原成原有图像副本的一种通信方式。传真技术的雏形始于 1842 年，20 世纪随着电子管和无线电技术的发展逐渐发展起来。现在一般将传真电报简称为“**传真**”。

传真和电报同属于非话音通信，但电报只能传送文字信息，传真机却可以传送图表和手迹等，它还大大减轻了报务人员的劳动强度。1980 年以前，传真机算是稀罕物件。当时为满足运输调度人员直接发送书面调度命令和通知的需要，铁道部从国外引进了传真机，首先在铁路干、局线调度通信系统上使用。后来随着传真机的普及，各业务部门都安装了自己的传真机，因而，经由电报所办理的传真电报业务随之大幅度下降。

站场之内互联互通

走进火车站，你总能看到时钟。许多大的客运站站房上方都挂有巨大的时钟，几乎成为铁路车站的标志。这并非只是装饰，而是实际需要。列车要准时发车，旅客要按时进站上车，所以，火车站的时钟必须非常准时，其所有的钟表由一个母钟来控制，其走时和报时就是由铁路通信部门负责的。

北京站的时钟

通信在铁路车站内无处不在。站场通信就是供铁路车站（编组站）内部工作人员相互间通信联络的工具，它使站场内各工种、各岗位联系成为一体，彼此间工作能够及时交流、沟通，从而协调有序地进行。此外，在一些客运大站，还有一些专为旅客服务的广播、信息查询和服务等设备。

长沙站的时钟

火车站并不像一般旅客所了解的仅仅有售票处、候车室、进站的天桥或地道、站台雨棚以及行包房等等，这些客运服务的部分，只是车站的“前台”。车站的“后台”或者说“幕后”，还有一片广阔得多的天地，统称为站场，是机车和列车进进出出的地方，也是站内铁路职工工作的“大舞台”。

郑州站的时钟

先说规模最小的中间站，其站内一般也有长长的几股道，铁路线路在进入车站时，要经过具有许多道岔的咽喉区，靠道岔将线路分别导向站内的不同股道，而车

天津站的时钟

站两端的咽喉区相距至少要有 1 公里多。

再说区段站，站内有较多的股道，范围比中间站大得多、宽敞得多，此外它还配有货场以及机务段（机务折返段）和车辆段（车辆检修所）等。较大的区段站还设有利于货物列车编解的驼峰调车场。

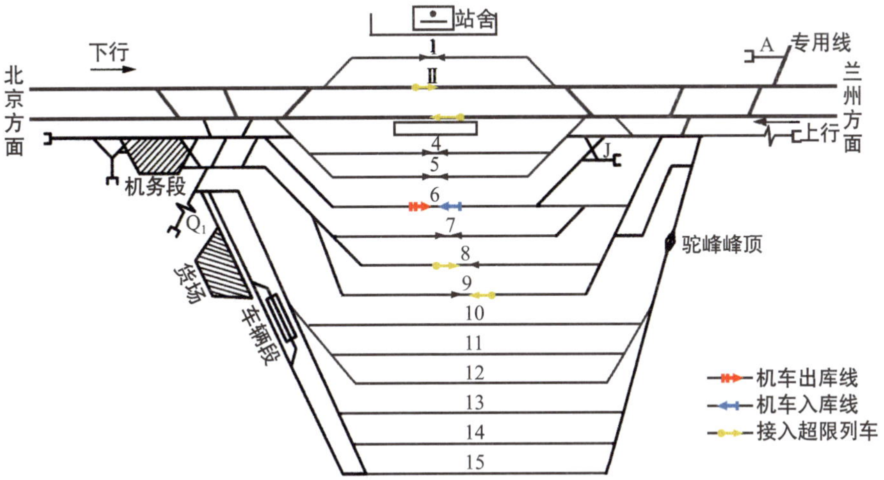

区段站的站场示例

要说编组站，那可更是了得！一般一个编组站由好几个车场相互连接而构成，每个车场都设有许多股道，面积能有几个足球场大。一个大的铁路编组站，往往占地数平方公里到几十平方公里。比如郑州北编组站，就号称十里站区，涵盖了大小十个站场。

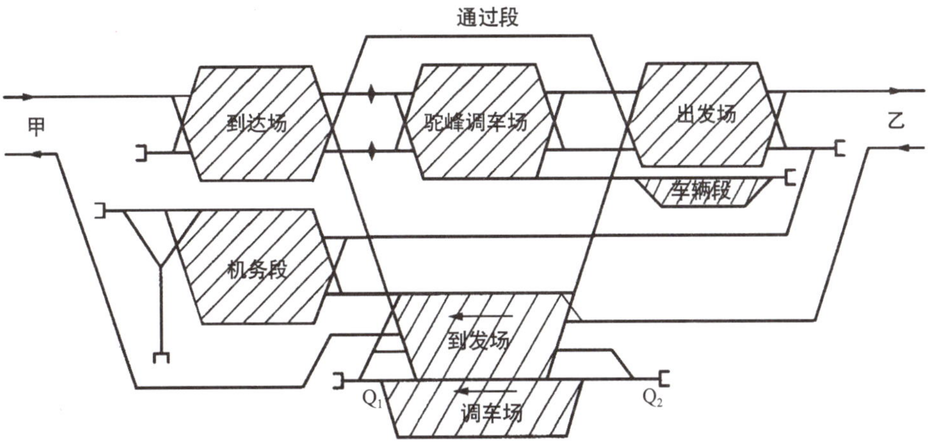

编组站的站场示例

在这些“大舞台”上，铁路职工都是如何工作的呢？

进入火车站的“后台”，你会发现：车站的工作一片繁忙。看吧：

——始发的客运列车车底（编组好的客车车厢未挂机车前称为**车底**）经过在客车整备场上水、上燃料、上餐料、换卧具等整备工作后，由调车机车牵引到站台边停靠，然后再挂上牵引机车；这时，车站的客运人员为旅客检票进站，列车乘务员站在车门旁迎接旅客上车；列车一端，行包人员紧张地向行李车上装运旅客托运的行李包裹；等到发车时刻到来，必须出站信号机开放绿灯，车站值班员和运转车长向司机给出发车信号，才能发车。

——客车来了，不论哪趟车进站，站台上都要有人立岗接车。列车靠站台停下，在短短几分钟的停车时间里，客运服务人员要迎候旅客们上下车；股道间一字排开的上水员抓紧时间给列车上水；列检人员则在车下钻进钻出检查列车的走行部；在列车的一端，车上车下的行包人员紧张而忙碌地互相交接旅客托运的行李包裹，然后列车继续出发……有时需要换车头，则有专人早在机车停车位置等候，让原先担任牵引的机车迅速摘钩离开，接班的机车再开过来进行连挂，然后试风、试闸、试电（由机车向列车供电）……有的列车在本站不停，直接通过。不管是停站的还是通过的列车，运转室内的值班员和信号员都要为它们开通进站的进路，并开放进站和出站信号机的信号……

——货车来了，有的在本站甩下几节车厢到货场卸货，然后继续开走。有的开进编组站，则要将整列货车解体，重新编组，再按不同去向重新集结。大的编组站有全套驼峰解编（解体和编组）设备，驼峰调车有专门的机车，有专门一班人马进行调车作业。而每趟货物列车到达和出发，都有货运员清点货车清单，并检查货物的装载加固。卸完货的空车皮，如果在本站不装车，要及时编挂在其他列车上送往其他车站装货……

所有这些工作牵涉到诸多部门和工种，显然要靠严密的组织和分工协作才能有条不紊地完成。

车站工作人员的劳动是如何组织起来的呢？

一般的车站日常工作在副站长的领导下设 3 个车间，分别设运转主任、货运主任及客运主任各 1 名。其作业指挥系统组成 3 级网络，一级管一级，每一级横向又分成几部分，像一颗大树分出枝繁叶茂的树杈。在这些“枝杈”上，每一

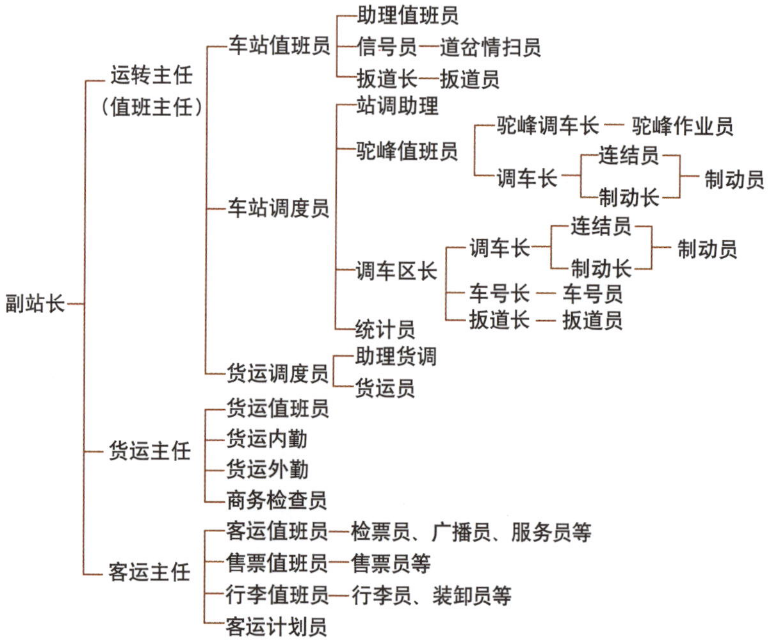

车站运输作业指挥系统

个工作岗位上的人员都有自己的明确职责，既受上级的指挥领导，彼此还要协调配合。

运转车间负责车站的行车（接发列车）和调车编组工作，一般分成夜班（18点到6点）、白班（6点到18点）2个班，在24小时内由甲、乙、丙3班人员进行轮换倒班作业（两班轮值，一班倒休），叫做“三班倒”。运转车间的值班主任是班组工作的组织者，他在运转主任和上级调度所的调度员指挥下工作，负责领导本班职工完成班工作任务。为什么叫“值班”主任呢？因为他也要倒班，也分白班、夜班。不管是当白班还是当夜班，他只负责编制本班的班计划，包括列车到发（到站、出发）计划、装卸排空（排出空车皮）计划等。

这只是车站当班工作的初步安排，下一步还要由车站调度员安排更具体的阶段计划（3~4小时为一阶段）。**车站调度员**在值班主任的领导下，他要结合车站列车的到发、解编（列车解体重新编组）、装卸、取送（取送车辆）等作业进度和车流集结情况，及时编制和下达阶段计划，组织各部门协同动作，保证车站工作不间断地运转。

——**车站值班员**是车站办理接发列车的统一指挥者，他直接受上级调度所列车调度员的指挥。根据阶段计划的要求（几点几分哪趟车来、几点几分哪趟车走、几点几分哪趟车直接通过、另要完成哪些调车作业），他要合理地使用站内的列车到发线路，保证安全、正点地接发列车。

——**助理值班员**一般配合车站值班员，负责到站台上去接车和发车。

——**信号员**在车站值班员领导下坐在室内负责办理列车到达、出发以及调车的进路和信号开放和关闭等工作，使列车驶入不同的股道。在有些小站室外可能还有扳道房，内有扳道员，负责扳道岔；而在电气集中和计算机联锁的车站，一般只设道岔清扫员，而不设扳道员，因为道岔均为电动的了，人工已无道岔可扳。

大的编组站或区段站设有驼峰设备的，要有一整套人马进行驼峰调车作业。

——驼峰值班员主要负责执行列车的解体作业。

——调车区长负责将车辆编组成列车。

——车号长（员）负责与运转车长办理货物列车的清点交接，并负责编制出发列车的编组顺序表。

一般较大的车站除了接发列车，还要办理客运和货运。所以设有客运车间和货运车间。客运工作大家平常接触较多，货运工作人员多数在“幕后”，一般旅客见不着，有货运调度员、货运值班员、内勤、外勤以及商务检查员等。

——**货运调度员**在车站值班主任的指挥下，与车站调度员密切配合，负责及时向货场以及专用线的货运、装卸人员布置装卸车任务，掌握各装卸地点的货车取送、装卸进度等情况。他是大总管，具体安排货场内各条线路、仓库以及专用线上的装货、卸货：装什么货、卸什么货，装多少、卸多少，在哪儿装、在哪儿卸……装货时要调入空车皮，卸货后要及时将空车皮拉走。

——**货运值班员**在货运主任领导下，指导手下的内勤、外勤和商务检查员3路人马完成本班工作。

——**货运内勤**是对外窗口服务工作，负责受理托运人的整车计划申请和零担运输，对收货人发出到货通知以及进行运杂费计算等工作。

——**货运外勤**主要在货场监督整车、零担及集装箱的装卸工作，货场的货物有时堆得跟山一样，装错、卸错了可不是闹着玩的。

——**商务检查员**主要负责检查和处理货车的货物装载加固，防止所装的货物超高、超宽、超重或偏载等，以保证行车安全。

你看，一个车站，特别是大站，每天的工作有多么繁忙，分工有多么细，室内室外需要多少人彼此相互配合协同工作啊！而且机车轰鸣、环境嘈杂、人来人往、熙熙攘攘，要是没有系统的专用通信联络工具，简直寸步难行。

站场通信就是为繁忙的车站工作服务的，它既有铁路工作人员内部联络用的，还有对旅客及时发布信息用的，大体包括以下几方面。

1 站内调度电话

大型车站拥有多个作业场，车站调度员与各相关值班员需要构建调度通信系统，简称为站调电话，包括自动录音电话，是车站的“黑匣子”。

2 站场内部电话

站场内部电话供站场范围内有业务联系的各行车部门之间通话用，例如车站值班员与车站调度员之间、车站信号员与道岔清扫员之间的通话等，一般不接外线。

随车站的等级高低、规模大小、功能不同而有不同的站场通信技术装备。一般地说，调度电话、站间电话、区间电话、无线列调、无线站调等是必不可少的。

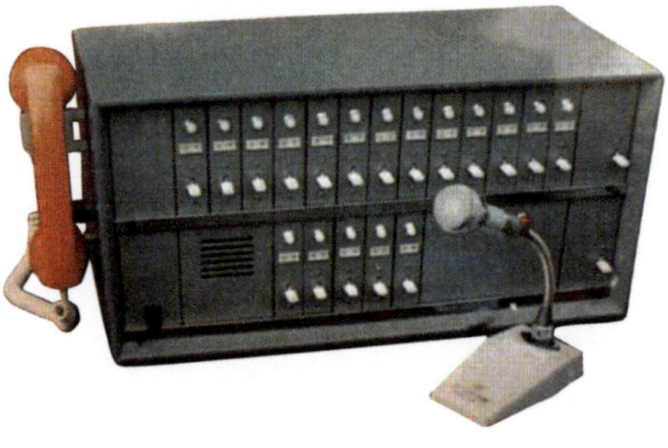

18门电话集中机

车站以车站值班员为中心，业务电话很多，为避免桌上电话机太多，响铃也不知道是哪个电话在响，就专门设计了电话集中机。它可以将多部的电话集中在一个匣子里，并设有各部电话的来电显示及开关系统，方便了使用。

3 扩音对讲系统

大的编组站，都有自己较为独立的通信系统，一般地说是封闭式的。所有车站工作人员或岗位，各有自己的通信手段：电话、电报、广播、扩音对讲、移动通信……

站场内还有大量的工作在车场上流动的工作人员，为解决室内外工作人员之间的通信联络，设置了扩音对讲系统。扩音系统是利用一套扩音机及设置在车场上若干个扬声器和扩音线路组成的。对讲系统是供室内外工作人员之间通话用的无线对讲电话系统。

4 客运广播

在旅客最高聚集人数大于300人的客运站，都装设有广播扩音设备，以便及时向旅客通告乘车时刻、列车运行变更事项等。哪位旅客与亲人走失了，还可以广播找人。车站的广播设备同时还指挥客运服务人员进行相关作业（如通告列车即将进站、进几站台、做好接车准备等）。

5 客运信息系统

大的客运站，通信装备五花八门，管客运的、管运转的、管行包的，各有自己的通信手段。除了大家常见的电话、电报、广播、列车到发显示屏、扬声器等以外，如今更向通信、电子、计算机、自动控制等集合方向发展。例如，天津站“铁路车站客运管理信息系统”，就综合了各种信息系统。

铁路车站客运管理信息系统分类表

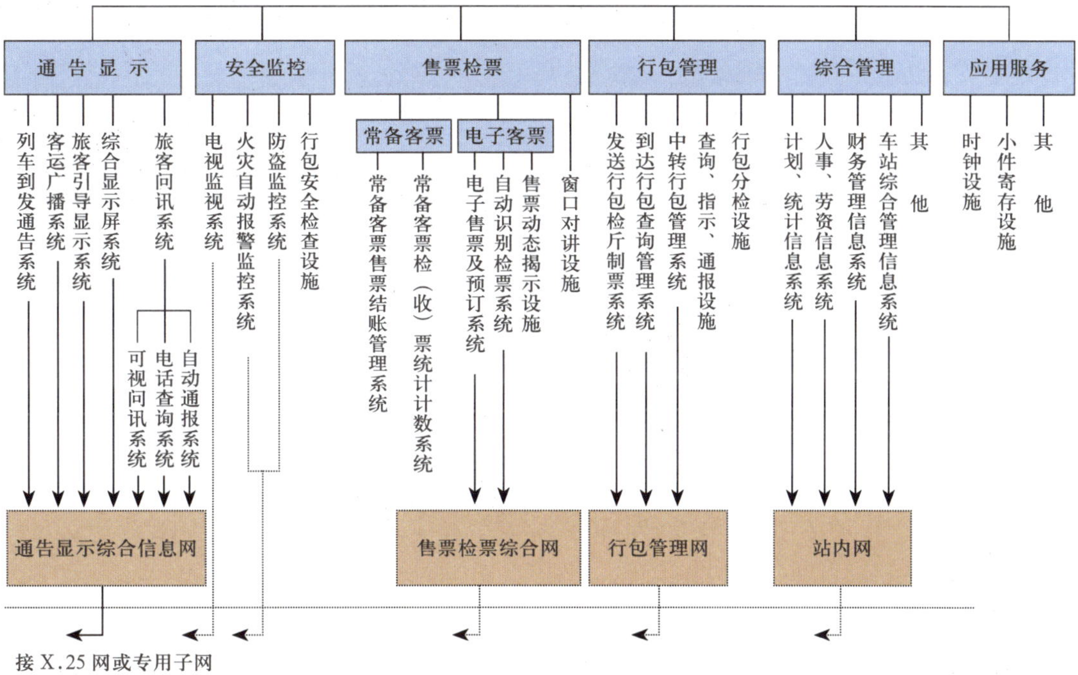

天津站的这一套系统，是在1988年天津站大规模改扩建的时候建成的。紧接着北京西、长春、济南、郑州等车站新建和改扩建，大都采用了这种模式。

天津站全自动广播系统

现在，在大的客运站的进站口、出站口、站台上，都设有电子显示屏，实时向旅客显示列车的到发情况以及车票余额等信息。

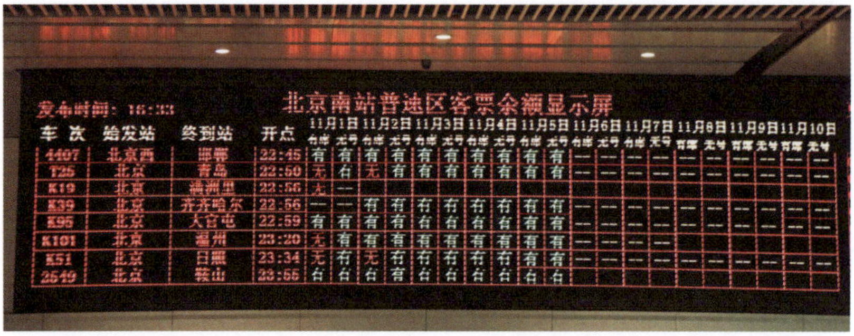

北京南站的车票余额电子显示屏

北京南站的列车预告电子显示屏

北京南站进站口的电子显示屏

此外，在一些大的车站，还有安全监控系统，由通信线路将分布在各处的摄像头连接到车站监控室。

沈阳北站的安全监控室

到处都有通信的身影

铁路车站以外和列车上，还另有一片广阔天地。那里也是到处都有通信的身影。

1 "铁路警察各管一段"

社会上有一种说法："铁路警察、各管一段"。其实不光铁路的公安部门各管一段，按照铁路的管理体制，铁路沿线划分为一个一个区段，车务段、机务段、工务段、电务段、车辆段、供电段、列车段等各个专业部门，之所以都叫"段"，就因为它们都是只管某一个线路区段上自己的下属单位。历史上的这种管理体制，造就了铁路区段专用通信。区段专用通信就是为区段内各车站、各单位之间的业务联系服务的，其特点是：专线专用，概不对外。

区段调度电话已如上述，区段专用电话则包括以下一些电话：

——**站间行车电话**，供相邻两个车站值班员之间办理行车业务进行通信联络而设置的，电话回线上不允许连接其他的通话设备，必要时还可以兼作行车闭塞电话用。

——**车务专用电话、工务专用电话、水电专用电话、供电专用电话**等，分别是车务段、工务段、水电段（负责站区供水和电力供应）、供电段（负责电力机车牵引供电）按其所管范围分界，各自组成单独回线的专用通话系统。其中工务部门所使用的专用电话最早出现，也叫**养路电话**。

——**桥隧守护电话**，是供铁路桥梁、隧道守护部队的连、营干部与守护执勤战士之间通话用。

——**道口电话**，供有人看守道口的工作人员与邻近的车站或邻近道口互相联系，一方面，用于车站值班员或驻站道口值班员向相关道口预报列车运行情况；另一方面，当道口附近发生危及行车安全故障时，道口工作人员可利用该电话及时向邻近车站值班人员汇报险情，以便采取紧急防护措施，防止铁路行车事故的发生。

2 危急时刻不可或缺

铁路两个车站之间的线路就是漫长的区间，一般的区间长度都在10公里左右（客运专线、高速铁路的区间长度在20~50公里之间）。如果发生意外天灾的话，那么长大的区间，安全将如何保证呢？区间防护、巡道人员怎么能及时地将灾情报回铁路安全信息中心呢？比如：当山洪袭来，发生泥石流或滑坡，冲毁、阻碍线路时，事故往往就发生在瞬间，这里前不着村、后不着店……怎么办？如何发出求救信号？这就需要铁路应急通信设备在危难时刻大显身手。

区间电话、"117"台系统、静止图像传输系统等是目前铁路应急通信的基本手段。

区间电话，就设在铁路区间里。因为铁路通信线路总是不离不弃地随时陪伴在铁路线路左右——架空明线按规定距离铁路线路中心线不超过50米远；电缆、光缆更是就在铁道线路旁边坡脚底下，于是在区间的通信线路上，每隔1.5公里便引出一个电话接线盒（明线）或区间通话柱（电缆、光缆）来；当列车在区间内被迫停车时，车上的运转车长可以方便地使用区间电话，与最近的车站值班员或调度所调度员通话联系。除此之外，工务、电务、电力等工作人员在区间施工作业时，如果需要与车站值班员和其他有关人员进行业务联系、进行紧急防护，也可以方便地使用区间电话。虽说现在移动通信很发达，可是在山区有些地方，手机是难以收到无线信号的。所以，区间电话必不可少。

为保证紧急电话的迅速接通，铁道部还规定了“117”立接事故救援台，遇到紧急情况，只需拨叫“117”，24小时值班的话务员将以最快速度、最近的路由，通过铁路局电话所逐级叫通上级事故救援指挥中心。

汶川大地震中被大石头砸坏的铁路

目前利用区间电话设备，不仅能传输电话语音，还能传输静止图像，使现场情况更直观地反映到铁路紧急救援指挥中心。现场用数码照相机或数字摄像机采集到的事故图像，及时传输到便携式计算机内，再用拨号方式或无线接入方式将拍摄的图像上传到铁路局静图服务器。上传图像内容格式包括：所属铁路局、事件地点、上传时间、接收时间（服务器自动生成）、上报人、事件图像说明等，使接收者一目了然。

近年来铁路已陆续采用野战光纤接入、宽带卫星接入或无线宽带接入等方案，实现语音、数据、传真、动态图像等多种通信联系方式，大大方便了应急指挥中心对应急现场的有效指挥和及时高效地处理紧急突发事件。

汶川大地震中受损的宝成线109隧道顺利抢通

3 列车上的广播电视

旅客列车是个“流动之家”，上千名旅客聚集在一起，组成一个临时的“大家庭”，如果有什么事情需要联系，最方便的莫过于列车广播了。列车上有专门的广播室和广播员，为旅客及时通报到站信息以及各种事项。一路上，列车广播还为旅客转播中央人民广播电台的新闻联播节目，介绍沿途风土人情，宣传各种人文地理、科普知识和健康常识，播放一些开心的节目和歌曲为旅客解闷，是旅客的贴心朋友。在发生突发事件时，如旅客发生急病，列车可通过广播寻找车上的医生。若列车紧急停车或非正常停车以及列车晚点时，也可及时向旅客通报必要的信息。当遇到狂风暴雪等天灾时，列车广播立即成为了旅客们的“应急指挥中心”，列车长可以动员全车的乘务人员和旅客们一起同灾害作斗争。

现在新型列车的车厢两端还设有信息显示屏，可以通报包括列车当时的时速、车外的温度、前方到站、旅客安全注意事项等更多的信息。

长途旅行容易感到疲惫，在旅客列车的卧铺车厢里，设置了闭路电视，旅客可以选看录制好的电视节目，让旅途生活不再单调。此时，你是否想到了，铁路通信一直在默默地为你服务呢？

列车广播、列车信息显示屏、列车闭路电视等，这些都属于列车通信，也是铁路专用通信的一个分支。

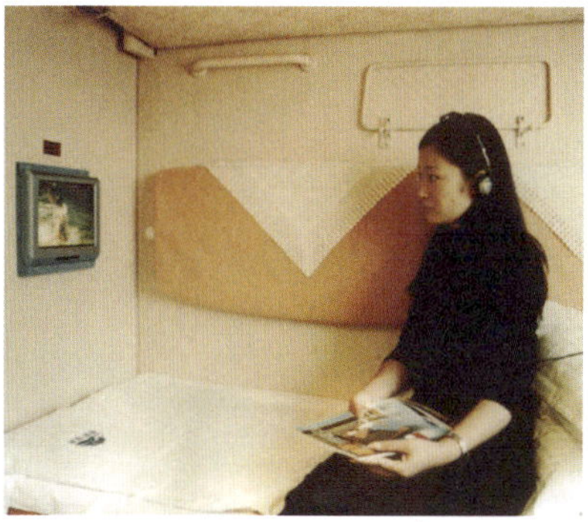

↑ 车厢里的闭路电视让旅客感到宾至如归

← 列车上的广播设备

第2单元

铁路通信话当年

TIELU TONGXIN

TIELU TONGXIN HUADANG

HUADANGNIAN

NIAN

中国铁路通信随1876年英国人在上海修建吴淞铁路而起步，百余年来，几乎经历了世界通信技术发展的全部过程，恰似一部世界通信发展的缩影。但前几十年，中国绝大部分的铁路和通信主权并不在自己手中。我们先来看一张中国早期一些铁路的通信创办年度表，此表统计时间截至1937年抗日战争爆发前。

中国早期铁路通信创办年度表

	路　　别	电报	电话	脉冲选叫调度电话
吴淞铁路	上海苏州河对岸至吴淞镇14.5公里，1876年建成，1877年拆毁	1876		
京奉铁路	北京至沈阳奉天城站全长843.1公里，1881年先建成唐山至胥各庄铁路9.7公里，后来向北京和沈阳两端延伸，1911年全线通车	1881	1896	1925
台湾铁路	基隆至台北至新竹107公里，1888年开工，1893年建成	1891		
中东铁路	满洲里至绥芬河、又从哈尔滨南下至大连，全长2425.5公里，1898年开工，1903年建成	1899	1903	1921
京汉铁路	北京至汉口，全长1214.5公里，1897年开工，1906年通车	1901	1900	1934
株萍铁路	株洲至萍乡83公里，1899年开工先修萍乡至醴陵段，1905年通至株洲	1901	1907	
沪宁铁路	上海北站至南京下关，全长311公里，1905年开工，1908年通车	1905	1906	1922
沪杭甬铁路	杭州闸口至上海南站186.2公里，1906年开工，1909年通至杭州	1909	1909	1934
津浦铁路	天津至南京浦口，全长1009.5公里，1908年开工，1913年通车	1909	1909	1931
正太铁路	石家庄至太原，全长243公里，1904年动工，1907年通车	1907	1907	1936
京绥铁路	北京至包头817.9公里，原为京张铁路，从北京至张家口，1905年开工，1909年通车，由詹天佑主持修建；1916年改称京绥铁路，1919年通至绥远（今呼和浩特），1923年通车至包头	1905	1910	1935
道清铁路	河南省道口镇至清化县，全长150公里，1902年开工，1907年通车	1905	1905	
漳厦铁路	福建省漳州至厦门，至1910年只从厦门对岸的嵩屿修至距漳州还有17.5公里的江东桥，长28公里		1910	
吉长铁路	吉林省吉林至长春头道沟127.7公里，1910年开工，1912年通车	1910	1912	
广九铁路	广州至香港九龙，全长178.6公里，1907年动工，1911年竣工	1910		
四洮铁路	吉林省四平街至洮南311.6公里，1917年动工，先建成四平街至郑家屯88公里，1923年通至洮南	1916	1916	

以上这些线路，有的通车伊始就开通了电报电话，有的在开工不久甚至开工前就先开通了通信设备。当时铁路通信除了提供铁路运输专门使用之外，也包括一些公务联络通信。

下面让我们以几条典型线路为例，简要地回顾一下早期的中国铁路通信发展情况。

清末民初的铁路通信

1 吴淞铁路

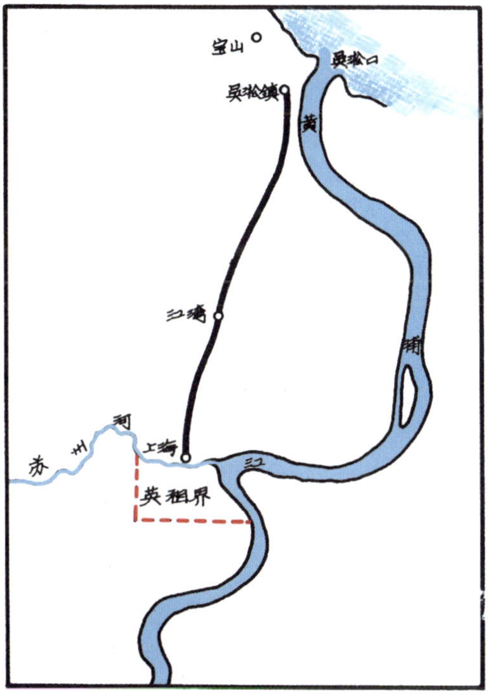

吴淞铁路地理位置示意图

1876 年用于吴淞铁路的指针式电报机

1876 年 7 月吴淞铁路在上海宣告诞生了，这是怡和洋行（英国商人）未经中国政府同意擅自修建的、也是在中国出现的第一条运营铁路。那时候的通信设备就是指针式电报机，它只是一个简单的、用一根电线（另一根线以大地为回路）连接的电报机，作为闭塞电报使用。它比世界上第一个出现的类似电报机晚了 40 余年。

事实上，铁路通信的诞生可能早于 1876 年，因为一篇关于美洲电报通信的历史文献中说过，1871 年丹麦大北电报公司从香港到上海敷设了一条水下电缆，作为开通远东到欧美的国际通信线路之用。但是，由于没有经过中国政府的批准，这条电缆在吴淞到上海这一段屡遭“损坏”而不能开通。公司老板通过外交途径也没有解决。1874 年 12 月吴淞铁路开始动工，于是大北公司就偷偷地与英商怡和洋行合作，把这一段电线架在铁路电报线路上，从而得到了“平安”的开通。这说明上海吴淞铁路电报通信的开通日期，可能早于铁路通车的日期。

然而，这条全长 14.5 公里铁路的命运却是引人深思的，请看下列时间表：

1876年1月20日	铺轨
1876年2月14日	2公里多试运行
1876年7月1日	全线正式通车
1876年8月3日	发生轧死人事故
1876年8月23日	被迫停止营业
1876年10月24日	清政府将铁路赎回
1876年12月1日	赎金未交清，英商继续营业
1877年10月20日	赎金交清，次日下午火车停运
1877年12月20日	铁路被拆除

清政府为了维护国家主权，不允许外国人首开先例擅自在中国修建铁路，不惜重金赎买回吴淞铁路。可是维护主权的面子有了，而花费大量的银子买来的铁路和铁路通信的新装备、新技术、新的生产力也一股脑都扔掉了，这种做法未免太令人遗憾了。

吴淞铁路拆除后钢轨和器材运到了台湾，准备在台湾修建铁路。然而，资金长期无着落，时过境迁，后来就不了了之了。就这样，我国大地上出现的第一条运营铁路和铁路通信，虽然比世界上头胎老大哥晚生了半个世纪，但也只生存了一年多就痛苦地夭折了。

2 中东铁路

早期各国在华修建的铁路中，以中俄（实为沙俄主导）在东北地区修建的中东铁路（中国东省铁路）规模最大。据史料记载，该路1897年8月开工，1903年7月竣工，修建了西起满洲里，经过哈尔滨，东至绥芬河，再由哈尔滨分岔向南至大连旅顺口，全长约2500公里的“T字形”铁路；同时建成的通信线路线条有6396公里，办理电报的电报局、站130个，使用莫尔斯电报机263台，而且电报系统还可以通过俄国提供国际商用。此时的宽城子（长春）50门磁石电话交换机，以及连接铁路

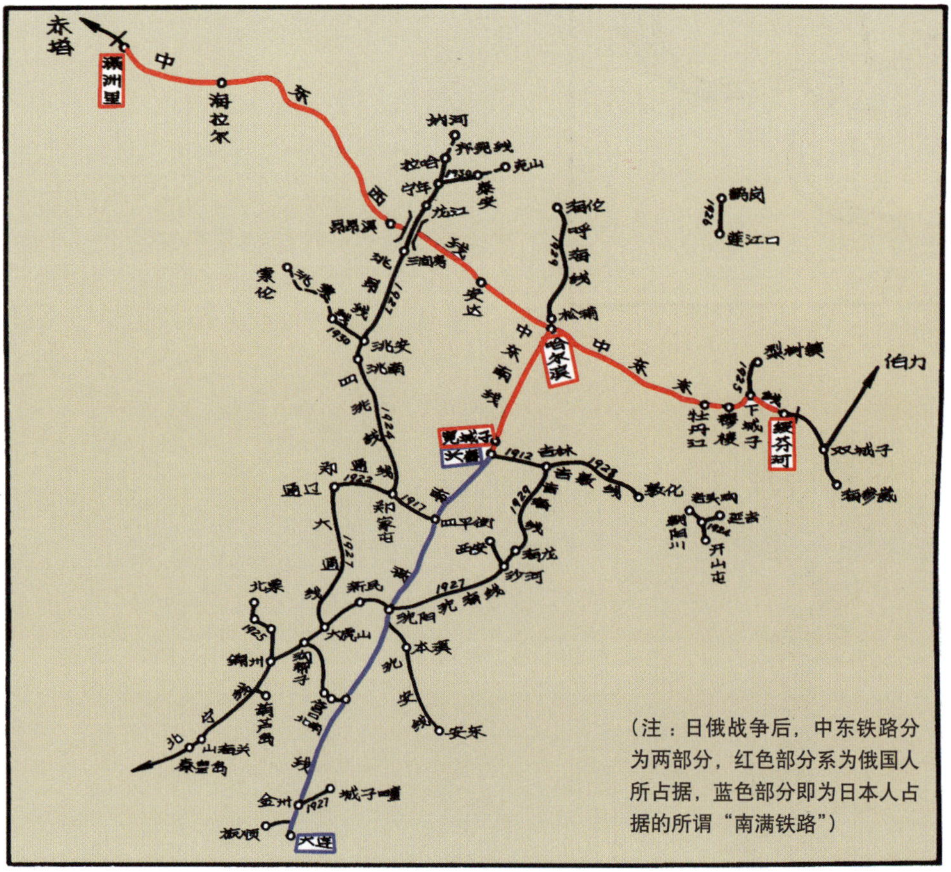

中东铁路地理位置示意图

修筑中东铁路的筑路工人

局机关和沿线300多用户的哈尔滨临时电话交换所，在当时都是比较先进的通信技术装备。

开始修建中东铁路的时候，哈尔滨只是一个普通的农村，但是整个工程却以哈尔滨为中心，向东、南、西三个方向齐头并进。为了铁路施工的需要，就先修了通信电线路，并且于1899年开办了临时电报业务。1901年2月向东修到绥芬河500多公里；1901年7月向南修到大连900多公里；1902年1月向西修到满洲里900多公里。1903年7月14日，中东铁路全线开通的时候，通信线路为架空明线，延铁路埋设电杆径路约2500公里，采用6~8米的素材电杆（没有经过油浸的木材杆）、弯钩瓷瓶上架设1条直径6毫米铁线，后来增为3条，在繁忙区段也有架设5条直径5~6毫米铁线的。电线杆之间的距离为80米。这个时期开通的通信设备为莫尔斯电报机、调度电话和站间电话。电话以磁石式电话、人工交换为主。

使用弯钩瓷瓶的架空明线

1905年日俄战争结束后，中东铁路被分成两段，长春以南称“南满铁路”被日本人侵占。

1905年，大连到长春的电线路由单线回路（最早的电线路都是一根铁线和大地构成回路）改为双线回路（一来一往两根铁线构成回路）。1912年又将木电杆由素材杆改为油浸电杆，杆距由80米改为45米，架设线条的弯钩改为木横担、一根木担上可架设2根、4根或6根线，架设的线条不但数量大为增加、而且除铁线以外还增加了很多铜线。区间每1公里都有电话线引下来，作为员工在铁路沿线临时接入区间电话使用。此外：

——在苏家屯设电杆防腐厂等。架空明线最初大多数使用木材电杆，为了防止腐烂、虫害，采用了用沥青浸泡的油浸木杆。

——增加挂设电报回线的数量；电话回线由单线改为双线，以提高通话质量；为了增加导线的绝缘强度，金属线都是经过瓷瓶架在杆上的；线条多使用铁线、铜线、铜覆钢线（大跨度增强拉力用）等；长途线路由铁线改为铜线，有了铜线以后，线路传输的损失小了，通话距离也长了，调度员指挥列车的区间也长了。

——建立车务专用的调度电话线；沿铁路大站设立电话接线所。

1907 年的哈尔滨中央电话局

此时，在哈尔滨建立了中央电话局、无线电话局等单位。电报、电话向社会开放、对国外经营。1910 年更将哈尔滨中央电话局，改建为中央自动电话局，并于 1921 年 12 月 1 日开通了容量为 3000 门的“史端乔式”步进制自动电话交换机，成为在中国第一个开通的大容量自动电话交换机。

3 中国自建铁路的开端

国外科学技术的迅速发展，使得清朝政府中的有识之士认识到修建铁路的重要性。洋务派人物李鸿章、刘铭传等多次呼吁修建铁路，几经周折，1881 年终于建成了 9.7 公里唐山至胥各庄（今

唐胥铁路地理位置图（转自肯德 1907 年著《中国铁路发展史》）

唐山市丰南区胥各庄镇）的唐胥铁路，这条开滦煤矿的运煤线路是中国人自己建成的第一条铁路。

唐胥铁路的开通，既是中国自办铁路的开始，也是中国自己的铁路通信的开始。当时通信设备是采用西门子莫尔斯电报机作为站间闭塞和通信联络之用。也就是一趟电线杆子架着铁线，车站设有电报机，可以互相联络。1886 年利用电报线开通了风那波式电话，1899 年开始使用磁石电话。

后来唐胥铁路不断向两端延伸，历经 30 年通到了今天的北京和沈阳，史称京奉铁路（奉指奉天，是沈阳的旧称）。

到 1911 年，全国的铁路和铁路通信的线路状况基本一致（通信线路沿着铁路线走），如下图所示。

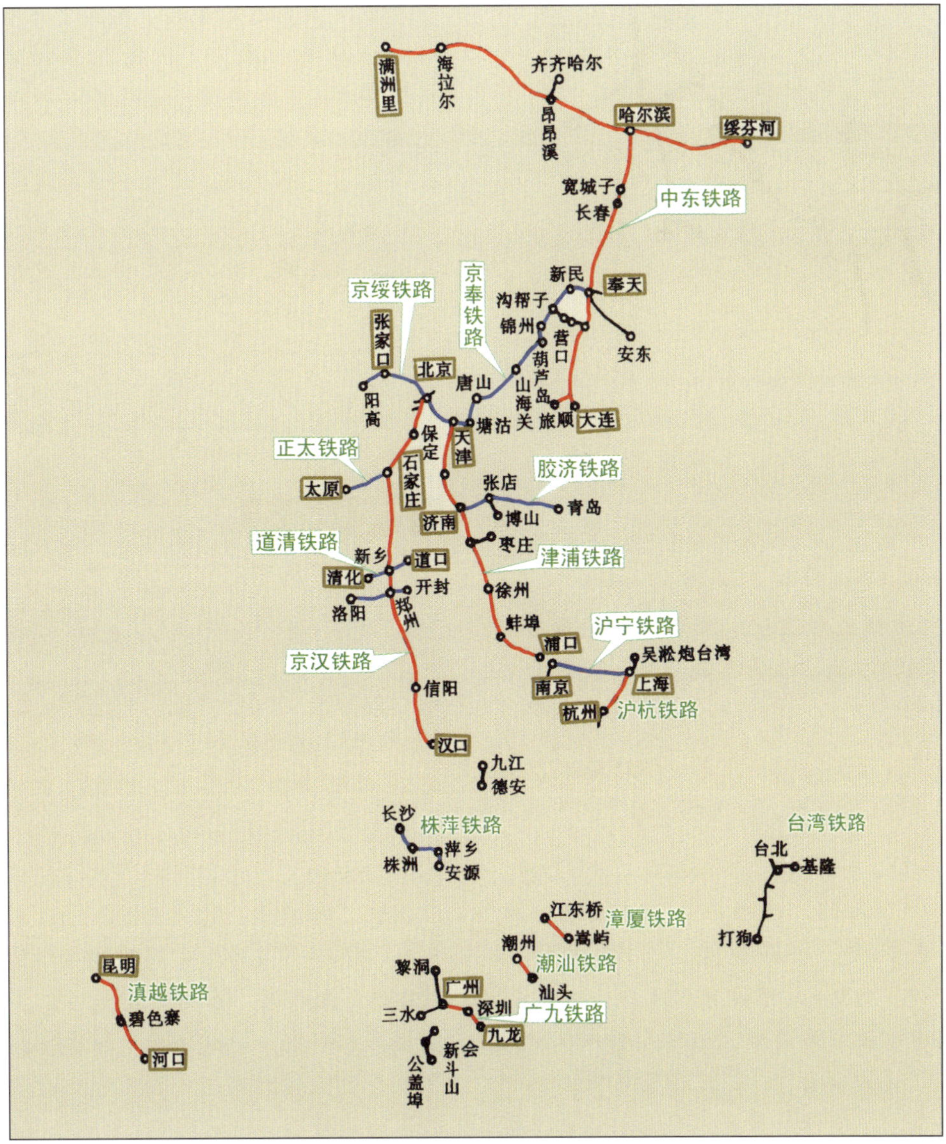

1911 年中国铁路（通信）状况示意图

民国时期的铁路通信

从1911年到1931年，京奉铁路又经历了20年的发展，铁路通信也随着铁路慢慢长大。

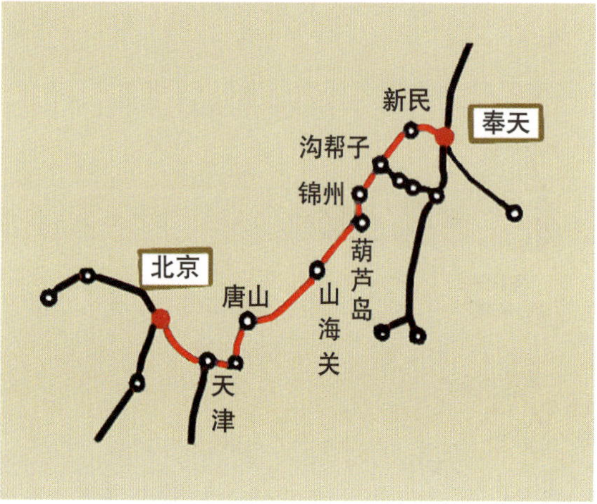

京奉铁路线路图

1931年出版的《交通史路政编》中，对京奉铁路的通信状况有如下的详细记载。

“本路电报线自筑路以来即次第建设，全路各站电报均系西门子莫尔斯电报机，分为两种：一、正电计二百十三架，二、反电计十八架。”

书上还记录着民国十四年（1925年）已有电报线路4790多公里，电报房106个。

“全路各站电话分为6种：磁石式计573架，创设在光绪25年间（1899年），陆续增设；风拿波式计有18处，共用24架，创设于光绪22年（1896年）；电线系借用电报线。

路签电话机分为两种：小路签机每机附设话机一架（系外洋原来）；大路签路牌两机合用话机一架（此项话机原来不带话机，由本课机械修理所自制共计80架）。

自动电话机创设于民国七年（1918年），计总局（位于现天津北站）、东站（即现在天津站）两处共72架。

互通式电话计沟帮子、锦县（锦州）及山海关3处，每处计十架，系在民国四年（1915年）创设，山海关之互通式于民国十五年间（1926年）因10处不敷应用已改30处，磁石式话机至锦县亦因不敷应用于十八年（1929年）改设20处磁石式话机。

调车长途电话在民国十四年（1925年）六月正创设之间全路及支路于是年装设完竣，计总局、山海关、沈阳调度所三处总机4部，各站话机计148架。”

大家可以看到，这一时期的铁路通信仍以电报和电话为主。但是使用的机型却是多种多样的。这里我们来简略介绍一下。

1 电报通信

京奉铁路所用的莫尔斯电报，指由美国纽约的大学教授莫尔斯发明的电报机及其莫尔斯电码构成的电报系统。

莫尔斯电码巧妙地只用短的电脉冲（又称“点”）和长的电脉冲（又称“划”）两种电码（符号），便组合成26个英文字母和10个数字。

英国电影《尼罗河上的惨案》中有个镜头：凶手借蛇杀人，比利时侦探波洛在自己的房间里遇到了眼镜蛇，他只要动一动，毒蛇就会窜上来，情势十分危急；机智的波洛用靠墙的手指在墙上敲了敲，住在隔壁的雷斯上校就立刻持剑冲了进来，刺死毒蛇，解救了波洛。上校怎么会知道波洛遇险了呢？原来波洛在墙上敲的是用莫尔斯电码组成的“SOS”的响声（点—点—点，划—划—划，点—点—点，即三短三

莫尔斯电码

字母	符号	数字	大打符号
A	·−	1	·−−−−
B	−···	2	··−−−
C	−·−·	3	···−−
D	−−··	4	····−
E	·	5	·····
F	··−·	6	−····
G	−−·	7	−−···
H	····	8	−−−··
I	··	9	−−−−·
J	·−−−	0	−−−−−
K	−·−		
L	·−··	数 字	小打符号
M	−−		
N	−·	1	·−
O	−−−	2	··−
P	·−−·	3	···−
Q	−−·−	4	····−
R	·−·	5	·····
S	···	6	−····
T	−	7	−···
U	··−	8	−··
V	···−	9	−·
W	·−−	0	−
X	−··−		
Y	−·−−		
Z	−−··		

发报电键

发报接收机（含电码纸带）

19 世纪 40 年代国外收藏的莫尔斯电报机

长三短），这正是国际上通用的遇险求救信号。

使用莫尔斯电报机由电报员敲击电键发给对方“点”和“划”的组合，对方收报员可以通过纸条或耳机，来收看或收听电码，再将电码翻译成语言或文字。初期，收报用纸带，后来改为音响，短促的“滴”声代表“点”，较长的“答”声代表“划”，发电报时传出“滴滴答答”的声响，由报务员直接录出字符电文。因为莫尔斯电码是英文的，故所有的电报都是用英文发送和接收的。莫尔斯电报机可以用于有线电报，也可以用于无线电报。“头戴耳机、手指电键、滴答妙响”，成为早期收发电报的经典形象。耳机中传出的长、短声音，在电报员的脑海中全是数码、文字或语言。当然，双方使用特定电码通信时，也可以传递机密信息。

19 世纪 70 年代电报传入中国，汉字编码一直是困扰我们的大问题，那时候法国人威基谒（S.A.Viguer）参照《康熙字典》的部首排列方法，挑选常用汉字 6800 多字，用 4 个数字代表一个汉字，编成《电报新书》，成为汉字四码电报的第一代。我国铁路电报前后使用过莫尔斯英文电报、俄文电报、日文电报、汉字四码电报、国音电报、汉语拼音电报……计十余种方式，最后还是采用了新版本的四码电报。

《交通史路政编》中谈到的所谓正电、反电式电报机指的是开路式和闭路式电报机。什么意思呢？开路式电报机就是在电

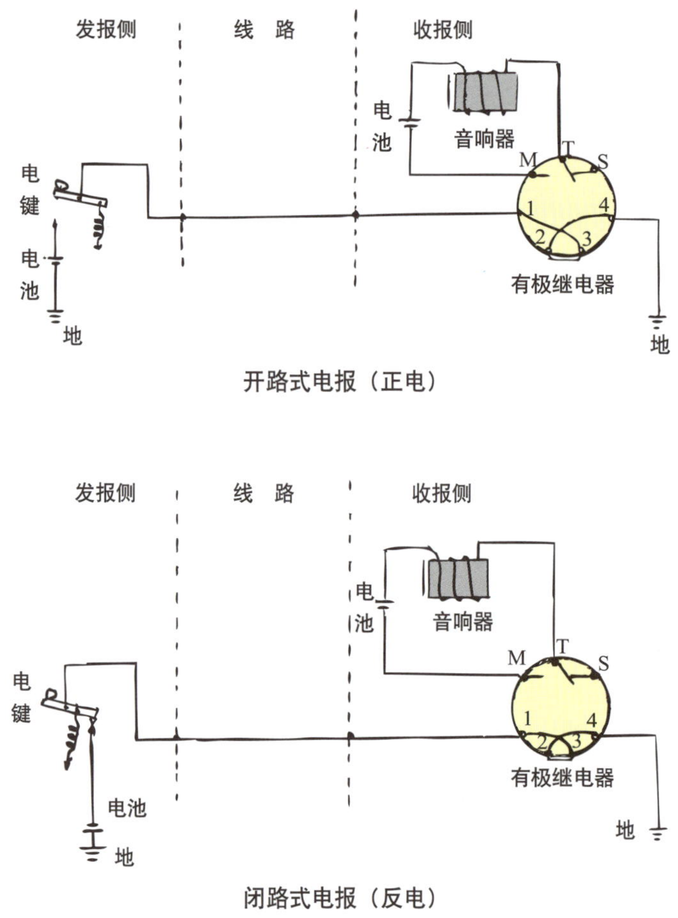

开路式和闭路式电报机原理

键按下时发出电脉冲，而闭路式反之，在电键抬起时发出电脉冲。

2 电话通信

铁路通信不只有电报，还有电话。电报只能发送电码，从发出电报到对方收到电报要经过译报、发报、收报、抄报等多道手续，不能立即得到回答。而电话一旦接通，双方可以立即通话，传递信息，比电报更方便实用。但发明电话比发明电报要困难得多。因为用电线传递电码只要按规定让电路截止、导通就行了；可语音是声波振动，怎样让它从导线上传递呢？在电报发明之后经过了近 40 年的探索，才有了电话的出现。世界上第一个电话发明专利是美国人亚历山大 • 格雷厄姆 • 贝尔（Alexander Graham Bell 1847~1922）于 1876 年 2 月 14 日获得的。

贝尔电话中的关键技术是可变电阻送话器的应用，它发出的电流、可以使受话器产生丰富的听觉信号。他当时使用的可变电阻送话器是液体的：在一个圆筒底部蒙上一层薄膜，薄膜中央垂直连接一根炭杆，炭杆插在硫酸液体里。人讲话时，薄膜受到振动，炭杆同硫酸接

贝尔创造的第一台电话机送话器

贝尔创造的第一台电话机的受话器

贝尔演示第一台电话机的通话

磁石电话用作站间电话（闭塞电话）

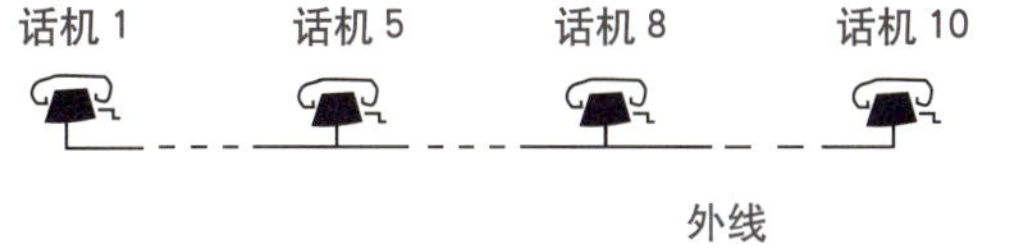

互通式磁石电话

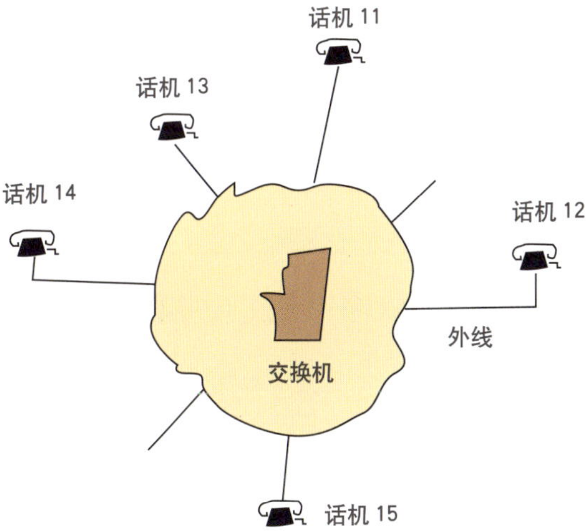

人工交换式磁石电话

触的地方，电阻发生变化，电流随之发生强弱变化。在接收端受话器利用电磁线圈，吸引一个薄膜振动，把电信号还原成声音。贝尔发明的电话，经过多次改进，最后采用了固体炭粒送话器才获得广泛实用。

1876 年 3 月 10 日，贝尔和他的助手第一次向大家展示了电话的通信模型。在此以前，电信只有电报一种方式，从这一天开始就有更便捷的电话通信了。

1931 年京奉铁路已经使用的电话就有磁石式电话、风拿波式电话、路签电话机、自动电话机等好几种。这是些什么样的电话呢？

（1）磁石式电话

磁石电话机本身带有手摇发电机、电铃和送受话器，用发电机发出呼叫铃流，用干电池作送话电源。只要两台电话机搭上线了就可以通话。这种电话，结构简单、机动灵活、不需要复杂的电源和配套设备，在某些特定场合，久用不衰。大家在从前的战争电影片中，经常可以看到战壕里指挥打仗的电话，通话前先转摇把的，多属于这一类。

磁石电话机

磁石电话有 3 种应用方式，一种是车站对车站的闭塞电话（点对点直通方式、也叫站间电话）；第二种为互通式电话（俗称“串电话”），互相之间的呼叫由约定好的铃声变化来分辨；第三种为人工交换方式，所有用户线路都接到磁石式交换机，由电话员沟通双方的通话线。

（2）风拿波式电话

风拿波式电话是我国最早使用的一种电话，创设于 1896 年。它的特点是借用电报线通电话，是一种电报、电话合一的通信装置。

（3）路签电话机

铁路防止列车在区间冲突的方法叫做闭塞，例如在单线铁路某一区间，相邻的两端任何一个车站如果要向区间开出列车，都要事先与邻站联系，确认对方没有向此区间开出列车才行；而一旦本站列车开出后，立刻通知邻站，不得再向此区间开出列车了，这样避免向同一区间同时开进两列车发生相撞事故。

电报原来起着站间行车闭塞的联系作用，后来就被专门的信号设备（路签机、路牌机）所代替。

路签机闭塞要求相邻两站的路签机（互相有电气联系）在同一时间内只能取出 1 根路签，交给司机作为行车进入这两站当中区间的凭证。此时因为取不出第二根路签，任何其他列车便不能再向该区间发车。已取得路签的司机到达邻站后将路签交回，路签送回路签机中，后续列车的司机才能再取出路签向该区间发车。这样，在同一时间，区间内只能有一列车运行，不会发生撞车和追尾，保证了行车安全。但为确保安全，在取出路签时，相邻两站的值班员还必须事先电话联系，因此路签（路牌）机上还装有电话机，叫路签电话机。小路签机每机附电话 1 台；大路签机及路牌机两机合用 1 台电话。

大路签（牌）机电话的工作原理是：

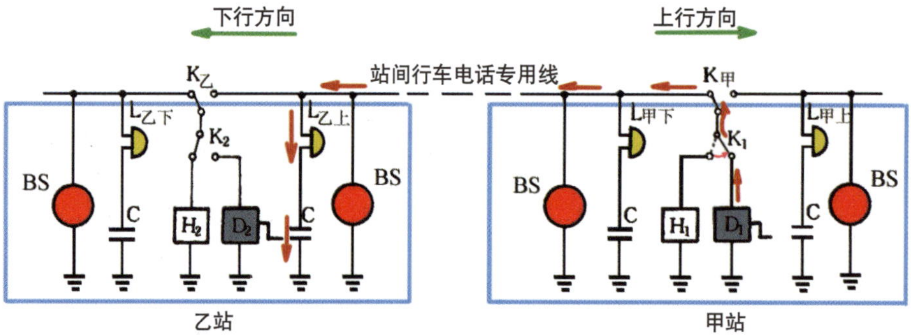

大路签（牌）机电话通话原理（一）

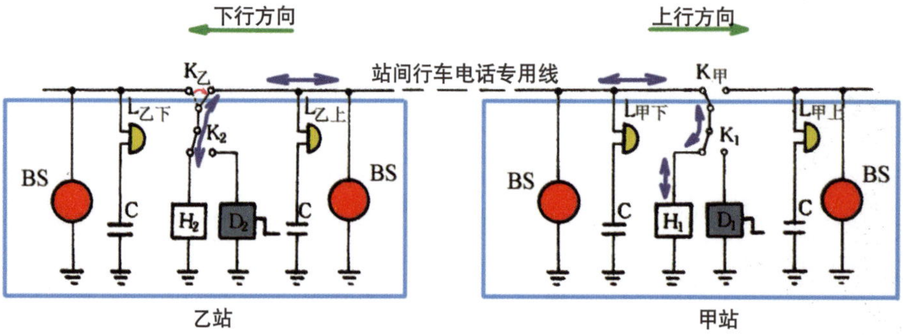

大路签（牌）机电话通话原理（二）

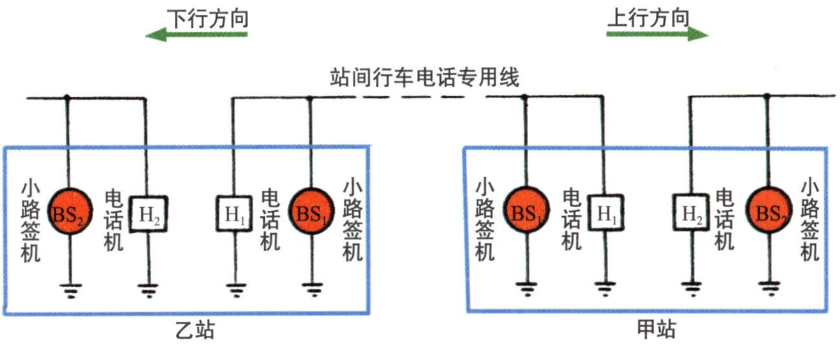

小路签机电话系统构成

当甲站呼叫乙站时，将电话机方向开关 $K_{甲}$ 扳向下行方向，摇动发电机 D_1，手摇发电机内的接点 K_1 转换，将发电机接通外线，送出振铃电流，使乙站的电铃 $L_{乙}$ 上响铃（当停止摇动发电机手柄时接点 K_1 自动返回原位接通电话机 H_1）。

乙站值班员听见上行方向铃响，将方向开关 $K_{乙}$ 扳向上行方向，此时甲、乙站值班员拿起电话耳机即可进行通话。

（4）自动电话机

自动电话机不用人工（电话员）接转，由用户自己拨号接通对方并通话，这种电话带有拨号盘。

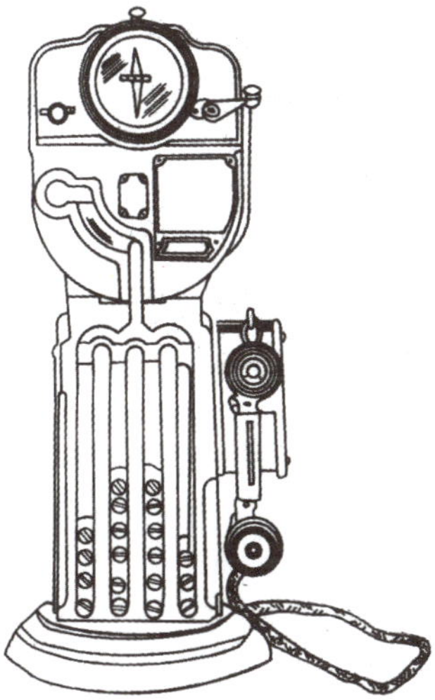

小型汤姆森路签机

3 调车通信

京奉铁路所说的调车长途电话现在叫列车调度电话，是直接指挥运输和列车运行的电话。京奉铁路以前曾用过磁石式的，后来采用机械脉冲式选号调度电话。

这种调度电话属于共线式电话，一个调度员的一对电话线上连接许多车站值班员，调度员的电话为总机，各站值班员的电话为分机。调度员可以单独呼叫某一个车站（单呼），也可以同时呼叫部分车站（组呼），还可以呼叫全部车站（全呼）。打个比方，老师在课堂上课，假如他单独叫某个同学站起来回答问题，这就是单呼；教室里坐的有男生也有女生，假如他叫全体男同学起立，这就是组呼；假如他让全班同学都起立，那就是全呼。

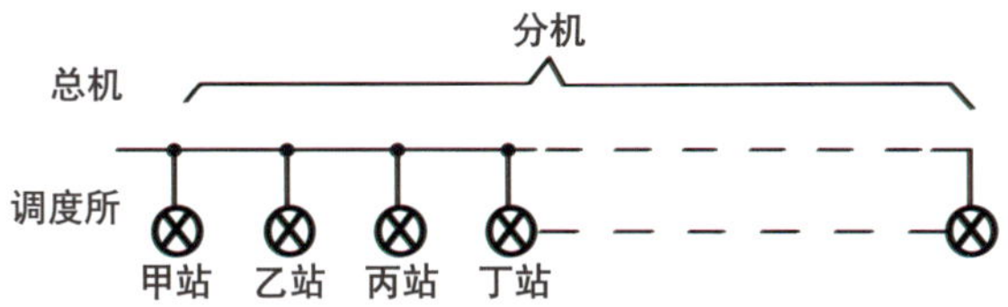

调度电话共线连接示意图

1907 年，美国西电公司第一个生产了专门供铁路使用的机械脉冲式选号调度电话，简称**西电式调度电话**，这是铁路通信技术发展的一大进步。

机械脉冲式选号调度电话是如何实现这些功能的呢？

它是利用旋转中的机械圆形齿轮的凹凸部分，来改变电路的断开或闭合，从而向外线送出 17 个电脉冲的组合，组合的方式分为 3 种：

——调度员单呼时，17 个脉冲分 3 组发出，每一组的脉冲总数都是 17，例如 3 个脉冲 +6 个脉冲 +8 个脉冲、4 个脉冲 +4 个脉冲 +9 个脉冲、5 个脉冲 +5 个脉冲 +7 个脉冲……，每一组号码代表一个车站。这样的组合共有 78 种，即 1 条回线上最多可安装 78 台车站电话分机。车站的电话分机上有选别器来识别自己所对应的号码。号码选对了，电话铃就响，调度员和该站值班员即可通话。

——调度员组呼时，将 17 个脉冲分 2 组发出，每一组的脉冲总数仍然是 17 个，如 4 个脉冲 +13 个脉冲……

——调度员全呼时，就将 17 个脉冲一次发出，即连续不断地发出 17 个脉冲，这时所有车站都响铃，大家可以一起接受调度员命令。

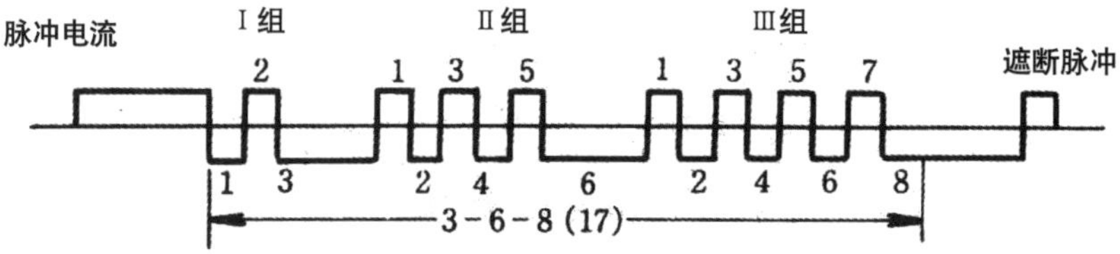

(a) 单独呼叫脉冲波形图

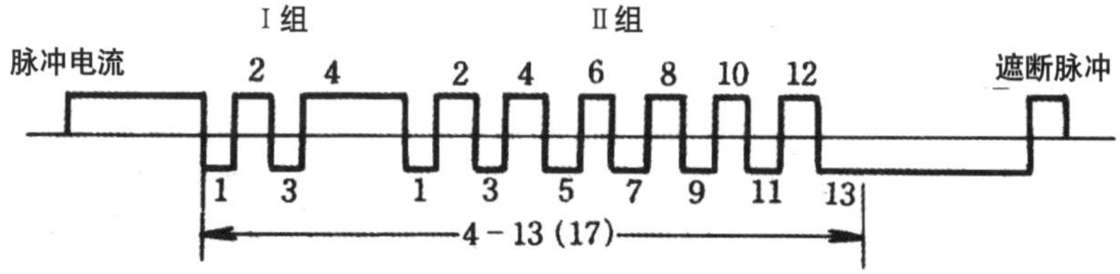

(b) 部分呼叫脉冲波形图

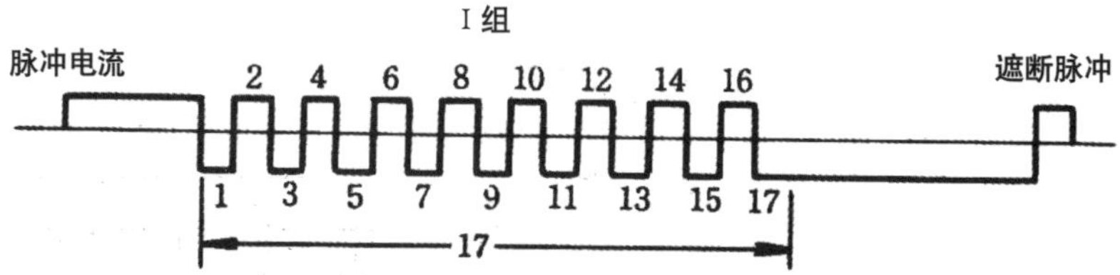

(c) 全部呼叫脉冲波形图

（图中脉冲电流波形从高位到低位是一个脉冲、从低位到高位也是一个脉冲）

脉冲选号波形图

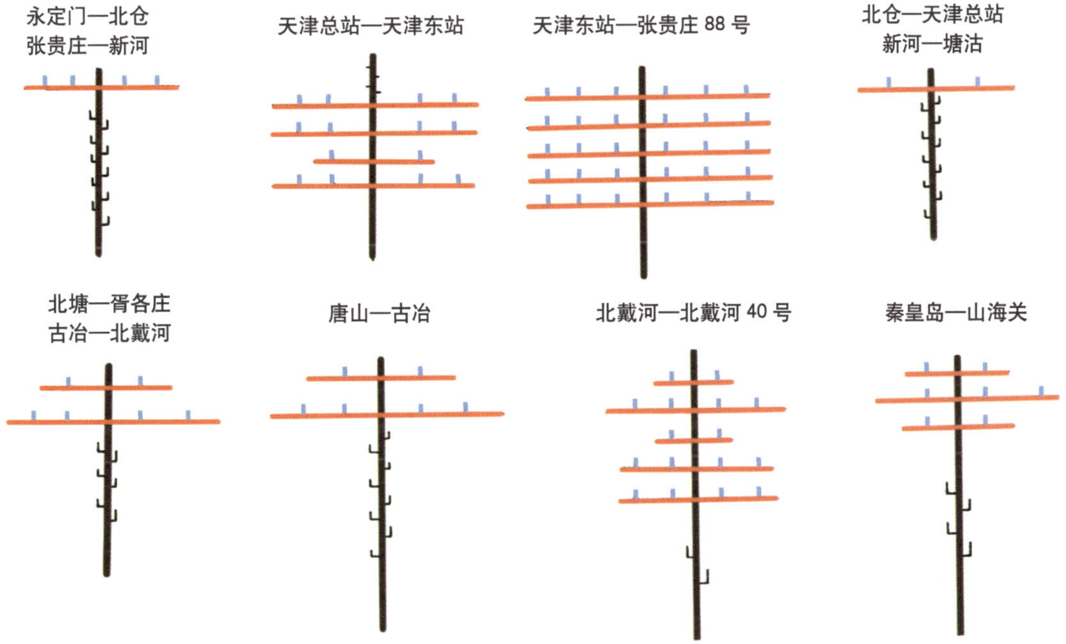

1936 年京山线（北京至山海关）各种架空明线杆面形式示意图

1931 年京奉铁路的通信设备大致如此。民国时期的中东铁路通信又有什么发展呢？

1921 年，在大连—长春开通了“司令电话”，即列车调度电话，采用的也是西电式调度电话。这种型号的调度电话设备是代替磁石式调度电话而生产的新产品。它使调度员选叫车站时更加方便、省力，车站分机也有了自己的地址号码（被呼叫时只此一家响铃），有组呼（呼叫一组车站）、全呼（呼叫全部车站）性能，呼叫准确率大为提高。

脉冲选号式调度电话用的选别器

1928 年，在大连—长春又开通了“配车电话”，即货运调度电话，可通过电话员转接各站互相呼叫，而不像列车调度电话那样，只能由调度员呼叫车站。

1930 年，在大连—沈阳间开通了 3 路载波机，使用载波机可以在 1 对回线上同时开通多路通话。以后又陆续增开各个方向的长途电话，在中国北方形成了局部铁路通信网。

从 1932 年到 1945 年，东北、华北、华中各线铁路通信开始分片联网，其中尤以东北、华北区域的铁路通信联网规模较大。东北、华北与华中地区之间也有中继线联接。

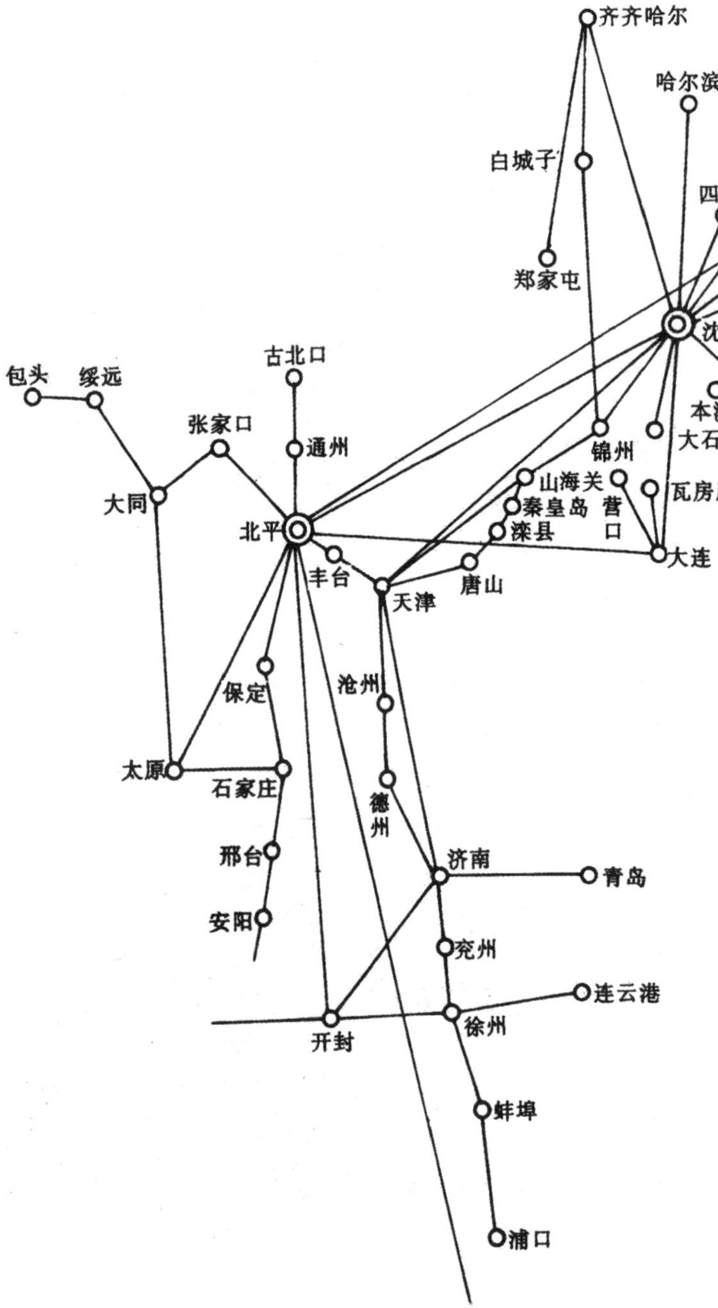

1940 年前后以沈阳、北平为枢纽的铁路载波电话网图

20 世纪 30 年代，铁路通信主要靠架空明线实回线和少量的日式单路、3 路载波电话机构成东北、华北地区的长途电话网。1947 年引进英国 3 路载波机，开通了武昌—衡阳的长途电话。所谓“实回线”即一对线路只能由一对用户通话。使用载波机则可使一对线路上有几对用户同时通话，3 路载波机可使一对线路上有 3 对用户同时通话。

民国时期的铁路通信，虽然技术上不断有所发展、局部通信网也初步形成了，但主要技术及产品都是来自国外，像载波机、自动电话、选号式调度电话、电报等设备。不仅如此，重要的通信岗位、主要的技术工作，大多是由外国人承担。

新中国的铁路通信

1949年新中国成立之初，铁路通信电线路总长只有22020公里，线条延长29万多条公里，干、局线载波电话163个话路，低频通话话路323路，调度电话20602公里，磁石、共电、步进制自动电话交换机、电话所180处。

1949年1月10日，中国人民革命军事委员会铁道部在石家庄成立，当时有线通线网遭受了严重的破坏。铁道部在军队的支援下，首先建成了为领导服务的短波无线电台，完成的第一项任务就是通知各解放区的铁路负责人参加1949年1月28日在石家庄召开的、由军委铁道部部长滕代远主持的铁路工作会议。

1949年5月，中国人民革命军事委员会主席毛泽东，副主席朱德、刘少奇、彭德怀、周恩来签署委任令："兹委任荆振昌为中国人民革命军事委员会铁道部电务处处长。"

1950年3月3日，中央人民政府政务院总理周恩来又签署任命通知书，任命荆振昌为铁道部电务局局长。

荆振昌（1911~1981年）是一位老红军，长征途中掌管过无线电通信工作，后两度长期担任铁道部电务局局长。铁道部成立之初，他在铁道部的领导下，组织全路电务职工，开展了一场又一场的"恢复铁路、抢修通信"的攻坚战。

荆振昌

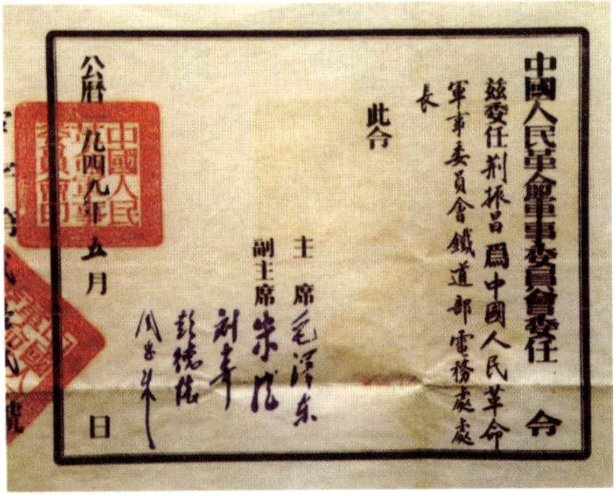

中國人民革命軍事委員會委任令

茲委任荊振昌為中國人民革命軍事委員會鐵道部電務處處長

此令

主席 毛澤東

副主席 朱德 劉少奇 彭德懷 周恩來

公曆一九四九年五月 日

1949年中国人民革命军事委员会对荆振昌的委任令

中央人民政府政務院任命通知書 政字第 號

茲經政務院第廿二次政務會議通過任命荊振昌為中央人民政府鐵道部電務局局長

特此通知

總理 周恩來

一九五〇年三月三日

1950年中央人民政府政务院对荆振昌的任命通知书

1 抢修通信设备

铁道部成立后的第一件事就是修复被战争破毁的铁路，电务局则组织全路电务人员实施“铁路修到哪里，通信信号就跟到哪里”的工作方针。从战壕里拉回电杆、电线，在废料堆里找回电子器件……1949年末，终于联通了铁道部至沈阳、北京、济南、上海、郑州和衡阳6个铁路局之间的长途电路，并逐步沟通了各铁路局对其所辖的铁路分局（办事处）以及分局对主要站、段之间的长途通信；开通了铁道部至沈阳局、北京局、济南局、上海局和郑州局之间的干线会议电话。为铁道部指挥运输、下达命令和协调工作提供了有力的通信联络工具。

截至1950年底，铁道部共恢复和新建了通信电线路22 778公里、调度电话27 225公里、电报所408处、电话所255处，联通长途电话通路797条、电报通路191条，初步形成了以铁道部为中心的部、局、分局三级全路长途通信网。

2 学习苏联经验

1949年10月1日，中共铁道部党委就作出了“关于在人民铁道建设中学习苏联先进经验的决定”。那时候西方一些发达国家对新政权不了解，甚至采取经济和技术封锁的敌视态度，学习苏联经验是发展技术的唯一途径。铁道部请来了一位苏联电务专家，名字叫敏世可夫，担任电务局的技术顾问。

1952年，铁道部举办了全路电务干部培训班，由敏世可夫讲课，来自全国各铁路局的80多名干部接受了培训。此外，电务局还选派了13名通信信号专业人员赴苏联实习。以后又2次派代表团赴苏联考察铁路的先进管理经验和专项技术经验。他们中有些人后来成为管理干部、技术专家，像种子一样、开花结果。

当时我们的脉冲调度电话设备、集中电话机、第一代列车无线调度电话设备……都是由苏联提供样机、制造图纸，我们组织人力仿制的。20世纪50年代，铁道部电务设计事务所（现通号公司研究设计院）的技术人员就曾与苏联有线通信、无线通信、铁路信号、信号器材等方面的11名专家一起工作，接受技术指导、进行工程勘察设计长达两年之久。

3 强化“四大方面军”

铁路通信自诞生以来，为了保证不间断地使用，逐渐形成了一支维护和管理队伍；为了较大规模地建设通信电线路又产生了工程队伍；为了通信设备器材的加工、修缮又建立了修配厂；为了培训各级技术人员，铁路一开始就有自己的大学，还有各个专业的技术学校，这样就形成了维护管理、工程施工、加工修配、教育培训的“四大方面军”。

建国初期，铁道部为了加快铁路通信的发展，对这四大方面军都有所强化。在铁道部的统一领导下，形成了强大的铁路局维护管理体系；新组建了设计院、工程局建设体系；逐步完善了通信工厂工业体系；发展了铁道科学研究院、交通大学通信专业的教育科研体系。四大方面军共同努力、分工合作，大大地推动了铁路通信的发展。

（1）解决“粮票”不够吃的问题

在计划经济时期，城市居民的口粮实行定量供应，买粮食要凭粮票。当时铁路通信的主要设备、元器件，也要靠有关部门分配“粮票”才能得到，即实行计划分配定额。铁道部的通信设备“定量”严重不足，再加上铁路专用通信的种类多、品种杂、批量小，国内找不着供应工厂。于是铁路就把一些原来的通信修配厂扩建为工业生产厂，以满足铁路发展的需要，先后成立了北京二七（长辛店）通信工厂、上海铁路通信工厂、资中铁路通信工厂（后为成都铁路通信工厂）、焦作电务器材厂（后为焦作电缆厂）、天水电缆厂等。截至20世纪80年代中期，铁路通信工业提供了全路90%以上的载波机；100%的调度电话装置、会议电话总机和分机、长途自动接续机和站场集中电话机；85%的纵横制自动电话交换机……大大地缓解了“粮票”紧张的问题。

除此之外、铁路通信工业还为全路通信装备提供了随时随地的售后服务（因为要保障铁路不中断运输，这一要求十分重要），并为保证铁路通信技术标准化的贯彻执行等发挥了巨大的作用。

（2）解决人才不够用的问题

中国铁路始终重视通信人才的培养，1899年京奉、津浦铁路就设有电报学校。1949年前，交通大学共培养各类通信人才约738人。新中国成立后，铁路高等学校和中等专业学校培养的通信人才大约3万人，还有大量统计不清的技术工人。分布在全国铁路的这些人才，就成为半个世纪以来发展铁路通信技术的生力军。

（3）向重点工程建设“借东风”

重点铁路工程受到国家重视、组织领导强、资金物资有保证，对于铁路通信来说就便于集中资金、集中时间、集中力量攻克技术难关，迅速提高技术水平。铁路通信建设中几个具有历史意义的飞跃，都是借助国家重点铁路工程建设项目，实现了技术跨越，迈上了新台阶的。例如：

——明线走向电缆，1960年通过宝鸡—凤州段第一条电气化铁路工程突破；

——对称电缆走向小同轴综合电缆，1975年通过成（都）昆（明）铁路工程突破；

——铁路长途、区段通信光缆化，1988年通过大（同）秦（皇岛）铁路工程突破；

——同步数字系列（SDH）大容量光数字通信，1996年通过（北）京九（龙）铁路工程突破。

这4次通信技术上的突破，被誉为铁路通信发展的“四大里程碑”。

（4）建立完整的维护管理系统

前面说过，铁路通信信号设备的大修、中修和日常养护维修，都是在电务部门的管理下。全路有完善的管理机构，有必要维修检测基地，制定了完善的规章制度，建立了设备履历簿，同时配合公安机关严厉打击盗割通信线路犯罪活动。

过去在电务段的通信业务管理下设有电报所、电话所、通信领工区、通信试验室、通信检修所、无线检修所以及通信中修队等。各个领工区除有载波室、自动室（自动电话交换机）、机械室、电源室外，下设通信、电缆、光缆、广播、列车广播、打字（维修电传打字机）等各种工区。

现在在铁道部、铁路局和铁路办事处所在地都设有铁路专用通信机房（包括调度、会议、传输及集中网管机房），此外在铁路沿线还设有有人值守站通信机房及无人值守中间站机房。通信段下设有线通信综合车间、无线通信综合车间以及普通通信车间等，车间下设专用通信综合工区和普通通信工区，每个通信工区管辖范围在交通不便的情况下单方向延伸不超过3个区间，在交通便利的情况下单方向延伸不超过4个区间。

铁路通信的工区深入到铁路沿线各个站段，对通信设备和通信线路进行日常维护，通信机房的值班人员昼夜不停地保证通信设备的正常使用。全国铁路各个单位，包括移动中的机车司机，被一张看不见的传播通信电波的“大网”全面覆盖，确保了庞大的铁路系统有序运转。

4 百年发展回顾

新中国的铁路通信，经过恢复时期，随即迈入了快速发展时期，直到20世纪末，始终茁壮成长！

铁路通信网是由传输线路系统（通信线路）和通信站设备（载波机、交换机等）组成的，它的用户终端和分支设备分布到铁道部、铁路局，以及基层的车、机、工、电、辆……各个单位，甚至到个人。其中通信传输系统像一张大网，将各个通信站连接起来；而设有交换设备的通信站要把来自四面八方的信息，经过交换、处理送达目的地，是通信传输和交换的汇合点。传输系统和交换系统这两项工程投资巨大、建设周期长、技术含量高，最能代表通信技术发展和服务的水平。因此，我们重点看一下通信传输设施和通信交换设备的升级换代和变迁过程，即可了解20世纪我国铁路通信的技术发展情况。

下图说明以有线传输线为代表的架空明线、电缆（包括小同轴综合电缆）、光缆的发展趋势。其中，架空明线至1982年左右达到最长距离，然后下降了一半，被后来居上的电缆所取代。而从1990年起，光缆又迅速发展起来，很快其敷设公里就与对称电缆并驾齐驱，达到同样水平。

从1903~1998年铁路电话交换机装机容量发展情况图中可以看出，在1958年前后，步进制自动电话交换机的规模开始达到磁石式人工交换机的水平，之后持续发展；而到1978年前后，纵横制自动电话交换机开始达到步进制交换机同等规模，以后步进制交换机装机容量逐步下降，被纵横制交换机所取代；1984开始引进了程控交换设备，此后迅速增长，至1995年开始取代纵横制交换机。

中国铁路通信经历了百多年的发展，始终跟踪通信领域的发展前沿，至今已形成技术先

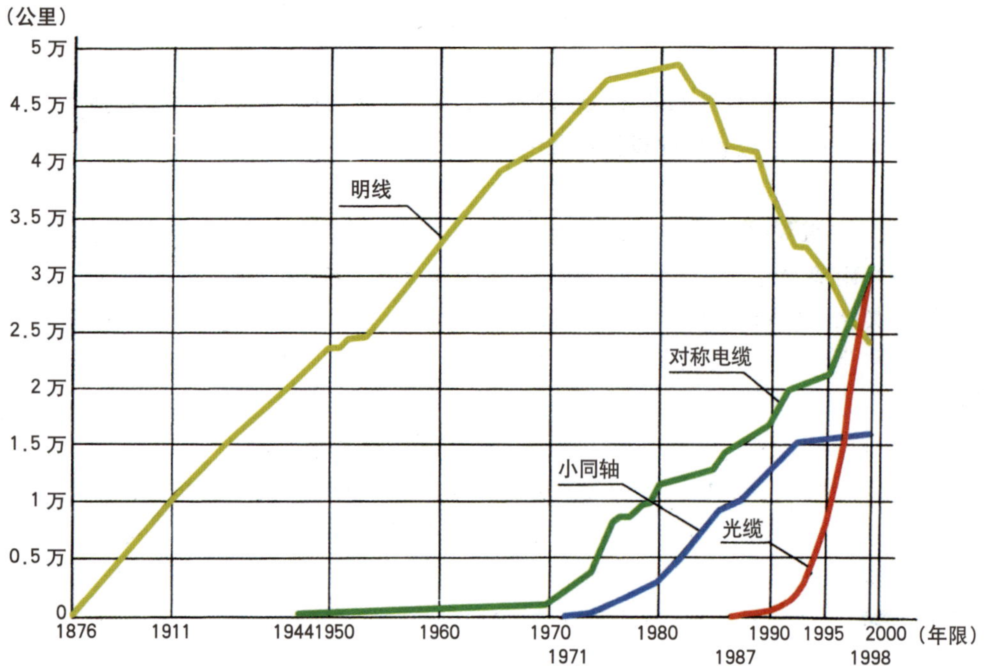

1876~1998年有线通信传输媒体发展情况

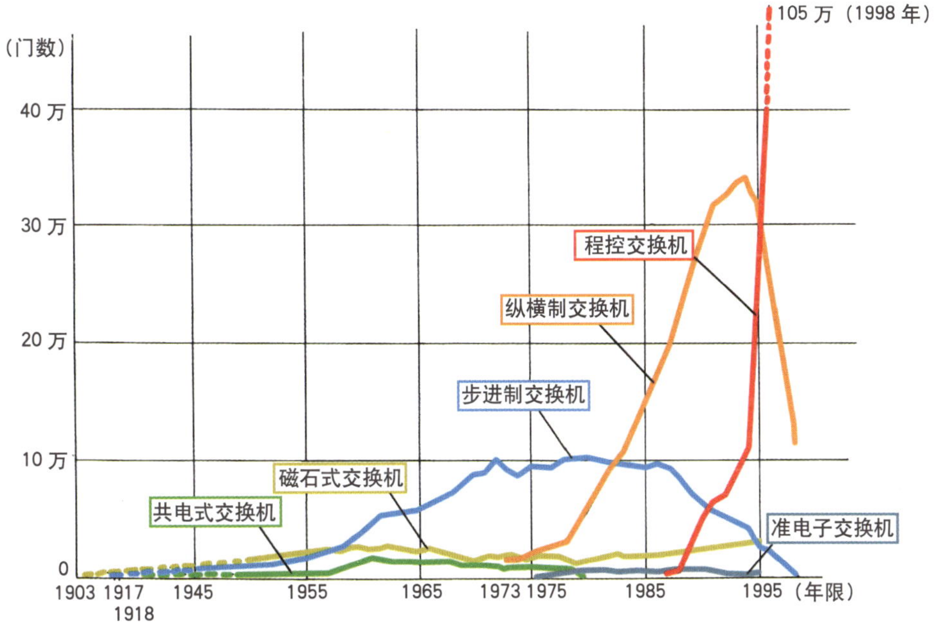

1903~1998 年铁路电话交换机装机容量发展情况

进、功能齐全、自成系统的通信网。随着计算机技术的发展，计算机数据网络也正在铁路上发挥着巨大的作用，铁路通信已成为铁路信息化的公共基础平台，如今正向着大容量、综合业务的数字通信网络方向发展。

第3单元

万里通信一线牵

WANLI TONGXIN

WANLI TONGXIN YI XIAN QIAN

I XIAN QIAN

通信是为了实现信息的传送与交流，没有信息的传输就谈不上通信了。而信息传输就是把从甲方（信息发出者）发出的信息，通过传输通道（信道）传给乙方（信息接收者）。但是在一般远距离通信的情况下，不像两个人面对面说话那么简单，为了有效地利用信道进行传输，在发送端需要将所传送的信息变换成适当形式的信号（电信号或光信号），在接收端再将这些信号反变换成原来的信息，同时在传输过程中还免不了会有一些噪声干扰。整个过程，用一个最简单的模型来概括，至少要包括 6 个部分。

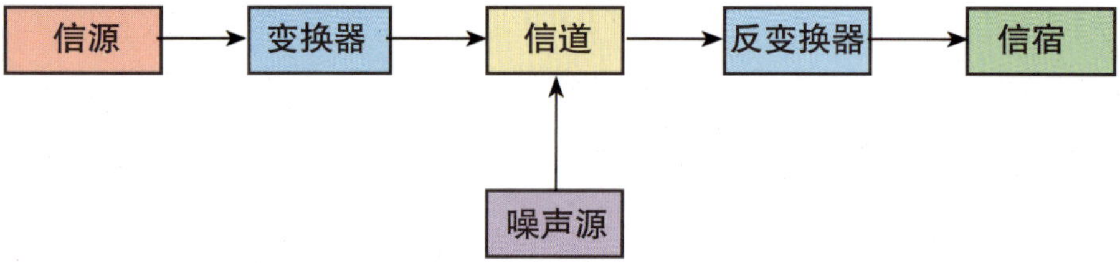

通信系统一般模型

——**信源**就是信息的发出者，是产生各种信息（语音、文字、图像及数据等）的源头。常见的信源可以是人（如打电话），也可以是机器（如电报机、摄像机、电传机、计算机等）。

——**信宿**指信息的接收者，可以是人或机器。

——**变换器**的功能是把信源发出的信息变换成适合在信道上传输的信号。

例如，在模拟电话通信系统中，变换器由送话器和载波机（包括放大器、滤波器和调制器等）等组成，其中，电话上的送话器将人发出的声音变换为电信号；载波机将送话器输出的电信号搬移到频率更高的载波频率上，以便在同一信道上可以同时传输多路通话（多路复用）。 而对于数字电话通信系统来说，变换器则包括送话器和模／数变换器等。模／数变换器的作用是将送话器输出的模拟话音信号变换成适合于在数字信道中传输的数字信号。

——有变换器就有反变换器。**反变换器**作用与变换器相反，它将从信道上接收的信号变换成与发送时相同的信息，即完成译码功能，使接收者可以接收。同时要求它能够从受干扰的信号中最大限度地提取信源输出的信息，并尽可能复现信源的输出。对多路复用信号，还要解除多路复用，实现正确分路。

——**噪声源**并不是我们所希望的，但在实际通信系统中它总是客观存在，所以在一个通信系统中必须正视它的存在，想办法来抑制它的影响。噪声来自各个部分，从发出信息和接收信息的周围环境、各种设备的电子器件，到信道外部电磁场的干扰，都会对信号产生噪声影响。

——**信道**，通俗地讲就是信号传输的通道，信道有时也称为**通信线路**，可以由不同的传输媒介组成，分为有线和无线两大类。有线通信线路的传输媒介有架空明线、电缆、光缆等；无线通信线路传输媒介就是自由空间（大气层、对流层、电离层等），包括中短波、微波、卫星等种类。

如此看来，通信系统其实并不简单，中间要经过许多环节和设备。上述模型还只是一对一单向通信系统，即由甲方向乙方传送信息，例如广播电视；而实际通信往往是双向的，即甲、乙双方每一方既是信源同时又是信宿，例如我们打电话，双方都可以讲话。不仅如此，实际通信多半还有多个用户（它们既是信源也是信宿）同时进行双向通信，此时为了有效地利用线路，需要在信道中加入交换设备，于是就将组成通信网络（有关交换设备我们将在本书第四单元中介绍）。

在有线通信中，特别在长途通信中，正是条条通信线路，连接起千家万户。因为通信线路的投资巨大，而且线路的技术水平和质量，对通信质量至关重要，因而成为整个通信系统的重要组成部分。

- 通信线路
  - 有线通信线路
    - 架空明线
    - 电缆
      - 对称电缆
      - 同轴电缆
    - 光缆
  - 无线通信线路
    - 中波
    - 短波
    - 微波
    - 卫星

通信线路分类

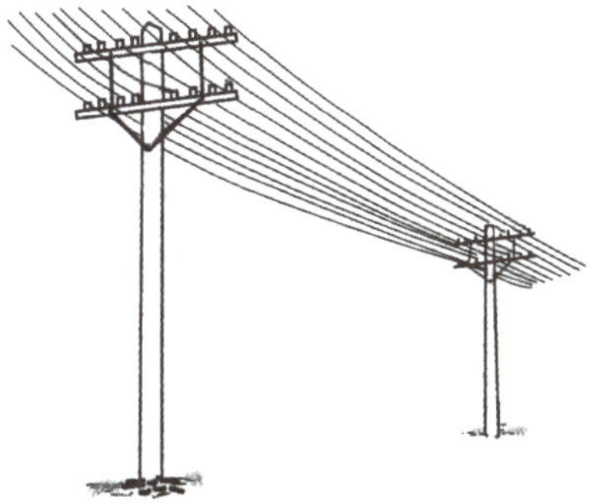

架空明线

我国铁路通信线路，经过了几代的发展。20世纪50年代初期以架空明线为主，50年代末期，随着第一条电气化铁路宝成铁路宝鸡至凤州段的修建，为解决牵引供电系统的电磁干扰问题，开始了对称电缆的研制和敷设。1965年在成昆铁路施工中又开始推广小同轴电缆，扩大通信传输通道。随着数字通信的发展，铁路逐渐停止模拟通信系统的发展，着手进行数字化改造。自1980年起，中国铁路开始发展光纤通信，至今它已逐步成为铁路通信传输网的骨干。

修建成昆铁路时在大渡河畔架设通信架空明线情景

明线改造　载波“提速”

1 明线改造挖潜力

1953年，我国开始了第一个五年计划，铁路运量大幅度增长，新线铁路大规模建设，原来传输3路载波的架空明线，已满足不了话务量增加的要求。因此铁道部要求对当时2万多公里的架空明线进行技术改造，从原来只能传输30千赫的频率提高到150千赫。这样就可以每对铜线开通一个12路载波。同时还要求一趟电线杆上能开通多个12路载波。

铁路通信明线使用的导线一般是直径3毫米的硬铜线（或用截面积16平方毫米的钢芯铝绞线代替）和直径4毫米的镀锌钢线（俗称铁线）两种，前者用于长途干线通信，后者用于较短距离的区段通信。大家别以为架空明线很简单，只需把铁线、铜线用绝缘瓷瓶随便架在电线杆上就行了。其实不然，一开始只有一根线时这样做还可以，像吴淞铁路电报线那样；线条一多、距离一长，就不行了。一趟电线杆路，经常要架十几对电线、或者更多，它们互相之间不可避免地存在电磁感应，同时还有外界电磁场的干扰，造成电话互串（通话中突然听到别人的通话）和杂音。例如，有2对回线（一来一往称为一对“**回线**”）并行，在A回线上传送话音时，在B回线上的耳机中也能听到，这就是串音现象。我们称A回线为主串回路、B回线为被串回路。为什么有串音出现呢？是因为架空明线暴露在大自然环境中，没有任何屏蔽，传输线中不断变化的电流，相当于变化的电磁场，就会对外辐射，频率越高，辐射越大。因此，受串音限制，传输线路中电流的频率不能很高。

串音的规律是什么呢？主串回路中强弱按照话音规律变化的电流，通过辐射感应到被串回路时，被串回路的感应电流与主串回路中话音电流，方向是一致的，都是从甲地到乙地（沿线路左侧），再从乙地回到甲地（沿线路右侧）。

解决串音问题，首先电线杆上的线间距离、相对位置都要严格规定好，同

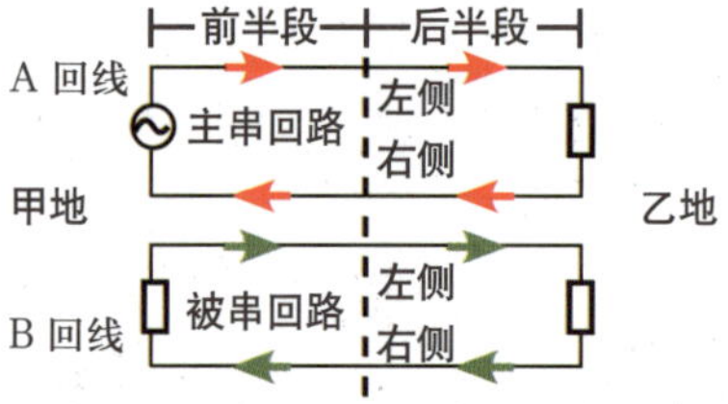

串音的发生

一对回线的两根导线间的距离尽量靠近，并行的两对回线之间的距离尽量远离，这样可以在一定程度上减弱串音。为此，铁路规定有基本杆面型式要求。但在架空明线的横担上，这样做是有一定限度的，因为横担不可能太长，横担间距也不可能很大。

明线电线路（右侧电杆上第一排横担左起第二位有4个瓷瓶处即为交叉点）

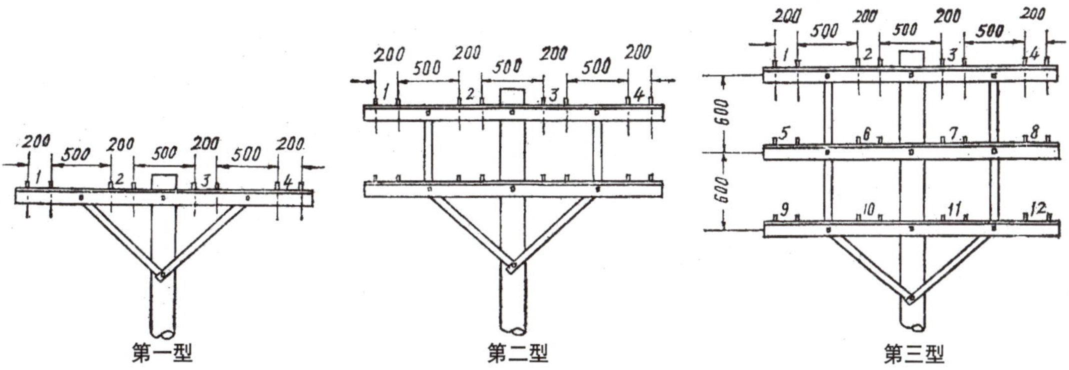

明线架设的基本杆面型式（单位：毫米）

在通信技术名词中有一个叫做“交叉”的术语，是解决串音问题较好的方法。**交叉**，就是一对明线并行一定距离以后左右交换位置。如果在被串回路的中点作交叉，则被串回路中同一线路前后两半段的串音电流正好方向相反，因而互相抵消，从线路两端来看，可看成串音电流为零。如果将主串回路在中点作交叉，效果也是一样的。

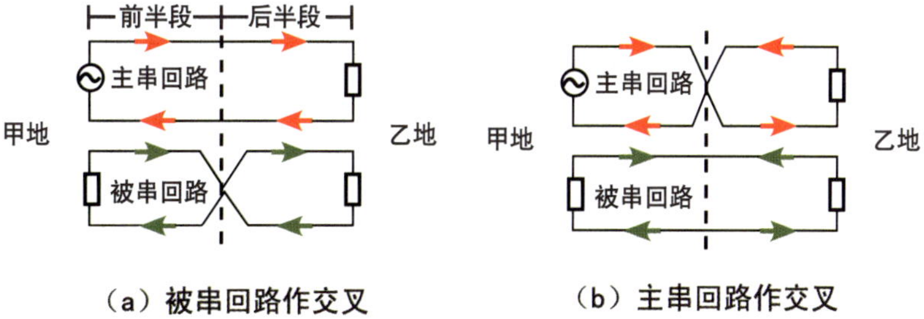

交叉减弱串音的原理

采用交叉削弱了串音后，明线上的传输频率就可以大为提高。传输频率提高后，同一对回线中传输的话路可以增加。例如，原来一对铜线实回线，传输频率 4 千赫（音频），只解决一对用户的通话问题；交叉后，传输频率可达 30 千赫，满足 3 对用户的通话（使用 3 路载波机）；改变交叉制式，传输频率还可达 150 千赫，满足 12 对用户的通话（使用 12 路载波机）。20 世纪 80 年代，在长沙至广州间，把架空明线铜线的传输频率从 150 千赫提高到 530 千赫，使一对铜线可开通多达 52 个话路。

铁路的架空明线线路从其诞生以来，经过不断改造，电杆由木杆到油材杆到预应力混凝土杆；杆距从不规则的 80 米、60 米到标准的 50 米；杆面型式从比较随意的弯勾、2 线横担、4 线横担到标准的 8 线横担；线路从无交叉到有交叉，传输频率从音频到 30 千赫到 150 千赫到 300 千赫到 530 千赫，同一杆路可同时开通 8 个、10 个 12 路载波；一对铜线从传送一个音频电路到传送 52 个话路。随着技术的不断发展，铁路通信架空明线电线路的总里程在 1981 年达到了顶峰（48139 杆路公里），以后由于同轴电缆、对称电缆的出世，明线呈逐年递减趋势，直至被淘汰，然而在百余年来的通信发展中，明线线路功不可没。

2 贡献巨大的载波机

前面我们已经讲到，用载波机可以在一对回线上开通多路通话。

用一对传输线传送几路甚至上百路多路信息的方法称为**复用**。复用可以大大提高通信的效率。最早在通信中的复用方式为频分复用（FDM），意思是以频率来分隔话路的复用技术，它是在一对传输线上同时传送不同频率的多路信号。显然，在一对传输线上同时传送的不可能都是话音信号，因为人的话音都处在300~3400赫兹的同一个音频的频率范围内，同时传送那就成了串音，几个人同时讲话，哇啦哇啦谁也听不清。要把不同的话音区分开怎么办？可以利用高频信号，让每个人的话音分别搭载在不同的高频信号上（也叫频率搬移），这几路高频信号的频率不同，互不干扰，就可以同时传送了。打个比方，频率搬移的过程，有点像公铁两用桥的引桥把汽车路抬高，让汽车在桥的上面走，而火车在下层走，这样一座桥上就可以同时又走汽车又走火车而互不干扰。

怎么让话音信号搭载在高频信号上呢？频分复用的办法叫做调制。载波机就是用来进行调制和反调制的。**调制**的过程是以原有的话音信号为调制波，将电子振荡器发出的高频振荡正弦波信号作为**载频波**（也叫“**载波**”或“**载频**”），然后用调制波控制载频波的幅度、频率或相位，形成已调波。具体调制的方法有调幅、调频、调相3种。

——**调幅**是让载频的幅度随着调制波的变化而成比例地改变，经过调幅后的已调波叫**调幅波**。我们从其幅度变化中可以看到所要传送的话音信号的模样。

——**调频**是让载频的频率随着调制波的变化而成比例地改变，经过调频后的已调波叫**调频波**。我们从它的疏密变化中可以感受到原始调制波的变化。

——**调相**是让载频的相位角随着调制波数值的变化而成比例地改变，这一点我们无法直观地感受到，但仪器设备可以分辨。经过调相后的已调波叫**调相波**。

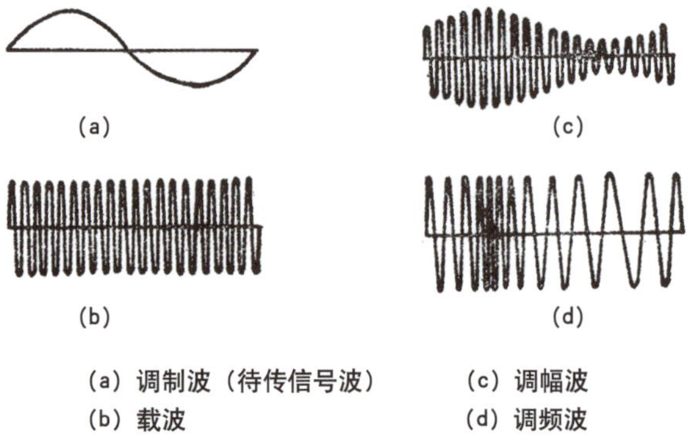

调制波波形图

调制波像个慢慢腾腾的老人（频率低），是“发号施令”者，它总是用自己的“面貌”去改造别人。

载频波活拨好动（频率高），但它是个“受气包”，它必须“委曲求全”，受命于调制波而改变自己的面貌，变成已调波。

你再看已调波，它基本保持了载频波的高频特点，但身上又带有调制波的种种迹象，有点儿四不像。

有线通信载波机基本上都采用调幅方式。

调制之后，把一些不同频率的已调波经过滤波、放大等处理后，就可以合在一起，通过同一条通信线路送往接收方。因为彼此频率不同，这些已调波在一起传送时不会互相干扰，这样就在一条线路上增加了许多话路。这时通信线路传送的都是高频信号，虽然其中含有话音的相关信息，但其基本频率是高频，所以用耳朵听是听不出话音的。只有经过对方载波机再进行滤波、放大等处理，进行反调制（解调），把原来的音频信号还原出来，才能听到载波所携带的话音，

双方的通话才能完成。

载波机的制造是在电子管发明（1907 年）以后，因为载波机能把语言频率搬送（调制）到载波频率上来传输，到达目的地后再把它卸下来（解调），信号弱了再加强（放大）一下，其关键技术在于振荡器、调制/解调器、放大器等组件，这些都需要电子管的支持。

1949 年以前，我国还不能生产载波机。1949 年新中国成立以后为了铁路建设的需要，曾经从苏联、民主德国、匈牙利等国引进载波设备。1957 年，铁路首次开通了北京—郑州—宝鸡和北京—沈阳两个干线铁路的 12 路载波，设备就是从匈牙利进口的。同样进口的设备还安装在京广、京沪线上。

1958 年，我国铁路开始自己生产电子管的 3 路、12 路载波机。20 世纪 60 年代中期，国内包括路内通信工厂又生产了各种型号的晶体管的 3 路、12 路载波机，铁道部至铁路局、铁路局至铁路分局和主要站段都有了载波话路，这就大大地增加了话务量的处理能力，长途电话接通等待的时间也因此大为缩短 。要知道过去打长途电话需要先向电话员登记、记录，然后就放下电话，等待电话员接通后再叫你。接通的关键是等待话路空闲，因为那时话路太少，有时候可能要等几个小时，甚至上班时记录的长途电话，到下班了也没等来。当时只有少数区段可达到“立接制”水平，即长途电话随叫随到，就像现在我们在家里打长途电话一样，无论多远都是随叫随到。但是，那个时候电话的普及率极低，只有重要岗位和一定级别的领导干部才有长途通话的权利。

1958 年铁路生产的简易电子管 3 路载波机

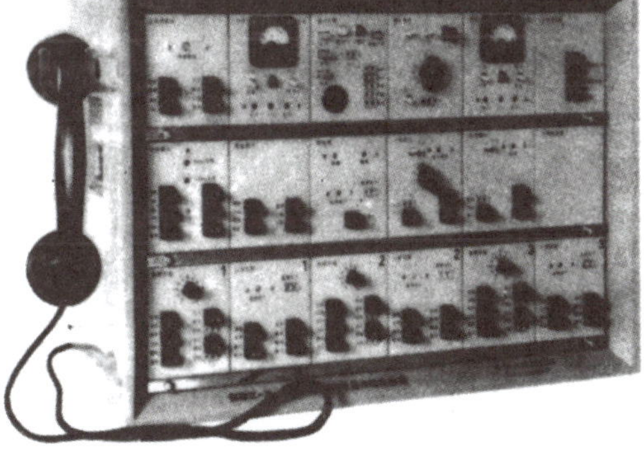

1969 年铁路生产的晶体管 3 路载波机

明线（电缆）中距 12 路载波通信设备

铁路通信的信道在架空明线时期严重不足，成为发展的瓶颈。如何在明线上多开话路是大家追逐的目标之一。因为当时光缆还没有问世、电缆也不具备推广应用的条件，唯一的办法就是利用载波机增加话路。载波机在铁路上使用了半个多世纪，贡献极大。特别是在边远铁路地段，在架空明线仍是主要传输线的情况下，铁路通信只能处在“温饱”时期，还谈不上“小康”水平，因此，“挖掘”明线的潜力，曾经热极一时。

尽管在当时，利用载波机挖掘明线的潜力，已经竭尽全力了。但由于架空明线传输“先天不足”的缺点，要想让载波开通更多话路，最终必须弃明线而用电缆。

载波机械室

架空明线“转入地下”

架空明线在我国铁路上存在了100多年，而国外很早就开始用电缆逐步取代了架空明线。根据国外资料记载：

——1934年，美国实施同轴电缆通信；

——1939年，英国实施同轴电缆通信；

——1943年，日本着手建设同轴电缆；

——1964年，日本铁路新干线设置小同轴电缆。

而我国铁路1962年才开通宝鸡至凤州的电缆载波通信（电缆、明线混合技术载波），1975年才开通成都至燕岗的小同轴、300路载波系统。新中国成立后长时间以来，我国受到西方发达国家的经济技术封锁，由于经济实力、技术水平不够，特别是制造业落后，使得我国的通信建设“心有余而力不足”，不像现在这样能紧跟世界先进技术水平。

架空明线是通信系统中寿命最长的、也是最古老的通信传输手段。它初建的费用较低，在建筑和维护上都比较方便，但随着通信技术的飞速发展，它的弱点日趋明显：

——因为暴露在大自然环境中，所以受大气环境、恶劣天气以及包括无线电广播在内的各种干扰很大；

——因为没有屏蔽，所以当传输信号频率较高时，具有一定的辐射性，整个导线变成了无线辐射的天线，使线路衰耗和彼此串音增大，使它的传输频率受到限制，不利于增加载波话路。

为有效地提高传输频率，出现了将导线包裹在保护层内的电缆。电缆线路的主要优点是：

——它对大气的影响和各种干扰具有很高的防卫度，在运用中比较稳定；

——暴露在空气中的架空明线容易生锈，而电缆导线包裹在保护层中，使用寿命较长；

——电缆的传输频率较高，对称电缆一般可到252千赫，可传输60个话路，而小同轴电缆使用的频率可达到1.3或4.1兆赫（1兆赫等于1000千赫），可传输300或900个话路。

1949年新中国成立后，最初几年忙于架空明线的恢复和整治工作，当时国内还不能生产长途通信电缆。1957年下半年，铁道部为解决宝成铁路宝鸡至凤州段山区铁路坡度大、运输能力严重不足问题，决定将其改建为25千伏、50赫兹单相交流供电的电气化铁路。这是国内第一条电气化铁路的建设，对路内、路外各相关行业都产生了不小的影响，铁路通信更是首当其冲。因为电气化铁道接触网，对邻近铁道的通信线路，有严重的电磁干扰及危害，原有铁路架空明线必须改为地下电缆。但铁路通信所需要的这种电缆，国内还没有生产过。为此，铁道部组织了技术力量与路外工业部门，齐心合力，历经3年时间，共同研制成了高屏蔽的、高低频混合的对称电缆。此外，还自行研制了电缆通信的配套器材和防护设备，开发了电缆施工接续、平衡等工艺，解决了由架空明线改为地下电缆的一系列技术难题。

对称电缆是将若干条扭绞成对或扭绞成组的绝缘芯线外面再包上保护层构成的，其芯线的导电材料通常用铜。它是利用双回线作回路，因此必须将2根或4根绝缘的芯线构成一个“**二线组**”或“**四线组**”。为减少线组内的电磁感应，提高线组的防干扰能力，并能在电缆弯曲的情况下结构稳定，线组中的芯线应当相互缠绕（扭绞）成绞线状。4根芯线的扭绞方式称为“星绞式”，把4根绝缘芯线排列在正方形的4个角上，然后扭绞在一起。从横断面来看，位于对角线位置上的2根芯线（例如红线与白线或蓝线与绿线）组成一对通话回路。芯线的扭绞，有如明线的交叉，可以减少串音，并使线组的结构稳定，易于弯曲。

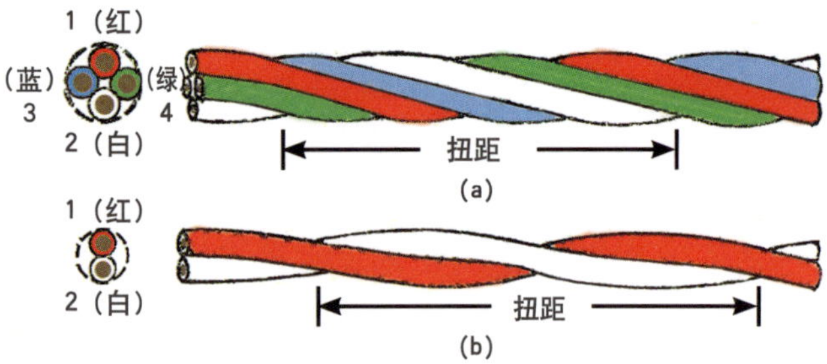

对称电缆的芯线扭绞方式

电缆的**缆芯**由若干芯线组构成。在构成缆芯时，要将扭绞好的芯线组再进行扭绞。长途通信电缆用四线组绞合成缆芯时，常采用同心式层绞，即将扭绞好的许多芯线组围绕着中心层，有规则地一层一层绞合成缆芯，而相邻层的绞合方向是彼此相反的，以便减少相邻层之间的相互影响。

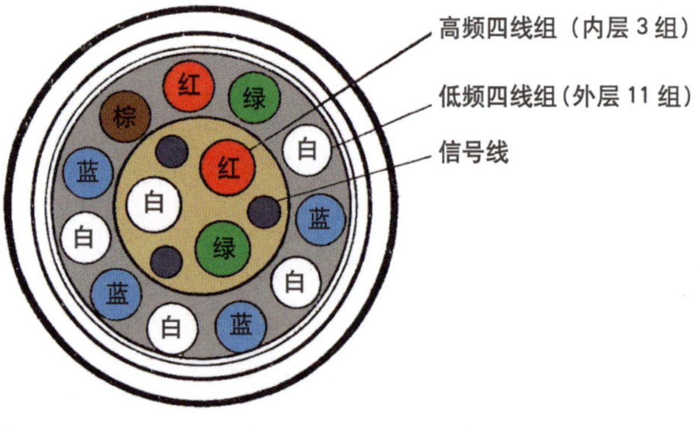

宝凤段电气化铁道用的纸绳纸绝缘对称综合通信电缆截面示意图

宝凤段铁路通信线路的建设，是在当时没有任何“外援”的历史条件下，中国人自力更生干出来的。经过3年左右的艰苦奋斗，终于诞生了新中国第一条国产通信电缆，缆芯结构为：3个由线径1.2毫米的芯线组成的高频四线组在内层，11个由线径1.2毫米的芯线组成的低频四线组在外层，另加3根线径0.9毫米的信号线在内层。3个高频四线组可满足15路（12+3）载波系统的使用要求。低频四线组可满足多种音频传输的需要。为防止各芯线之间接触，并使芯线的相对位置固定、减少芯线之间串音，需要用绝缘材料对芯线绝缘。该电缆的芯线采用的是纸绳纸绝缘方式。

在电缆的缆芯外面还要包裹一道保护层，以防止水分、潮气侵入电缆缆芯而影响其电气特性，并对防止外界电磁干扰具有一定的屏蔽作用，同时保护缆芯不受外界的机械损伤。保护层一般由内护套和外护套组成。内护套为金属护套，有铅、铝两种。仅有金属护套的电缆称为光皮电缆（裸电缆），用于架空、沿墙敷设或在专用的混凝土管道中敷设。当直接埋设在地下时，为增加电缆的机械强度，需加设钢带铠装，即外护套。宝凤段铁路通信电缆内护套采用铅护套。为改善电缆的屏蔽系数，曾考虑采用铜箔屏蔽层，但最后决定在铅护套外加绕两层36根直径4.0毫米的铝线，其外面用2层钢带铠装，最外层为油麻护层。这种护套具有高屏蔽性能，适用于交流电气化铁路。

我国开始建设第一条宝鸡到凤州电气化铁路是在1958年。当时，通信线路改为地下电缆以后，电缆载波机却还没有出世，不得已的办法是采用明线载波机作少量改动后来替代。电缆传输一定里程后，由于信号衰减，需要进行**中继**，即对信号进行放大、加强。受当时条件限制，本来应是地下无人中继站，都变成地上有人中继站房了。不过这样一来却逼出了一个很有特色的中国铁路电缆载波制式来。

宝凤段长途对称电缆线路全长91公里，载波通信工程于1962年投入使用，这是一个大长国人志气的工程。因为在毫无外援的情况下，自始至终从产品制造到工程施工，都得到了电子部、机械部、邮电部、中央军委通信部、铁道部等部委的全力支持，有关技术人员和工人热情洋溢、不计个人得失，从而创造了奇迹。

这条电缆线路的成功开通，不但为铁路通信、而且为全国通信，迈出了由架空明线转向地下电缆的关键性一步。铁路首开先河，当时铁路、邮电和军委三家共同使用铁路新建的这条对称电缆，作为通向大西南的主要通信干线。专家们认为，这是中国铁路通信发展史上的第一个里程碑，也是我国铁路通信由明线走向电缆的开始。

电缆12路载波机

从“对称”到“小同轴”

20世纪60年代中期，中央决定建设成昆铁路，并为此成立了西南铁路工程指挥部（简称“西工指”）。成昆线地处崇山峻岭之中、运量大、线路长，并预留电气化条件。西工指决定，铁路通信采用当时国际上较先进的小同轴电缆、300路载波系统、纵横制交换机等新技术。指挥部出面组织全国力量，成立了小同轴电缆、300路载波机、纵横制交换机、无线列调、微波通信等5个“新技术战斗组”，从技术条件的编制，到设备器材及同轴电缆的研究和制造，再到工程的设计和施工，都进行了系统攻关。当时国家战略布局重心向西南转移，所以大家都非常努力、激情豪放、日夜加班加点。以铁道部第二勘测设计院为根据地、联合全国各地有关单位成立的“战斗组”，很快于20世纪60年代末期研制成功了小同轴综合电缆、300路载波系统以及纵横制长途、地区交换机等一系列产品，并安装在成都至燕岗段铁路上。这是我国自行设计、自行施工、采用自己研制的设备而建成的第一条小同轴电缆线路。

为什么不用对称电缆而要采用小同轴电缆呢？因为同轴电缆可传输更高的频率和更多的话路，抗干扰能力强，高频时能量损耗小，这些优点是对称电缆所不及的。

同轴电缆奥秘何在？就在于同轴对。在同轴电缆里采用这种特殊的导线形式作为信息传输回路。**同轴对**（或称同轴管）的中心是一根圆柱形的铜芯线，称为内导体；外面包一层铜皮，称为外导体。内、外导体的轴心重合，但彼此间用绝缘材料隔开，一般采用聚乙烯和空气混合绝缘，例如在内导体上螺旋地缠绕一根泡沫聚乙烯绳，然后再通过挤塑机挤包上一定厚度的聚乙烯空管，组成空气和聚乙烯的混合绝缘。不仅如此，为防止同一条电缆中多条同轴对或同轴对与对称四芯组电缆之间相互串音，在同轴对外导体的外面，还要绕包两层镀锡钢带作为屏蔽。同轴对的外导体本身就是对内导体最好的屏蔽，再加上这么多的绝缘和屏蔽，大大减少了互相干扰和外界干扰，这就是它可以提高传输频率，增加话路容量的奥秘之所在。

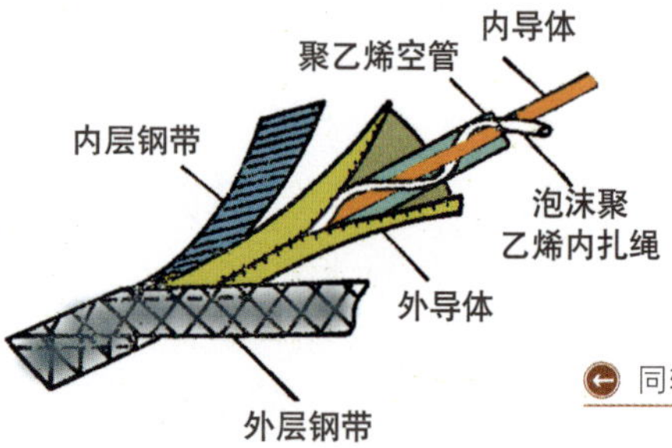

同轴对结构

一条同轴电缆中有多个同轴对。根据同轴对内、外导体的尺寸大小，同轴电缆分为大、中、小、微4种。其中，**小同轴对**的内导体直径1.2毫米，外导体直径为4.4毫米（通常表示为1.2/4.4）。铁路通信大都采用小同轴电缆。

铁路采用的小同轴电缆多为小同轴大综合通信电缆，为什么叫“**大综合**”，因为在这种电缆中除同轴对外，还附有低频四线组，因此一根电缆除作长途干线通信外，还可以兼做铁路区段通信用。

铁路后来采用的小同轴大综合通信电缆的缆芯结构分为内、外两层，如下页图所示。

——内层有4个小同轴对（黄色），可开通300路载波；还有4组芯线直径0.6毫米的信号四线组（红、绿、桔、棕色），中间加1个信号对绞线（蓝色）。

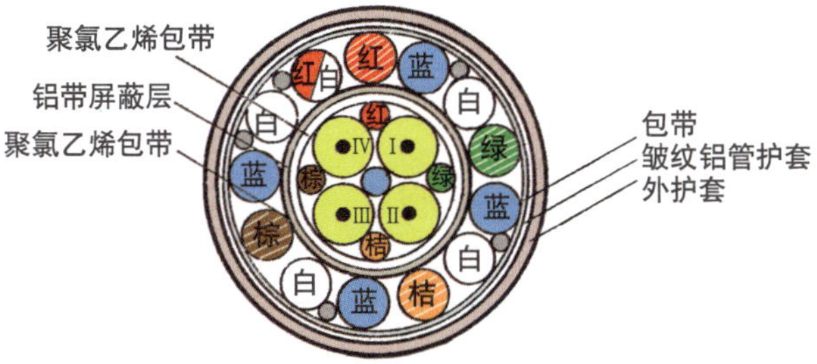

四管小同轴大综合通信电缆截面示意图

——外层有 9 个芯线直径 0.9 毫米的低频四线组（蓝、白、红 / 白色），供中、短距离的区段和站间通信使用；4 个芯线直径 0.9 毫米的高频四线组（带斜纹的红、绿、桔、棕色），可开通 3+12 路载波；还有 5 根信号线（灰色）。

300 路小同轴电缆载波机

小同轴 300 路载波系统，话路多、距离长；电缆中另有（12+3）路载波系统，使用灵活、距离适中。专家认为：如果说宝凤段铁路通信电缆线路的成功开通，为架空明线转向地下电缆迈出了关键性的一步，是我国铁路通信发展史上的第一个里程碑；那么，成昆线小同轴综合电缆和 300 路载波系统的开发成功，为铁路电缆多路通信奠定了基础，为铁路发展大通道通信系统奠定了基础，也是我国第一代小同轴电缆的开发，是中国铁路通信发展史上第二个里程碑。

1978 年全国科技大会后，铁道部制定了“牵引动力发展以电力牵引为主”、“干线通信传输以电缆为主”的技术政策。于是铁路通信电缆的发展速度大为加快。一直到光缆实用化之前，小同轴综合电缆是我国铁路干线通信线路采用的主要电缆形式。

在电缆通信时期，300 路载波机和小同轴电缆的研制，都是国内通信界的亮点。

1981 年铁道部决定在北京至天津间敷设一条当时容量最大的 6 管小同轴大综合电缆，其缆芯结构为 6 管小同轴对，还有 18 组芯线直径 0.9 毫米的高频四线组、7 组芯线直径 0.6 毫米的低频四线组、5 组直径 0.6 毫米的信号线对。在小同轴管中开通了 960 路载波电话。由于电缆容量充裕，京津间区段通信实现了全自动化，站站都装有自动电话，沿铁路每隔 1.5 公里左右设置的区间通话柱也可拨打自动电话。

960 路载波机

光纤开创新纪元

在电气化铁路沿线敷设的电缆线路，经过十余年运用，逐步暴露出一些问题：电缆护套的联接线、屏蔽接地线等由于自然腐蚀，使屏蔽效果下降；路边众多的无人站、接线房内的电缆接插件受列车振动后发生松动，从而使电缆平衡度降低。这些因素都影响通信的质量和安全。同时，铁路计算机网络的建立，也对通信的质量提出了更高的要求。为此，铁路通信技术人员开始寻求解决问题的新途径。在了解国外光纤技术发展的基础上，1980 年，铁路科研单位即与路外单位合作，在北京东郊环行铁道上进行了光纤通信抗电气化铁路电磁干扰的试验。这是中国铁路尝试光纤通信的开始。

要了解光纤通信，首先要了解：什么是光波？什么是光纤？什么是光缆？

1 什么是光波？

大家知道，通信信道传播的是电磁波。其所传播电磁波的频率范围叫“频带”，而各种信道拥有不同的频带。人们还常用波长来代表频率。波长与频率成反比，它们之乘积就是电磁波在自由空间中的传播速度，约等于光速，即每秒 30 万公里。波长越长、频率越短。人类所利用的电磁波波长（光波除外）一般从 1 毫米到 10000 公里，分为微波、短波、中波、长波等波段。波段与频带对应，长波对应着低频频带，而短波、微波对应着高频频带。下表列出了各种典型的通信频带及波段名称。

频带的宽度叫**“带宽”**。拥有一定的带宽是通信信道最本质的资源。传输不同的信号需要不同的传输带宽，例如，传输话音信号，所

各类通信信道使用的频带

频带	名称	波长	波段	主要应用场合
30～300赫兹	特低频（ELF）	10000～1000公里		电力传输
0.3～3千赫	音频（VF）	1000～100公里		语音信号
3～30千赫	甚低频（VLF）	100～10公里		声纳，海底通信
30～300千赫	低频（LF）	10～1公里	长波（LW）	远距离导航，海上通信
0.3～3兆赫	中频（MF）	1000～100米	中波(MW)	调幅广播，定向，海事通信广播
3～30兆赫	高频（HF）	100～10米	短波(SW)	国际广播，军用通信，业余无线电，商用
30～300兆赫	甚高频（VHF）	10～1米	超短波	电视，调频广播，车辆通信与航空管制
0.3～3吉赫	超高频（UHF）	100～10厘米	微波	电视，雷达，卫星定位，微波通信
3～30吉赫	极高频（SHF）	10～1厘米		波导通信，空间通信，微波通信
30～300吉赫	特高频（EHF）	10～1毫米		射电天文，遥感遥测，微波通信

注：1 兆赫（MHz）= 1000 千赫，1 吉赫（GHz）=1000 兆赫。

用频带带宽约4千赫；传输视频信号所用频带带宽需不少于6兆赫。从上表中我们可以看到，越高的频带（越短的波长），其带宽越大。前面所讲的架空明线和电缆的传输频带，大致都在中波的范围。

光纤是用来传播光波的。**光波**也是一种电磁波，其波长在微米以下，比微波的波长还要短得多。通常将紫外线、可见光、红外线都归入光波范畴。但目前光纤通信使用的波长范围是在近红外线区内，略高于可见光，即波长为0.8至1.8微米，频率在30万吉赫左右，频带如此之高，其带宽也就相当地大。目前光纤通信实用的工作波长有0.85微米、1.31微米和1.55微米，称为三个“通信窗口”。随着光通信技术的发展，近年来又开发出新的实用波段（窗口）。

但是，直接使用自然光波来传送信息，有3个主要难题：

——光波的强度不足；

——光波的频率成分纷杂，赤橙黄绿青蓝紫各色都有；

——光束能量不集中，传播损耗大。

然而，科学技术的发展是无止境的，一种叫做“激光”的电磁波出现在通信领域中，从而大大地推动了通信技术的发展。

1905年，发表了相对论的著名德裔美国科学家阿尔伯特·爱因斯坦（Albert Einstein 1879~1955）提出了光量子学说，他认为光是许许多多的光子组成的，不同能量的光子组成不同颜色的光。1916年，他又提出了原子中的电子可以受“激发”而放出光子的论述。这就是产生激光的基本原理。

1960年，世界上第一台红宝石激光器由美国科学家西奥多·梅曼（Theodore Maiman 1927~2007）研制成功。以后又诞生了各种各样的激光器，使激光由理论变为现实。

激光的英文名称是“Laser”，音译为“镭射”，意译为“受激辐射光”，简称“激光”。这样，我们可以认为：激光是一种受辐射而产生的人造光、是一种特殊的电磁波。

人造光克服了自然光在通信应用方面的3个难题。首先，它的亮度极强，是太阳光的亿万倍；其次，它的频率极高，波长十分一致，不像自然光那样纷杂；第三，它的能量很集中、散射小、被称为平行光，作为通信的传播手段十分理想。但是，如果用这种人造光直接在空间传播信息，由于传播途径存在尘埃、云雾、雨雪，以及地形、建筑物等的影响，人造光仍会受到散射、吸收、阻挡，而产生损耗加大或被阻断的情况，达不到正常通信的目的。

光导纤维的出现，使得光通信成为可能。

2 什么是光纤？

光纤是光导纤维的简称，其实就是一种极细的能够导光的透明玻璃丝。一根光纤连同它外面的保护涂层，总共只有一根头发丝那么细。目前通信用的光纤大多采用石英玻璃制成横截面很小的双层同心圆柱体，由纤

灿烂的光纤

芯和包层两部分组成，纤芯完成光信号的传输，包层将光信号封闭在纤芯中并起到保护纤芯的作用。只有纤芯和包层而未经涂敷和套塑处理的称为裸光纤。

光纤按其横截面上的折射率分布情况可分为阶跃型和渐变型。从光纤剖面看，如果在纤芯与包层的分界面上折射率呈明显的台阶式突起，而纤芯内的折射率分布均匀，则称为**阶跃型光纤**，也称突变型光纤。如果纤芯折射率分布不均匀，中心的折射率最大，沿半径方向往外逐步变小，则称为**渐变型光纤**。

光纤根据传输模式数量又可分为单模光纤和多模光纤。所谓模式实质上是光纤内电磁场的一种分布形式，模式不同，电磁场分布不同。**单模光纤**的纤芯直径很小，约为 4~10 微米，包层直径在 125 微米左右，理论上只传输一种电磁波模式。**多模光纤**的纤芯直径一般为 50~75 微米，包层直径为 100~200 微米，由于其纤芯直径较大，所以传输模式较多，可达上百种。单模光纤多属阶跃型；多模光纤早期的属阶跃型，后来的多为渐变型。单模光纤适用于长距离、大容量的光纤通信；多模光纤适用于中距离、中容量的光纤通信。

光信号在光纤中究竟是如何传输的呢？

简单地说，由于纤芯折射率较高，包层折射率较低，因此以一定角度射入纤芯的光束在纤芯和包层的界面处就不断发生全反射（没有对外折射和散射的损失）从而曲折地向前传导。在阶跃型光纤中，光信号以直线方式反射；在渐变型光纤中，光信号以曲线方式反射。

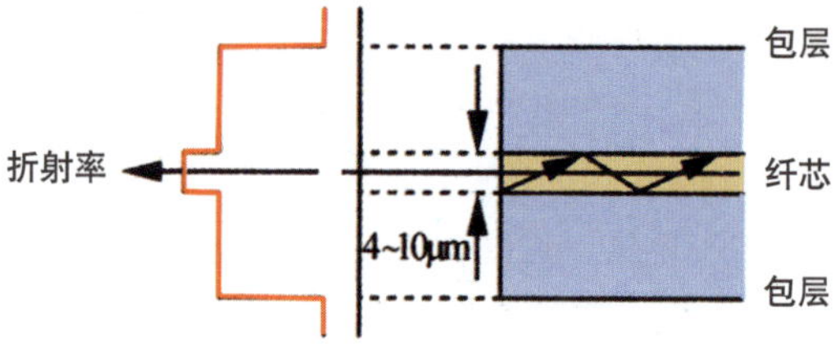

(a) 单模光纤（阶跃型）

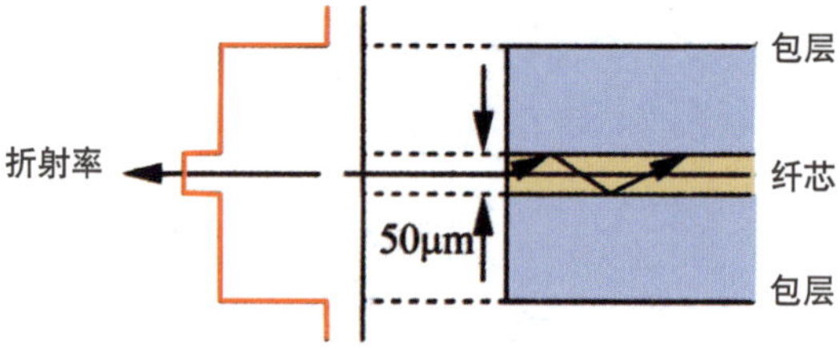

(b) 多模阶跃型光纤

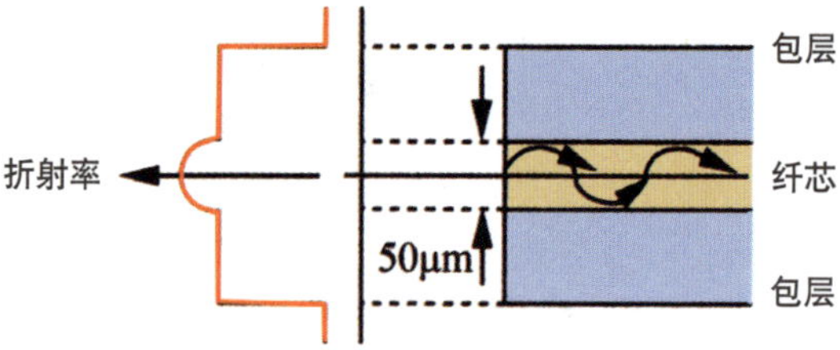

(c) 多模渐变型光纤

光在光纤中的传输轨迹示意图

(a) 光纤结构

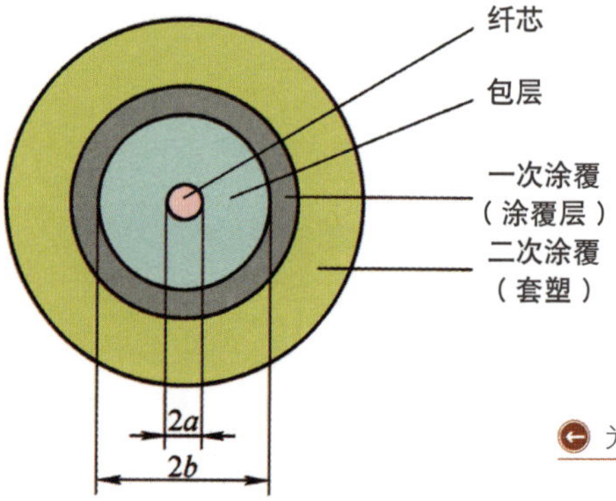

(b) 光纤结构剖面

光纤结构及剖面

为了保护光纤表层，增加光纤的机械强度，在裸光纤的外面要“穿上衣服”，即加外套，外套由涂覆层、缓冲层和套塑层组成。涂覆层的作用是防尘、增强光纤的柔韧性，使之不易折断。为进一步保护光纤，提高其机械强度，并便于操作和识别，一般在带有涂覆层的光纤外面再套一层漂亮的外衣——热塑性材料，成为套塑层，也称二次涂覆层。在涂覆层和套塑层之间还需要填充一些缓冲材料，称为缓冲层（或称垫层），防止光纤遇冷弯曲。

3 什么是光缆？

由于光纤由细如发丝的玻璃纤维组成，质地脆弱，在实际应用中，需将光纤制成不同结构类型的光缆。根据不同用途和不同的环境条件，光缆的种类很多，但不论何种**光缆**，都是由缆芯、加强元件和护层组成的。

——缆芯是光缆的主体，指经过涂覆后的光纤。

——加强元件一般采用钢丝、钢绞线或钢管，在强电磁干扰环境和雷区中可使用高强度的非金属材料，主要承受光缆敷设安装时所受的外力，通常处在缆芯的中央，有时配置在外围的护层中。

——护层也称护套，主要对已成缆的光纤芯线起保护作用，免受外部机械力和环境损坏。护层大致可分为内护层和外护层，外护层多用铝带和聚乙烯组成的LAP外护套加钢丝铠装等。

常用的光缆结构有层绞式、骨架式、带状式、束管式等。

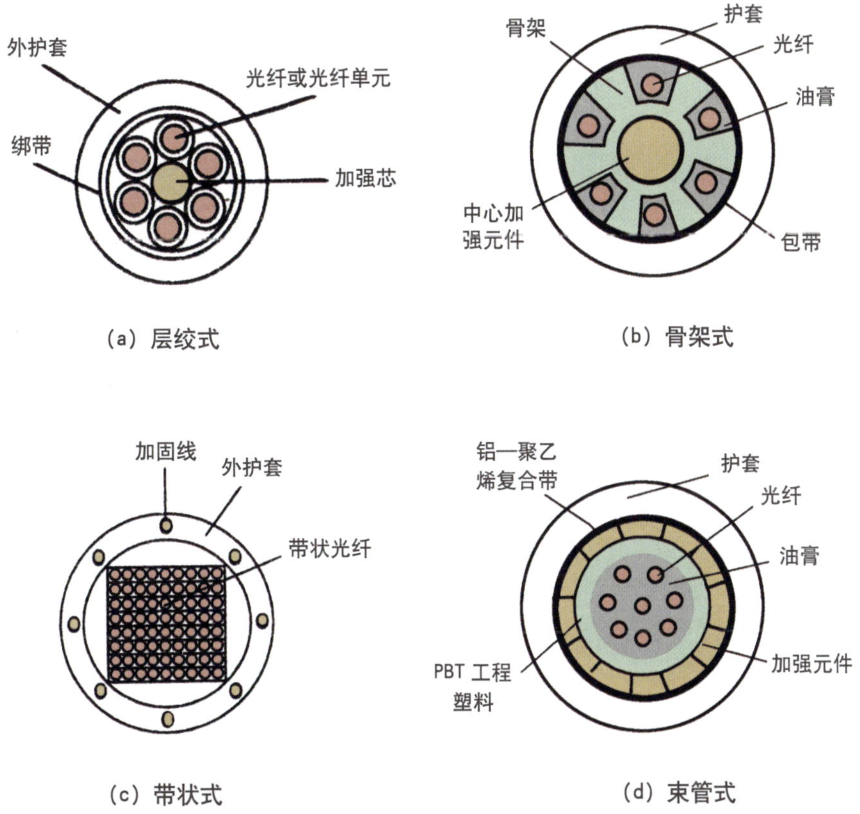

(a) 层绞式 (b) 骨架式 (c) 带状式 (d) 束管式

光缆结构截面图

（1）层绞式光缆

它是将若干根光纤芯线以加强元件为中心螺旋绞合而成，其芯线数量一般不超过 10 根。其制造设备简单、工艺成熟，制造方法和电缆较为类似，得到了广泛应用。

（2）骨架式光缆

其缆芯为一具有若干螺旋槽的、用硬塑料制成的骨架，骨架的中心是加强元件，可将单根或多根光纤放入骨架的螺旋槽内。由于光纤在骨架沟槽内具有较大的空间，当受到张力时，可在槽内作一定的位移，因此这种结构的光缆具有耐侧压、抗弯曲、抗拉的特点。

（3）带状式光缆

它是将 4~12 根光纤芯线排列成行，构成带状光纤单元，再将多个带状单元按一定方式排列成缆。这种光缆的结构紧凑，可做成上千芯的高密度用户光缆。

（4）束管式光缆

这是一种较新型的光缆，其中心无加强元件，缆芯为一充油管，一次涂敷的光纤浮在油膏中，加强元件在管的外面，既起到加强作用，又可作为机械保护层。这种结构的光缆因为没有中心加强元件，所以缆芯可以做得很细，减小了光缆的外径，减轻了重量，降低了成本，而且抗弯性能和纵向密封性能较好，制造工艺也较简单。

4 性能优越的光纤通信

光纤通信引起了通信技术的一场革命，是构成 21 世纪“信息社会”的一大要素。自 1976 年，美国在亚特兰大进行了世界上第一个实用光纤通信系统的现场实验以来，短短的二三十年，光纤已经历从短波长（0.85 微米）多模光纤、长波长（1.31 微米）多模光纤和长波长（1.55 微米）单模光纤等几代发展，迅速成为现代通信网的主要传输手段。光纤通信如此神速地发展，它究竟有哪些优点呢？

——传输频带宽，通信容量大

光纤通信由于采用频率很高的光波作为载波，因此具有很宽的传输频带。一个标准电话话路所占频带宽度为 4 千赫，一路电视的带宽为 6 兆赫，一根光纤的带宽能力在理论上可容纳 1010 路电话，或 107 路电视。

——传输损耗低，无中继距离长

一般光纤通信系统的无中继距离为几十公里，有的达一百多公里，甚至可以实现 1000 公里以上无中继传输，比电缆长很多。

——抗电磁干扰能力强

光纤由玻璃制成，是非金属材料，传输的是光信号，因此不怕电磁干扰，也不受外界光的影响。在电力输配、雷击多发地区以及核辐射等特殊环境中，都不会产生感应电压、电流。

——串话小，保密性好

同一光缆中的数根光纤之间不会相互串扰，也难以窃听，因此光纤通信的保密性好。

——尺寸小、重量轻，便于施工维护

相同话路容量的光缆，要比电缆的重量轻 90%~95%，例如 18 芯架空光缆的重量约为每公里 150 公斤，而 18 管同轴电缆的重量约为每公里 11 吨；而且光缆比电缆所占用的空间小，所以运输和敷设均比电缆方便。

——绝缘性好，寿命长

光纤由不导电的二氧化硅等材料制作，比由铜或铝组成的电缆抗腐蚀和耐氧化能力强，绝缘性能好，使用寿命长。

——资源丰富，节约有色金属

光纤的纤芯和包层主要原料是二氧化硅，即普通的石英砂，资源丰富且价格便宜，用很少的原材料就可制出很长的光纤。而电缆的主要材料为稀有金属铜，其资源严重紧缺。

正因为光纤通信具有这些优点，它迅速取代了其他有线通信的传输媒介，在目前全世界国内国际通信网中，已构成了一个以光纤通信

铁路旁通信光缆的标志

为主，移动、微波和卫星等通信为辅的格局。

现在，我们插入一段小故事。

2006 年 5 月 15 日中央电视台 CCTV-10 频道在《人物》节目中，介绍了世界“光纤之父”——华人高锟。他 1933 年生于上海、接受启蒙教育，1948 年全家移居台湾，1949 年，又移居香港。中学毕业后，他考入香港大学。但由于当时港大没有电机工程系，他远赴英国求学。1957 年大学毕业之后，又于 1965 年在伦敦大学下属的伦敦帝国学院获得电机工程博士学位。1966 年，高锟首次从理论上指出，光纤进行光传输的损耗可以降低到每公里数分贝或者更低。当时引起一些科学家的非议，认为他疯了、这不可能。在高锟理论指导下，15 年后，美国康宁公司试制成功了低损耗光纤。此后，他的荣誉便接踵而来，他的照片挂在英国伦敦科学博物馆的墙上，并享有在皇家会员的签名簿（与牛顿的签名同册）上签上华人名字“高锟”的荣誉。1999 年 2 月 22 日他又在美国获奖。关于发明光纤系统的价值，有人说：“没有他，就没有今天的互联网”。而高锟自己也说：“1000 年之内，找不到能代替光纤系统的新东西”。2009 年高锟因在“有关光在纤维中的传输以用于光学通信方面”做出了突破性成就而获得诺贝尔物理学奖。

1983 年 6 月，铁道科学研究院、北京铁路局和路外光通信研制单位一起在北京铁路局到北京站之间建成了一条 12 公里长的短波长（0.85 微米）多模光纤光缆线路，开通每秒 8 兆比特的光传输系统，作为地区电话的中继线使用。这是我国铁路第一条实用化光通信线路。从此开创了铁路通信采用光缆的新纪元。

从“模拟”到“数字”

光缆是用来传输数字信号的，以前谈到的明线、电缆、载波大多传输的是模拟信号。

那么，什么是模拟信号、什么是数字信号呢？

1 模拟量和数字量

在现实生活中，信息有各种各样的表达方式或者说载体，包括语言、文字、图像和数据等，在通信中这些就是要传递的**消息**。消息在通信系统中要变换成某种形式的物理量，如声、光、电等，才能远距离传递。如果用有线电来传送，发信者首先应把消息转换成随时间变化的电压或电流，这种带有消息的电压或电流就是**电信号**，通信中简称为信号。通信中的信号分为模拟信号和数字信号，分别对应着模拟量和数字量。

什么是模拟量呢？

我们日常的钟表，用指针的连续旋转来表示时刻，比如某时刻时针指向 9 时 5 分，实际表示的时间可能是 9 时 4 分 59.9996 秒、9 时 4 分 59.9997 秒、9 时 4 分 59.9998 秒……可以有无限多位，我们无法一一分辨。其指针所显示的时间是连续值，无论在哪一时刻，前后数值都紧紧挨着，没有任何空隙。一个物理量，它的取值随时间的变化为连续值，就叫做**模拟量**。日常生活中，模拟量大量存在：歌唱家美妙的歌声、列车行驶的速度、从电话话筒中送出的电压信号、从电视摄像机输出的图像信号等等，都是模拟量。

那么，什么又是数字量呢？

我们在车站、码头大厅中看到的电子钟，它的分针指向 9 时 5 分后，过 1 分钟再跳到 9 时 6 分，再过 1 分钟又跳到 9 时 7 分……它指示的数值是跳跃变化的，而不是连续变化的。这种不连续的数值叫做离散值，离散意味着它前后两个数值都不挨着。如果一个取离散值的物理量，只能取规定的有限个数值，例如像我们手表上的秒针那样，一格一格地走动，取值只能是 1 的整数倍，并限定在 60 以内，则称为**数字量**，其特点是只能以 1 个基本单位的倍数不连续地表示一个物理量。

再比如，在日常生活中我们常用尺子和算盘来计算，尺子量出来的长度就是模拟量（我们只能读出近似值），而算盘表示的数字则是数字量。

通信中的电信号（电压或电流）如果取模拟量，就叫**模拟信号**；如果取数字量，就叫**数字信号**。早期的通信中，电话的话音信号就属于模拟信号，而电报的一点一划其实就是数字信号。

模拟信号在幅度值上是连续的，尽管有时在时间上可以取离散的数值，但它们的包络线仍然是连续的。

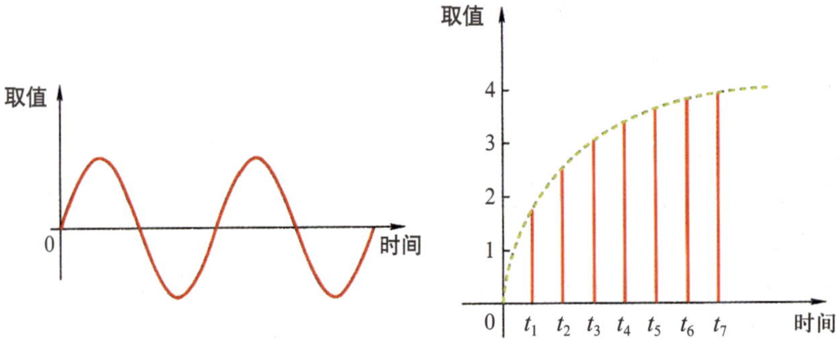

(a) 连续的信号　(b) 脉冲幅度调制信号

模拟信号示意图

数字信号在时间上是离散的，时有时无；同时它在幅度值上也必须是离散的，是跳跃式的，而且取值规定为有限个离散值。例如最常见的二进制数值，取值只有两个，或者是0、或者是1。

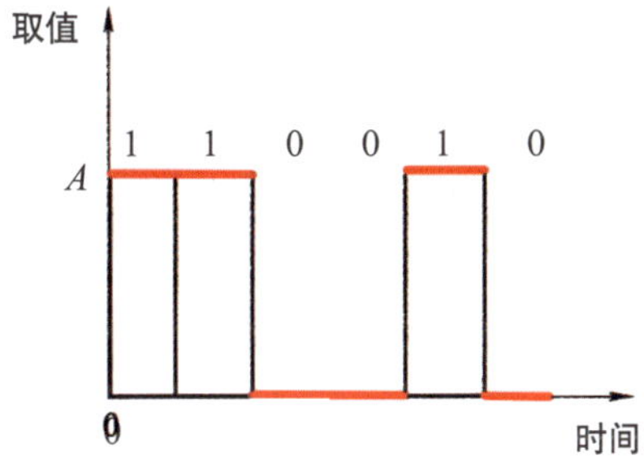

数字信号示意图

模拟信号之所以叫“模拟”信号，是因为它模拟了原始消息的变化形态。例如，在电话通信中，我们讲话的话音是连续变化的声波；经过电话机变换为连续变化的电信号（电压或电流），其波形与原来的声波是对应的，随声波的变化而变化，保留了原来波形的高低快慢等模样，所以是模拟信号。而数字信号经过了一系列变换，成为了一串“0”、“1”、“0”、“1”码，与原来消息的波形已不再直接对应。

在通信线路中，如果传送的是模拟信号，则叫做**模拟通信**；如果传送的是数字信号，则叫做**数字通信**。这是通信的两大“门派”，各自有不同的特点。

2 数字信号的特点

数字信号采用的二进制数，它只有“0”和“1”两个量，比较简单，在电路中也很容易实现，例如对应电路的接通、断开，或电位的高、低，电脉冲的有、无……说白了，代表“0”、“1”的二进制数字信号，其实就是一些不同极性（正或负）的电压、电流或光、电脉冲信号。

在电子计算机中采用二进制数实现各种运算。

二进制数仅凭着2个数字怎样表示所有的数呢？这要靠进位。二进制数的特点就是“逢二进一”，相当于我们日常十进制数中的“逢十进一”。二进制数中1是最大的个位数，相当于十进制数中9是最大的个位数。1加1等于2，但二进制数中没有表示2的数字了，只好逢二进一，变成“10”，用两位数来表示；这正像十进制数中9加1的情景，因为9是最大的个位数，没有表示10的单个数字，只好逢十进一，变成10，用两位数来表示。这样，在二进制数中，“10”表示2，再加1就是“11”，表示3；再加1，继续进位，变成“100”，表示4；同样，5就是“101”，6就是“110”，7就是“111”，8又得进位，就是“1000”，9就是“1001”。你看，二进制数只用0和1两个数字，就把十进制数中1到9九个数字都表示出来了，当然，再大的数它也能表示。

两位二进制数可以表示$2^2=4$个十进制数、三位二进制数可表示$2^3=8$个十进制数、4位二进制数可表示$2^4=16$个十进制数……8位二进制数可表示$2^8=128$个十进制数，依次类推，n个二进制数，可表示2^n个十进制数。

二进制数字虽然简单，但是位数太长，显然，在日常生活中使用很不方便。可对于计算速度可达每秒几百万次甚至近亿次的电子计算机来说，读取二进制数只是“小菜一碟”。

计算机处理二进制数时，把每一位二进制数叫做一个**码元**，它的信息量就是1个“**比特**”（英文写为bit）。如有8位二进制数“10011010”，它有8个码元，信息量就是8比特。

在数字通信中用来表示信息传输速率（码速）的单位叫做“**比特率**”，它指每秒钟所传送的二进制码元数，单位是“比特/秒”（英文写为bit/s或bps），读作“每秒比特”。如果

二进制数的位数与所表示十进制数的个数

二进制数的位数	二进制数	表示十进制数	可表示十进制数个数
2位	00	0	4个
	01	1	
	10	2	
	11	3	
3位	000	0	8个
	001	1	
	010	2	
	011	3	
	100	4	
	101	5	
	110	6	
	111	7	
4位	0000	0	16个
	0001	1	
	0010	2	
	0011	3	
	0100	4	
	0101	5	
	0110	6	
	0111	7	
	1000	8	
	1001	9	
	1010	10	
	1011	11	
	1100	12	
	1101	13	
	1110	14	
	1111	15	

一台数据终端机每秒传送 4800 个码元，信息传输速率就是每秒 4800 比特；每秒传送 9600 个码元，传输速率就是每秒 9600 比特。比特率越高，表示传输信息越快。由于实际传输速率很高，所以常用到每秒千比特（kbit/s）和每秒兆比特（Mbit/s）的单位。1 千比特 / 秒(kbit/s)=1000 比特 / 秒(bit/s)，1 兆比特 / 秒（Mbit/s）=1000 千比特 / 秒（kbit/s）。

3 技高一筹的数字通信

数字通信比起模拟通信来具有很多优点。

——抗干扰能力强

在模拟通信中，传输的是幅度值连续变化的模拟信号，受到干扰后，干扰信号就会叠加在信号波形上，并逐渐积累，在远距离传输过程中，又经过逐级放大，使有用信号产生严重的畸变，模样变得让人认不出来，一般很难恢复原始信号波形。而在数字通信中，由于数字信号的幅度值为有限个数的离散值（通常取两个幅值），在传输过程中虽然也不免受到干扰叠加噪声，但可以采用再生的办法消除噪声干扰。因为数字信号的波形很简单，它只有“1”和“0”两种符号，符号“1”发送 1 个矩形脉冲，“0”不发脉冲，这种简单的波形，并不需要波形多么完整，只要能识别其有无脉冲即可，所以很容易恢复为原来发送的信号，即什么时候是“1”、什么时候是“0”，恢复成原来的数字序列。

——能自动发现和控制差错

数字通信系统可以采用差错控制技术来自动实现检错和立即纠错。例如常见的奇偶校验方法，将要传输的数字信息分组，每组的位数相同，在每组数码的后面加一位监督码。监督码可以是“1”也可以是“0”，但它总要使这一组数码中“1”码的总数为偶数。在接收端对收到的分组码逐一检查，若码组中“1”码的总数为偶数就认为无错，若“1”码总数为奇数就说明存在差错，立即要求对方重发或自行校正。

——设备集成化、小型化

数字通信不像模拟通信那样需要昂贵的、体积较大的滤波器等设备，其大部分电路都是由数字电路来实现的，使用了由集成电路制成的体积小、功耗低且成本低的设备，系统稳定性也得以提高。

——便于加密处理

数字通信的加密处理比模拟通信更容易实现，因为它本身就是数字，就可以用简单的“加”、“减”等数字逻辑运算进行加密处理，变成不易识别的数码。

——利于实现多路通信

数字信号使用离散信号，在两个离散时间之间可以插入多路离散时间信号，便可实现时间分隔的多路复用，称为“时分复用”，即各种信号在信道上占用不同的时间间隙，同在一条信道上传输，互不干扰，使得传输的效率大大提高。

——便于与计算机连接

由于数字通信中的二进制数字信号与电子计算机所采用的数字信号完全一致，所以数字通信线路可以很方便地与计算机连接，借助于计算机的信号处理能力，提高通信质量，并实现复杂的远距离、大规模自动控制和自动数据处理，有利于实现通信网的自动化、智能化，提高通信网的效率和可靠性。

数字通信唯一的缺点是它占用频带较宽。一路数字电话要占用 64 千赫的频带；而一路模拟电话所占频道只有 4 千赫，前者是后者的 16 倍。然而随着微波、卫星和光缆这些宽频带信道的大量利用以及频带压缩编码器的使用，这个缺点已不再成为问题。

模拟、数字可“变脸”

川剧中的变脸是一个很受欢迎的节目：演员头戴假面具，一会儿是红脸、一会儿是绿脸、一会儿又成蓝脸……而且刹那间就会改变。模拟信号和数字信号也可以互相改变：模拟变成数字，数字又变成模拟。

现代通信已进入数字化时代，模拟通信越来越多地被先进的数字或数据通信所取代。但自然界很多信源是模拟形式的，如语音、图像（传真、电视）等，这些信源输出的原始电信号都是模拟信号，要实现数字化传输和交换，首先要把模拟信号转变成数字信号。常用的转化方法为**脉冲编码调制**（PCM），简称**脉码调制**。它对模拟信号的处理包括抽样、量化、编码 3 个步骤。

1 抽样

抽样（也叫**取样**）就是把连续变化的音频模拟信号，例如电话话音信号，每秒抽样 8000 次，变成在时间上不连续的离散信号，即每隔 125 微秒（1 微秒是 1 秒的一百万分之一）抽样一次。这样密集地取样，经过处理就可以还原出原来的连续信号。就好像我们平常看电影，电影胶片上其实是一个个定格的图片，相当于离散量，它就是拍电影时，以每秒对实际场景抽样 24 次得到的。放电影时，只要以同样的速度回放，我们肉眼看起来画面又似乎变成连续的了。

实现抽样的电路模型如下图。图中所示开关 S 在输入电压 U_1 和接地点之间周期地开闭，使输出信号变成一段、一段不连续的电压值 U_2。

对抽样的要求是用时间离散的抽样序列来代替原来时间连续的模拟信号后，能不失真地恢复出原模拟信号，也就是说，抽样序列要能完全表示原信号的全部信息。科学家研究发现，只要抽样的频率不小于（必须大于或等于）被抽样的连续信号最高频率的 2 倍，就可以从抽样序列不失真地重建原始信号。这个规律叫做抽样定理。

例如话音信号的频带为 300~3400 赫兹，其最高频率为 3400 赫兹，抽样频率应不小于 6800 赫兹。目前实用的 PCM 通信中抽样频率为 8000 赫兹，相当于每秒抽样 8000 次，这样抽样，在接收端就可以还原出原始话音信号。

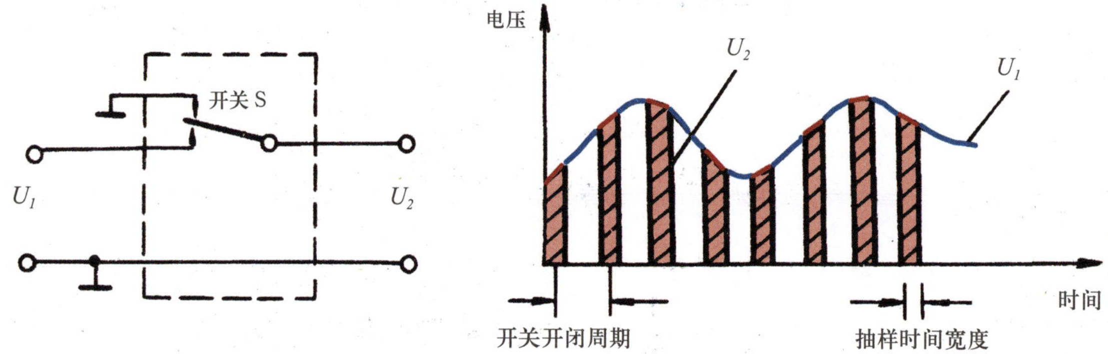

连续信号抽样示意图

2 量化

量化是把抽样信号的幅度值按四舍五入的原则，分成有限个量化级，使之在幅度上也不连续。为什么要量化呢？因为抽样信号的幅度值仍然可能有无限个取值，太庞杂、太分散，不好“管理”，必须规范化，而进入编码器的信号必须具有有限个数值，才能用一定字长的二进制数码来表示。所以就需要将这些抽样得到的数值整理一下，归并到有限个数值的门下。归并的方法是四舍五入。例如下图中：0.9、2.4、4.4、5.2、4.9、3.8、2.7、1.9、1.5、0.7 等模拟信号取样后的电压值，按照四舍五入的原则可以近似为 1、2、4、5，5、4、3、2、2、1，归成 1、2、3、4、5 五个量级的整数了。

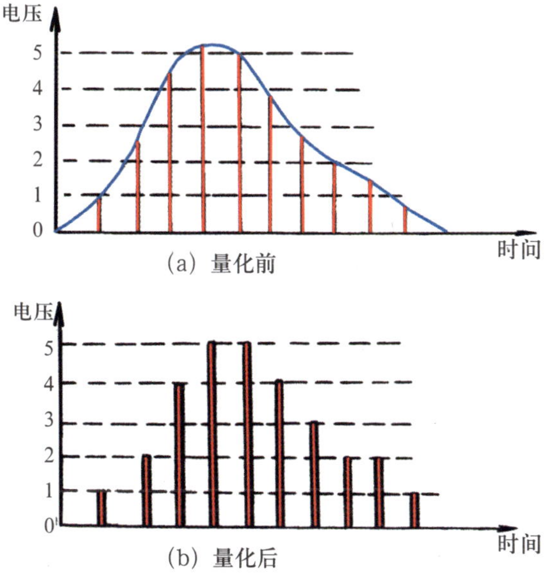

量化示意图

3 编码

编码就是把量化后的信号幅度大小，用二进制的数码（“1”或“0”）序列来表示，也就是将每个数值变成二进制代码。3 位二进制代码可表示 8 个量化后的数值；如果是 128 个量化级，就可以用 8 位二进制代码来表示每个数值。

例如，下图 (a) 中，对模拟信号在 T_S、$2T_S$、$3T_S$、$4T_S$ 时刻进行抽样（T_S 为抽样周期），得到的抽样值为 4、6.6、3.4、0.5，四舍五入量化后为 4、7、3、1，用 3 位二进制代码表示为“100”、“111”、“011”、“001”，如图 (b)。

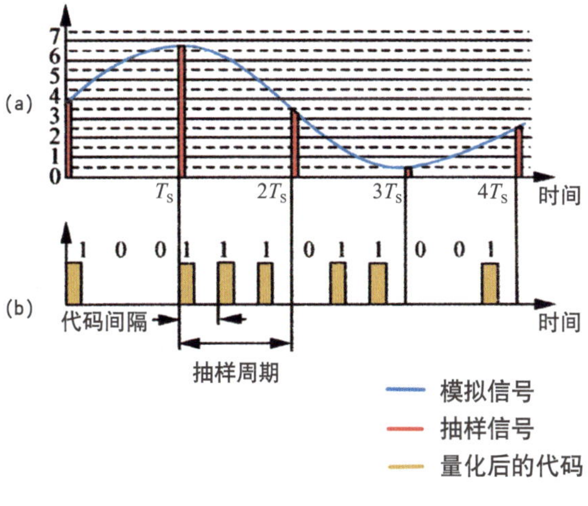

抽样、量化和编码示意图

整个这个过程就叫做**模／数（A/D）变换**。经过这一次“变脸”，模拟信号就可以按数字信号传输了。

原始信号在发送时变过来了，目的是便于传输，接收时还要再一次“变脸”，恢复其本来面目。

在接收端首先对这样的数字信号通过解码器进行解码、即**数／模（D/A）变换**，将接收到的编码信号恢复成编码前的抽样信号，然后再经过低通滤波器，使离散的抽样信号再还原到原来连续的话音信号。

从发送端进行抽样、量化、编码，将模拟信号变为数字信号，然后经过数字传输通道（其

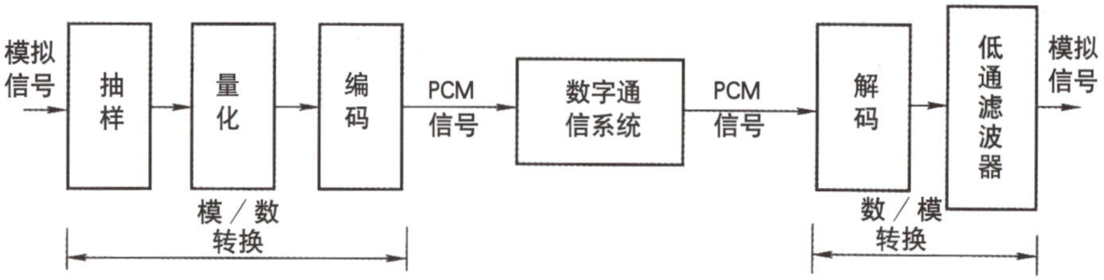

模拟信号的 PCM 数字传输系统

中包括再生中继，克服信号的衰减）传送，到接收端再进行解码、滤波，将数字信号变回模拟信号，这样就形成了一个完整的 PCM 数字传输系统。

中国铁路通信以前除电报外，一直大量使用模拟通信，从 20 世纪 90 年代开始了从模拟通信向数字通信的全面过渡。

从“独木桥”到“阳关道”

通信线路建设，无论是架设架空明线还是敷设电缆或光缆，投资都很大。采用了复用技术后，在不增设新线路的情况下，只须在网络节点设置几台复用设备，就把原来的信道展宽了，从“独木桥”变成了“阳关道”；原来只能通过单路信号，形成了同时通过成百上千路信号的“万马奔腾”场面，可以大大提高投资效益。

1 多路复用技术

实现多路信号在同一信道内传输的技术，叫做**复用技术**。

常用的复用技术主要有 2 种：频分多路复用和时分多路复用，前者主要适用于模拟信号的传输，后者适用于数字信号的传输。

（1）频分多路复用（FDM）

频分多路复用，简称**频分复用**，是模拟通信中广泛使用的方式，这就是我们前面讲到的载波通信，它是在同一条通信线路上同时传送不同频率的信号。前面我们说过，载波机能够把每一对用户的话音频率（音频）分别调制到不同的高频载波频率(载频）上,然后传向对方。对方再把这些音频从载频中解调出来，达到通话的目的。这样利用不同载波频率划分通道的办法，就如同高速公路的路面用白色线条划分行车道的意思相似,马路越宽并行的汽车越多,载波频带一般每隔 4 千赫划分一个话路通道，载波机的话路越多，占用的载波频带越宽。

（2）时分多路复用（TDM）

时分多路复用，简称**时分复用**。数字信号采用的时分复用技术，主要有两种：同步时分复用和统计时分复用。我们这里先说同步时分复用，有关统计时分复用请参见本书第五单元。

同步时分复用是采用时间分割的方法，将时间划分为基本时间单位，叫做 1 **帧**，每帧占用一定的时间长度，比如说 125 微秒。再把每

万马奔腾雕塑

帧分成若干个时隙，比如说 N 个，并按顺序编号。许多话路信号，每次抽样的数值，变成离散信号的脉冲序列后，可以分别接入各个时隙。接入时，对号入座，比如说，第一个话路的信号安排在 1 号时隙内，第二个话路的信号安排在 2 号时隙内……这样，每帧同时携带了 N 个话路的信号。一帧中凡是编号相同的时隙，都传送的是同一个话路的信息，都属于一个子信道。尽管这种信道有点断断续续，但一个子信道传递的都是一个话路的信息。这种信道也称为“位置化”信道，因为根据它在时间上的位置，可知是第几个话路。

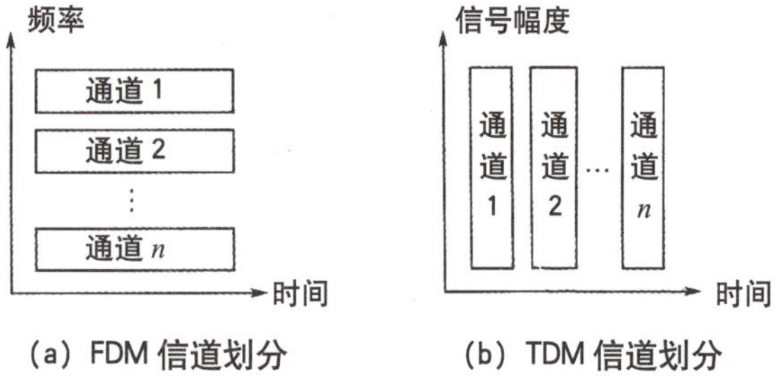

频分制和时分制信道划分示意图

时分复用具体如何实现呢?

PCM 脉码调制系统将模拟量变换成数字量之后，即可进行时分复用。

假定有 3 对用户在进行通话，需要 3 个话路（第 1 路到第 3 路）。每个用户的接通，由抽样的电子开关不停地旋转来完成。在发送端，抽样开关接点接通的时刻就相当于对每一路信号进行抽样，再经过 PCM 编码，然后向接收端传输。传输时，按照抽样顺序，每次先传第 1 路，再传第 2 路……在接收端，对解码后的抽样信号，由分路开关接点依次接通各路信号，顺序仍然是先接第 1 路，其次第 2 路……然后把它们一一通过滤波，还原成模拟信号，送到对应的用户那里。抽样开关每旋转一周，对 3 路信号轮流抽样一次。接收端的分路开关每旋转一周，就接收了一帧信号，两个开关同步地旋转一圈又一圈，轮流传送各路信号……如此继续，直到把各路信号传送完毕。这样，实现了 3 路信号在一个信道中同时传送，也就是 3 对用户同时通话。

这两个开关旋转的速度是多少呢？在 PCM 时分复用中，将话音模拟信号变为数字信号时抽样频率为 8000 赫兹，也就是抽样开关在 1 秒内要旋转 8000 次。1 帧的时间（帧长）就是抽样开关旋转 1 周的时间，为 1 秒的 1/8000，即 1/8 毫秒，也即 125 微秒。将这 125 微秒再分成 N 个时隙，分别传送 N 路信号。这种信号经过信道传输后，在接收端通过与发送端完全同步的控制开关，分别接向原来各路信号所对应的话路，从而将复用时混在一起的

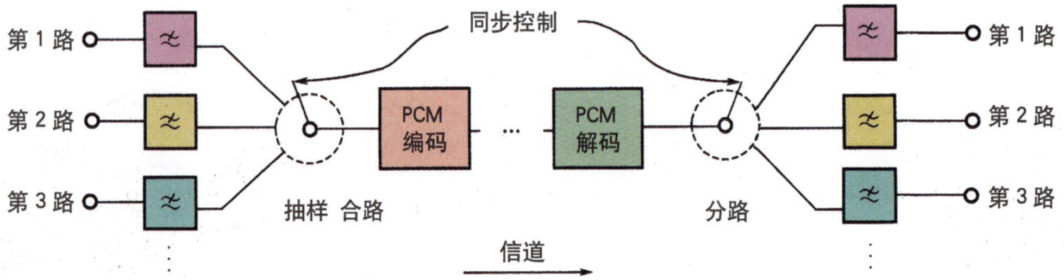

脉冲编码调制（PCM）原理示意图

N路信号再进行分离，分离后的各路信号再通过数/模变换，恢复出话音模拟信号来。1秒内抽样8000次！如此之高的抽样频率，难怪虽然话音信号实际上是打散重组后断断续续传送的，但是我们一点儿也听不出来，我们听到的仍然是原来清晰的话音。

目前世界上的PCM数字时分复用系统主要有24路和30/32路两大类。它们抽样的频率是一样的，都是每秒抽样8000次，每两次抽样间隔即帧长为125微秒，但是在一帧当中划分出来的时隙数N不同，24路PCM系统的N=24，而30/32路PCM系统的N=32。北美、日本采用24路的PCM系统，而我国和欧洲一样，采用30/32路的PCM系统。

与频分复用比较起来，时分复用的优点是：它采用全数字电路技术，可以充分发挥数字通信的各种优势；它借助单个数字通信系统传输多路信号，不需要大量的并行设备；它也不会产生频分复用中那种各路信号之间的相互干扰（串扰）。

2 帧结构的奥秘

在同步时分复用中，为了使发端各话路与收端各话路能一一对应、保证正常通信，收、发端的旋转开关必须同频同相。**同频**是指二者旋转速度完全相同，**同相**指发端旋转开关接第一路信号时，收端旋转开关也必须连接第一路，一一对应，如果信号错位，第一路信号接到第二路上，显然收到的各路信号全都乱了套，那就根本无法通话。要做到同频、同相，也就是说收、发双方必须保持严格的同步。保证收、发双方的同步正是时分复用的关键，这种同步称作"**帧同步**"，它要求收、发双方能正确地定位各帧的起始点，以便正确地放置与取出各路信号的数据。

数字信号在传输中都是无穷无尽的数码流（"0"和"1"的序列），这些数码流究竟如何区分头尾呢？在时分复用当中又如何分辨各路信号的码元呢？为此，在数字信号传输中，要将这些码元组织成一帧一帧地传输，并严格规定帧的结构。在每一帧的所有时隙当中，话路信号必须对号入座，此外还要在固定位置插入一些供识别的特定标记，包括帧同步信号。这样，对方才能同步地接收信号。帧结构就相当于密电码，了解了帧结构，就能破译发端发来的一堆"0""1""0""1"数码的意思了。

让我们来看看PCM30/32的帧结构究竟是什么样的？

PCM30/32的帧结构由32个时隙组成，分别记作TS_0，TS_1，TS_2，……，TS_{31}，每个时隙占用时间为帧长125微秒的1/32，即3.9微秒。我们可以把这些时隙看作是32个"小房间"。在每一时隙中，传送一个8位二进制码，即在每个"小房间"里存放8个比特的信息。其中，第2到第16号"小房间"（TS_1~TS_{15}）顺次传送第1到第15话路（CH_1~CH_{15}）的话路信号，每一路信号取8个比特，恰好是PCM信号的一个编码字节；第18到第32号"小房间"（TS_{17}~TS_{31}）则顺次传送第16到第30话路（CH_{16}~CH_{30}）的话路信号。另外的2个"小房间"TS_0和TS_{16}干什么用呢？第1号"小房间"TS_0为帧同步时隙，第17号"小房间"TS_{16}为信令时隙。所以，虽然有32个时隙，但只有30个时隙用于传送话音，故称为PCM30/32系统。

我们再打开1号TS_0和17号TS_{16}这两个特殊的"小房间"看看，里面到底存放什么样的数码？

（1）帧同步时隙

第1号"小房间"TS_0为帧同步时隙。为使收发端同步，每隔一帧要传送一次同步码，所以在偶数帧和奇数帧中，TS_0里存放的8位

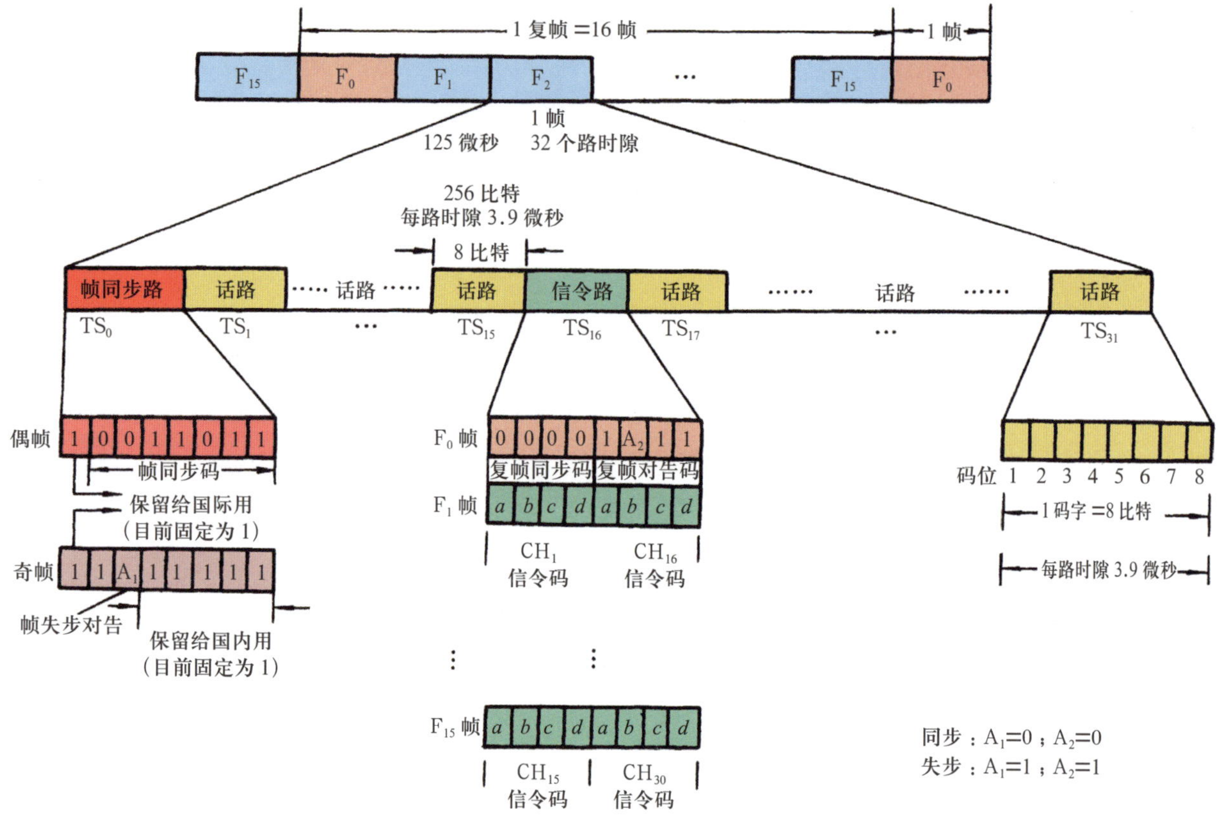

PCM30/32 通信系统的帧结构

数码有所不同。

不论是偶数帧还是奇数帧，TS_0的第1位数码，都是相同的，供国际通信使用，不用时暂定为“1”。也就是说，不论是偶数帧还是奇数帧，TS_0 的 8 位码都以“1”打头。

偶数帧的 8 位码是“10011011”。每当偶数帧，对方都应该收到一个“10011011”，这是表示帧同步的起始标志码，相当于齐步走的口令“一、二、一”或“左、右、左”，以便收发两端同时“迈左脚”或同时“迈右脚”，同步工作。

奇数帧的 8 位码是“$11A_1 11111$”。其中第 2 位码固定为“1”，与偶数帧的第 2 位码明显不同，叫做奇帧监视码，告诉接收端这一帧是奇数帧，不是偶数帧，别把它当作“口令”；第 4~8 位码可作其他信息用，不用时暂定为“1”；关键在第 3 位码 A_1，这是失步警告码，它可能取值“0”或“1”，同步时为“0”，失步（不同步）时为“1”，用来向对方告警。也就是说，如果对方在奇数帧第一个时隙收到“11011111”，表示现在双方保持着帧同步；如果对方在奇数帧第一个时隙收到“11111111”，8 个码都是“1”，则表示现在双方失去帧同步，在接收端需要进行同步调整。

（2）信令时隙

要建立一个通话过程，信令是必不可少的。什么是信令呢？**信令**是辅助电话通信的各种控制指令与业务信息，例如用户所拨的电话号码、对方占线的忙音信号、通知对方来电的拨号音信号、用户摘机与挂机信号等。

第 17 号“小房间”TS_{16} 时隙是专门用来存放信令的时隙。由于每一话路要求的信令码数是 4 比特，也就是一个 TS_{16} 里的 8 个比特只够传送两个话路的信令码，30 个话路就需要 15 个 TS_{16}。于是要有复帧结构。

（3）复帧结构

连续的 16 个帧组成为一个**复帧**，也就是说每个复帧包含有 16 个**子帧**，其排列顺序为 F_0，F_1，……，F_{15}，每个子帧如上所述有 32 个时隙，从 TS_0，TS_1，……到 TS_{31}。

每个子帧当中的 17 号“小房间”专门用来存放信令码，1 个 TS_{16} 时隙可以传送 2 个话路的信令码，30 个话路需要 15 个 TS_{16} 时隙，那么有 15 个子帧就够了，为什么要有 16 个子帧呢？因为每个复帧从哪里开头也需要标志，否则 30 个话路的信令码就会乱套，所以除了传送 30 个话路的信令码以外，还要用一个子帧（第一个子帧 F_0）的 TS_{16} 时隙用作整个复帧的同步时隙，

复帧同步时隙中的 8 位码又是如何安排呢？它的组成是“$00001A_211$”，前 4 位码“0000”用作复帧同步定位；第 5、7、8 位码留作备用，不用时暂定为“1”；关键是第 6 位 A_2，为复帧失步告警码，它取值为“0”表示同步，为“1”表示失步。也就是说，如果对方收到“00001011”，表示该复帧（16 个子帧的开头）现在同步，平安无事；如果对方收到“00001111”，4 个“0”加 4 个“1”，这是个“暗号”，表示该复帧失步了，需要赶快进行同步调整。

（4）传输速率

PCM30/32 每秒取样 8000 次（帧），每帧占 125 微秒、有 32 个时隙，每个时隙 3.9 微秒，发送 8 个码，即 8 个比特（bit），可以算出来，传输每个比特的时间只需 0.488 微秒。

PCM30/32 中每秒传输的数码（“0”、“1”码）总共是多少呢？既然每秒传送 8000 个帧，每帧有 32 个时隙，每个时隙发送 8 个码，即 8 个比特（bit），那么乘一下就知道了！

8000 帧 / 秒 × 32 时隙 / 帧 × 8 比特 / 时隙 = 2048 千比特 / 秒(kbit/s)= 2.048 兆比特 / 秒（Mbit/s）

即 PCM30/32 的传输速率（简称速率）为每秒 2048 千比特，或每秒 2.048 兆比特，大约每秒 205 万个比特。有时简称为每秒 2 兆比特。

由于每秒所传输的这些比特是 32 路数码的总和，其中每一路信号的码元只占 1/32，所以每一路信号的传输速率为：

2048/32 = 64 千比特 / 秒，即每秒 6 万 4 千比特。

从“准同步”到“同步”

1 准同步数字系列（PDH）

1985年，国家决定加快大秦铁路运煤专线的建设。铁道部经过专家论证后提出大秦铁路采用光缆数字通信的方案，以保证重载电气化铁路、大电流强度干扰下的通信质量。这是一个大胆的设想，以致方案一经提出，立即受到路外、甚至国外人士的纷纷质疑。决定性的时刻是在1984年11月5日，国务院召开听证汇报会（本书作者陆嘉森有幸参加了此次会议）。会上决定采用铁道部的方案，并指示先进行引进、由外国人负责技术，以此带动国内光通信的发展。此后，铁道部集中了路内外专家精诚合作，并在国务院的支持下，聘请了外国专家对设计、施工、运营全面咨询。考虑技术引进和贸易相结合等因素，最后择优确定从国外引进光缆、光数字复用、数字程控交换等设备。

1988年底建成开通了大秦铁路第一期工程。该工程全长410公里，采用1.3微米直径的单模光纤组成的8芯光缆；建成长途通信传输速率每秒34兆比特、区段通信传输速率每秒8兆比特的光数字传输设备。全线采用程控交换机，在本线范围内建立了数字通信网。该工程设有6处通信站、14处中间通信站，是我国铁路第一条长途干线光缆通信线路，也是当时国内最长的一条长途光缆通信线路，具有示范意义。这条光缆线路的建成，无疑是铁路通信技术一次新的突破，为我国铁路发展光数字通信揭开了序幕，同时也为国内其他部门的光数字通信建设起到了带动作用。专家们认为这是中国铁路通信建设史上第三个里程碑。

大秦线光纤通信采用的是PDH准同步数字系列。准同步数字系列是数字信号同步时分复用技术的一种。那么，什么是PDH呢？

随着通信业务的扩大，越来越多的数字信号需要复合在一起共用一个信道，需要在已经复用过的数字信号基础上再次复用，使信号的传输速率更大幅度地增长。通道没问题，光纤通信的频带宽、容量大，可以提供极高速率的传输通道。关键是进一步复用的方法。例如PCM可以将30路信号复用在一起传输，那么要是将120路信号或更多路信号也用PCM脉码调制的办法复用在一起传输行不行呢？

理论上是可以的。例如，要对120路话音信号的复用，只需旋转开关在一周内对120路话音信号（模拟信号）轮流抽样一次。但为了对话音信号的抽样在与数字信号的相互转换中

大秦线上的数字通信设备

不失真，每秒必须抽样 8000 次，也就是说旋转开关旋转一周的时间只有 125 微秒，在 125 微秒内要完成对 120 路信号的抽样，然后对 120 个抽样值分别进行量化和编码，变成数字信号……算下来，对每路信号的抽样、量化和编码的处理时间只有 1 微秒左右。如此高的编码速度，对编码电路及元器件的速度和精度要求很高，技术上实现起来可就非常困难了。

所谓**数字复接**，是在已经复用了 30 路模拟信号的 PCM30/32 脉冲编码数字信号的基础上，来进行时分复用，以产生合成了更多路信号的高次群信号。由于是对现成的数字信号而不是对原始的话音模拟信号进行复用，在复用过程中，无须再进行量化和编码，所以叫做数字复接。虽然复接后形成的数码率高于复接前各 PCM 信号的数码率，但并没有改变早先被复用的 PCM 信号的编码速度，所以容易实现。

数字复接也有同步问题，即被复接的各支路信号的数码率要相同。这种同步不同于帧同步，它牵涉到各路信号的时钟频率，是系统与系统的同步，因此称为**系统同步**。数字复接的同步有同步复接和准同步复接两种，是同步时分复用的两大类。

同步复接是各支路信号所使用的时钟信号都听从一个总时钟信号指挥，其码速都相等，因而能保持严格的同步。

准同步复接是各支路信号的时钟信号由不同的时钟信号源提供，这些时钟频率虽然都有统一的标准速率，但总还是有一些微小的差别。为了保证通信的质量，要求这些时钟的差别只能在一定的容许范围之内。因此，这种同步方式严格来说不是真正的同步，所以叫做“准同步”。在复接前，还必须调整各支路信号的码速使之达到严格相等。

所谓 PDH，就是**准同步复接数字系列**。采用 PCM30/32 脉码调制的 PDH 系列中，从复用了 30 路模拟信号的 PCM30/32 脉冲编码数字信号（叫做基群或一次群）开始，将 4 个低次群复接为 1 个高次群，依次为**一次群**（E1）、**二次群**（E2）、**三次群**（E3）、**四次群**（E4），可同时传输的话路分别为 30 路、120 路、480 路、1920 路。由于复接后的数据流中，除 4 个低次群的所有数据外，还加入了高次群的帧同步码、告警码，以及插入标识码、插入码等，复接时需将低次群信息调整到一个较高的速率后再进行同步复接，即进行**码速变换**，因此，高次群数码率增加的倍数不是简单的 4 倍，而要略大于话路增加的倍数，其一次群、二次群、三次群、四次群的信息速率分别为 2.048、8.448、34.368 和 139.264 兆比特 / 秒（Mbit/s），简略写为 2、8、34、140 Mbit/s。

复接的方法也叫“时隙叠加”，像是“挤位子”，即在低次群 1 个时隙宽度内“挤进”4 倍高次群的数码，原来 1 个时隙放 8 位数码，现在“挤进”32 位数码。增加的码元哪里来的？原来是将所要复接的 4 路信号在同一个时隙内的所有码元，宽度（时长）都消减为 1/4，然后统统收罗进来。这样，在同样的一段时隙里，原来只传输 1 路宽的脉码信号，现在传输 4 路窄的脉码信号。这样，通道的信息容量增加，单位时间通过的信息量大了，即传输速率提高了。

“挤位子”也有讲究。数字复接在将多个支路的数码合并为一路时，必须按照一定的排列方式，否则在接收端无法辨认各路信号。数码的排列方式主要有两种：按位复接和按字复接。

按位复接是轮流把各支路的一位码（1 个脉冲，“0”或者“1”）发送到线路上进行复接。在一个码位的时隙中，挤进了 4 位码，每一位码的宽度减小到原来的 1/4，使数码传输速率提高到原来的 4 倍。按位复接要求复接电路存储容量小，简单易行。但这种方法破坏了一个字节的完整性，不利于以字节为单位的信号处理和交换。早期的 PDH 大多采用这种按位复接方式。

按字复接是轮流把各支路的一个字发送到线路上进行复接。一般一个码字在 PCM 中即为一个抽样值所编的 8 位码。因此，一个码字通常称为 8 位码。按字复接时，在原先一个码字（8 位）的时间宽度里将 4 个码字（32 位）挤在一起，每个码字的时间宽度减小到原来的 1/4，数码的传输速率提高到原来的 4 倍。按字复接，每个支路都要设置缓冲存储器，事先将收到的每一支路的

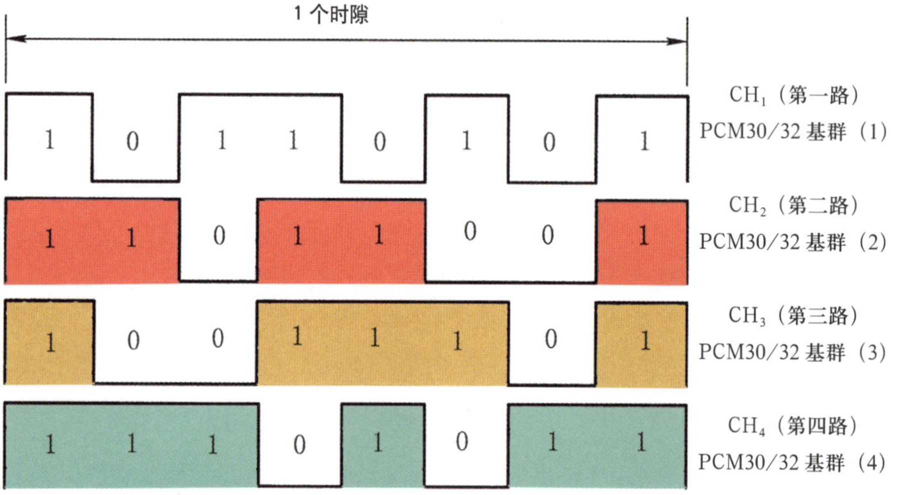

(a) 一次群（基群）

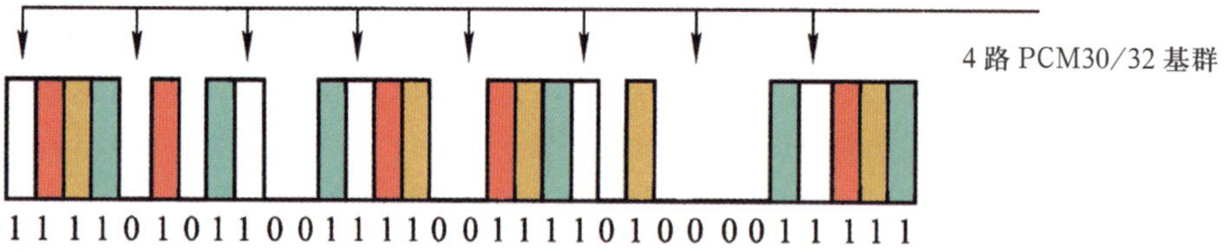

(b) 二次群（按位复接）

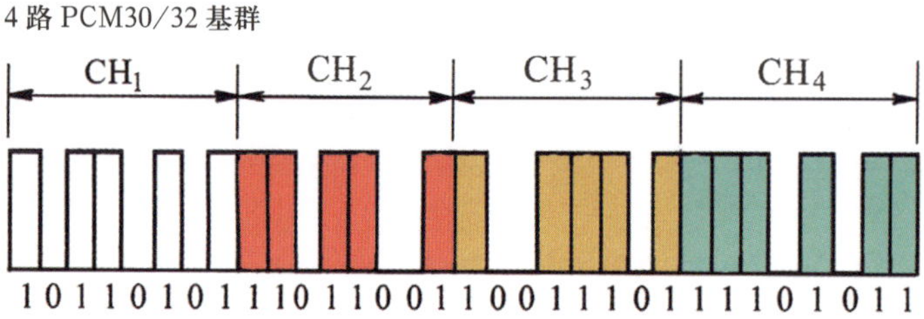

(c) 二次群（按字复接）

按位复接与按字复接示意图

数码储存起来，等到传送时刻到来时，一次高速地（速率是原来支路的4倍）将8位码取出进行复接，4个支路轮流这样复接。这种按字复接要求有较大的存储容量，但保证了一个码字的完整性，有利于以字节为单位的信号处理和交换。在PDH之后兴起的同步复接数字系列SDH采用的是这种按字复接方式。

2 同步数字系列（SDH）

在1990年以前，光纤通信一直沿用准同步数字系列（PDH）。随着通信业务的发展和用户需求的不断提高，PDH系统在运用中暴露出一些明显的弱点。

——PDH标准不统一，在全世界存在着两种体系和3种地区标准，北美和日本采用24路系列，欧洲和我国采用30路（30/32）系列。不但24路和30路两种体系在话路数和速率不同，而且24路体系的北美和日本在三次群以上的话路和速率也不同。3种PDH标准，在信号速率和帧结构上均不一致，互不兼容，使国际互通造成困难。

——PDH的复接方式设备复杂，从高速信号中识别和提取低速支路信号，或将某一低速支路信号加入到高速传输通道中去时，复用和解复用都比较复杂。

——PDH帧结构中用于管理维护的信息比特少，使系统运营、管理与维护能力受到限制，不适于电信网向高度灵活、动态和智能化的方向发展。

为了克服PDH的上述缺点，20世纪80年代中期，美国贝尔公司首先提出同步光网络（SONET）的概念，美国国家标准协会随之制订了有关SONET的国家标准。国际电报电话咨询委员会（CCITT）采纳了SONET的概念，进行了一些修改和扩充，命名为同步数字系列（SDH），到1993年为止，形成了一系列国际标准。

一个电信传输网原则上由两个基本部分、即传输线路系统和网络节点设备构成。传输线路可以是光纤传输的线路系统，也可以是微波或卫星通信无线系统。网络节点设备有多种，简单的节点只有复接、分接功能，而复杂的节

三种准同步数字复接系列比较

	一次群（基群）	二次群	三次群	四次群
北美	24路	96路	672路	4032路
		（24路×4）	（96路×7）	（672路×6）
	1.544Mbit/s	6.312Mbit/s	44.736Mbit/s	274.176Mbit/s
日本	24路	96路	480路	1440路
		（24路×4）	（96路×5）	（480路×3）
	1.544Mbit/s	6.312Mbit/s	32.064Mbit/s	97.728Mbit/s
欧洲、中国	30路	120路	480路	1920路
		（30路×4）	（120路×4）	（480路×4）
	2.048Mbit/s	8.448Mbit/s	34.368Mbit/s	139.264Mbit/s

点则有终端交叉连接、复用和交换功能。一个规范的网络节点先决条件是要有一个统一规范的接口速率和信号的帧结构，SDH网络具备了这个条件，从而能对SDH网的网络节点之间的接口（NNI）给出统一的国际化规范。

SDH具有统一规范的速率等级，称为**同步传输模块**STM-*N*（*N*=1，4，16，64），最基本的STM模块是STM-1，更高级别的STM-4、STM-16等，则是将STM-1按同步复用，经字节交织间插后形成的。SDH是严格的同步复接，虽然也是将4个低次群复接为1个高次群，但由于各低次群的信息速率完全相同，复接时不需要进行码速调整，也不需要增加其他开销（插入码），因此高次群信息速率增加的倍数与话路增加的倍数相同，都是增加到4倍。SDH在复接时大多采用按字复接方式，保证了一个码字的完整性，有利于以字节为单位的信号处理和交换。

在PDH中，从高速信号中识别和提取低速信号，或将某一低速支路信号加入到高速传输通道中去时，复用和解复用都比较复杂。例如，为从140兆比特/秒（Mbit/s）的高速信号中分路出一个2兆比特/秒（Mbit/s）的低速信号，

SDH的标准速率

等级	速率（兆比特/秒）
STM-1	155.52
STM-4	622.08
STM-16	2488.32
STM-64	9953.28

需要经过140Mbit/s到34Mbit/s、34Mbit/s到8Mbit/s、8Mbit/s到2Mbit/s一级一级地三次分接；再经过一级一级地三级复用设备，将2 Mbit/s的低速信号一层层复用到140 Mbit/s高速信号中。而SDH的分插复用件（ADM）可以利用软件一次就从155 Mbit/s的高速信号中分插出2 Mbit/s支路信号，十分简便。

SDH采用一种以字节为基础的矩形块状的帧结构，分9行、270×*N*列（*N*是STM-*N*中的*N*，可以是1、4、16、64等）。如果说PCM的帧结构像是一排平房，那么，SDH的帧结构就像是多层楼房了。其中安排了丰富的用于管理的数码比特（称作“开销比特”），大大增加了网络的维护管理能力。

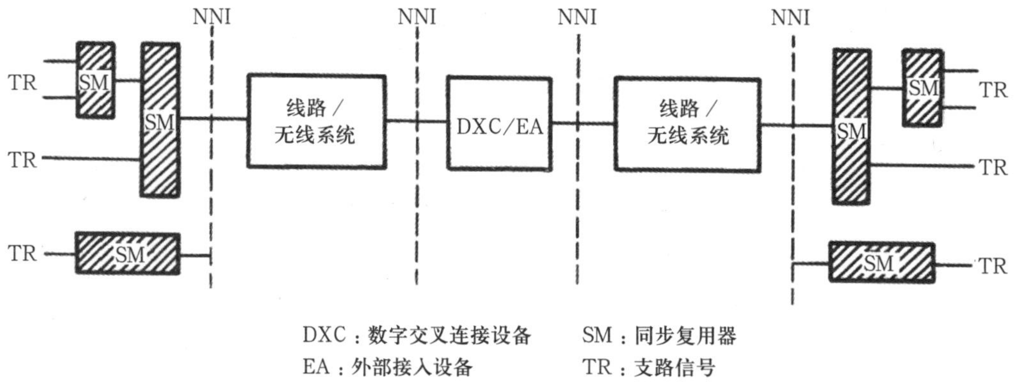

网络节点NNI在传输网中的位置

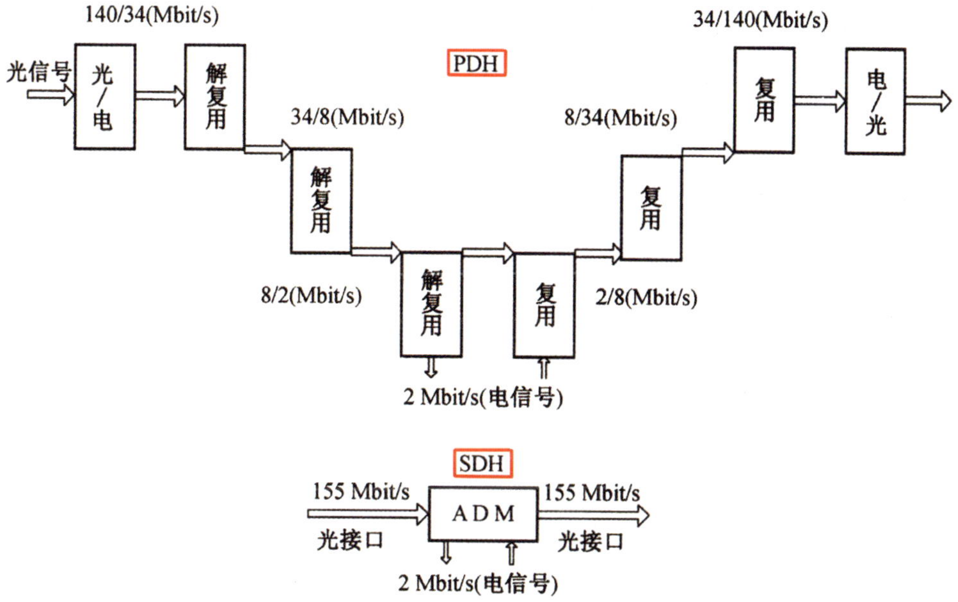

SDH 和 PDH 在复用方式上的区别

SDH 可以兼容现有两大体系 PDH 的各种速率。PDH 与 SDH 之间需要连接时，通常是将 PDH 封装在 STM-1 之内。这时 PDH 信号的速率应低于 155 兆比特 / 秒（Mbit/s），以便调整（填充）为 155 Mbit/s。例如，63 个 E1（2.048Mbit/s）、3 个 E3（34.368Mbit/s）、1 个 E4（139.264Mbit/s）均可以接入 1 个 STM-1 之中。

SDH 不但支持已经建立起来的 PDH 网络，而且还可以容纳宽带综合业务数字网（B-ISDN）等新的数字业务信号。

总之，SDH 更适合于高速大容量的光纤通信系统。

铁路通信中 STM-1 用于区段通信等地段；STM-4 用于干、局线通信。

1992 年，在广深（广州至深圳）准高速铁路工程中，设计单位提出引进 SDH 设备时，中国还受到西方国家的出口限制，但这种阻挠最终还是被破解了。

1994 年，南京—芜湖光缆线路上，首次使用 STM-1（155 Mbit/s）的 SDH 系列替换了原来的 PDH 系列。

1996 年，合九（合肥至九江）、兰新（兰州至乌鲁木齐）、京九（北京至九龙）、郑徐（郑州至徐州）等 SDH 光缆建成开通。不久，京沈（北京至沈阳）、广深相继建成。其中京九、郑徐、京沈、广深线长途干线均采用了 STM-4（622 Mbit/s）系列，分局以下长途及区段通信采用 STM-1（155 Mbit/s）系列，线路容量大为增加。特别是京九铁路通信干线（包括连接武汉、天津枢纽的两条联络线）全长 2500 多公里，全段采用 20 芯光纤线路，成为我国铁路历史上一次建成开通的芯数最多、速率最高、距离最长的 SDH 同步数字系列通信线路，成为铁路通信载入史册的第 4 个里程碑。

京九、广深、京沈、郑徐 SDH 的配置情况，

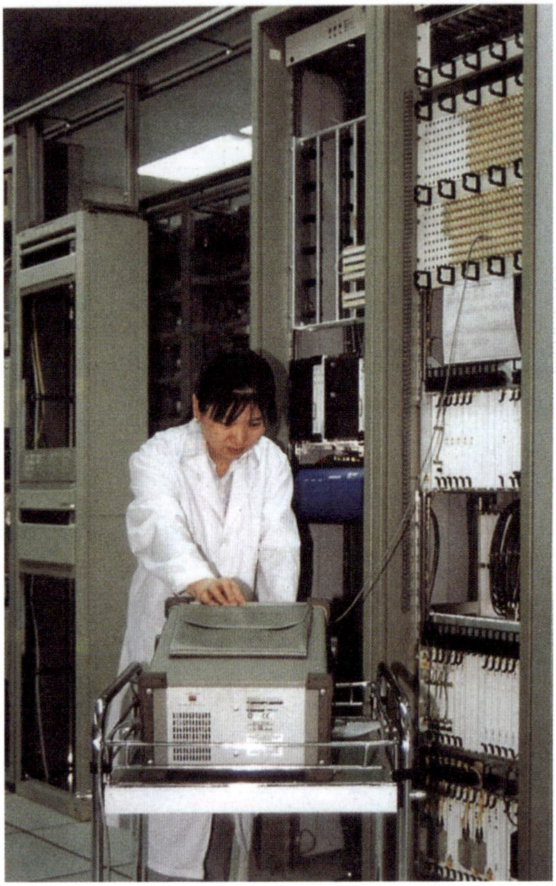
京九铁路 SDH 光通信系统

具有代表性。它使用 4 根光纤开通了有保护的 STM-4 系统，容量为 252 个 E1（7560 话路），供长途干、局线通信使用；另用 2 根光纤开设 1 个 STM-1 系统,容量为 63 个 E1(1890 话路)，主要供铁路分局以下的各种通信使用。创纪录大容量话路的开通，缓解了百余年来“通道紧张”的被动局面。

SDH 系统可通过分插复用器（ADM）设备在中间站方便地接入、引出 34 兆比特 / 秒和 2 兆比特 / 秒的数字群。在 ADM 设备中还可加入 155 兆比特 / 秒 、2 兆比特 / 秒的交叉连接器，使组网灵活方便和提供通道保护。SDH 完善的网络管理系统可在网管中心对管辖范围内的传输通道进行监视和管理（信道调配等）。

截至 21 世纪初，我国铁路建成了以京沪穗核心环为核心的 SDH 光传输五环光缆网路 10 万公里，包括：

——京沪穗核心环，以北京、上海、广州三点为核心，将京广、京沪、浙赣（杭州至株洲）、鹰厦（鹰潭至厦门）、漳龙（漳平至龙川）以及广梅汕铁路沿线的光缆构成环路；在北京、天津与东北环沟通，在北京、石家庄、郑州与西北环沟通，在郑州、武汉、长沙、株洲、衡阳与西南环沟通，在上海、杭州、福州、广州、南昌与东南环沟通。

——西南环，以武汉、成都为中心，将京广、陇海、宝成、成昆、南昆、湘桂（衡阳至凭祥）、成渝（成都至重庆）、川黔（重庆至贵阳）、贵昆（贵阳至昆明）、湘黔（株洲至贵阳）铁路沿线等铁路沿线的既有光缆构成环路，途经河南、陕西、四川、贵州、云南、广西、湖南、湖北、重庆等 9 个省区市。

——东南环，从上海经由杭州、宁波、温州、福州、厦门、漳州、潮州、汕头、惠州到广州，再从广州经由赣州、南昌、鹰潭、杭州至上海，途经上海、浙江、福建、广东、江西等 4 省 1 市。

——东北环，将京哈线（北京至哈尔滨）、沈大线（沈阳至大连）、平齐线（四平至齐齐哈尔）、京承线（北京至承德）等铁路沿线的光缆线路构成环路，途经北京、天津两个直辖市和辽宁、吉林、黑龙江、内蒙古、河北等 5 省区。

——西北环，以北京、兰州为中心，途经北京、呼和浩特、银川、兰州、西安、郑州、石家庄、太原、西宁、乌鲁木齐 10 个省会和直辖市；在郑州、西安和宝鸡与西南环沟通。

这一高速宽带的五环光缆网路，传输速率可达 400 吉比特 / 秒（Gbit/s）到 800 吉比特 / 秒（1 Gbit/s =1000Mbit/s）。此外，铁路还有数万公里的数字微波通信，卫星通信覆盖全路。

SDH 的开通运用，标志着我国铁路通信的发展步伐已跟上了世界水平。“同一个世界，同一个网络”对于我们来说，在技术上已经没有什么障碍了。然而通信网络技术的发展是没有止境的，尤其是互联网络的出现，更促使网络技术的发展日新月异。

京九铁路九江长江大桥

第4单元

互联互通靠交换

HULIAN HUTONG

HULIAN HUTONG KAO JIA

AO JIAOHUAN

UAN

除非两个人点对点的专线通信，凡是面向广大用户群的通信都离不开交换。为什么需要交换呢？

最早的电话只能一对一地直接连线进行通话，随着电话机数量增加，要求在许多电话机之间任意两台电话都能互相自由通话。若仍采用电话机直接接线的办法，则要增加许多线路投资。以5台电话机为例，在任意两台电话机间直接连线共需要10对电话线；如果是10台电话机，则需要10×（10—1）/2=45对电话线；100台电话机，需要100×（100—1）/2 = 4950对电话线；当电话机数量继续增加时，所需的电话线对数数倍增加，如果电话机之间距离较远，则所需线路投资将十分惊人。

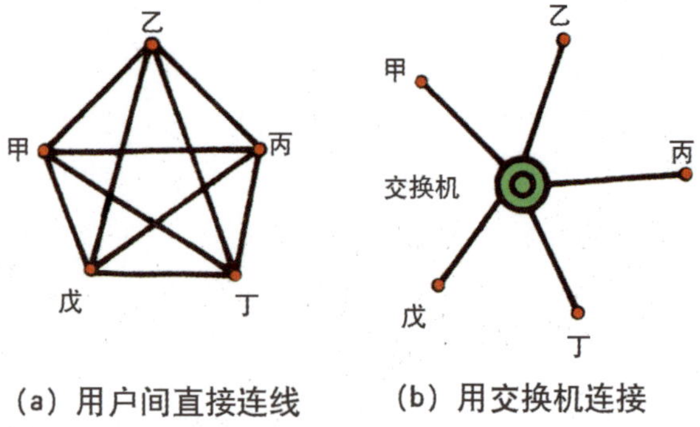

直接连线与经过交换机连线网络对比

若将每个电话机都用一对电话线连接到交换机，当某两个电话用户需要通话时，由交换机来完成选线和连接和转换话路的功能，这样，电话机彼此之间不需要直接连线，5台电话机只需5对电话线，100台电话机也只需要100对电话线，可以节省大量电话线。

一个城市或一个地区往往有很多电话用户，为了使各个用户间都能通话，一般在电话用户分布的中心设有电话所（电话局），其中设有交换机（也叫总机），负责把要求通话的用户相互接通。当电话用户很多时，可以有不只一个电话所，在几个电话所之间可以用局间中继线连接，用户与电话所的交换机以用户线连接，各用户线以电话所为中心向外成放射状。这样，在不同电话所所属的用户之间也可以彼此通话了。

当贝尔1876年发明电话后，仅仅过了两年，一个人工电话交换局就在美国康涅狄格州的纽黑文开通使用。那时是用电话接线员进行人工接线，来沟通需要通话的用户。后来随着话务量的不断增长和科学技术的进步，人们又研制出自动电话交换机。

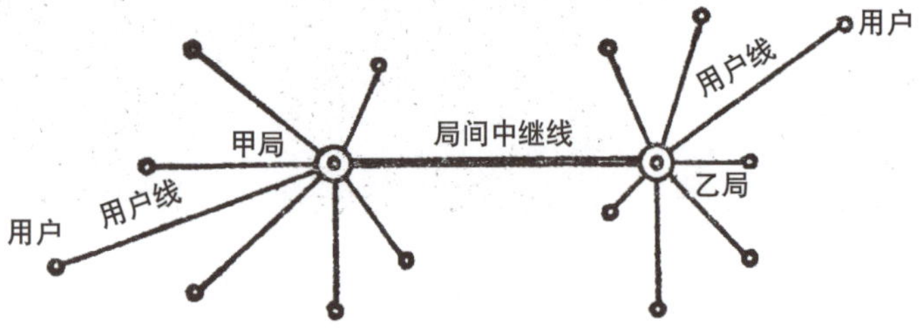

电话所间连线图

世界上电话交换机前后经历了磁石式、共电式、步进制、纵横制直至数字程控交换等不同的制式。我国铁路通信也大致如此。

消失了的电话接线员

20 世纪 50 年代初期，我国铁路大量的电话交换机还都是人工交换机。人工交换机分磁石式和共电式两种。

1 磁石式交换机

简单的磁石式交换机一般为 50 门或 100 门，即一台交换机能收容 50 个或 100 个电话用户，对它们之间的通话要求由电话员进行接线。交换台上设有每个用户的号牌或指示灯和塞孔。

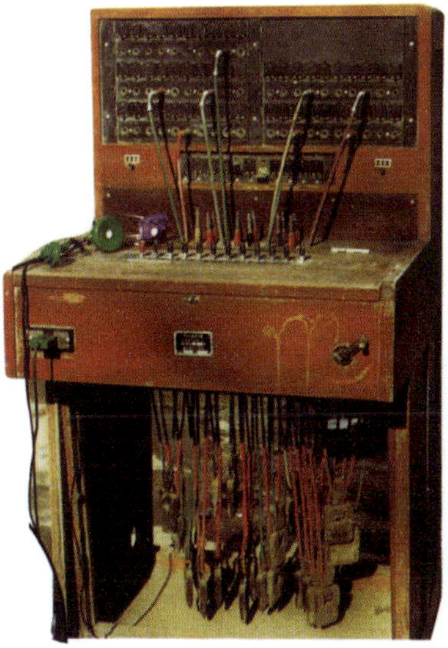

磁石式电话交换机

2 共电式交换机

共电式交换机，与磁石式交换机类似，也由电话员接通电话，只是用户的电话机比磁石式电话机简单，没有手摇发电机，拿起话筒就可以呼叫电话员，这部分供电由交换机提供，大家共用交换机的电源，所以叫**共电式**。共电式交换机一般也为 50 门或 100 门，台上也设有用户塞孔，也用塞绳及扳键完成接续，但用户号牌被用户灯所取代。

让我们看一下电话员接电话的过程吧。

——当某一用户摇动手摇发电机（磁石式）或摘机（共电式）送来呼叫信号时，交换台上代表该用户的号牌掉落（磁石式）或指示灯亮（共电式），同时显示呼叫用户的号码，电话员即可拿起一根空闲的塞绳，将其一端的插塞（应答塞子）插入呼叫用户的塞孔，并将电键扳向通话一侧，询问呼叫用户要通话的号码。

——用户回答后，电话员就将塞绳的另一头插塞（呼叫塞子）插入被叫用户塞孔，同时将扳健扳向送铃流一侧，给被叫用户送振铃电流；如果被叫号码已有插塞插入，表示被叫用户正在通话，电话员即可通知呼叫用户对方电话占线，稍后再接。

——被叫用户摘机应答后，电话员通知被叫用户通话然后将扳健扳向中央，两个用户即可通话。

共电式电话交换机

——当通话完毕，任何一方用户摇动发电机（磁石式）或挂上话机（共电式），电话员将扳健扳向通话侧，监听确认通话完毕即可拆线。

铁路人工长途电话接线台

如果是长途电话，那么长途台的电话员所面对的用户是各地的局枢纽，各地局枢纽还要继续呼叫被叫用户。例如，北京的1234呼叫上海的5678，那么用户先要通过北京的局枢纽呼叫长途台，由长途台接通上海的局枢纽，再由上海的局枢纽呼叫出被叫用户，一个电话要经过至少3个电话员的转接。如果是更偏远基层的电话，那么打一个长途电话不知要经过多少道手续，其中只要中间有一个电话占线就得等待。所以打长途电话只能先由电话员记录下所要通话的用户，然后等待电话一级一级地接通。往往一个长途电话要等几个小时。

可以看出，电话员的工作是很繁忙的。她要左手扳键、右手拿塞绳，口中不停地询问；每次通话，她要先跟呼叫用户说话，再跟被叫用户说话。话务量大的时候，这样的通话呼叫一天不知有多少次，一天下来不知要说多少话。中国铁路曾长期大量使用人工交换机。那时电话员是一种职业。随着自动交换机取代了人工交换机，电话员这种职业也逐步消失了。

人工交换走向自动

20 世纪 50 年代我国铁路从东德和苏联引进了一批步进制自动电话交换机（简称**步进制交换机**）。1958 年，北京有线电厂即开始定型生产 JZB 型步进制交换机。1960 年，铁道部要求 200 门以上的电话所，不论新建或扩建，在条件允许时，力争全部采用步进制交换机。20 世纪 60 年代及以后，我们采用自己国产的步进制交换机，在铁道部、铁路局、铁路分局、及主要站段，设计安装了 10 多万线，并新建、扩建了一批通信枢纽站。

步进制交换机是机电式交换机的一种，是最早出现的自动电话交换机。它的发明者是美国人，即前面提到的“史端乔”，他是一家公司的老板。事情的起因是，他逐渐发觉电话员不知是有意还是无意，把本来要同他洽谈生意的电话，都接到他的同行竞争对手那里了。而这个竞争对手的妻子正是当地电话所的一名人工交换机的电话员。他非常生气，发誓要发明一种不用电话员接线的交换机。果然，功夫不负有心人，1891 年他发明了步进制自动电话交换机，并获得了发明专利。1892 年在印地安那州第一次安装了他发明的自动电话交换机。1896 年，他和他的同伴又发明了电话拨号盘。

步进制交换机，由主叫用户拨号直接控制交换机接线器定位，因此要求用户的电话机带有拨号盘，可以直接呼叫被叫电话号码，用户拨每一个号码时，送出一个脉冲，控制交换机选号，这是利用电脉冲“开、关”功能的机电式选叫方式。

带拨号盘的自动电话机

后来随着电子器件存储功能的发展，纵横制和程控交换机的出现，才感到拨号盘的转速很慢，人们盼望机电式的拨号盘能够“提速”，于是有了音频选叫号码的出现，这就是我们现在普遍使用的按键式音频编码组合方式，它是利用两群不同频率的正弦波音频信号来组成 1、2、……0，以及井号（#）和星号（*）。

音频编码组合

低群频率（Hz）	高群频率（Hz）		
	H1=1209	H2=1336	H3=1477
L1=697	1	2	3
L2=770	4	5	6
L3=852	7	8	9
L4=941	*	0	#

大家手机上的按键就是如此设计的。它的特点是“快、准、小”，而且利用井号键和星号键，配合程控交换机能实现缩位拨号、叫醒服务、三方通话等几十种功能。

但当时对于步进制交换机来说，还不能用音频方式呼叫。因为步进制交换机的选叫是靠电话机的拨号盘来断开或送出直流脉冲，以此来直接控制继电器动作的。

步进制交换机的接线器是一种上升旋转机构，它根据用户所拨号码，通过继电器驱动电磁铁，电磁铁通过传动轴使金属弧刷在主轴上上升、旋转，弧刷在旋转过程中与金属线弧的触点相接，线弧触点就可以接通用户线。它由

步进制自动电话交换机机房

控制电路控制选组器、终接器等的机械运动进行一步一步的动作，完成接线工作，因而称为**“步进制”**。

以一个简单的步进制交换机为例，当主叫用户需要和219号被叫用户通话时，先拨号码“2”，选组器弧刷就上升到线弧的第2层，再自由旋转，停在任一空闲的线弧上，经过线弧的引出线选到下一级(终接器)。当用户再拨“1”时，终接器弧刷上升到第一层；用户再拨“9”时，弧刷就旋转到线弧的第1层第9个触点上，于是219号电话响铃，被叫用户被接通。

实际的步进制交换机除选组器、终接器外还包括预选器。

预选器为旋转型选择器，其弧刷只能旋转，其线弧有11个触点，其中10个触点接通下一级接线器。用户摘机后，预选器就首先动作，在线弧中寻找一个空闲的触点后就向用户送去拨号音，用户即可拨号；若线弧中各触点全被占用，即线路全忙，则弧刷停在第11个触点，向用户送去忙音。预选器只选空闲话路，不选电话号码。

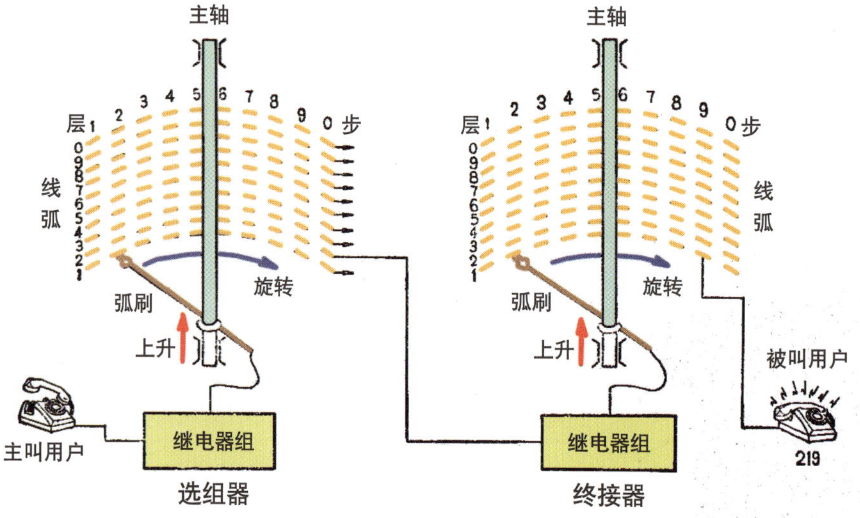

步进制自动电话交换机简单原理图

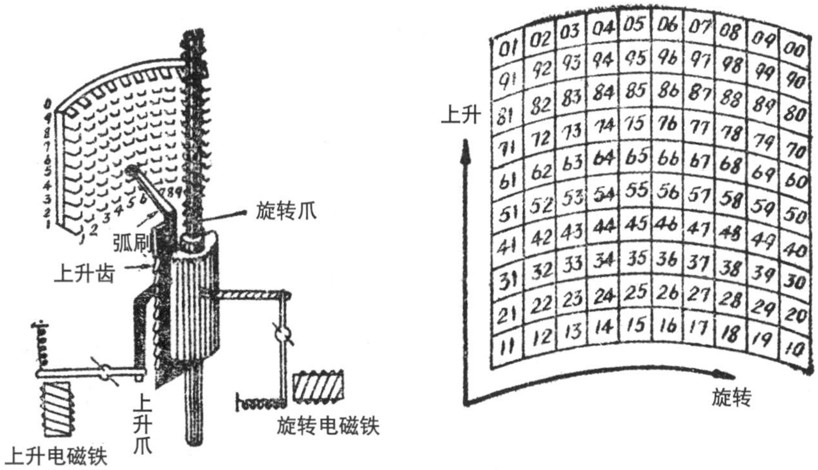

(a) 升转原理　　　　(b) 线弧编号

升转型选择器原理

终接器为升转型选择器，它的弧刷可以上升 10 层、旋转 10 步，后面有 100 组线弧触点，旋转时选个位号、上升时选十位号，可选择 00 到 99 共 100 个号码。容量为 100 门的自动总机只装有预选器和终接器。

选组器也为升转型选择器，它的弧刷也可以上升 10 层、旋转 10 步，但只选一位号，它的上升是根据用户拨叫的号码来动作，但其旋转则是自动寻找空闲线弧触点。选组器的作用是增加一位电话号码，在终接器前加一级选组器可将总机容量扩大 10 倍，使自动总机的容量达到 1000 门，用户可使用 3 位电话号码（从 000 到 999）；再加一级选组器，则可把总机容量扩大至 1 万门，用户可使用 4 位电话号码（从 0000 到 9999）；依此类推。

步进制自动电话交换机比人工交换机（磁石、共电）方便多了，不需要电话员介入连线、由用户拨号就可达到通信的目的。但在使用过程中逐步发现了步进制交换机的一些缺点，诸如：弧刷在线弧上滑动接触，机械磨损大、杂音大，维护工作量也大；接续速度慢；拨号使用的控制接线部件在通话过程一直被占用，直到通话结束才能复原，造成设备闲置浪费。总之，它的结构复杂、动作速度慢、机房面积大、维护任务重，可靠性差，通话质量不好。

随着电话交换技术的进步，又出现了纵横制自动电话交换机，克服了上述缺点。

“纵横制”取代“步进制”

纵横制自动电话交换机（简称**纵横制交换机**），1919年由瑞典的工程师发明。1926年在瑞典开通了第一个纵横制实验电话局，拥有3500个用户。纵横制交换机，采取了集中控制方式，它采用控制功能与话路分开的公共控制方式，用公共的控制设备记发器与标志器，来存储用户所拨的号码并进行灵活的编码控制各种接续，克服了步进制自动电话交换机的许多缺点。

我国到20世纪70年代，纵横制交换机已在邮电部门电话交换机领域中占主导地位。铁路上探索使用纵横制交换机是从1965年修建成昆铁路开始的，由铁道部和北京有线电厂共同研制出适合铁路使用的纵横制交换机，共2000余门，在成昆线各通信站安装使用。但铁路继续发展纵横制交换机，首先碰到的困难还是“粮票”不够吃，国家分配的指标（产量）远远满足不了铁路发展的需要，而且国内工业部门生产的纵横制交换机尚未开发出适合铁路特定要求的功能和接口。

为此，1973年铁道部决定由沈阳信号厂负责研制铁路地区用的纵横制交换机，以解燃眉之急。该厂与沈阳705厂协作，仅用9个月的时间就试制出了JZ-200型纵横制自动电话交换机。5年以后，该厂生产的各种各样的交换机，就能初步满足铁路地区中间站、编组站、铁路分局、铁路局等不同地区、不同类型电话所的需要。

我们以简化的10门纵横制交换机为例，看看它的原理。为什么叫纵横制呢？因为它用纵线和横线的交点来沟通用户。它的10条横线分别连接10个用户，10条纵线每两条经过绳路互相连接。绳路好比是电话员用来沟通两个用户的塞绳。10个用户有5对塞绳，就可以连接任意两个人的通话。例如，1号用户要与10号用户通话，只要闭合交叉点M和交叉点N，经过绳路1接通即可。

纵横制交换机机房

纵横制交换机中的**记发器**是用来记录和储存主叫用户所拨的被叫用户号码的；**标志器**是完成控制接线工作的。当主叫用户拿起送受话器后，用户电路就启动标志器，标志器于是闭合了绳路与主叫用户连接的M接点，并通过绳路接到记发器。主叫用户拨号后记发器记录和储存了被叫用户的号码，并将它传给标志器。标志器又据此闭合了绳路与被叫用户连接的N接点，从而沟通了两个用户之间的电路，使之可以通话。不像步进制中的接线设备在主叫、

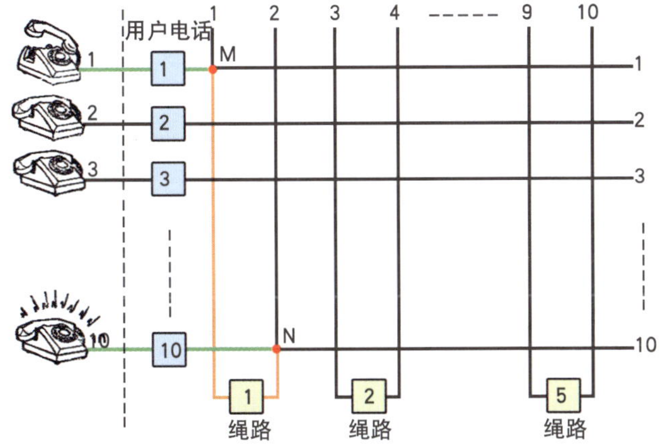

10 门纵横制交换机示意图

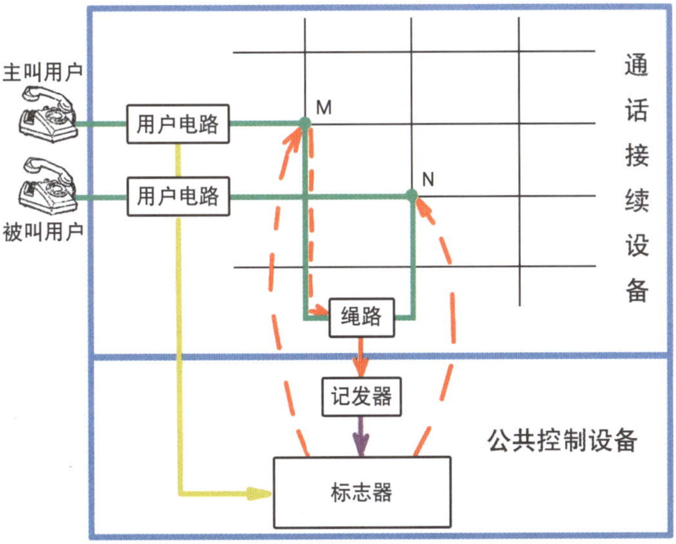

纵横制交换机两用户通话接续示意图

纵横制自动电话交换机系统设备

被叫用户接通之后一直被占用，记发器和标志器当接通了两个用户通话时，还可以为别的用户接线，大大提高了接线的效率。

以上是纵横制交换机的简单原理，当然，具体的机器要比这复杂得多。

从 20 世纪 70 年代开始，各铁路局、分局、主要站段，大部分都进行了扩容改造。

1985 年，铁路又实现了铁道部对各铁路局、铁路局到分局、分局到各站段的点对点的长途直拨电话。为长途电话网的自动化又向前推进了一步。

1995 年底，全路安装开通的纵横制自动电话交换机达 32 万线，各铁路局基本上都淘汰了人工交换机。

数字通信时代的“明星”

从19世纪80年代到现在，电话交换机的发展经历了几次更新换代，从人工交换一直发展到程控数字交换机（简称数字交换机或程控交换机）。

电话交换机的制式

基本类型	制式	
人工电话交换机	磁石交换机，共电式交换机	
自动电话交换机	步进制	机电式
	纵横制	机电式、准电子式
	程控	模拟（PAM），数字（PCM）

程控交换机是“存储程序控制交换机”的简称，它是随着计算机和大规模集成电路的发展而产生的。1965年，美国AT&T公司贝尔试验室研制出了存储程序控制式电子交换机，充分显示了“存储程序控制”的优越性，开辟了自动电话交换机的新纪元。1970年，法国在拉尼翁开通了数字程控电话交换机，凸显了“数字交换”的优越性，开创了数字程控交换的新时代。从此，程控交换机成了数字通信时代的“明星”。

大家知道，步进制交换机的控制是靠用户电话机上的拨号盘，以拨号电脉冲来直接控制交换机械来选择被叫用户的。纵横制交换机的控制是采用布线逻辑电路来控制的。布线逻辑电路是根据控制功能要求，设计硬件电路来实现。一旦硬件电路做成产品，就不易改变。

程控交换机则把各种控制功能、步骤和方法编成程序，存放在计算机的内存储器中，由计算机的中央处理器执行程序来进行控制，大大提高了灵活性。利用计算机软件可以方便地增加上百种新的服务功能。随着计算机技术的飞速发展，集成电路速度不断提高、体积不断减小，交换机也“提速”、“减肥”，功能更强，价钱更便宜。

1 程控交换机的组成

现在一般所说的程控交换机都指的是数字程控交换机，它由硬件和软件组成。硬件可以分为交换网络、用户线和中继线终端设备、控制机构、运转维护系统等4大部分。

铁道部直属通信处万门程控电话交换机控制中心

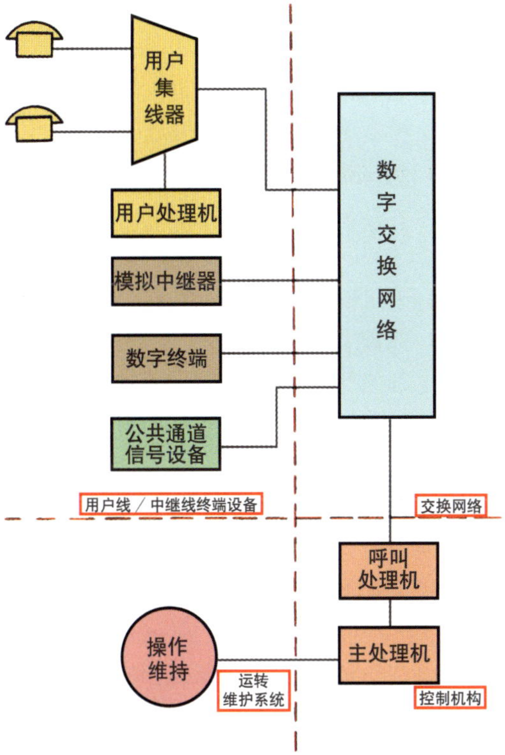

程控数字交换机基本结构框图

——数字交换网络是交换机的核心，它实现交换机内所接进的本机用户或本机用户通过中继线连接局外用户之间话音信号的交换。

——用户和中继线终端设备是交换机的对外门户。用户终端设备包括用户电路、用户集线器和用户处理机。接入交换机的每一个电话用户都配有一条用户电路，就像我们家中电话机的连线。交换机的用户数量很大，但并非每个用户一天到晚打电话。用户集线器可以将一群用户电路汇总，通过较少的线路接到数字交换网络，以提高内部通话的利用率。模拟中继器是接到邻近的模拟信号电话交换局的。数字终端可以通过数字中继线接到邻近的数字信号电话交换局。除此之外，还有产生各种信令、辅助建立接续通路的公共通道信号设备。

——控制机构是交换机的指挥系统，由各种计算机担任的各级处理机和程序模块组成。程控交换机的呼叫处理等主要功能都是在控制机构的控制下完成的。

——运转维护系统指维护管理处理机，在电话交换机中完成通话计费、故障诊断、故障处理以及告警、话务统计等大量维护与运转任务。

小规模数字程控交换机的控制机构，最简单时只需一台处理机；复杂一些的、较大规模交换机则采用多台处理机，现在一般多采用二级或三级的多处理机分散控制方式。各级处理机有所分工，像用户扫描等需要频繁处理的简单工作，由预处理机（例如呼叫处理机、用户处理机等）处理；而分析处理等较复杂的呼叫功能，则由中央处理机（主处理机）处理；维护管理处理机则专管系统的维护管理。每个预处理机控制一定容量的用户线或中继线，通常采用微型计算机（微机）就够了；中央处理机和维护管理处理机则要采用小型计算机机或功能较强的高速微机。为提高控制系统的可靠性，各处理机的配置一般都采用双套配置，当主机出现故障时，立即由备用机顶替。

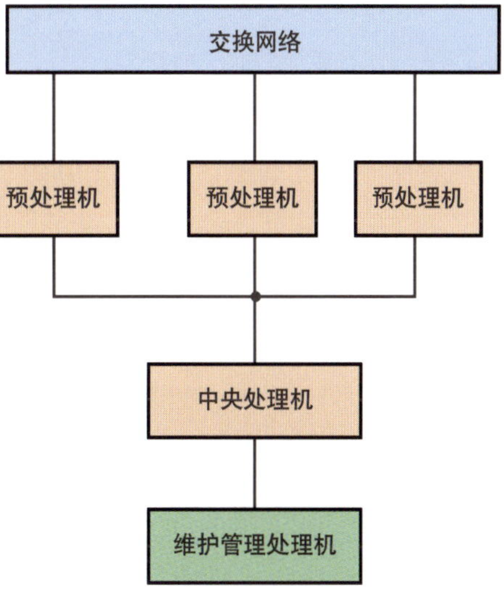

程控交换机三级分散控制系统

2 交换机的程序控制

数字程控电话交换机的两大特点是“程序控制”和“数字交换”。我们先来说说什么叫程序控制。

程控交换机的呼叫处理接续过程与其他制式交换机一样，不外是以下 5 个步骤。

(1) 发现用户摘机

交换机通过对用户回路状态变化的检测来发现主叫用户（简称“**主叫**”）摘机。然后，通过软件查明主叫的用户线类别、话机类型和服务类型，不同的主叫类别将导致不同的处理方式。随即送出拨号音。

(2) 接收用户拨号

用户拨号后，交换机接收主叫拨出的电话号码（双音频或脉冲），收到第一位号码后，停发拨号音。然后交换机分析被叫电话号码，确定去向：是本局呼叫、出局呼叫、长途呼叫还是特服呼叫等。出局呼叫时，从相应路由中选择一条空闲的中继线。在主叫用户和被叫用户（简称“**被叫**”）间或选定的中继线与用户间，通过交换网络建立一条空闲的通路。

(3) 测试被叫状态

通路选好后，如果被叫空闲，就向被叫送振铃电流，并向主叫送回铃音；如果被叫占线，则向主叫送“嘟嘟嘟嘟”的忙音。

(4) 完成通话接续

监视到被叫摘机应答后，交换机就切断振铃电流和回铃信号，将交换网络接通，使双方通话。同时启动计费系统。

(5) 用户挂机拆线

在通话状态下，交换机不断监视主、被叫是否挂机。发现任何一方挂机，即停发计费脉冲，并向未挂机一方发送忙音，待其挂机后拆线。

程控交换机一次呼叫的具体接续全过程如下表。从下表中可以看出计算机控制系统（各级处理机）所起的作用。

程控交换机一次呼叫接续的全过程

主叫用户		主叫用户处理机		中央处理机		被叫用户处理机		被叫用户
摘机		报告主叫用户终端位置	→	↓				
听到拨号音	←	送出拨号信号音	←	指示主叫用户处理机接通信号音				
拨号	→	切断拨号信号音，接通收码器，接收所拨号码						
		报告被叫用户号码	→	确认被叫空闲，向交换网络发出接通指令，选通一个空闲数字话路				
		切断收码器，接通线路	←	指示主叫用户处理机切断收码器，接通线路至交换网络				
				指示被叫用户处理机向被叫用户发送振铃电流，并将线路接通至交换网络	→	发送振铃电流	→	电话铃响
听到回铃音	←		←		←	接通回铃信号音发生器，接通线路		↓
开始通话	←		←		←	拆断信号音发生器	←	接电话
通话完挂机	→	报告用户挂机	→	↓				
		拆线，话路恢复空闲	←	命令双方用户处理机拆线，并向被叫用户送忙音	→	向被叫用户送忙音信号音	→	收到忙音
						拆线，话路恢复空闲	←	挂机

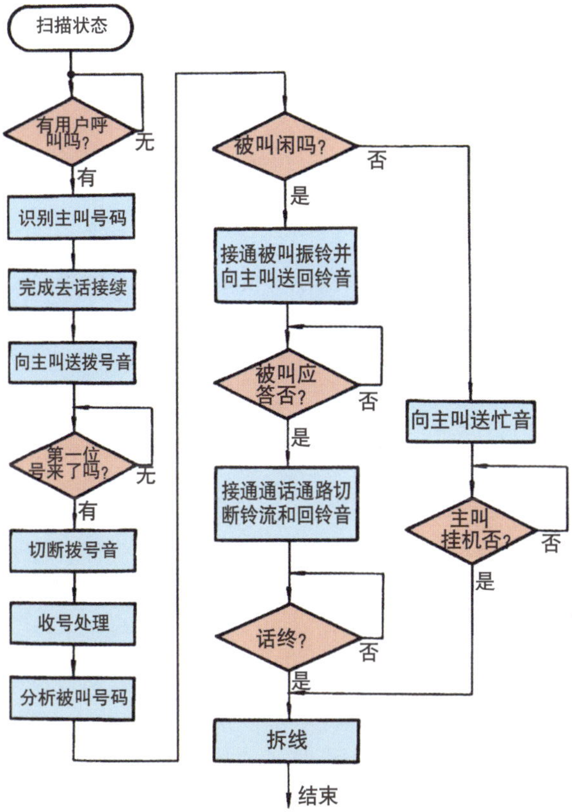

在程控交换机里，所有这些控制功能都按步骤编成程序存入了存储器，当遇到用户呼叫时，它利用存储器内所存的程序来按部就班地控制整个交换机工作。

程控交换机呼叫接续的程序流程

长途程控自动电话交换机

3 什么叫数字交换？

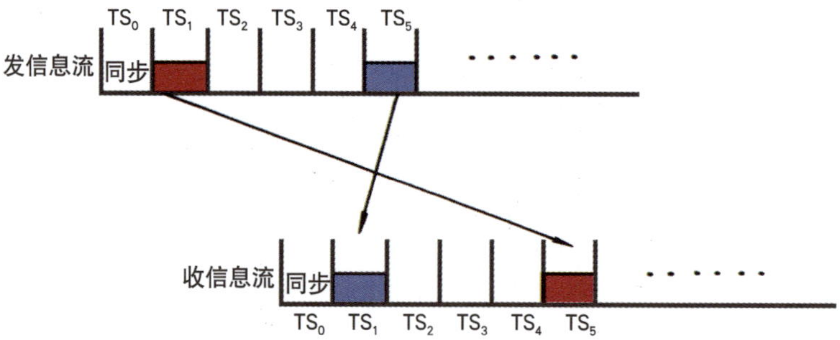

时隙交换示意图

交换机是用来交换话路的，但程控交换机与以前的步进制交换机、纵横制交换机相比，在交换原理上有着根本不同的概念。

以往的电话交换都是采用**电路交换**方式，即在通信之前，在两个终端之间需要预先建立其一条专用的物理通路（电路连接），在通信中自始至终使用该条通路进行信息传输，并且不允许其他信息交换使用该条通路，直到双方通信完毕，才拆除这条通路。

由于程控交换机采用的是时分复用的数字信号，而数字信号是在时隙中传输的，不同话路的数字信号在不同时隙中传送，所以它可以不改变信息通路，而只是对其中的时隙进行交换就达到话路交换的目的。

我们知道，在PCM30/32多路复用传输系统中，由于收端与发端实行帧同步，因而只能是路号相对应的收端用户与发端用户连通。例如，发端第1路的信号，是搭乘在一帧30个话路时隙当中的第一个时隙中传送的。同步传输后，在接收端，第一个话路时隙只能被第1路用户接收。

如果把第1路时隙中的通话内容转到第5路时隙中，第5路时隙中的通话内容转到第1路时隙中，即进行**时隙交换**；那么收端第5路的用户就可以听到发端第1个用户的通话，收端第1路的用户就可以听到发端第5个用户的通话，这种时隙交换就是所谓的**数字交换**。

在PCM交换设备中，将不同时隙中的内容进行了“搬家”。如上图，在PCM传输系统的发送端（PCM发群），通过抽样开关，甲用户从第1话路发出的红色话音信息，进入PCM编码后占用TS_1时隙；乙用户从第5话路发出的蓝色话音信息，进入PCM编码后占用TS_5时隙。然而，

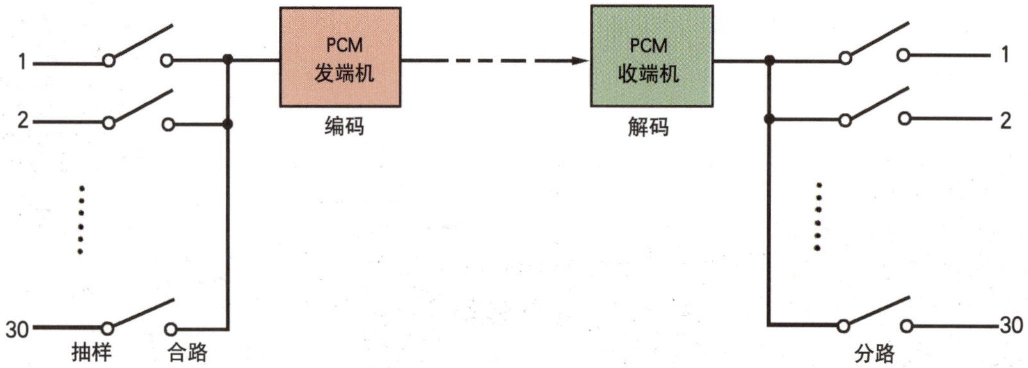

PCM30/32传输系统示意图

在经过 PCM 交换设备后，甲用户的信息被搬到了 TS_5 时隙，乙用户的信息被搬到了 TS_1 时隙。到了接收端（PCM 收群），通过与抽样开关同步的分路开关，甲用户依然从第 1 路话路接收 TS_1 时隙的信息，却收到的是乙用户发出的蓝色话音信息；乙用户依然从 TS_5 路话路接收第 5 时隙的信息，却收到的是甲用户发出的红色话音信息，这样，双方就互相听到了对方的声音。

PCM 交换设备究竟是怎样做到时隙交换的呢？

我们以乘客换车厢来打比方。假如有一趟列车，共 30 个车厢，进站停靠在站台上。这时，每个车厢的门口有一位服务员，手里拿着一个地址，告诉该车厢的乘客请下车，换乘另一个车厢，1 号车厢的乘客去 5 号车厢，而 5 号车厢的乘客去 1 号车厢，诸如此类……于是各车厢的乘客完成了互换车厢，列车出站后继续开往目的地。

PCM 交换设备的时隙交换与此相仿。想象一下，每一帧 30 个时隙，就像一列车有 30 个车厢，每个车厢的“乘客”是排序不同的 8 位数码（我们暂时戏称之为“比特先生”，他们携带着用户的话音信息）。列车进站停靠的“站台”就是一个随机存储器。“比特先生”们下到“站台”上，就好比进入了随机存储器。神秘的“换车厢”就发生在随机存储器当中。

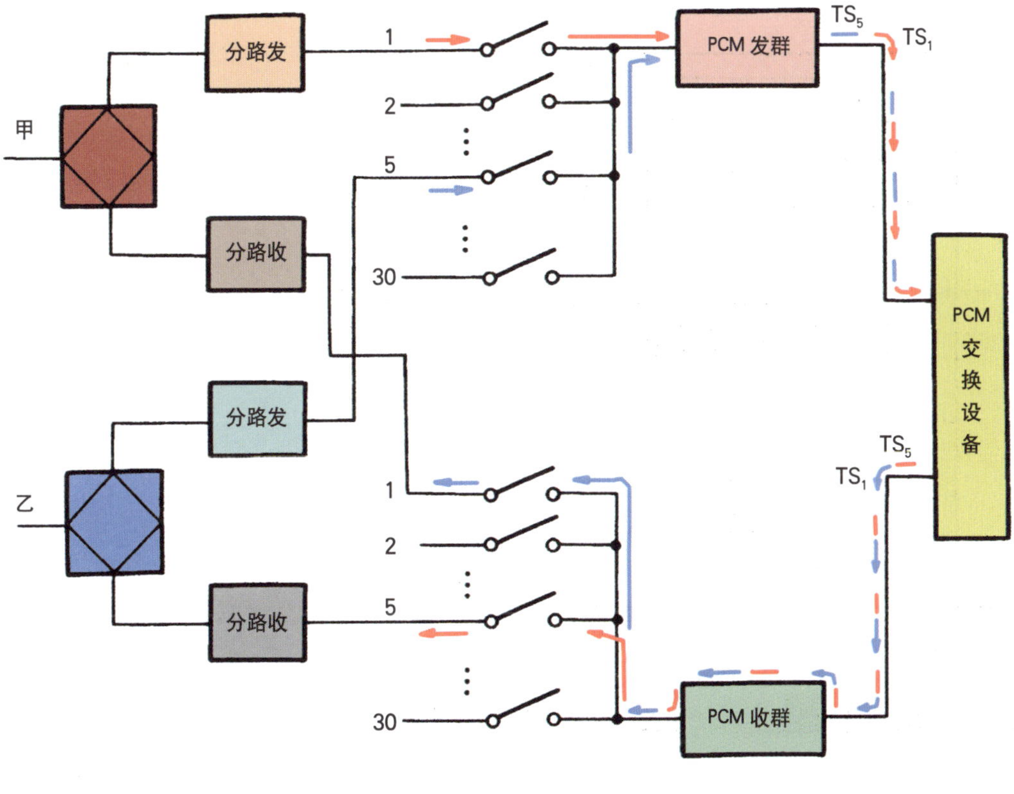

通过 PCM 交换设备连接不同用户示意图

如下图所示，这是一个实现 PCM 系统 30 个话路交换的随机存储器。它分成 32 个“小平房”，从 0 排到 31 排，每排“小平房”有 8 个“房间”,每个“房间”可以存放 1 比特的信息，1 排“小平房”正好“暂住”一个时隙的 8 位“比特先生”。

在写入脉冲的控制下，PCM 系统输入的数字信息“比特先生”们按时隙顺序依次进入存储器内相应的各排“小平房”休息：TS_1 时隙的“比特先生”们（红色）走进第 1 排“小平房”,……TS_5 时隙的“比特先生”们（蓝色）走进第 5 排“小平房”，等等。

当控制电路下令读出时，它却打乱了原来的顺序,将第 5 排“小平房”的“比特先生”(蓝色）领到了输出的 TS_1 时隙，而第 1 排“小平房”的“比特先生”（红色）被领到了输出的 TS_5 时隙……

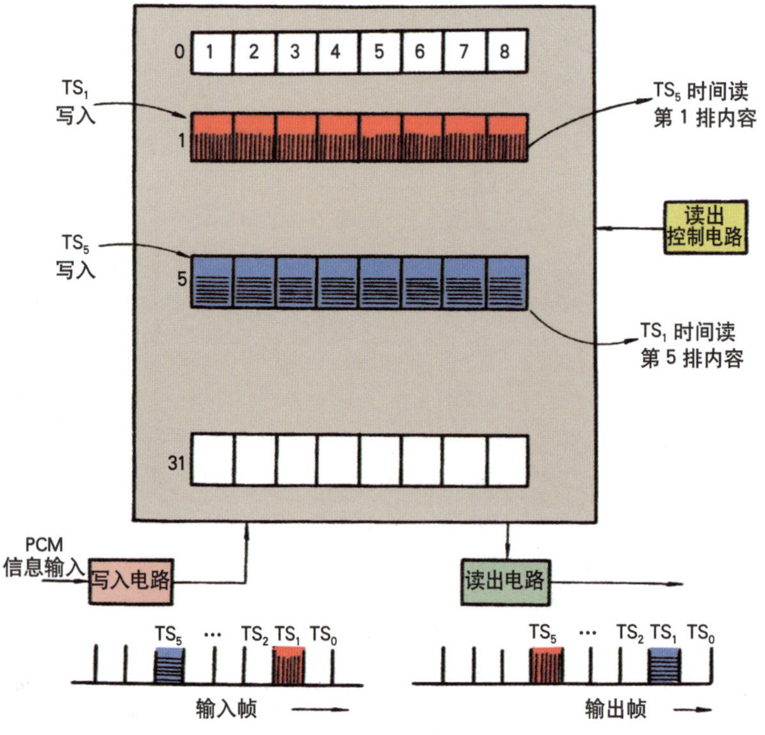

实现 30 个话路交换的随机存储器

这些“比特先生”们，来的时候顺序来，走的时候却改变了顺次。它们就这样“换了车厢”。这种交换方式，专业术语叫“顺入控出”，即：顺序输入，控制输出。谁在控制呢？是读出控制电路。

为什么叫“随机”存储器呢？因为它的内容可以不断刷新，可以随时存取。时隙内容的交换每 1 帧进行一次，即每 125 微秒进行一次，不断这样连续进行，就达到 30 个话路之间任意两路互通的目的。

4 程控交换机如何完成交换?

在程控数字交换系统中，数字交换网络的基本单元叫做**接线器**，接线器中主要的设备就是随机存储器。程控交换机的接线器分为两类：时间接线器（又叫 **T 接线器**）和空间接线器（又叫 **S 接线器**）。

（1）时间接线器

一个**时间接线器**内有两个随机存储器，一个用来存储话音，即 PCM 时分复用线内不同时隙的内容，叫做**话音存储器**；一个用来存储控制指令，叫做**控制存储器**。

话音存储器就是前面所说的有 32 排“小平房”的随机存储器，一条 PCM 复用线每帧的 32 个时隙，按照时钟脉冲的节拍，顺序存入各存储单元（“小平房”）内：TS_0 时隙的内容放入 0 号单元、TS_1 时隙的内容放入 1 号单元……“小平房”的号数就是时隙地址，从 0 号到 31 号。

控制存储器存储的内容专门针对话音存储器中各时隙地址，其存储单元（“小平房”）数与话音存储器的存储单元（“小平房”）数相同，也是32个。它的“小平房”面积多大呢？由于一条PCM复用线有32个时隙地址，只需5位二进制编码即可表示（$2^5=32$）。因此，控制存储器的每个“小平房”（存储单元）比话音存储器“面积”要小，只有5个房间，存放5位二进制编码就够了。

假如，现在要将TS_1时隙的内容***a***（A用户的话音信号）换到TS_5时隙去，而TS_5时隙的内容***b***（B用户的话音信号）换到TS_1时隙去。让我们看看时间接线器如何工作。

首先，计算机处理机在控制存储器的1号单元（对应着TS_1时隙）写入“00101”，即话音存储器5号单元地址的二进制编码；在控制存储器的5号单元（对应着TS_5时隙）内写入了“00001”，即话音存储器1号单元的地址。

输入信号来了！在时钟脉冲的控制下，不同时隙的话音信息按顺序写入到了话音存储器的相应单元中，写入的单元号和时隙号一一对应：TS_1时隙的编码信息***a***写入话音存储器的1号单元……TS_5时隙的编码信息***b***写入了话音存储器的5号单元……

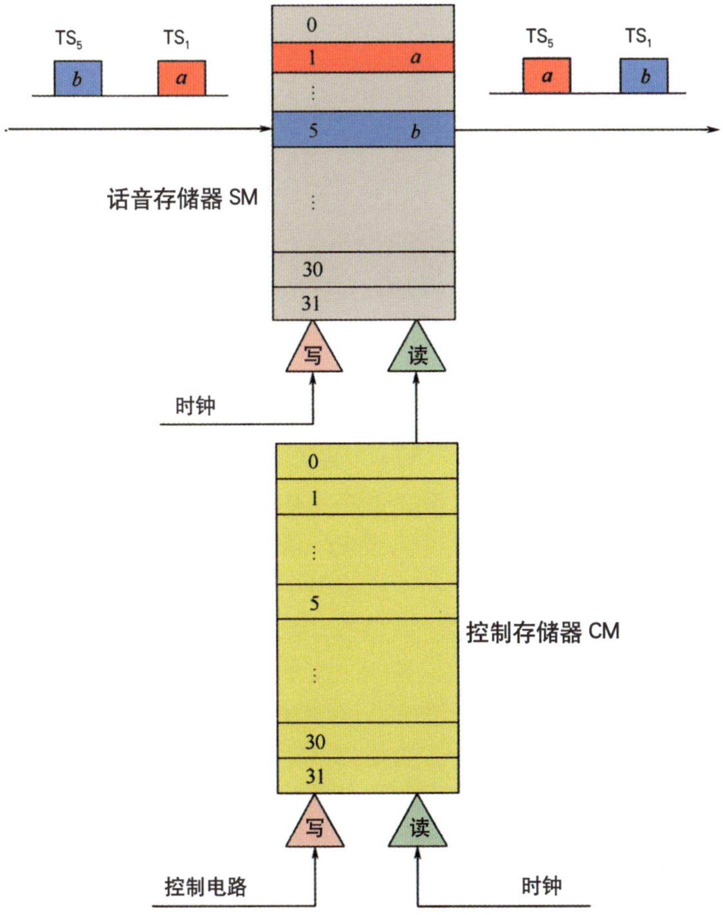

时间接线器示意图

与此同时，控制存储器也按时钟脉冲的顺序一一读出其各单元内容：TS_1时隙读1号单元的内容……TS_5时隙读5号单元的内容……

输出时怎么办呢？在TS_1时刻，控制电路从控制存储器的1号单元读到话音存储器5号单元的地址，就跑去打开话音存储器的5号单元，把其中存放的话音信息***b***送到输出线的TS_1时隙中，也就是把输入线TS_5时隙的内容交换到输出线TS_1时隙去了。

同样，当TS_5时刻到来时，控制电路从控制存储器的5号单元读到话音存储器1号单元的地址，就打开话音存储器的1号单元，把其中存放的话音信息***a***送到输出线的TS_5时隙中，也就是把输入线TS_1时隙的内容交换到输出线TS_5时隙去了。

这就是时间接线器进行时隙交换的具体过程。

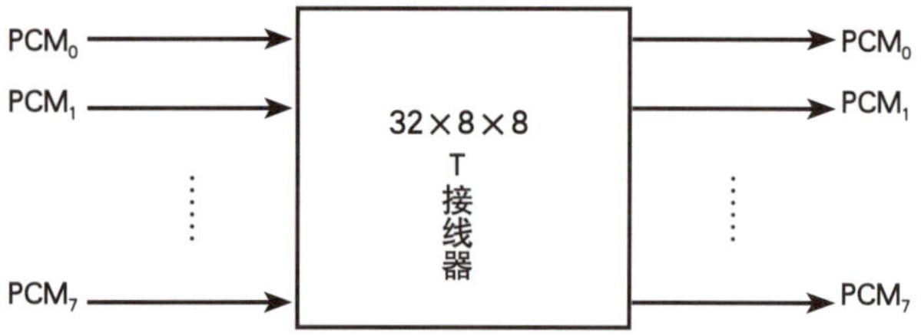

8 端程控交换 T 接线器示意图

但这样的一个时间接线器只能完成一条 PCM 时分复用线即 30 个话路的时隙交换，显然是容量太小了，不够实用。目前，一个时间接线器一般可进行 8 条、16 条或 32 条 PCM 时分复用线的时隙交换。每条 PCM 时分复用线叫做一端，8 条 PCM 时分复用线叫做 8 端。那么 8 端的程控交换时间接线器可以完成多少个时隙的交换呢？答案是 32×8=256 个时隙。每个时隙有 8 比特的数码，所以该时间接线器可交换的码元为 32×8×8=2048 比特。

（2）空间接线器

空间接线器用来将一条 PCM 时分复用线上的某一时隙内容（例如 TS_1）交换到另一条 PCM 时分复用线上的相同时隙（还是 TS_1）去。它只负责把某一时隙的内容从一条 PCM 时分复用线（入线）搬到另一条 PCM 时分复用线（出线）上的同一时隙中，“头班车”还是“头班车”，“末班车”还是“末班车”，而不改变其时间顺序，只是进行空间位置的交换，所以叫空间接线器。

下页上图所示为一个输出控制方式的空间接线器。它有 8 条红色的输入母线（0 号到 7 号）和 8 条蓝色的输出母线（也是 0 号到 7 号），每一个入线和出线都有一个交叉点，共有 64 个交叉点（图中对输入、输出母线和交叉点没有完整画出）。为了控制输出，每一条输出线上都对应有一个控制存储器，一共 8 个控制存储器，从 0 号到 7 号，对应着 0 至 7 号输出线。每个控制存储器都有 32 个存储单元，从 0 号到 31 号，对应着 32 个时隙。

假如 0 号入线 TS_{31} 时隙的信息 ***a*** 要交换到 7 号出线去。计算机处理机就向对应 7 号出线的 7 号控制存储器中对应 TS_{31} 时隙的 31 号存储单元写入“0”，表示在 TS_{31} 时刻接收 0 号入线的时隙内容。这样，当 TS_{31} 时刻到来时，7 号出线与 0 号入线的交叉点就闭合，信息 ***a*** 便从 0 号入线送到了 7 号出线，就在同一个 TS_{31} 时隙中，完成了信息的交换。

（3）TST 交换网络

空间接线器既然不能进行时隙交换，那么它有什么用处呢？

一般单个时间接线器的交换容量较小，因此常常还要配合空间接线器来扩大交换容量。最常见的组合方式是 TST 交换网络。

TST 是三级交换网络，两侧是时间（T）接线器，中间一级是空间（S）接线器。其核心骨干还是一个空间接线器，但与单一的空间接线器不同之处在于，它的接入母线和输出母线都不是单一的一条 PCM 传输线，而是带有随机存储器的时间接线器了，每一条母线都是一个时间接线器。假如某一空间接线器两侧各接有 16 个时间接线器，每个时间接线器完成 256 时隙交换，整个交换网络可完成 256×16=4096 个时隙的交换。

数字程控交换机的全数字化，使它具有早期其他交换机无法比拟的很多优点。

——许多数字集成电路器件，如逻辑电路、存储器，既可用在计算机上也可用在交换机上，使交换机的制造成本、体积大为降低，而功能、可靠性则大为提高。例如，数字程控交换机中使用的时分接线器直接使用计算机中的存储器，使其体积大为缩小，而其费用在整个交换机中变得微不足道。

——由于采用电子器件，可以节省大

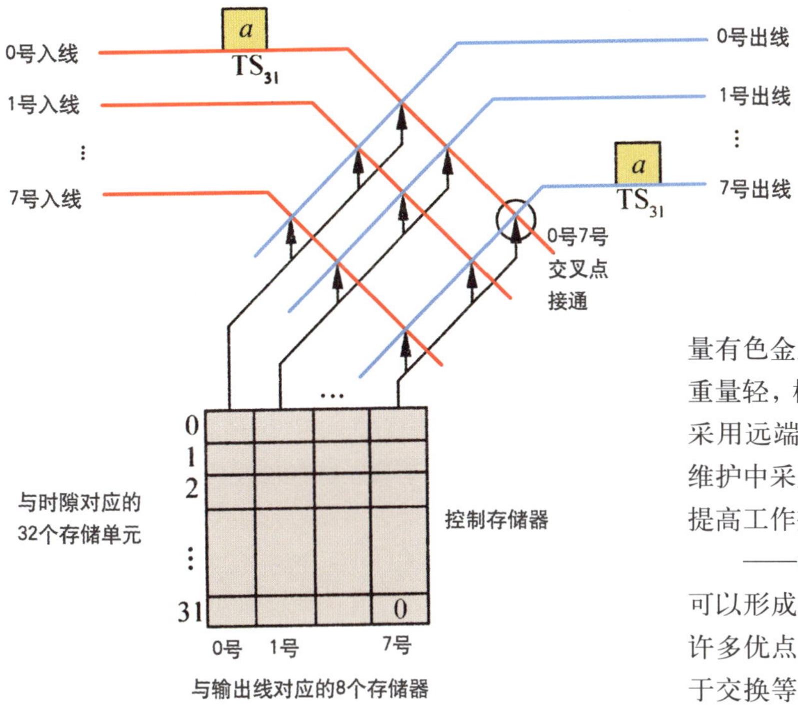

空间接线器示意图

量有色金属和黑色金属。交换机体积小、重量轻，机房面积小，可节省基建费用。采用远端用户模块，可降低线路费用。维护中采用智能控制，可节省工作人员，提高工作效率。

——话音数字化以后，交换和传输可以形成一个综合数字网，数字通信的许多优点，如抗干扰强、易于复用、便于交换等都突显出来。由于减少了转换环节，也提高了通信质量。

——控制系统数字化，可提供众多新的用户服务功能，如缩位拨号、三方通话、遇忙回叫等。新业务的开展可以通过软件的更改实现，硬件设备不需要任何更改，节省投资。

——由于数字电话交换机的信号是数字信号，因此许多可以用数字信号形式传送的信息和各种经数字调制后的信息，如话音、数据、用户电报、传真、图文、图像通信等，都可以通过数字电话交换系统进行交换，从而可以构成**综合业务数字通信网**(ISDN)。

我国铁路程控交换机的发展

中国铁路通信引入程控交换机从 20 世纪 80 年代开始，经历了从引进设备到引进技术自主开发的发展过程。

1 引进设备“八仙过海”

20 世纪 80 年代，我国铁路通信的发展处在一个十分特殊的时期，在计划经济向社会主义市场经济转型的情况下，传统的“高、大、半”（高度集中、大联动机、半军事化）时期形成的规章制度、技术标准在铁路部门受到了挑战。在对待程控交换机的技术、设备引进上出现了“八仙过海、各显神通”的局面。

——1987 年，福州分局首次开通了瑞典的 MD110 型设备；

——1988 年，大秦线开通了芬兰诺基亚的 DX200 系列设备；

——1989 年，北京分局开通了日本富士通的 FETEX-150 型设备；

——1989 年，铁道部通信枢纽开通了由美国 AT&T 公司引进的 5ESS 万门程控，这在当时是铁路系统容量最大的程控交换机；

——1990、1991、1992 年，引进英国 GPT 公司的 X 交换系统，在衡阳—广州、西安—郑州、郑州—武汉相继开通；

——1995 年，相继开通了呼和浩特、兰州、沈阳、哈尔滨 4 个铁路局一次采购的 10 万线意大利 Linea UT 程控交换机。

截至 1995 年的统计，铁路程控交换机已经开通了 25 万线之多，这些都是不同建设单位、不同设计施工单位积极营造的成就，是改革开放的成果。但是，铁路通信必竟是一个整体，而通信的基本原则是“全程全网、互联互通”。程控交换机开通了 25 万线，但全国铁路还有 35 万门纵横制、步进制交换机在现场使用着，如何使模拟通信交换机与数字通信交换机互联互通、繁杂的信令方式如何统一技术标准，将来的铁路程控交换机如何国产化，以及铁路通信如何收费等等问题，都需要从“同一个网络”的观点出发，解决这些“八仙过海”之后的共同问题。

2 国产设备暂不适应

随着国产大容量局用交换机的陆续问世并通过国家鉴定，打破了大容量局用交换机

北京贝尔 S12J 系列程控交换机总机

郑州通信枢纽使用的华为 08 机程控交换机

巨龙 04 机程控交换机

北京西直门电务段使用的中兴 ZXJ10 型程控交换机

必须从国外引进的局面。1994 年郑州铁路局率先安装了巨龙 HJD-04 数字程控交换机。1995 年，铁路有关单位很快就选中了几家国产局用交换机生产厂家（华为、中兴、巨龙）并签订了约 10 万线的购货合同，对国产机型表现了极大的兴趣。

国产机器售价只有进口同类产品的 1/2，安装 1 个万门交换机只需半个月左右，另外，遇到软件升级、号码升位、增加新业务和网络变更时，都有可靠的技术保证，其中文操作界面、售后服务更深受国人的欢迎。

然而，国产机型由于运行的时间短、不如进口货成熟完善、工艺水平较差等原因，开始应用时遇到一些问题，使得一些人虽然喜欢它又不敢推广它。当然，这种担心随着时间的推移而逐步消失。

3 寻找“五条腿的羊”

铁路是一个很特殊的部门。在“高、大、半”的管理体制下，它不仅管铁路运输，还有“公、检、法”，“科、教、文、卫”，“工业、工程”等各式各样的单位。铁路通信也有自己的“铁道部标准”。

程控交换机生产线开通典礼

引进数字程控交换机生产制造技术是国家发展数字通信的既定政策。为了加强领导，国家在批准3个局用交换机（大型机）生产厂家、10个用户交换机（小型机）生产厂家的同时还提出了“统一组织、统一标书、统一技术条件，一致对外”的要求。1986年，北京铁路通信工厂是被批准的10家用户交换机生产厂家之一。由于铁路通信网是当时仅次于邮电通信网的第二大通信网，又具有铁路通信的一系列技术标准化和技术规范，生产用户交换机，满足不了铁路通信的需要，为此国家同意铁道部可以根据铁路电话交换网的特点，选择一种介于局用交换机和用户交换机之间的机型，单独招标报国家批准。

由于历史原因，40年来铁路通信产生了上百种“铁道部标准”，于是出现了模拟与数字、铁路与地方、新老信令、新老机型……种种技术接口的不协调，研制这种不大不小的机型并使其适应铁路网内部特殊的技术要求，被后来有人戏称为寻找“五条腿的羊”。

1992年，为了克服“只买机器、不会生产”、“只会使用、不懂技术”、“机型杂乱、无法发展”的被动局面，经过公开招标，终于选定了从德国PKI公司引进技术和一条先进的程控交换机生产线。生产线包括软件中心、检测系统、贴片工艺等一整套先进制造设备和技术，数十名技术人员赴德国接受培训。这在中国铁路通信引进先进技术的发展史上，迈出了空前的一步，大大地推进了铁路通信向数字化方向的发展。

1995年，程控交换机生产线正式开通。同年，生产线生产组装的第一套19000线tss程控交换机在济南开通。从此，铁路有了数字通信的生产基地，同时培养了一批通信新技术开发人员。后来铁道部通信信号总公司决定，将该条生产线与上海贝尔公司、比利时贝尔公司合资创办北京贝尔公司。北京贝尔公司改型生产的S1240 程控交换机，三年就供应铁路 230 余处 67 万线（超过历史上铁路程控交换机的总和），大大地加快了铁路通信数字化的步伐。“五条腿的羊”变成了飞驰的“四条腿的马”。

从 1997 年开始，铁路通信结束了全部引进国外设备的历史，以国产铁路主导机型统一装备全国铁路通信网。从而解决了前述“八仙过海”过程中所暴露出的一些问题。如果把光缆看作环绕铁路沿线的光环的话，那么程控交换机就像分布在全国铁路各通信站的耀眼明星，连接千家万户。进入 21 世纪，铁路程控电话已超过千万门。

程控交换机机房

第5单元

数据通信展宏图

SHUJU TONGXIN

SHUJU TONGXIN ZHAN HONGTU

HAN HONGTU

数据通信：从互联网说起

互联网英文写作Internet，因此中文按照音译又称之为“英特网”。什么是互联网？它是每个人都可以利用电脑来存取而共享的、包罗万象的、世界范围的信息通信数据库。它克服了时间和空间上的限制，使人们可以在远距离同时使用计算机达到资源共享。现在我们无论在家里或在单位，都可以用一台个人计算机，通过原来的电话线或单位的局域网线，轻松地连接上互联网，浏览各大网站（你可以直接访问美国国会图书馆），或者给海内外的亲朋好友发电子邮件（E-mail），还可以实时地用键盘打字或者通过视频或话筒互相聊天，甚至还可以在网上购物。

如今的互联网，更像一个覆盖全世界的网联网，将无数台计算机和计算机网络连接了起来，成为通信网、计算机网、电视网三大网关注的焦点。由于“全程全网、互联互通”为大家共同的目标，所以殊途同归，“三网融合”的呼声也越来越高。随着网络技术的不断发展，网间规程（协议）也不断升级。国际电信联盟将以世界电信和信息通信技术领域主导机构的地位来协调各类网络技术的发展。

1 互联网的起源

1961年，为了提高通信的保密性和安全可靠性，欧洲兰德公司（RAND）的波尔·布朗和他的同事为北大西洋公约组织制定了一个把话音分割打包传输和交换的空军通信网络体制。他们设想，把送话人的话音信号分割成数字化的一些“小片”（分组），各个小片分装成“包”，经过网上不同通路独立地传输到目的地节点站。最后从“包”中卸下“小片”，还原成送话人的话音信号，再传给受话人。这样，如果传输线路在网中的某一位置被截收，收到的信号，不可能是完整的句子，并且“小片”沿多种通道传输，可增加通信的保密性和网络的安全可靠性。此方案在1964年公布，但在当时的技术条件下未能实现。

第一个利用这一研究成果的是美国国防部高级规划研究局（ARPA），他们为了资源共享，急需一种高速、大容量和延时小的通信线路来联结各大学、研究机构所属的大型计算机之间的通信。他们认识到，用“分组”的方法进行交换和传输，可以有效地利用通信线路的资源和解决各类不兼容的计算机之间的通信问题。为了避免新设专用通信线路的昂贵投资，采用这种新的分组交换技术来有效利用原有通信线路资源，就是顺理成章的事情。他们于1969年完成了世界上第一个分组交换网（ARPAnet）的建设。该网络的成功，鼓舞了许多通信设备公司，于是纷纷研究和开发分组交换技术。美国的TELENET公司于1975年开放了世界上第一个商用分组交换网。

分组交换技术和电话交换技术不同。电话交换机（包括地区交换和长途交换）的交换技术，是为语言信号交换而设计的；而分组交换系统是为了实现计算机与计算机或终端与计算机之间的信息交换而设计的一种数据通信系统。

2 有别于电话通信的数据通信

100多年来，铁路通信所承载的信息传输任务基本上有两个方面，即电话通信和数据通信（电报）。模拟通信时代电话通信技术发展是主流；而在数字通信时代，特别是互联网出现以后，数据通信的技术发展占了主导地位。

伴随着计算机技术的应用和发展，20 世纪 60 年代中期，国外铁路已开始使用计算机进行行车控制和运营管理，而这需要数据通信网的支持，于是数据通信业务在铁路部门逐步发展起来。我国铁路从 20 世纪 70 年代初期开始使用计算机进行行车控制和运营管理的研究，铁路数据通信业务也从无到有逐步发展起来。1994 年铁路第一个分组交换数据网一期工程建成试运用。之后，进行了二、三期扩容，建成了铁路高速数据传输骨干网络。

说到数据通信，首先要问：什么叫数据呢？

（1）什么叫数据？

所谓**数据**，一般是指在传输时可用离散的数字信号逐一准确代表（比如说编码）的文字、符号、数码等离散信息。如今通信技术发展很快，可以说无论信息本来是什么类型、什么形式（包括模拟的音影图像等），都可以转化为数据了。

数据所表示的信息，内容是十分广泛的，包括我们熟知的用计算机传送的电子邮件、各种文本文件、电子表格、数据库文件、图形和二进制可执行程序等等。早期的电报码，其实也是一种数据。

为了传递数据信息，要用二进制代码（即二进制数字“0”或“1”的组合）来表示各种数字、字母和符号。目前通用的传输代码有国际 5 号码、国际电报 2 号码和信息交换用汉字代码等。

——国际 5 号码

这是一种七单位代码，用 7 位二进制码来表示字母、数字或符号。这种代码是 1963 年美国标准化协会提出的，称为美国信息交换标准代码（简称 ASC Ⅱ），后被国际标准化组织（ISO）和原国际电报电话咨询委员会采纳并发展为国际通用的信息交换用标准代码。

7 位二进制共有 2^7=128 种组合，可表示 128 个字符，分为控制字符和图形字符。

控制字符只产生控制功能，不被显示或打印。图形字符为显示或打印的字符，共 94 个，包括 52 个大小写英文字母、10 个数字和 32 个图形符号。每个字符都由 7 位比特组成。例如：

——“0110000”表示数字 0、“0110001”表示数字 1、“0110010”表示数字 2……

——“1000001”表示大写英文字母 A、“1000010”表示大写英文字母 B……“1100001”表示小写英文字母 a、“1100010”表示小写英文字母 b……

——“0101100”表示逗号、“0101110”表示句号、“0100011”表示井号（#）、“0101010”表示星号（*）……

这些字母、符号和数字，基本覆盖了计算机键盘上的各个键的含义。当我们在电脑前敲击一下数字键“0”时，向计算机发出的数据信息其实就是二进制数码“0110000”（实际串行传输时，与读写顺序相反，先发送低位，后发送高位）。

——国际电报 2 号码

国际电报 2 号码，又叫五单位电码。过去的电传打字机就使用这种电码。电传机在外形上很像一个外文打字机，是一台发报与收报合一的设备。发报时，利用键盘上按键发出 5 单位电码的电脉冲信号；收报时，将对方发来的电脉冲信号打印在纸带或纸页上。

电传打字电报机

五单位电码属于均匀码（莫尔斯电码是非均匀码），每个字符由长度相等的5个电脉冲组成，一般以有电流代表传号“1”，无电流代表空号“0”。这样，利用5个脉冲中“1”和“0”的2种状态，就可以完成32个不同组合。这些组合在采用“字母变换”或“数字变换”后，既可以代表A、B、C、D……X、Y、Z 26个字母，也可以代表1、2、3、……0十个数字，还可以代表常用的标点符号，总计有52种字符，从而完成一般电报文本所要求的字符需要。

右图中显示了国际电报2号码的代码组成。其中“五单位电码”中，黑圆点代表“1”，空格代表“0”。例如，字母A的代码，就是字母变换码后加上“11000”；数字0就是数字变换码后加上“01101”。实际发报时在每个字符的前后还要加上起止电码。

序号	字母	数字	起	五单位电码 1	2	3	4	5	止
1	A	—		●	●				●
2	B	?		●			●		●
3	C	:			●	●	●		●
4	D	❖		●			●		●
5	E	3		●					●
6	F	%		●		●	●		●
7	G				●		●	●	●
8	H	”				●		●	●
9	I	8			●	●			●
10	J	铃		●	●		●		●
11	K	(		●	●	●	●		●
12	L	)			●			●	●
13	M	.				●	●	●	●
14	N	,				●	●		●
15	O	9					●	●	●
16	P	0			●	●		●	●
17	Q	1		●	●	●		●	●
18	R	4			●		●		●
19	S	,		●		●			●
20	T	5						●	●
21	U	7		●	●	●			●
22	V	=			●	●	●	●	●
23	W	2		●	●			●	●
24	X	/		●		●	●	●	●
25	Y	6		●		●		●	●
26	Z	+		●				●	●
27		<					●		●
28		≡			●				●
29	字母变换			●	●	●	●	●	●
30	数字变换			●	●		●	●	●
31	间隔					●			●
32									●

●传号 □空号 ❖你是谁

国际电报2号码

——信息交换用汉字代码

汉字代码是汉字信息交换用的标准代码，它使计算机能认识汉字，适用于一般的汉字处理、汉字通信等系统之间的信息交换。它把汉字当作图形字符来对待，对于任何一个图形字符都采用两个字节(1个字节为8个比特)表示，每个字节均采用中国国家标准《信息交换用汉字编码字符集》的7单位代码。国标GB2312-80为《信息交换用汉字编码字符集基本集》，收集汉字6763个；国标GB7589-87为《信息交换用汉字编码字符集第二辅助集》，收集以上基本集以外的汉字7237个；国标GB2312-80为《信息交换用汉字编码字符集第四辅助集》，又收集了以上基本集与第二辅助集以外的汉字7039个。

（2）数据通信的特点

计算机逐渐普及之后，由于计算机与其外部设备（比如说硬盘存储器、键盘、显示器等）之间，以及计算机与计算机之间都需要进行数据交换，特别是随着计算机网络互联的快速发展，需要高速、大容量的数据传输与交换，因而计算机技术很快就与通信技术相结合，发展了数据通信的新技术。**数据通信**就是以传输、交换、处理“数据”为业务的通信。

数据通信常具有突发性的特征，即需要传输的数据时有时无、时多时少。数据多时，通信系统必须以很高的速率进行传送；数据少时，通信系统可以零星、短促地进行传送；数据无时，通信系统完全空闲。与此相对照，在语音与视频通信中，模拟或数字音、视频信号通常以恒定的或小幅度波动的速度持续出现，通信系统必须及时地与连绵不断地进行传输，以保证接收到的语音与图像不发生间断与抖动，其信息传输过程像溪水一样涓涓流动。因此，数据通信的传输复用方式及交换方式，都与传统的电话通信等有所不同。

数据通信的传输效率是普通电话通信无法比拟的，例如在数字电话信道上以 64 千比特 / 秒速率传输数据，每分钟可以传送 48 万个字符，如果按每页 2400 个字符计算，相当于 200 页文件。传送如此之大的信息量，用电话在一分钟内是无法完成的，其经济价值显而易见。由于单位时间传送的信息量大，所以一般通信只需几秒钟就可完成。

数据通信还可在没有人参与的情况下自动完成通信过程，这也是它与电话通信等的一大区别。

与传统的电话通信相比，数据通信有以下一些严格要求。

——必须有严格的通信协议（规程）。

传统电话通信是人和人之间的通信，有些简单操作或“词不达意”时，参与通信的人都可以随机应变、或反复询问，所以电话通信只要两人的电路沟通了，两人之间的通话就能完成。而数据通信主要是人与计算机或计算机与计算机及计算机与终端设备之间的通信，总之，通信至少有一方是机器，它没有人脑的思维能力，而是靠人预先编制的程序来完成工作，所以数据通信必须事先约定好严格的通信规程或协议才能进行，而电话通信不必如此复杂。

——要求很高的传输准确性和可靠性。

数据一般是以二进制“0”和“1”的序列来表示的，如果数据在传输过程中发生了错误，“0”和“1”错一点，编码就会有误，在接收端就可能产生误解，甚至含义相反。特别在有些要害部门，如银行、军队、铁路……都要求通信有很高的可靠性,以防止产生严重后果。因此，数据通信对误码率要求很严格，并且要求传输中能够自动检测差错并纠正。一般地说，数据通信要求误码率小于一亿分之一，而音频和视频信号传输的误码率仅要求小于百分之一。

——要求接续和传输响应时间快。

数据通信突发性强，不传则不传，一旦有信息要传送时，就希望能在短时间内传完。其瞬时的高峰速率可能高出平均速率上百倍，而它每次呼叫（即完成双方通信）的持续时间却很短。据统计，平均 100 次数据呼叫当中，持续时间在 50 秒以下的有 90 次，持续时间在 5 秒以下的有 50 次，有 25 次持续时间甚至不到 1 秒；而电话平均一次通话的时间为 5 分钟。

（3）数据通信系统

数据通信技术包括两方面的内容：数据传输和数据传输前后的数据处理。

——数据传输指的是通过某种方式建立一个数据传输通道，将数据信号在其中传输。

——数据处理的目的是为了使数据更加有效、可靠地传输，它包括数据集中、数据交换、差错控制以及传输规程等。

一个典型的数据通信系统主要由中央计算机系统、数据终端设备以及数据电路 3 部分组成。

——**数据终端设备**（DTE）

数据终端英文简称 DTE。一般的数据终端设备包括数据输入设备、数据输出设备和传输控制器 3 部分。

数据输入、输出设备是操作人员与终端之

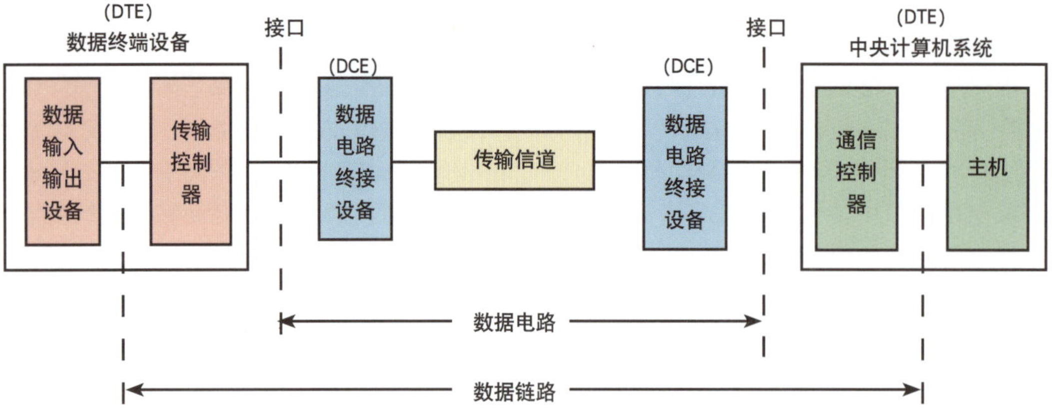

数据通信系统的基本构成

间的界面，它把人可以识别的数据变换成计算机可以处理的信息（把字母、数字和符号变成数字编码），或者相反。最常见的输入设备有电传打字机、计算机键盘、鼠标、扫描仪等；输出设备可以是显示器、打印机等。

传输控制器主要控制与通信网络之间的通信过程，包括差错控制和通信协议的实现等。

现实生活中，数据终端设备不光有个人计算机（PC 机，俗称“电脑”或“微机”），还有很多其他形式，例如，在日常生活中我们常见的银行自动柜员机（ATM 机，俗称自

传真机

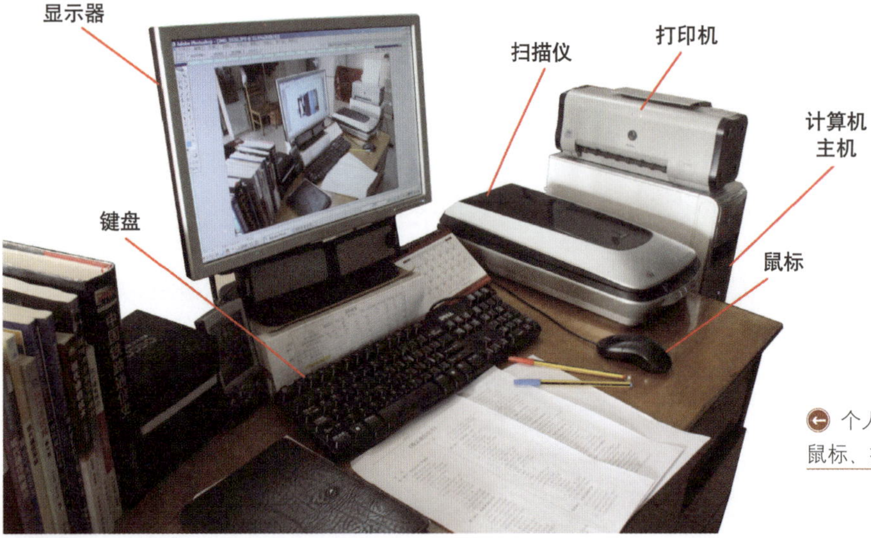

个人计算机（PC 机）及其键盘、鼠标、扫描仪和显示器、打印机

动提款机）、商店的刷卡机（POS 机）、单位的传真机等，就都是数据终端设备。

使用计算机终端在局域网上工作

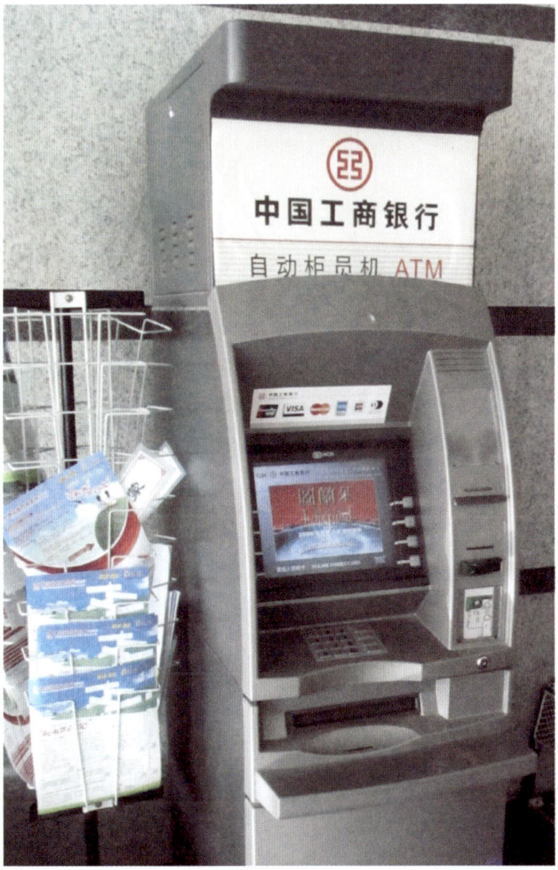

银行自动柜员机（ATM 机）

——数据电路

数据电路由传输信道（通信线路）及两端的**数据电路终接设备**（DCE）组成。

数据电路位于数据终端设备和中央计算机系统之间，相当于一座“桥梁”，为数据通信提供数字传输信道。它两端的“桥头堡”叫做 DCE,这是在 DTE 与传输信道之间的接口设备，其主要作用是信号变换。

当传输信道为模拟信道时，发送方的 DCE 将 DTE 发来的数字信号进行调制，变为模拟信号送往信道，这时的 DCE 就是调制解调器（英文叫 Modem，俗称“猫”）。

当传输信道是数字信道时，DCE 实际是数字接口适配器。既然彼此都是数字信号，为什么还需要接口适配器呢？这是因为数据通信中的“用户”，大多是各种各样的计算机和终端设备，它们在通信速率、编码格式、同步方式和通信规程等方面有很大差异，因此要求数据通信网的接口要灵活多样，以适应不同机种之间的互相通信。例如，PCM 信道的速率是标准化的 64 千比特 / 秒（kbit/s）、2048 千比特 / 秒（kbit/s），等等，而数据终端的速率种类较多，且可能低于信道速率。因而，接口适配器对于数据电路来说很重要。

与电话通信不同，当数据电路建立后，为了有效地进行数据通信，还必须由传输控制器和通信控制器按照事先约定的传输控制规程来对传输过程进行控制，以使双方能够协调和可靠地工作，包括流量控制等。通常把控制装置（传输控制器和通信控制器）和数据电路合在一起称为**数据链路**。一般来说，只有建立起数据链路以后，通信双方才能真正有效地进行数据通信。

——中央计算机系统

中央计算机系统对于数据通信网络来说其实也是一个特殊的数据终端设备，由主机、通信控制器（又称前置处理机）及外围设备 3 部分组成，具有处理从一般数据终端设备（DTE）输入的数据信息，并将处理结果向相应的 DTE 输出的功能。其中的通信控制器，用于管理与数据终端相连接的所有通信线路。

实际应用中，数据通信系统常有以下两种形式。

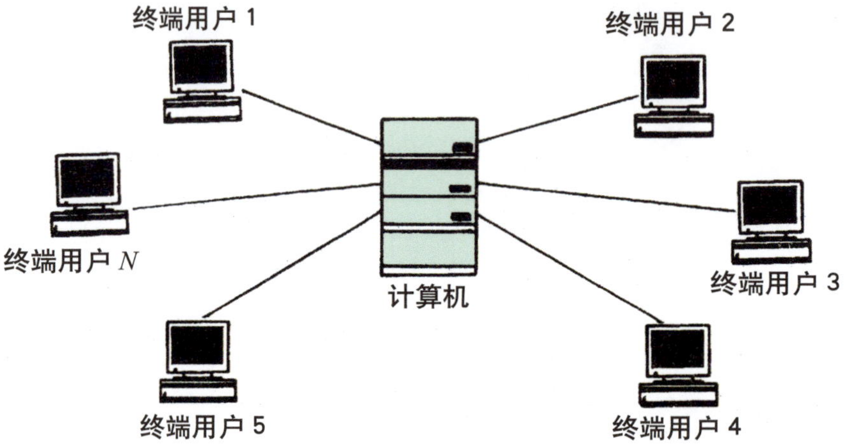

较简单的数据通信系统示例

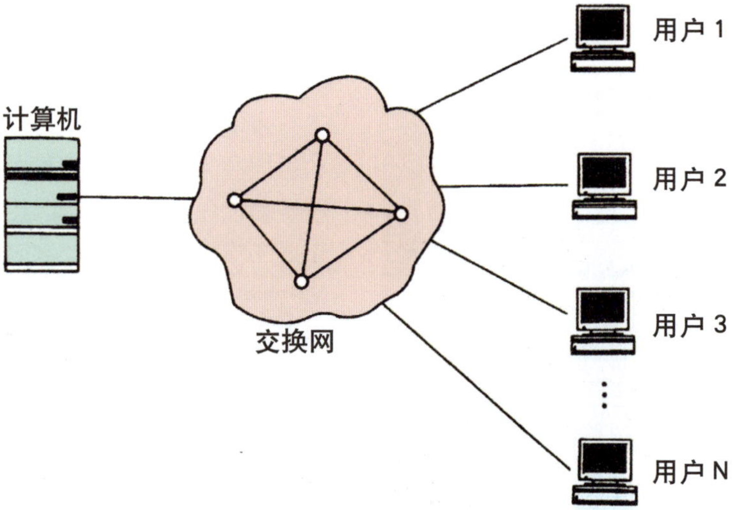

进行交换的数据通信系统示例

不一样的交换

1 分组交换技术

像电话通信那样，要在数量众多并且不在一地的用户之间实现数据通信，也需要进行交换。但数据通信的交换与电话通信的交换有很大的不同。

电话交换在数字化后，所交换的数字信号是采用PCM调制的同步时分复用信号，它将不同用户的信息放在不同的时隙中，所放置的时隙相对固定，时隙的顺序与话路顺序是一一对应的，凡是编号相同的时隙，传送的都是同一话路的信息，时隙的位置就代表着某一话路。这样，在进行数字交换时，就可以用时隙位置交换的办法，来进行话路交换。但由于各用户在进行通信时都可能出现暂时的停顿，从而使它所占用的话路或时隙空闲，而这时其他用户又不能使用这个空闲的时隙，这就造成线路的传输能力白白浪费。

数据通信中，信号的突发性非常明显，停顿时间可能比通信时间还要长得多，如果采用同步时分复用，线路的传输能力将浪费极大。为了适应这一特点，数据通信采用了分组交换的办法。它所交换的数字信号在传输时，采用的不是固定僵化的同步时分复用，而是比较灵活机动的统计时分复用。

统计时分复用是怎么回事呢？

在**分组交换**技术中，把一次呼叫需要传送的报文（例如一封电报或一个电子邮件）分成很多小段，称为“**分组**”（也称“包”）。分组长度较短，具有统一的格式，便于在交换机中存储和处理。每个分组前附加分组头，其中标明要去哪个输出端，即“路由标记”，相当于部队的番号。各个分组在输入时可以随意使用不同时隙，但只要标识码相同的分组都属于同一次呼叫通信的接续。好比“番号”相同的都属于一个部队，这样即使是散兵游勇，最后也能找到自己的部队。由于同一次呼叫通信所传递的信息，并不需要都使用同一个固定的时隙，而是随机地赶上哪个是哪个，所以叫做**统计时分复用**或**动态时分复用**，相对于同步时分复用，也称为**异步时分复用**。

分组由分组头和用户信息组成，分组的长度通常为128字节（B），也可选用32、64、512或1024字节长度（必须是8的倍数），分组头长一般为3字节。分组头中带有控制信息和地址信息（逻辑信道组号和逻辑信道号），使其可以在分组交换网内独立地传输，并以分组为单位进行流量控制、路由选择和差错控制等处理。为了保证分组在网络中正确地传输和交换，除包含用户数据的分组外，还有些分组是专用于通信控制的，因此在分组头中包含有识别分组类型的信息。

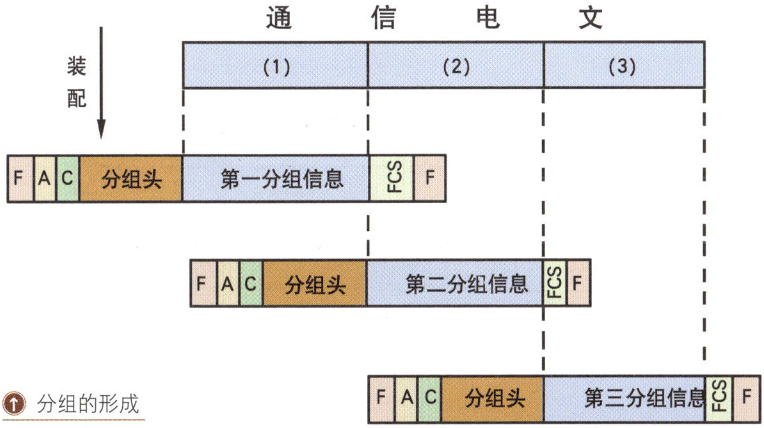

分组的形成

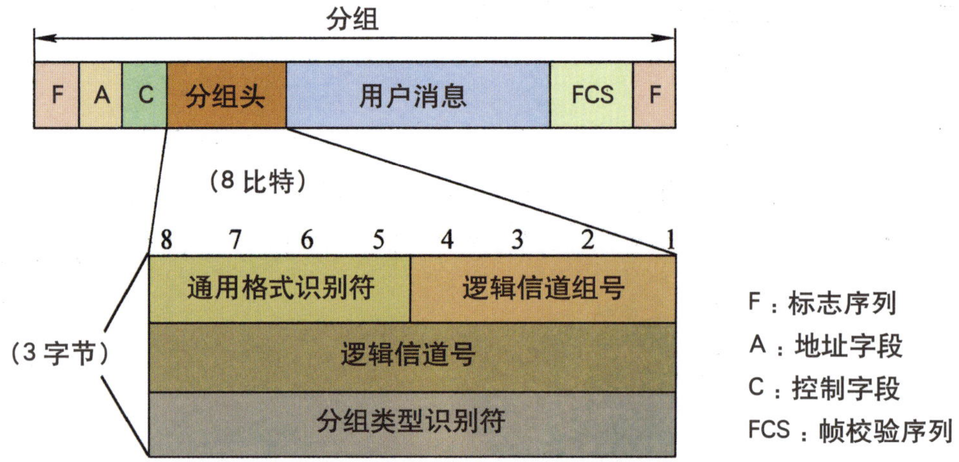

分组的格式

为了保证传输的可靠性，实际传输时，在每个分组前后还要添加一些字段，形成为一个HDLC帧进行传输。HDLC帧是高级数据链路控制格式，是数据流打包的一种。其帧结构包括标志字段（F）、地址字段（A）、控制字段（C）、分组和帧校验序列（FCS）。

在统计时分复用中，采用了存储转发方式，“分组”进入每一个交换机节点后，先在缓冲器中暂存，进行排队和处理，由传输控制器将各缓冲器中的信息编成队列依次发出，输出到下一个交换机节点或用户终端。当某终端暂停发送数据时，缓冲器中是空的，该缓冲器便被从队列中除去。下一个缓冲器中的信息便接上来传输，使所有的时隙都得到利用，不留空闲。这样，各个用户的数据在线路上互相交织传输，无法从固定位置区分它们，只能由它们所携带的标识来识别。在缓冲器中排队时，来自同一用户的信息们还都在一起，一旦离开了缓冲器，它们就各自搭乘不同的时隙了。一直要到目的地，它们才又集合在一起。

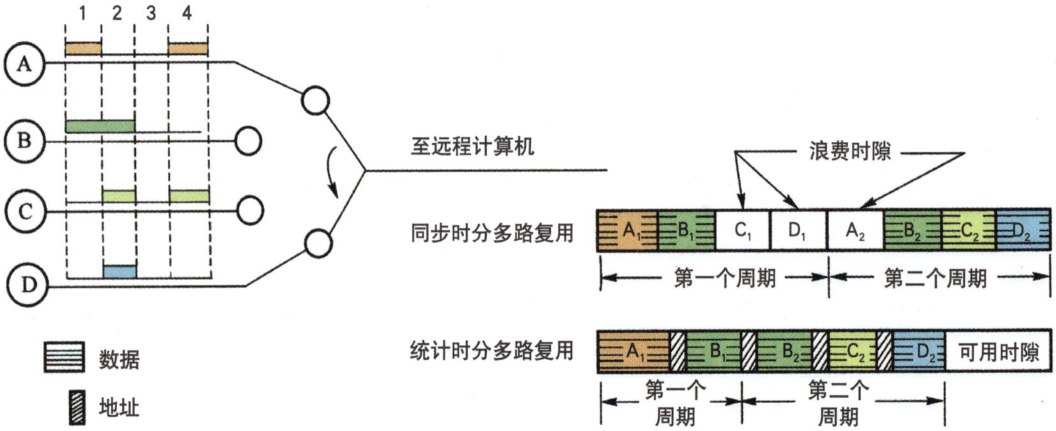

统计时分复用与同步时分复用对比

这种不是固定分配而是动态分配时隙的复用方式所形成的信道，尽管不是由时间分割或空间分割而形成的实际物理子信道，但却是由一种逻辑关系而联系起来的子信道，即由带有同样标记的时隙组成同一个子信道。它们在空间和时间上互不连接，但在逻辑关系上却紧密相连，同是“一家人”。

打个比方，从甲地长途汽车站出发到乙地的道路上，行驶着许多路长途汽车，它们在一条道路上行驶，却载有不同去向的客人。1 路长途汽车是开往乙地某工厂的，2 路长途汽车是开往乙地某学校的，3 路长途汽车是开往乙地某医院的。各路汽车发车的时间是穿插的，而且是不规律的，可能 1 路车先开出 2 辆，然后 3 路车开出 1 辆，然后 1 路车又开出一辆，然后 3 路车才开出 1 辆……一路上，各路长途汽车一辆接一辆，凡是乘坐 1 路长途汽车的客流就形成了一个无形的子通道，他们都是由甲地到乙地某工厂的；同样，乘坐 2 路和 3 路长途汽车的客流也各自形成了一个无形的“子通道”，分别是从甲地到乙地某学校和从甲地到乙地某医院的。这样，在同一条道路上，形成了搭乘 1 路汽车、搭乘 2 路汽车……等不同的子通道，客流源源不断地由子通道分别到达指定目的地。

统计时分复用与此类似，凡是标记相同的信息，都好像搭乘了同一路长途汽车，这样，在一条共享的物理通道上，实际上形成了逻辑上的多条子信道。这种在一个大通道上完成子信道的功能而又实际看不见的、只是概念上的信息流通路，就称为**逻辑信道**。

逻辑信道可用逻辑信道号（LCN）来描述。对于每个接入分组交换网进行数据通信的终端，每次呼叫时都会分配给一个逻辑信道号，在此呼叫连接过程中，该终端的各数据分组所拥有的逻辑信道号都一样。网络中建立了终端号与逻辑信道号对照表，通过逻辑信道号可以识别是哪个终端发来的数据。如下图，终端 4 在一条线路中同时建立了 3 条逻辑信道，同时接收 3 个终端的信息为计算机中不同的进程所用。

由于采用了统计时分复用的方式，充分利用了线路的空闲能力，所以分组交换的数据通信线路利用率得到很大提高。

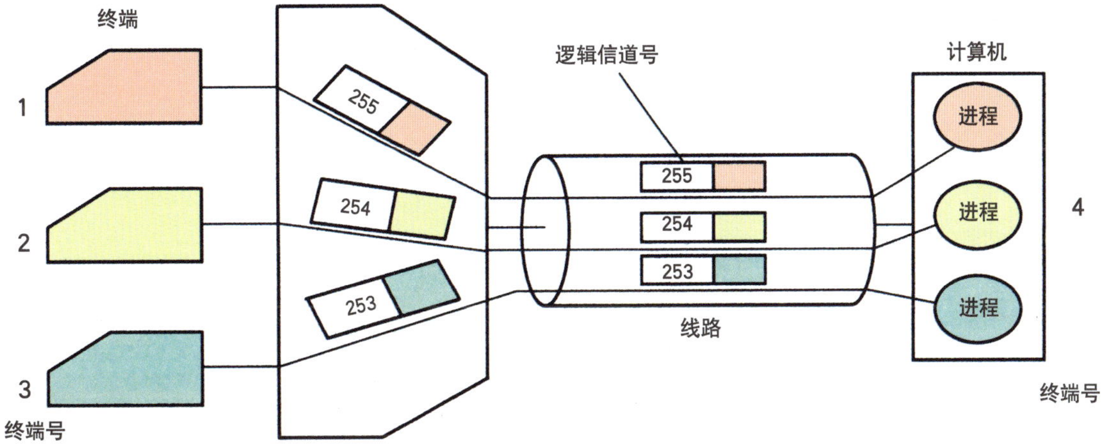

用逻辑信道号作“标记”进行交织传输

2 分组的传输方式

分组穿过分组交换网到达终点的方法有两种，即虚电路方式和数据报方式。数据报方式适于数据量小的通信，虚电路方式适合于数据量大的通信。

网络技术分为无连接和面向连接两大类。**无连接**指不需要事先建立连接就可以通信的方式；**面向连接**指通信前需要先建立连接，通信后要拆除连接，而在通信期间，不管是否有信息传送，连接始终保持。

数据报方式传送时不需要建立连接，发出的每一个分组都带有完整的目的站地址，独立地进行路由选择，同一终端送出的不同分组需要“自找出路”，可以沿着不同的路径到达终点。在网络终点，分组的顺序可能不同于发端，还需要重新排序。可以说，在数据报方式下，分组是“各自为战，志同道不同”的。

虚电路方式与此不同，它的分组是“统一路径、志同道合”的。在虚电路方式下，两个用户终端设备在开始互相传输数据之前必须通过网络建立一条逻辑上的连接，就叫做“**虚电路**”。一旦这种连接建立以后，用户发送的数据就以分组为单位，随机地（不是周期性地）、却又有序地（按先后顺序）沿着这条路径通过网络传送到终点，所有的分组都走同一条通路。当通信完成之后，用户发出拆链请求，网络随即拆除连接。

如下图，终端甲到终端乙的通信，在虚电路建立阶段，途中每个节点根据当时逻辑信道忙闲情况，选择一条空闲的逻辑信道通往下一个节点，多段逻辑信道连接起来，构成一条端到端的虚电路。例如，在节点A与节点B之间使用逻辑信道1，在节点B与节点C之间使用逻辑信道2，在节点C与节点D之间使用逻辑信道4。网络为终端甲和终端乙建立了一条从A到B到C到D的虚电路。

为什么叫“虚电路”呢？因为分组交换机（网络节点）为每次呼叫指定了一条路径（路由），等于开辟了一条道路，就像有一条物理数据电路连接在通信两端的终端之间一样，终端在流量控制的原则下，可以在任何时候通过这条路径发送数据；如果终端暂时没有数据可发，网络仍保持这种连接关系，但根据统计时分复用的原则，网络可以将空闲的子信道给其他用户使用。这条“通道”并不被原来的通信双方独占，所以，这种“连接”的电路又是“虚”的。也就是说，路是你的，你随时可以走，但你不走的时候，别人也可以走，所以不完全属于你，是“虚有其名”。

虚电路方式有点儿类似电话通信中的电路交换，一次通信具有呼叫建立、数据传输和呼叫清除3个阶段，收发之间的路由在数据传输之前已被决定，不必为每个分组选择路由，分组只根据虚电路号就可在网中传输，这样，对于数

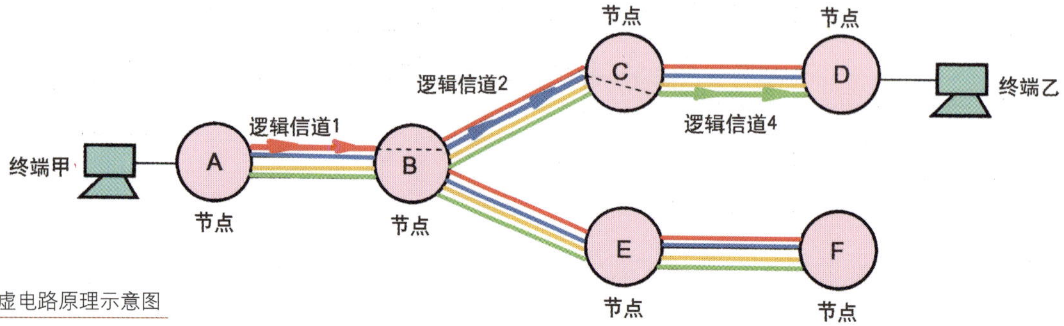

虚电路原理示意图

据量较大的通信，传输效率较高。分组按顺序到达接收端，终端不需要对分组重新排序，分组传输时延小，而且不容易产生数据分组的丢失。传输中的差错控制与流量控制由网络负责。

3 X.25交换网的规程

为使用户终端之间能够正确地传输信息，还必须有一套关于信息传输过程、信息格式和内容等的约定，这一套约定叫做“**规程**”。分组交换网的规程，包括用户终端和网络之间的通信规程，即**接口规程**。为了实现各种各样的用户终端和不同的分组交换网之间的自由连接，接口规程必须在全世界范围内统一。**X.25协议**（也叫**X.25建议**）就是国际标准组织和原国际电报电话咨询委员会共同制定的分组交换网的接口规程。

X.25协议将数据传输和交换的过程分为3个层次：物理层、链路层和网络层（也叫“分组层”），各层在功能上互相独立，相邻层之间通过界面发生联系。每一层接收来自下一层的服务，并向上一层提供服务。遵照X.25协议的分组交换网简称为**X.25网**。

——来自系统或用户的信息首先进入第三层即**分组层**，这里将消息分为一定长度（例如128字节）的数据块，并在其前面加上分组标题，成为一个分组，然后交下一层。

——在第三层作适当处理后，分组被送往第二层，即**链路层**（也叫“**数据链路层**”），分组在该层加上HDLC标题，FCS（帧校验序列）以及F标志，组成为一帧，送往下一层。

——最后一层为第一层，即**物理层**，在这里由前面两层包装好的数据都当作一系列比特流进行“透明”地传输。所谓“透明”的意思，即原封不动，怎么来的怎么走，对数据不加任何处理。

当这一串比特流经网络的物理媒体（光纤

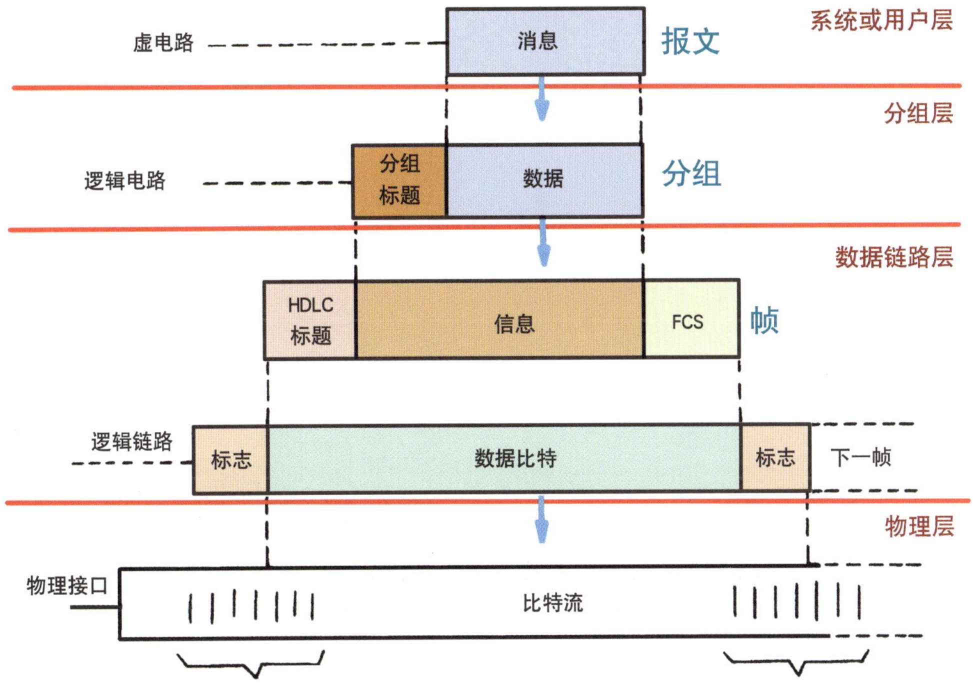

X.25协议中各层的信息处理

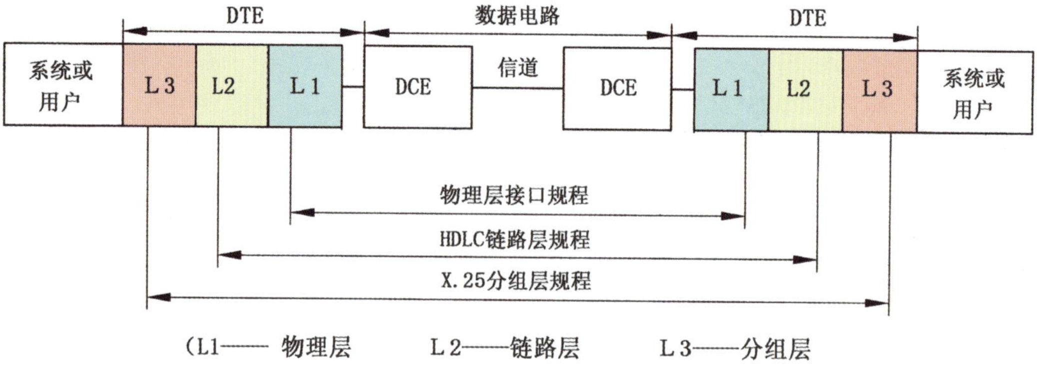

X.25 网分层结构连接示意图

或微波）传送到目的站时，信息又从第一层依次上升到第三层。每一层根据控制信息进行必要的操作，然后将控制信息剥去，将剩下的数据单元上交给上一层，最后交给用户。

打个比方，在 X.25 网进行数据传输时，就好比有一封信从发信端的高层向下传，每经过一层就包上一个新信封，一直到最低层把信送走。包有多个信封的信传送到目的站后，从第一层开始，每层拆开一个信封后交给上一层，等传到最高层时，取出发信人所发的信交给收信用户。

为什么要如此麻烦地层层加封又层层剥皮呢？这是因为需要对信息进行必要的处理，先把信息分成分组，然后给分组加上标志，以便进入交换网按照统计时分复用走虚电路中的逻辑信道；同时还要加上一些字段，将分组变成了帧，以便在传输中进行差错控制和流量控制。

X.25 协议中每一层的功能各不相同，都可接收一个或多个输入，然后产生一个输出。采用 X.25 协议的接口规定，用户就能在 DTE 和 DCE 之间使用一条物理链路建立多路并存的虚电路，接口的对等层之间的通信是通过对等层之间的规程来实现的。规程提供了必要的方法，控制和协调对等层之间的信息交换。例如，在物理层 X.25 协议定义了 DTE 和 DCE 之间的电气接口和建立物理的信息传输过程。

中国铁路数据通信网

从20世纪90年代开始，随着铁路的快速发展和计算机技术的进步，铁路内部各种业务管理信息系统应运而生。这些都需要数据通信网的支持。

中国铁路数据通信网，就始建于20世纪90年代初，进行了3期工程建设。铁路众多的应用系统，如铁路运输管理信息系统（TMIS）、列车调度指挥系统（TDCS）以及客票发售和预订系统、货车管理信息系统、车辆的红外线轴温监测系统等均在铁路数据网及专线上运行。与此同时，铁路互联网及企业网建设也已初具规模。中国铁路数据通信网已成为中国十大骨干互联网之一。

初期建设的数据通信网是以X.25协议为基础的分组交换网，X.25协议是在通信网以模拟通信为主的时代背景下产生的。随着业务量的增加，交换机的吞吐量和中继线的速率都受到了限制。后来光缆线路增多了，中继线的传输速率得到了“提速”；随着快速分组交换技术的发展，又出现了帧中继（FR）技术和异步传输模式（ATM），以至IP数据通信网，从而突破了原来分组交换网的限制。铁路数据通信网不论在发展规模、还是技术水平上都跨上了一个新的台阶。

1 帧中继（FR）

帧中继网是1984年形成的标准，作为X.25网的升级替代网，属于快速分组交换技术。

20世纪60年代末期，X.25网当时作为一种新兴的技术，在数据通信方面取得了巨大成功。70年代中期以后的数据网几乎全部采用了这种技术。然而，当时分组交换技术使用的传输通道是模拟信道，容易受到噪声干扰而产生误码，因此，X.25网不得不在每个节点交换机中都采用了复杂的规程，例如差错检验和返回重发技术等，这样就加重了交换机的处理负担。一般在一个典型的X.25网中，分组在每个节点大约会经历30次左右的差错检查或其他步骤的处理，因此限制了分组交换机的吞吐能力和中继线的速率。

铁道部通信总枢纽数据网分组交换设备

20世纪80年代后期，许多应用（例如局域网）都对分组交换的服务速率提出了更高的要求，然而，X.25协议的网络体系结构并不适合于高速数据交换，它在吞吐能力和中继线传输速率方面都有很大的局限。为满足局域网互联所需要的大容量传送及用户对传输时延小的要求，开发出了帧中继技术。

随着光纤日益广泛的应用，并逐渐替代了已有的模拟线路，导致了可供传输的带宽成倍增长，而且可靠性很好，光纤传输线路的误码率一般低于一百亿分之一，这使得数据交换网没必要使用过于复杂的差错控制处理技术。另一方面，终端用户的智能化处理能力提高（比如说计算机的应用），使得可以把由节点完成的一些功能交给终端去完成。这两个条件，是帧中继得以发展的前提。

从本质上说，帧中继是一种减少节点处理时间的技术。这样，即减少了时延，同时又提高了传输速率。

那么，帧中继究竟是怎么回事呢？

帧中继取消了 X.25 网的第三层功能，仅完成物理层和链路层的核心功能。终端发送的信息，不再进行分组，而是直接以帧为单位传送。由于它完全不用分组层，在链路层直接以帧为单位实现数据的复用和转接，所以取名“帧中继”（英文缩写为 FR）。

帧中继不仅取消了第三层，还简化了第二层的功能，取消了原来第二层流量控制和差错控制，只保留端对端的流量控制和差错控制，网络不进行纠错、错后重发以及流量控制等步骤，帧不需要确认，就能够在每个交换机中直接通过。网络若最后检查出错误帧，干脆直接将其丢弃。至于纠错（错了重发）、流量控制等功能留给智能化终端去完成，从而大大简化了交换节点机之间的处理过程，减少了帧在节点的存留时间，所以能向用户提供高速率、低时延的业务。

从下图中可以看出：X.25 网沿着分组传输路径，每段都有严格的差错控制机制，网络处理的负担很重，而且为了出错重发，发送出去

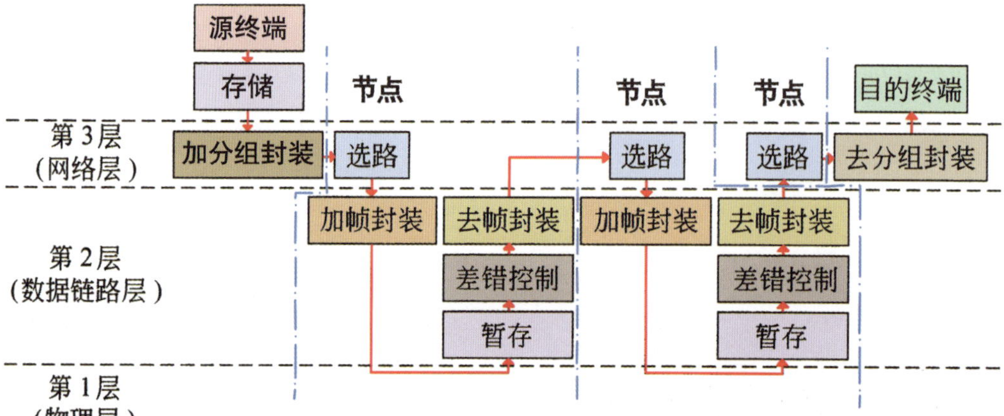

(a) X.25网

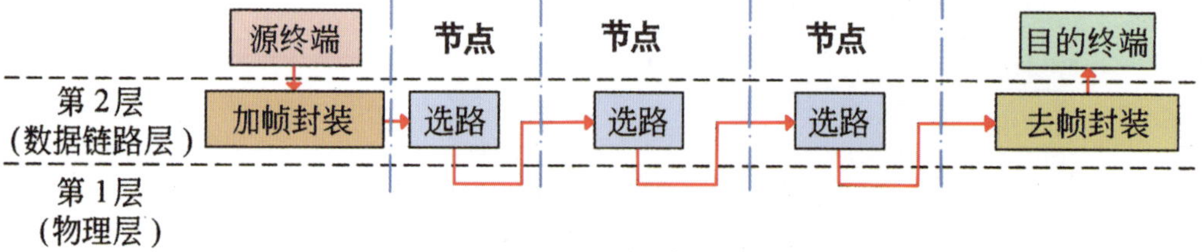

(b) 帧中继

X.25 网和帧中继的对比

的分组在尚未证实之前，还必须在节点暂存；帧中继则非常简单，各节点无须进行差错处理，数据发送后也无须保存，传输起来自然流畅得多了。

帧中继是在 X.25 网的基础上发展起来的，是一种快速分组交换，它可提供 64 千比特 / 秒到 2 兆比特 / 秒的速率，甚至还可以更高。帧中继可以做到低时延、较高吞吐量，其吞吐量比 X.25 网所具有的最大吞吐量还要高 5~10 倍。

2 异步转移模式（ATM）

随着科学技术的发展，人们对通信的需求不断增加，导致通信业务不断增加，为了传送高清晰度电视图像及高速数据，要求通信网高速宽带化，与原有的电话通信、数据通信相比，要具有极宽的频带、传输很高的速率（一般达到数百兆比特 / 秒）。例如，出现了在电话综合数字网的基础上能支持包括话音、数据、文字和图像在内的各种业务的综合业务数字网（ISDN）。然而，基于 64 千比特 / 秒速率的**窄带综合业务数字网**（N-ISDN）不能提供电视信号、视频业务等许多更新业务，还不能满足日益增长的复杂应用对宽带的要求。为能支持高清晰度电视、会议电视、可视电话、视频点播、远程教育等业务，又出现了传输速率大于 2 兆比特 / 秒甚至达到几百兆比特 / 秒的**宽带综合业务数字网**（B-ISDN）。具有低时延、高速率的**异步转移模式**（英文缩写为 ATM），成为实现宽带综合业务数字网的核心技术。

ATM 技术以信元为信息传输、复接和交换的基本单位。在传统的通信网中，传输、复用和交换这 3 个功能，区分明显，并分别由不同的设备承担。随着通信技术的迅速发展，现代通信网正向着传输数字化、复用时分化、交换程控化的方向发展，使得这三个部分的联系越来越紧密，以至于逐渐不可分割。所以，用**"转移模式"**（也叫传递方式）这个词来统一描述通信网中上述三部分的工作方式。因为采用了统计时分复用，各个信元在传输中不需要周期性出现，所以称之为异步转移模式。

ATM 是在分组交换技术上发展起来的快速分组交换。它吸收了分组交换高效率和电路交换高速率的优点，并克服了它们各自的局限性。与其他任何类型的传送交换方式相比，ATM 都技高一筹。

使用信元是 ATM 的特征。ATM 的**信元**，实际上就是分组，只是为了区别 X.25 网的分组，才将 ATM 的信息单元叫做信元。ATM 的信元具有固定的长度，规定为 53 字节。信元第一部分（信头）为地址，为 5 个字节；第二部分 48 字节，装载信息，格式统一。信元的格式与业务类型无关，所有的话音、数据、图像等数字信息都要经过切割，封装成统一格式的包裹，在网中传送。在接收端再把这些被切割的信息恢复成所需要的格式，从而很容易地实现各种信息混和在一起的多媒体通信。

ATM 以信元为单位进行交换，作为异步时分交换，它不是通过时隙互换来完成交换功能，而是通过改变信头中的标识码（描述了其具体传输路由）来完成交换功能的。其交换机节点的主要工作就是读信头，并根据在虚电路建立时生成的"标识变换表"改变信头的标识码，快速地将信元送往相应的输出复用线，这个工作在很大程度上由硬件完成，因此 ATM 交换的速率很快，可以和 SDH 的传输速率相匹配。

ATM 简化了分组交换中许多通信规程，去掉了差错控制和流量控制等功能，这些工作都留给终端去做，大大简化了网络控制，从而增加了网络的吞吐量，能实现高速化传输。

ATM 采用了长度较小的固定长度信元，降低了交换节点内部的缓冲器容量，减少了信息在缓冲器内排队的时延；同时，在呼叫建立时，交换机为用户在发送端和接收端之间建立起虚电路，减少了信元传输处理时延，保证了交换的实时性。

ATM 有着良好的质量保证机制，在信元头中设置了信元的优先度，对不同的业务信息赋予不同的优先级制度（例如铁路调度电话的调度员优先权等）。同时它还可以根据业务类型和传送速率的需要，动态分配不同的网络资源，以便使各种信息在同一网络中“区别对待、合理使用”。而且这样用户占用的带宽相互独立，安全性也得到保证。

1988 年，国际电信联盟正式命名 ATM 技术，推荐其为宽带综合业务数据网（B-ISDN）的信息传输模式。

各种数据交换技术的比较

	分组交换	帧中继	ATM
复用方式	统计时分复用	统计时分复用	统计时分复用
吞吐量	低	较高	高
时延	大	小	小
是否面向连接	面向连接	面向连接	面向连接/无连接
用户接入速率	2400比特/秒～64千比特/秒	64千比特/秒～2兆比特/秒	$N\times$64千比特/秒～622兆比特/秒
信息单元定长	不固定（需两端加标志界定）	不固定（需两端加标志界定）	固定
信息单元长度	默认128字节	默认1～262字节	53字节
提供的业务	数据	数据	语音、数据、动态图像、多媒体视频
应用	计算机、终端联网，电子信箱等	局域网互连、主机—主机互连	综合的语音、高速数据、多媒体视频
传输介质	模拟/数字电路	数字微波、光缆	光缆

ATM 光电传输设备

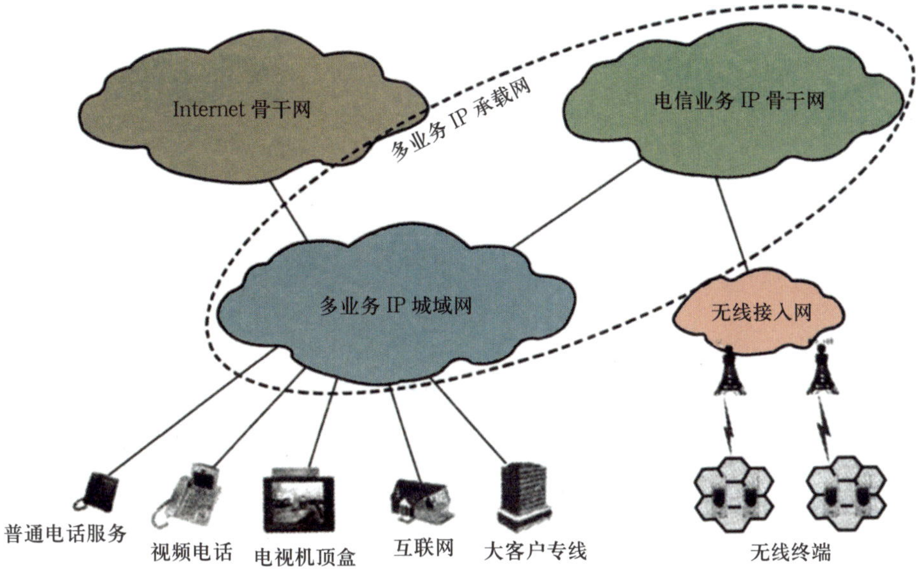

IP 数据网的多业务承载

3 IP数据网

过去谈通信就是“电话对电话”或“电报对电报”，都是点对点的服务，除了专业的技术人员外很少谈及通信网。现在科学技术发达了，通信所提供的服务远远超出了单一的“报、话业务”，而进入了“网对网”的时代。就连最新技术的通信手机，也打出了广告“双网双待”，从而进入了“互联网”式的服务时代。

为了达到网对网的合理连接，不得不制定出一系列的规程、协议等条件，来满足迅速发展的通信技术需要。

以 IP 协议为网络层协议的数据网（也有称计算机通信网的），目前得到了广泛的应用。但是，它不是一个全新的技术体系、而是在 X.25、帧中继等数据网上来实现 IP 协议的应用，从而建立新的 IP 数据应用环境。所以 IP 数据网还在不断的完善发展中，例如采用 MPLS（多协议标记交换）技术以优化网络体系等。

IP 是什么？ IP 就是把任何数据拆分成小的单元，用某种标识符标示出每个单元的开头和终结；在每个单元里记有“你从哪里来，要到哪里去”的信息，当然也要有用户真正要传递的数据信息。这就是 IP。

目前 IP 数据网已经逐步形成为一个多业务的承载网络，也就是说可以在它上面实现多种业务，包括：语音、视频、数据等。随着软交换技术的发展，它具有取代目前传统电信网的趋势。未来的数据通信一定会大展宏图。

第6单元

铁路运输"中枢

TIELU YUNSHU

TIELU YUNSHU ZHONGSHU

申经”
ZHONGSHUSHENJING
HENJING

铁路通信是铁路运输的重要组成部分，是铁路信息化的基础，是铁路实现集中统一指挥的重要手段，是保证行车安全、提高运输效率和改进管理水平的重要基础设施。

铁路通信通过对信息的采集、处理、传递和控制，与铁路其他部门协同工作，保证列车的正常运行以及各项运输作业和管理工作的顺利进行。一旦通信不通，铁路运输将陷于瘫痪，整个国民经济将遭受严重损失。

人们将铁路通信比喻为人体的“神经系统”，足见它在铁路运输中极为重要的地位。其中最有代表性的，作为“中枢神经系统”的，就是铁路调度通信和铁路会议通信。前者是铁路的日常运输生产指挥系统；后者是铁路的日常行政管理系统。

列车驶出北京南站

铁路调度通信

人们常说，铁路是国民经济的大动脉，这话不假。它真像人身上的血管一样，里面的血液川流不息。几万公里铁路线上几千趟列车，日日夜夜分秒不停地跑，你说要是没有一个指挥中心，岂不乱套了吗？所以铁路一开始就用电报控制行车（闭塞电报），后来就专门设计了信号闭塞设备来控制行车。有了调度电话，就用电话来指挥列车运行。从铁道部到铁路局到现场站段，上级指挥下级，都有直通调度电话。调度电话是中国最早出现的铁路专用电话。

区段调度通信（有别于站场调度通信）是指列车调度、货运调度、牵引供电调度等通信装备。其中，列车调度通信，就是为调度员向车站值班员以及司机发号施令专门设立的电话。为了达到这个目的，调度电话为调度员提供了许多特权，例如列车调度员可以无阻塞地呼叫区段内任一个、几个、或全体车站值班员发布调度命令，可以强行插入他们之间正在进行的通话等。

从 19 世纪末到 20 世纪末的 100 年，铁路调度通信也随着通信技术、计算机技术的发展，而一代又一代地更新换代，选叫过程的“提速”尤其明显。

	技术特征	始用年代
第一代	磁石电话机摇点选叫	19世纪末
第二代	机电脉冲选叫（美式、双工）	1921年
第三代	机电脉冲选叫（苏式、单工）	1954年
第四代	音频选叫	1960年
第五代	程控式调度电话	1994年
第六代	数字调度通信	20世纪末

下面就让我们来简要地回顾一下铁路区段调度通信的发展历程吧。

1 调度电话，国产更新

调度电话是铁路专用通信的主打机型，它是调度员指挥列车运行、下达命令的重要通信手段。与此同时生产的各站、养路电话也是基层站、段的唯一通信工具。两者技术原理相似，但车站值班员要想与调度员通话，拿起话机即可进行，不需呼叫信号，这是因为调度员和所有的车站值班员以“共线电路”方式连在一起的。而各站、养路电话等不具备调度员的特权，通话时需要由电话员转接。

铁路调度电话，以前是使用西电式调度电话装置，由美国、日本引进的技术和仿制品，它需要铜线传输。我国是一个严重缺铜的国家，当时在技术政策上就严格控制铜资源的使用。1953 年，我们从苏联引进了 СПД-5 型铁线调度电话设备，这种电话与西电式调度电话相比，其机械脉冲式选号部分相同，而将原来使用铜线的传输线改为铁线，原来的双工通话（双方都能发话）改为单工通话，即一方通话时对方不能发话，平常调度员的总机处于受话状态，可以听到车站的发话；当调度员踏下脚踏键时，通过继电器转换，总机变为送话状态，这时只许调度员发话，车站不能发话。调度员处增设了可换向的放大器和扬声器，并且在超长的调度区段，可增设中间增音机设备。

1955 年，北京铁路通信工厂开始生产仿制 СПД-5 的调度通信设备，命名为“55 型调度电话”设备。经过改进后，20 世纪 60 年代又生产了“63 型脉冲选叫调度电话”设备。从此，铁路各种调度电话（货运、客运、电力）以及铁道部、铁路局、铁路分局之间的调度通话，不论从前使用的各站电话、专线直达电话还是电话员立接制电话都逐步统一为国产脉冲选号电话。

55 型、63 型脉冲选号调度电话，其选叫原理与西电式相同，但工作方式有所不同，它是带有放大器的单工通信，送话时需要操纵放大器转换方向。

2 选叫从脉冲走向音频

机械脉冲式选叫调度电话设备，在中国铁路通信发展史上出现过两种类型：一类是从美国引进的“西电”式；一类是从苏联引进的“单工”式。这两种机器都有缺点。首先，直流传送选叫电压很高 (220 伏)，杂音大，需要设置专门的电池组。其次，选别器的调整很困难，它像钟表机械一样要求很精密，不便维修。再有，选叫过程时间长（8 秒），人们期盼“提速”。

随着晶体管电路的出现，为了克服上述缺点，音频选叫式调度电话设备便应运而生。**音频选叫式调度电话**，顾名思义它是用音频频率的不同组合来进行选叫的。它没有精密的机械部分，更适合研究开发和现场的维护管理。

1958 年，铁道部科学研究院研制了音频选叫式调度电话，它采用双音频信号，能对不同车站进行个别呼叫、分组呼叫和全体呼叫，以取代原有设备的机械式直流脉冲选叫方式。1963~1968 年，研制单位和北京铁路通信工厂协作生产了音频选叫式调度电话总机、分机，在柳州铁路局试验成功。1970 年代初，铁道部决定采用双音频选叫方式 YD- Ⅲ型（Y——音频，D——调度电话）调度电话为全路统一制式的新一代产品。音频选叫式调度电话，陆续取代了原有的机械脉冲式选叫电话。YD- Ⅲ型后来又改进为 YD- Ⅳ型。新制式调度电话具有可靠性高、呼叫过程短、通话距离长等优点，产品还出口援外。

音频选叫式调度电话包括 3 个部分：调度总机、车站调度分机（包括话机）和调度所选叫通话部分。

总机有 9 个选叫信号频率。其中，

——500 和 605 赫兹为全呼信号；

——500 和 730、910、1100、1330、

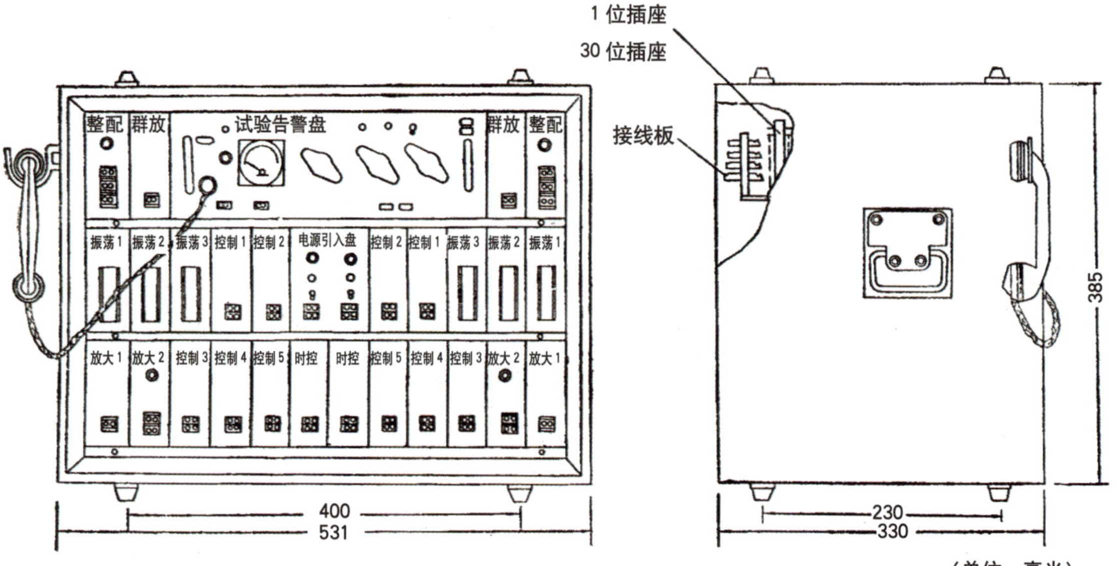

音频选叫式调度电话总机外形图

1650、1995、2420 赫兹分别搭伴，就组成 7 个组呼信号；

——730、910、1100、1330、1650、1995、2420 赫兹的 7 个频率，取每两个频率互相搭伴排列，共组成 42 个个别呼叫信号。

这样，调度员就可以利用调度所的选叫通话装置，发出双音频信号，呼叫车站并与值班员通话。

双音频呼叫使调度电话“提速”了，呼叫过程由 8 秒缩短到 6 秒。

20 世纪 90 年代初，一种 DC-7 程控式调度电话总机又开始使用了，它以“数字编码”取代双音频，呼叫速度更快，呼叫过程只需 600 毫秒。但 DC 型调度电话仍属于模拟通信设备。

行车调度

3 数字调度通信系统

20 世纪 90 年代末，开始以集成电路芯片为主要器件，采用数字交换和计算机通信技术，研制了数字调度通信设备。这是一种适应通信数字化发展、组网功能强、可集合现场各工种不同需求的基层通信设备。为此，铁道部决定，干线调度通信不再使用模拟设备，而采用数字调度交换机组建干线调度通信网，由单一的调度电话业务改建成具有图像、文字、语音等业务的多媒体调度通信。

铁路的调度指挥系统可分为铁道部和铁路局两级。铁道部与铁路局之间属**干线调度**。铁路局调度有两种：一是对全局编组站、区段站、主要大站的调度指挥，与相邻铁路局也有业务往来，同时接受铁道部的调度指挥，包括客调、篷布调度、计划调度、车流调度、机车调度、车辆调度、工务调度、电务调度等，称为**局线调度**。二是调度员仅指挥某一段铁路线上的各车站（段、所、点），按业务性质分列车调度、货运调度、电力牵引调度（供电调度）、红外线调度等，称为**区段调度**。此外，还有以站段为中心组成的调度系统。在大型车站（编组站）及站场内车站调度员对各值班员之间的调度通信，称为**站调**。

干、局线调度通信网络为星形网络，从一个中心向四周辐射开来。区段调度通信网络为总线形网络，像许多树枝连到一个树干上，由一个主系统接入许多分系统。站调也采用星形网络结构。

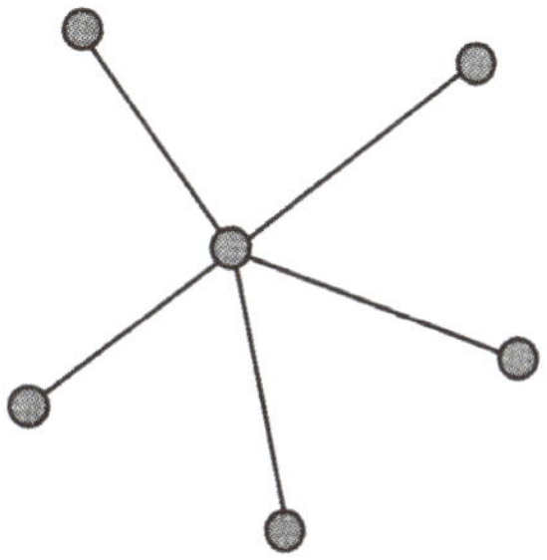

星形网示意图

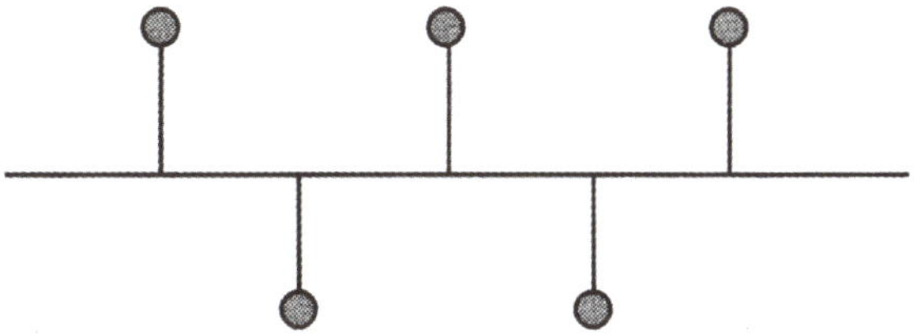

总线形网示意图

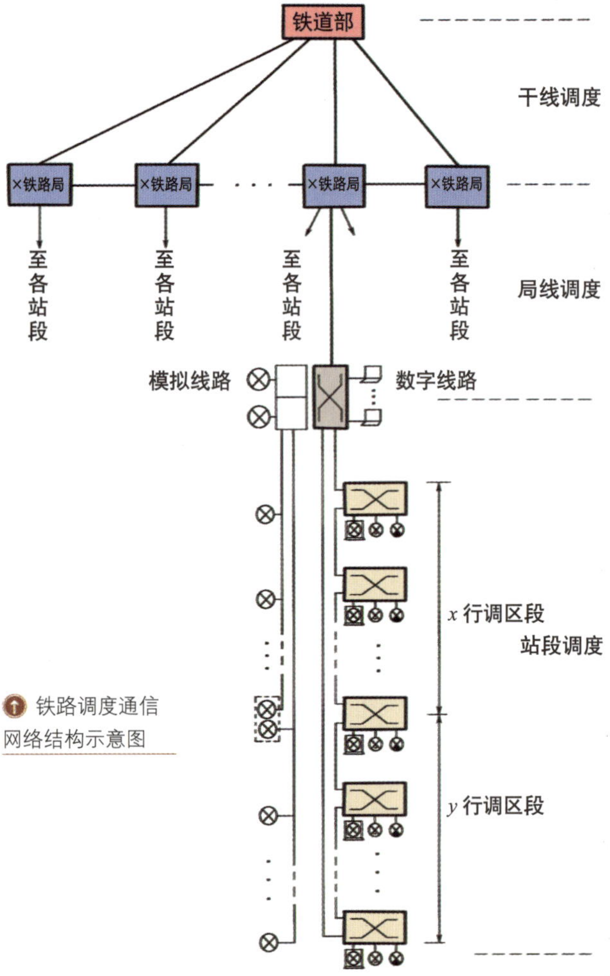

⬆ 铁路调度通信网络结构示意图

在数字调度通信系统中，呼叫信号与通话音频不在同一个“共线电路”内，呼叫走呼叫信号的通道，通话走通话的通道。数字通信中不同的时隙就代表不同的话路，一个调度电话的通话通道占用一个共线时隙，相当于“共线电路”。

在调度通信系统总体构成当中，主系统是设在铁路局调度所的通信装备，主要用于接入各调度操作台和各种调度电路，是整个系统的核心。分系统是设在车站的通信装备，主要用来接入站段（车站）操作台、远端调度分机、以及站场电话、区间电话、站间电话等。

数字传输线路为光缆，E1 代表 PCM30/32 时分复用速率为 2 兆比特 / 秒有 30 个话路的一次群系统，一个调度业务占用其中一个 64 千比特 / 秒通话通道共线时隙。

拿调度员选叫一次的时间来说，最早的机械脉冲式为 8 秒，后来的双音频为 6 秒，程控式为 0.6 秒（600 毫秒），而数字调度仅为 50 毫秒。由此可见，100 年来，调度电话的选叫速度就“提速”

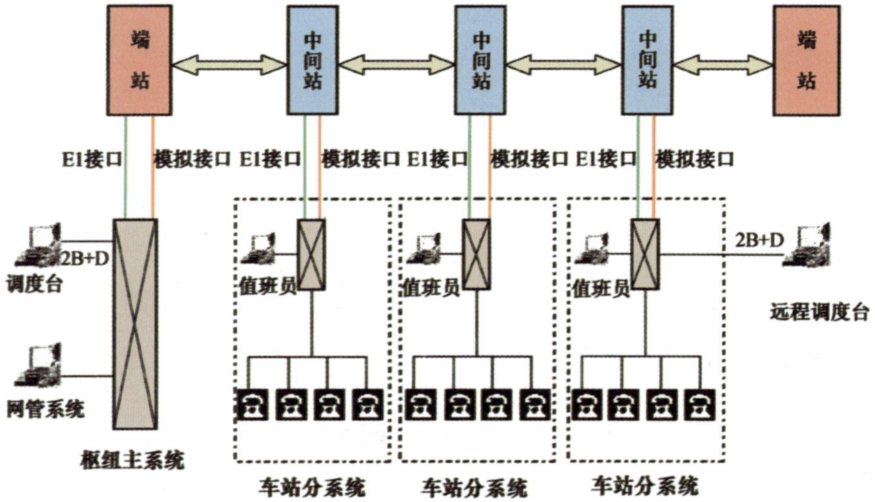

➡ 数字调度通信系统总体构成

铁路局调度所数字调度电话操纵台

数字调度电话总机

铁道部调度员进行调度通信

了100多倍，其更为重要的技术内涵、就无法用数字来表述了。

干、局线调度通信中，铁道部采用的是程控交换机配置调度功能模块而构成的数字调度交换机。这是一种具有铁路调度功能的综合业务服务（ISDN）通信装备。它除了有可靠的调度优先功能（电话、会议、广播、录音等）以外，还可以连接双音多频（DTMF）自动电话机、传真机、多媒体终端、调度管理终端等各种强大的综合业务服务功能。

新的数字调度通信系统有着划时代的意义，它彻底改变了百余年来调度电话只是“通电话、下命令”的单一功能。新的调度通信系统除了通话以外，还可以传递图像、文字、语音等多媒体调度信息。在技术上除了“提速”以外，还有“展宽”服务平台的功能。从而大大提高了工作效率和质量。

由于光缆的出现，困扰中国铁路沿线一个世纪的“话路紧张”问题，终于有所改观，铁路现场用上了具有一定容量的传输通道了，因而使新的数字调度通信才有用武之地，甚至可以组成独立的通信网络。

铁道部调度指挥中心

高速列车行驶在合武线

铁路会议通信

1 铁路会议电话

铁路是全国各行业最早使用会议电话的部门，早在新中国成立以前东北铁路就有了铁路会议电话。建国后，“高、大、半”的铁路体制，更需要强有力的通信手段来配合，因此，铁道部根据铁路运输指挥的特点，于1949年11月建成了对各铁路局的会议电话系统。这种系统，利用直达载波电路，采用会议电话设备构成单工半分配双向通话，可向全国各铁路局发布命令指示、及时听取汇报。各铁路局之间也可互通情况、交流经验，为铁路运输实时指挥和了解情况提供了有效的通信手段。后来，各铁路局对所属分局也都采用类似设备，开放电话会议。

在“架空明线”时代，载波话路非常珍贵，为了开会、沟通全国各地铁路局的直达载波话路，其成本也是很高的。但铁道部由于高度集中的指挥需要，仍每天召开定时会议、临时会议，以便适时调整运输方案、解决运输中遇到的重大问题。

不仅如此，在战争或特殊时期，有时还为中央向地方提供动员令、抢险令的实时指挥，召开地方会议。

一位老资格的铁路局电务处长（长征老干部），曾经深有体会地说，“电务处长首先要做好两件事：信号不出行车事故，会议电话不出差错，处长的日子就好过了。”由此可见、当时对会议电话的重视程度，的确非同一般。

我国铁路会议电话网初期，由三级星形方式构成。第一级由铁道部至铁路局，第二级由各铁路局至各铁路分局，第三级由铁路分局至分局所属站段。汇接时，铁道部、铁路局、铁路分局都使用总机，站段使用分机。

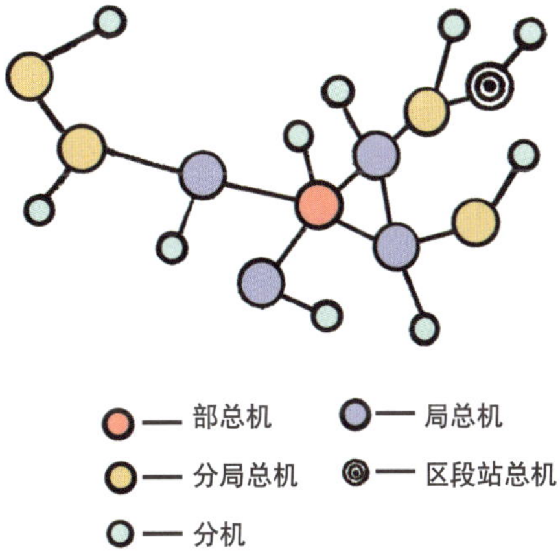

铁路会议电话网

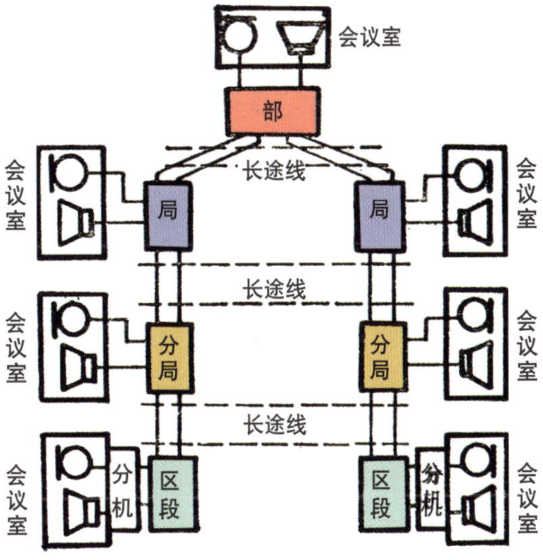

铁路会议电话汇接方式

会议电话的设备包括会议电话总机、分机、电话会议室及其通信线路。

为了保证会议电话的质量，对会议电话室有较高的技术要求，例如：房屋应为长方形，净空要高，两侧安装总机的8只扬声器（俗称“喇叭”）。会议主持人处安装带有扳键的两个话筒。

房屋四壁及顶棚、地板均应有良好的吸音设施，以减轻声音的反射和残响。

质量不好的会议网，将产生环路振鸣，使会议无法进行。这是由于会议室的扬声器发出的声音，很容易地进入本室的话筒，再经过放大，产生振鸣或啸叫。为此，会议电话回线应尽量使用四线式，使送话和受话分开各用一对回线。同时，话筒要远离扬声器发声位置，其方向应互相垂直；并尽可能压缩参加会议的讲话人，还要选用良好的电话回线。

会议电话的功能分全分配制和半分配制两种。**全分配制**的回线上，参加人可与主持人自由参加双向对讲。**半分配制**的回线，在主持人同意总机扳动电键后，会议参加人才能参加对讲。还有一些回线是单听的，像收听广播一样，只能受话，不能讲话。

半个多世纪以来铁路会议电话的技术，随着通信技术水平的提高而不断改进。

1949年初，军委铁道部电务主管部门曾经以东北铁路总局会议电话设备为基础，拟定了设计方案并派员至长辛店电气机械修造厂（北京二七通信工厂前身）进行试制。总、分机制成后于1949年底首次开通在铁道部至当时南、北方6个铁路局及东北铁路总局还有个别的枢纽站使用（那时候衡阳也是一个铁路局，但因为没有对北京的长途电路而未开通）。

这次制作的设备为半分配双向通话，在总机上设有电路汇接设备，并由人工操纵可构成半分配方式，铁道部对铁路局的长途电路为载波、四线式、星型连接。铁道部会议主持人发言时各铁路局均可收听。铁路局发言时，铁道部能够直接收听，而其他铁路局则通过铁道部会议总机处的人工操作，通过半分配电路的转发，达到各铁路局收听的目的。这就是当时会议电话的技术水平。

50年来，铁路会议电话的技术装备几经改进：

（1）第1代231型会议电话总机

为20世纪50年代末的定型产品；采用电子管电路 、半分配制，容量为15回线。其功能为：

——会议主持人可随时讲话，所有接入本总机的会议电话分机均能进行收听（单听，相当于广播）；

——得到主持人许可，任一参加会议的会议分机插话时主持人可以听到（单方通话）；

——得到主持人允许后，任一会议参加者均能与主持人对讲，其他各地的参加者均能收听（双方对讲，全体收听）；

——当主持人征求意见时，能逐个听到来自任一会议分机发表的意见（单方轮流通话）。

1965年在231型基础上改进生产了BF型会议电话总机，仍采用电子管电路，半分配制，容量扩大为30回线，其中5回线单听，功能与231型基本相同，性能有所改善。

（2）第2代BDH—1型会议电话总机

为20世纪70年代初产品；采用晶体管电路，容量为四线式20回线、单听4回线。该

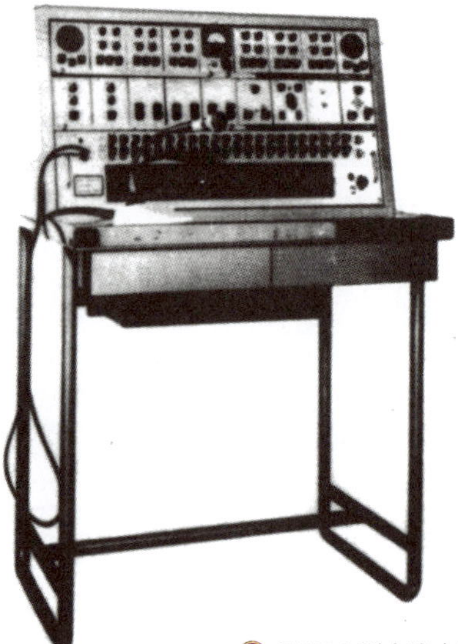

BDH-1型会议电话总机

机加大了全分配制通话容量。经主持人许可，除单听回线外，任一与会者均可发言或与主持人对讲，同时其他会议参加者均能收听，这样的对讲最多可同时有 7 处。

（3）第 3 代 HYZ24–2 型会议电话总机

为 1990 年产品；采用大规模集成电路，容量为 32 回线，其中有 24 回线为全分配制，8 回线为单听。该机的功能、使用方式与 BDH-1 型相同，但在不引起振鸣条件下，允许有 24 个与会者同时参加对讲。

随着光缆、卫星通信的亮相，传输视频技术已经不是什么难题。于是铁路会议电话历经了 3 代的发展，也就光荣退役了，取代它登上了历史舞台的是会议电视电话装置。

2 铁路会议电视

1993 年，铁道部决定着手建立铁道部会议电视网。当时工程分两步走，第一期先沟通铁道部至当时 14 个铁路局的会议电视电话，第二期再扩展至当时各个铁路分局。

会议电视系统的设备由会议终端系统、多点控制设备（MCU）及其工作站和传输通道系统（光缆、卫星或数字微波）3 部分构成。

——会议终端包括编译码器（CODEC）、电视监视器、投影仪、主辅摄像机、图文摄像机、录像机、话筒和调音台等设备。其中最重要的是 CODEC，它把来自摄像机，录像机和话筒等设备的视、音频输入信号进行编码、复用，并以规定的数字数据流方式传到远方。同样，收到远方会场数字数据流后，也进行分解、复用和译码，再送到本地会场的电视监视器上。

——**多点控制设备**（MCU）是数字处理单元，其作用类似电话交换机，设在网络节点处。会议有两个以上会场时，就必须设一台 MCU。它完成多点之间的相互通信，实现音频、视频、数据和信令等数字信号的混合和切换，并不影响音频和视频的质量。

工作站是网管维护人员用来与 MCU 对话、监控和诊断用的。

——铁道部会议电视网使用的传输通道是 PDH 传输系统的 E1 接口，传输速率为 2.048 兆比特 / 秒（Mbit/s）。

为了更好地实现对多个 MCU 的管理，在铁道部设立了会议电视网的网管中心。网管系统由**中央多点控制系统**（CMMS）及其工作站组成。CMMS 通过低速数据通道，以拨号或专线方式经调制解调器与各 MCU 相连，或通过数字数据网（DDN）、分组交换网连接，速率通常为 9600 比特 / 秒（bit/s）。

从图中可以看到，CMMS 通过低速数据通道（9600bit/s）与 MCU 相连。铁道部的 CMMS 可以管理 25 台 MCU。

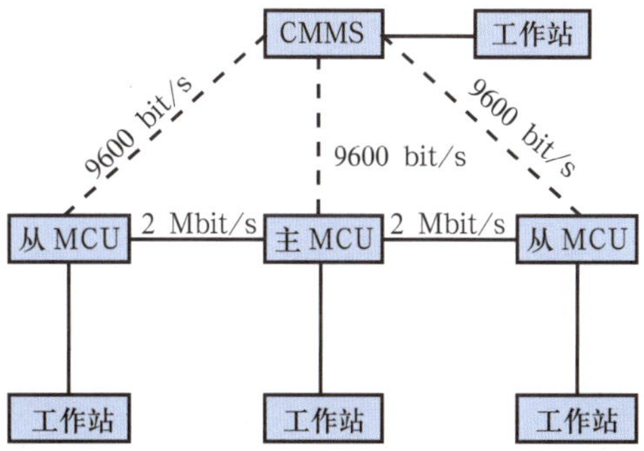

CMMS 网络连接示意图

铁道部能够开通铁路会议电视电话，能够在分散于全国各地的铁路局建设铁路会议电视电话系统，它的前提条件是铁道部到各铁路局有了大容量的传输通道（光缆、卫星通信、微波）。当时，铁道部只有 8 个铁路局可以用光缆沟通，还有 6 个铁路局是利用卫星通信与铁道部联通的。

铁道部召开的会议大多数都是行政会议，所以多采用主席控制方式，整个会议的所有会场由一个主席全面控制。该会场为主会场，其余会场为分会场。主会场能同时向各分会场传送图像和声音，并通过 MCU 与任一分会场对话，指挥 MCU 对图像进行切换。

铁道部与铁路局，可分别同时召开不同的电视会议。铁道部的 CMMS 和铁路局的 MCU 可分别管理自己的会议系统，互不冲突。

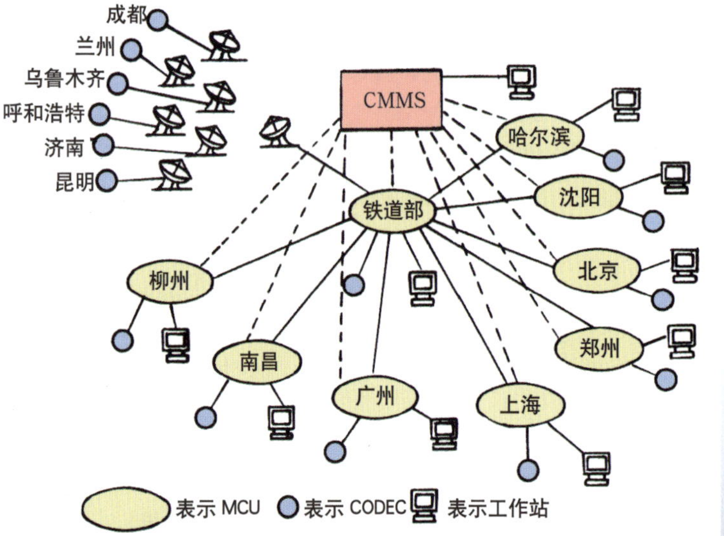

铁道部首次开通的会议电视网示意图

铁道部电视电话会议室

第7单元

无线通信"半边天"

WUXIAN TONGXI

WUXIAN TONGXIN "BANBIA

BANBIAN TIAN”

IAN”

现代通信可以分为有线通信和无线通信两大类。

有线通信依赖架空线、电缆、光缆等导线。无线通信，顾名思义，其信息传递是靠电磁波在自由空间传播而不是靠导线联通的。

无线通信有很多特点是有线通信无法比及的。

——机动灵活。使用无线电台只要架起天线、收发信频率对准了、功率够大就可通信，通信距离可长可短，通信场合可大可小，在跨河、过山、灾害救急的情况下，不需要互相连接导线就能通信，更凸显其优越性。

——传递及时。电磁波每秒钟传播的速度是30万公里，中国铁路地面上的距离，对电磁波来说一瞬即到，所以信息的传递是及时的，即所谓实时通信。

——施工方便。通信工程施工，线路部分是最难的，无论是架设明线还是敷设电缆、光缆，尤其在地形、地质复杂的情况下更是如此。无线通信可避免这些难题。

铁路通信也包括有线通信和无线通信两大类。

由于铁路运输是一个与移动目标（列车）打交道的工作系统，铁路员工绝大多数都是在现场（火车站、编组场、铁路沿线、车上车下……）流动工作的，所以，无线通信、包括移动通信，对铁路来说是最方便的联络工具。

随着移动通信业务的快速发展，铁路无线通信网也从以话音为主的调度电话发展到综合话音与数据业务的移动通信网络，铁路专用综合无线通信系统已成为现代铁路的重要支柱，顶起了铁路通信的“半边天”。

无线列调大放异彩

在铁路无线通信中，最赫赫有名的，要属无线列调了。“无线列调”是无线电列车调度电话的简称，是重要的铁路行车通信设备。但它在中国铁路的发展却走过了不平凡的历程。

新中国成立之初，铁路无线通信曾经受到铁道部领导的重视。这是因为建国初期百废待兴，大家都急于改变现状。当时的苏联专家也提出建议，他们支持中国铁路发展无线通信以提高铁路运输效率和安全。当时铁道部电务局领导（荆振昌）和四机部领导（王铮）都是红军长征时期管无线电的战友，四机部是负责生产电台的，铁路发展无线通信要获得支持不成问题。

1956 年，苏联专家克鲁格洛夫来华，在铁道部电务设计事务所具体指导铁路无线通信的设计工作，该所为此组织了专门的学习队伍。1957 年，铁道科学研究院胡汉泉等翻译了苏联的《列车无线通信》一书，在人民铁道出版社（现中国铁道出版社）出版。同年，铁道部电务设计事务所在京山线天津—古冶—山海关的《列车无线调度电话效果调查报告》中得出结论，建设该区段的列车无线调度电话所需的投资，只需 1 年即可收回成本。此后，铁道部科学技术情报研究所陆续发表了大量的无线列调的专辑、论文集、译文集和文摘。一些在苏联来华专家直接指导下专门从事铁路无线通信的技术人员，于 20 世纪 50 年代后期，分别在沪宁、宝凤等铁路线上进行场强（电磁场强度）测试和技术方案的比选……这些活动都催生着我国第一代无线列调的诞生。

20 世纪 50 年代苏联专家克鲁格洛夫（左一）给中国技术人员上课，照片下方是克鲁格洛夫 1958 年 8 月 4 日赠本书作者陆嘉森（左四）的题字

1 无线通信的方式

我国列车无线调度电话的起步是艰难的。在上世纪五六十年代，西方发达国家对我们实行封锁，后来我们所依靠的苏联又对我们停止了援助，中央对无线电的政策又是“少设、严管”……到了 70 年代，幸而在成昆铁路工程会战中，得到了四机部（后来的电子工业部）的大力支持，许多有实力的无线电厂都投入了铁路无线电台的研制。在“自力更生、发奋图强”的精神鼓舞下，大家努力奋战，争取早日拿出科技新成果。TW-8 电台的问世，就是那个时代的结晶。20 世纪 80 年代以后，无线列调的重要性被广泛认同，铁路无线电台得到了发展。据 1996 年统计，全国铁路共使用了 51 种型号的无线调度总机、车站电台、机车电台和便携式电台。为了介绍铁路无线电台发展情况，我们先来说明一下无线电台通常的 3 种通信方式。

(1) 单工通信

单工通信分同频单工和异频单工。

同频单工，即车站电台（基地台）和机车电台（移动台），收、发使用同一个频率 f_1。发话人讲话时，要按下手中的按键，收话人在听话时必须松开手中的按键。这种方式，由于每个电台的收发不同时进行，故收发信机可使用同一个天线，收发信机中某些电路也可以共用，设备简单、耗电小、价格便宜。但操作不便，当发话完毕，必须立刻松开按键，否则就收不到对方发来的信号，造成通话中断。

异频单工，即通信双方的发信使用两个不同的频率 f_1 和 f_2，也就是每个台的收和发使用不同的频率。基地台的发射频率和移动台的接收频率一样，为 f_2；移动台的发射频率和基地台的接收频率一样，为 f_1。双方的通话仍须通过按键转换。

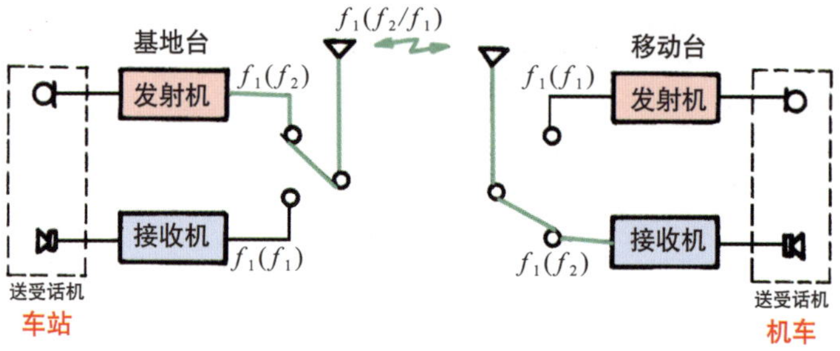

单工通信方式示意图（括号内为异频单工的频率）

(2) 半双工通信

如果把车站电台的发信和收信各自使用独立的天线，收发使用两个不同频率，发信机经常处于发信状态，收信时无需按键，为双工方式；而机车电台经常处于收听状态，发话时需要按键，为单工方式。这样，车站是双工、机车是单工，使用两个频率通信的方式称为**半双工方式**。

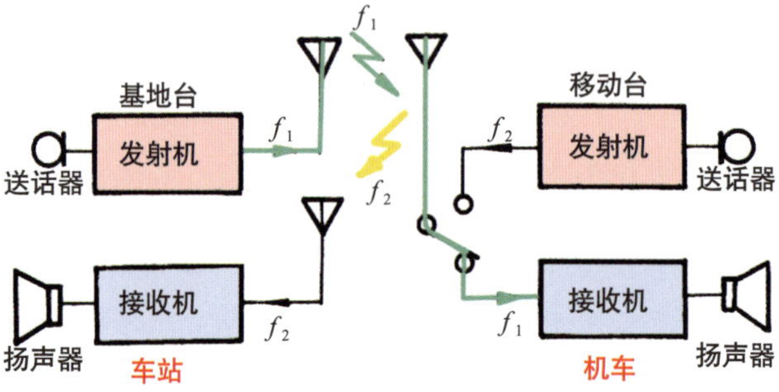

半双工通信方式示意图

(3) 双工通信

车站电台和机车电台，收、发使用两个频率，各有自己的独立天线，或者设双工器共用一个天线（如图中移动台）。这样，甲方发射的频率就是乙方接收的频率，乙方发射的频率就是甲方接收的频率，双方通话不需要操纵按键，像一般电话通信一样，叫做**双工通信**。

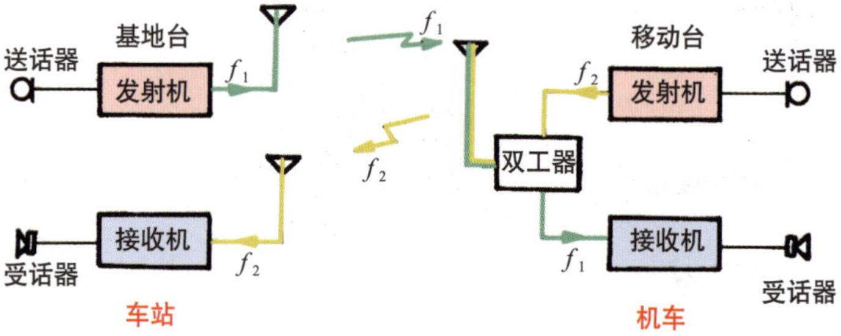

双工通信方式示意图

2 沪宁线无线调度电话工程

铁路发展无线列调新技术是通过两个具体工程启动的。一个是1958年开始设计的上海—南京、上海—杭州段无线列调电话工程；一个是1959年开始设计的宝鸡—凤州段列车无线列调电话工程。

1958年，南京无线电厂仿制苏联ЖР-3电台、生产了我国第一代TW-1型铁路列车调度无线电台（TW-1就是铁路无线电台第一代的意思）。

1959年，铁道部举办全路无线列调设计训练班，推广无线列调新技术。

1962年，经过多年的设计、施工和试验试用，我国第一条无线列调工程终于在沪宁线（上海至南京）全线开通。1964年1月，经铁道部技术鉴定后，同意推广使用。

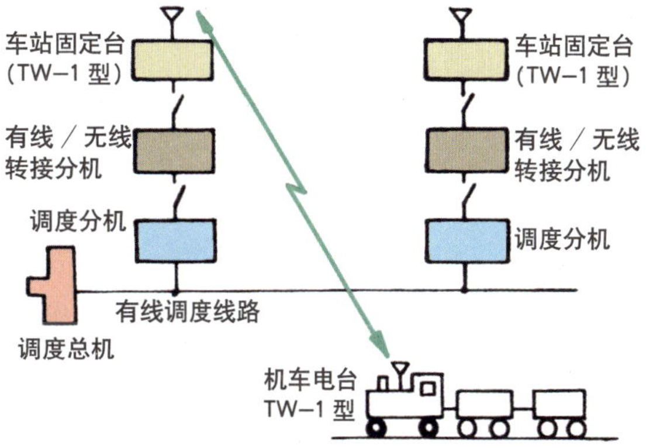

沪宁铁路无线调度电话系统示意图

使用无线列调后，机车上装设了无线电台，车站设置了固定电台，列车调度员处装设了操纵设备，机车调度员处加装通话装置。列车调度员与机车司机和车站值班员、机车调度员和机务段值班员与机车司机都可以直接通话。通信方式采用有线加无线的方式，即列车调度员通过有线通信的调度回线，接通设在车站上的

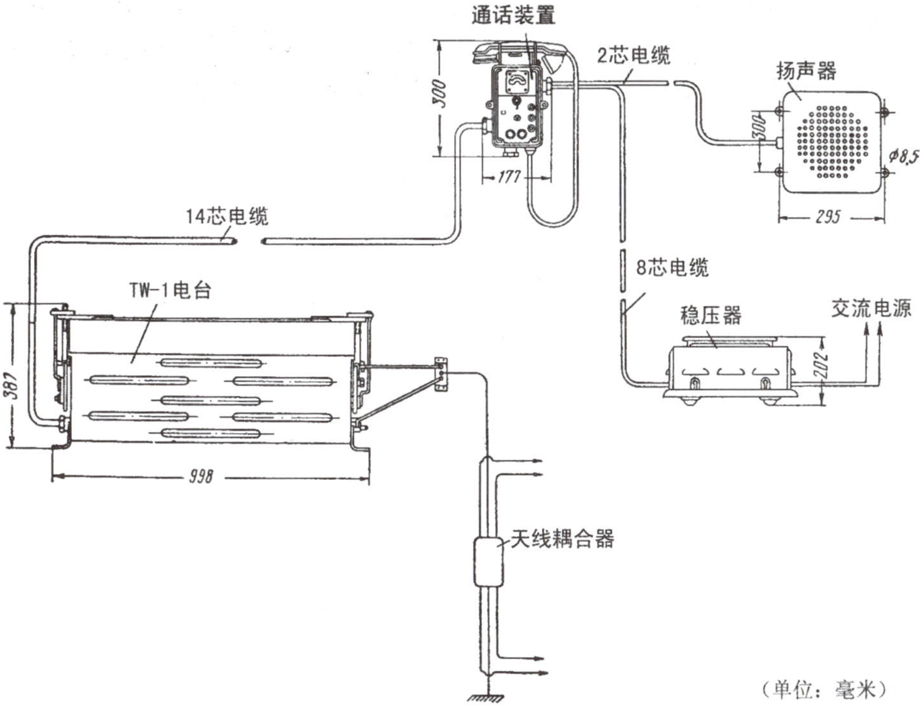

南京无线电厂仿制生产的沪宁线TW-1车站电台连接图

火车司机用上了无线列调

无线电台，然后利用该电台与机车司机进行通话。设备选用了 TW-1 型铁路无线电台，电子管组装，单工调频双向通话，收信机和发信机共用 1 根天线，无线载频为 2090 千赫。呼叫频率规定呼叫司机为 1000 赫兹，呼叫车站值班员为 1400 赫兹，呼叫车站调车小机车为 700 赫兹。为了增加电台沿铁路的通信距离，利用了沿铁路的架空明线作为天线来引导电波传播，这是沪宁线无线列调的主要特点。

沪宁线处于我国经济发达的江南平原地带，铁路当时为单线蒸汽机车牵引区段，原有铁路通信设备为架空明线、脉冲选号调度电话。使用列车无线通信后产生了明显的效果。例如：1963 年，上海分局在上海至常州区间消灭了机车冒进信号（闯红灯）的恶性事故；南京铁路分局在南京至常州区间，1963 年与 1962 年同期比较，站外停车减少了 40%；沪宁全线客货列车正点率分别达到 97% 和 95% 以上。此外，无线通信在战胜大雾、处理行车事故和抢救病人等方面也出现了一批生动的事例，被誉为“顺风耳朵放异彩”。

3 宝凤段无线列调工程

宝成铁路（宝鸡至成都）是我国第一条电气化铁道，第一条电缆通信区段。该路宝鸡至凤州段（宝凤段）跨越秦岭山脉，坡度大、弯道多、隧道连着隧道，气候恶劣。该段线路全长 91 公里，共有 10 个车站，其中宝鸡至秦岭段长 45 公里，隧道紧紧相连，由于坡度大，使用双机牵引列车（即两台机车共同牵引一列车）。

宝凤段无线列调工程，自 1959 年 3 月开始设计，1961 年 4 月开通了两个牵引机车之间的通话，1965 年 9 月全部工程（包括调度通信）开通，移交宝鸡电务段。我国第一条山区电气化铁路无线列调工程终于建成。

工程也采用了国产 TW-1 型电台。无线列调的用户为：列车调度员、机车司机、车站值班员，机车调度员和机务段值班员。无线列调的构成方式为有线与无线混合方式，即调度员通过有线调度电话回线，接通车站固定电台，使其与机车电台沟通，完成调度员和司机之间的无线通话。车站值班员和司机之间的通话，则由固定电台与机车电台沟通无线通道来完成。电力机车上两端的司机室都设有通话和控制呼叫装置。

宝凤段无线列调所要解决的技术难题有两个：一个是山区隧道内的无线电波传播受阻问题，一个是电气化区段所带来的高压电危险以及电磁干扰影响。

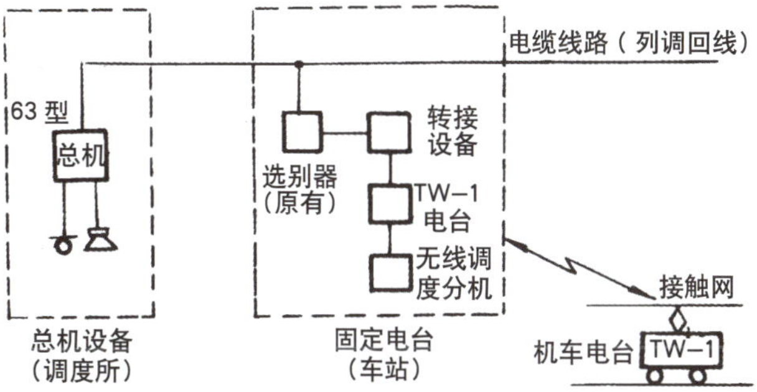

宝鸡—凤州间列车无线调度电话系统示意图

为解决第一个难题，宝凤段无线列调沿铁路隧道内外专门架设了波导线用来引导电磁波。波导线为 3 毫米直径的铜线，用 2 层大瓷瓶和角钢架设。秦岭以北至渭河桥为双线，线间距 30 厘米；秦岭以南至凤州间为单线。隧道内，线条距隧道壁约 20 厘米，距轨面高度约 4 米；隧道外，在铁路旁立电杆架设，杆路距钢轨在 10 米以内。

由于电力牵引接触网电压为 25 千伏，若不加防护，波导线上的感应电压将高达数千伏。设计上又采用了 24 个并联电感、电容谐振槽路跨接在波导线路上，双线波导在电感中心点接地，单线波导则在槽路一端接地，这样将感应电压降到了 60 伏以下，解决了第二个技术难题。

电力机车上的电台连线图

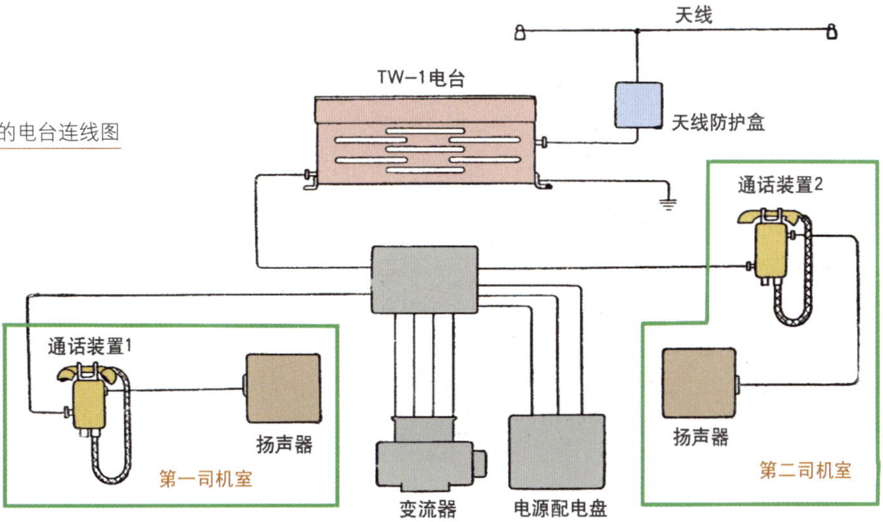

4 无线电台更新换代

多年来我们看到，铁路现场应用的有多种无线列调系统。“长江后浪推前浪”，它们一代比一代技术先进。

（1）TW—1 光荣退役

铁路列车无线调度电话，20 世纪 60 年代初开始在沪宁、沪杭、宝凤（双机通话）等线首批使用以后，南京无线电厂 1958 年生产的 TW-1 型电台就不再生产了。TW-1 无线列调工程，在上海、西安两局的精心维护下，十余年后光荣退役，由新研制的 TW-8 型电台接班。

在秦岭山区钻山越岭的宝成铁路

（2）TW—4、TW—6 寿命不长

TW-4 型电台是 1959 年由天津无线电厂生产的 40 兆赫频段的电子管电台。TW-6 型电台是武汉无线电厂生产的便携式电台。这两种电台原计划为站场调度人员（调度员和司机）设计的，在北京局、上海局曾试用一段时期，都因为技术落后、笨重而不能推广。

（3）TW—8 解决了“无米之炊”

20 世纪 70 年代，在成昆铁路会战的基础上，天津无线电厂生产了 TW-8 型电台，使中断十余年的铁路无线电台有了新产品供应。这种电台，同频单工、150 兆赫、用晶体管组装，其组网方式与 TW-1 相同。无线列调的固定台安装在车站运转室，称车站台；移动台安装在机车上，称机车台。车站值班员与在邻近区间内运行的司机通话，或机车司机与邻近的另一机车司机可用无线通话。车站电台装有有线无线转接设备时，位于铁路分局调度所的列车调度员，可通过有线的列车调度电话系统直接呼叫本调度区的任一车站，并通过车站电台用无线呼叫其邻近区间内运行中的司机与之通

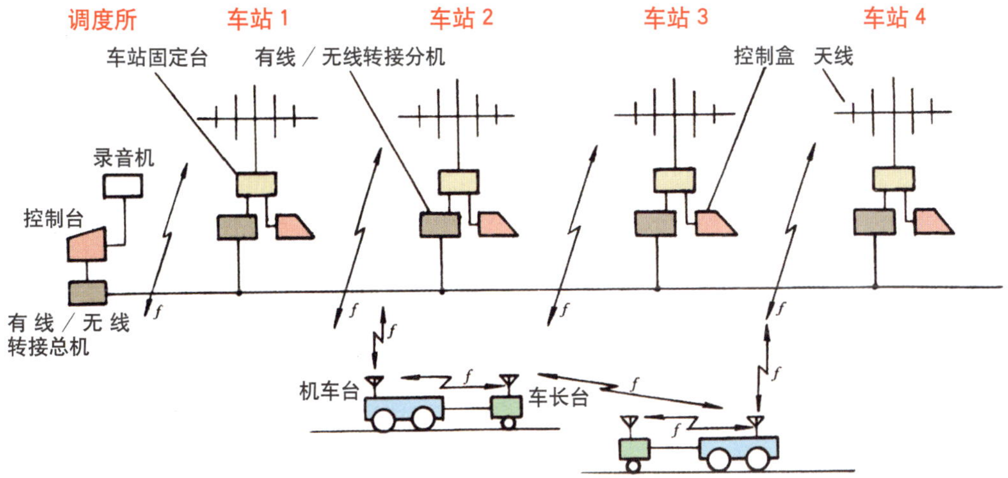

同频单工制无线列调系统示意图

话，直接指挥列车运行。

由于适合铁路运输生产组织方式，作为现场使用最广泛、最经济的产品，TW-8系列电台（包括TW-8A、TW-8C、TW-8D型）成为了全路用量最大的无线列调电台。

无线列调无论采用哪种设备的组网方式都是有线、无线相结合。但以往无线列调的有线部分与有线调度电话共用一对线，相互干扰，技术处理难度大，事故责任分不清。为此，铁路明线改电缆以后，在1974年新版《铁路工程技术规范通信篇》中，特地规定了在电缆芯线中要留有一个四芯组为无线列调专用，这为无线列调的推广使用提供了关键的技术条件。

有了电台和专用电缆线路，就像久旱逢甘霖一样，一时间北京、济南、哈尔滨、沈阳、上海、郑州、广州等铁路局纷纷上马无线列调工程。

（4）TW–12、TW–42步入辉煌

铁道部鉴于无线列调的突出效果，特别是在安全方面（预防、报警、事故处理）具有无可替代的作用，于1982年把机车上的机车信号、自动停车装置和无线列调列为“机车三大件”，拨专款在全路推广应用。1988年铁道部部长办公会议决定，用四五年的时间，完善配套无线列调装置。从此无线列调进入大力发展时期。

在此期间，铁道部又在铁道科学研究院成立了无线试验中心，并且从国外引进了先进设备和测试仪表，接着又与波兰国家铁道科学研究院合作开展了“铁路无线电传播特性的研究”，用5年的时间测试了2万多公里的铁路，取样区域涉及12个省辖范围，包括各种典型铁路区段、不同季节、不同机车牵引方式等铁路上，测试所得的数据进行统计分析，从而得出一些结果作为无线列调场强处理的技术依据。这些基础数据为发展铁路无线列调奠定了基础。

20世纪80年代，无线列调的发展可以说“百花齐放”，为什么这么说呢？因为这一时期上马的工程中应用了许多的创新制式，特别是在解决山区隧道、电气化铁路区段信号不良的问题上，更是五花八门。

但是，最终经过铁道部、四机部联合鉴定的制式为单双工兼容制列车无线列调系统。

1984年，当时的国家经委将单双工兼容制列车无线电调度通信系统成套设备的研制开发、生产推

广，列为国家重点推广新技术项目之一。1986年，中外合作研制的150兆赫和400兆赫两种频段的单双工兼容制铁道电台相继投入使用，铁道部将这两种电台定名为TW-12型（150兆赫）和TW-42型（450兆赫）。整个系统设备采用了国际上20世纪80年代先进技术，把双工制的通话质量高、操作简便、有利于中继传输等优点和铁路上使用已久的同频单工制融为一体，既实现了列车调度员、车站值班员与司机之间的双工通信，又保留了原来同频单工制无线列调通信组网方便的优点，实现了单双工兼容。

该系统采用有线无线相结合的方式，有线部分采用四线制传输，用2对电缆芯线把调度控制台与车站电台联系起来，实现整个调度区的列车无线通信。当山区地带遇有隧道时，则在洞口、洞内设置中继器和漏泄同轴电缆，以便利用中继传输的方式改善弱场区的场强分布。

无线列调经过了40余年的发展完善，

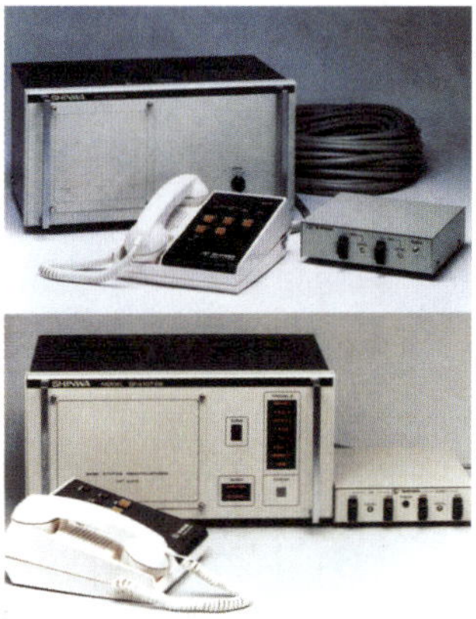

VHF、UHF单工双工兼容无线列调车站设备

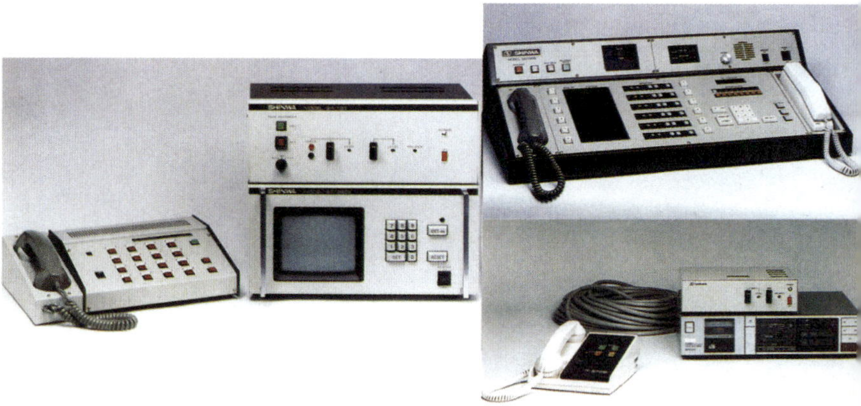

VHF、UHF单工双工兼容无线列调调度台设备

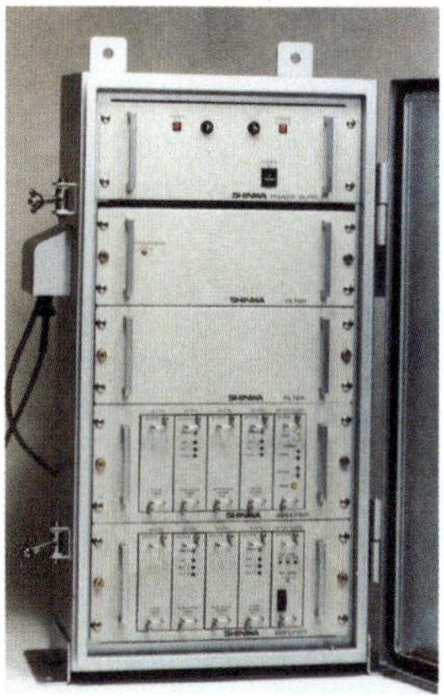

VHF、UHF单工双工兼容无线列调隧道口、隧道内中继设备

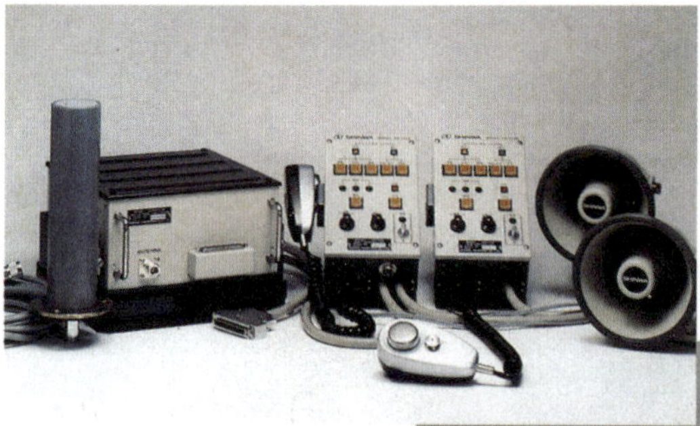

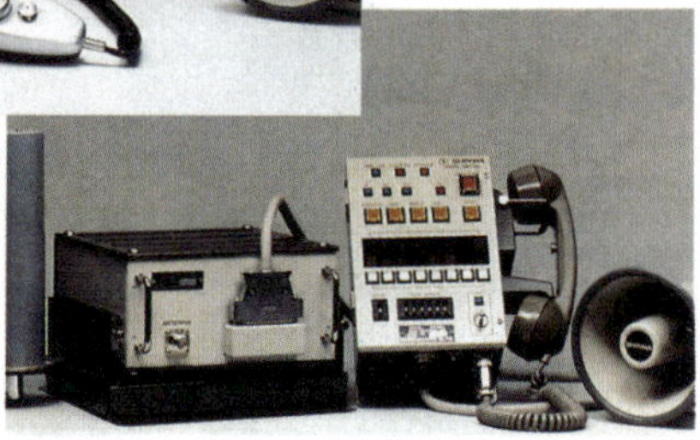

VHF、UHF单工双工兼容无线列调机车设备

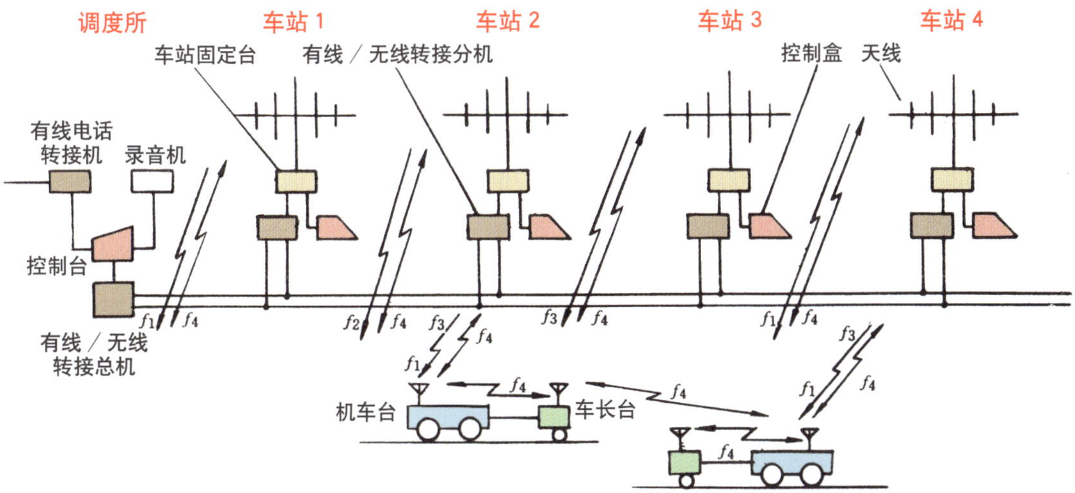

单双工兼容无线列调系统示意图

调度室的有线、无线调度电话

车站运转室的有线、无线调度电话

实践证明，它除了提高运输效率以外，对列车行车安全也十分重要。铁道部电务局在1990~1995年统计，全国铁路每年有5000件的突发事件、行车隐患是通过无线列调的通话防止的，例如车辆部门的车辆燃轴、列车制动失灵等；工务部门的断轨、胀轨、线路异物侵害、道口事故、自然灾害等；车务（运输）部门的错办进路、闭塞，道岔位置不对等以及列车火灾、旅客伤害等；所有这些事故，有了无线电话，得到了及时避免，或及时采取措施、减少了损失。

司机使用列车无线调度电话

短波通信　不可或缺

1921年人们发现波长为数十米（频率为3~30兆赫）的短波无线电（简称**短波**）使用较小的功率即可传播很远的距离，从此短波就成为长距离通信的主要频段。作为铁路运输的通信手段，短波通信在铁路上的应用时间较早，使用历史悠久。史料记载，铁路最早使用短波无线电报的是1929年津浦铁路的天津、济南、徐州和南京浦口站。之后，京汉、沪宁、沪杭、陇海、正太（石家庄至太原）、浙赣等铁路线也开设了无线电台。这些电台多是50瓦、100瓦的电子管收发报机。当时，电报是行车的主要凭证，无论有线电报或无线电报都很受重视，当遇到灾害或有线电报无法沟通时，无线电报更是不可缺少的手段。

新中国成立后，铁道部逐步建立了比较固定的的短波通信系统，主要用于应急通信、机要通信和工程建设通信。1953年，铁道部成立无线电总台，联络对象为：各铁路局、工程局、设计院。那时候有的边远铁路局、工程局、设计院，如成都、昆明等地，有线通信还没沟通，全靠无线电通信。每逢铁路运输遇到灾害，有线电线路中断时，短波通信都发挥了不可替代的作用。所以1956年以前，短波通信曾有过一段辉煌的发展。

但随着无线电设备应用范围的扩展，管理工作出现了一些问题。1957年，撤销了铁道部无线总台并进行了清理整顿。1960年后，铁路短波通信被严格控制使用。

但当发生洪水、冰雪灾害时，架空电线路常被洪水冲断、冰凌压垮，又不得不起用无线通信。于是，铁道部重新决定，恢复铁道部对当时上海、沈阳、福州、广州、南昌、济南、吉林、锦州等铁路局的无线备用网。

可惜好景不长，1967年“文化大革命”期间，短波通信又遭厄运。在此后的10年内短波通信基本上被停止使用了。

铁路通信只凭有线通信一种手段，不能形成可靠的通信网，无法切实保证运输指挥需要。1975年河南发大水、1976年唐山大地震，铁路有线通信中断联络，铁路不得不请部队派电台支援。短波通信又呼之欲出了！1976年铁道部组建了抗震电台网，恢复了铁道部对沈阳、锦州、北京、济南、上海、郑州、西安、成都、太原、呼和浩特等铁路局，以及北京、沈阳、郑州、上海铁路局对所属分局、地区的无线电台共30处。并且要求每天定时联络，保证不间断通信。

自1982年起，铁路短波通信终于跨入了一个新阶段。

——1984年开始短波电台选型工作，确定发展单边带电台。

——1988年，研制成功DT-1型战备抢险无线通信车，后改进为DT-2型，配备到各铁路局。

——1994年，在铁道部和成都铁路局之间，开通了短波自适应电台。这是短波通信一种新方式，它集选频与通信于一体，能在最佳的信道上进行通信，从而保证通信畅通。

此后，短波通信纳入了铁路通信正常的使用和发展轨道。

微波通信　简便易行

20 世纪 50 年代，铁路曾开展了一项轰动一时的微波线路勘测工程：从 1957 到 1960 年，先后勘测设计了 5400 多公里的路径，航空测量 5838 平方公里。同时，在北京广播器材厂，铁道部派人参加的研制小组，研制了微波设备，并进行了反射镜的科学试验。这些都取得了不错的成果。但由于后来三年自然灾害，物资紧缺，只在 1966 年建成了一条北京至天津的 60/120 路模拟微波线路。

那么，什么是微波通信？

所谓**微波**就是指频率在 300 兆赫到 300 吉赫范围内的电磁波，其波长在 1 米到 1 毫米之间。微波通信一般传输的载波频率高于 1000 兆赫，它具有以下优点：

——由于微波的频率很高，因此用它作载波可以获得很宽的通带。通信设备的频带越宽，通信容量就越大。

——在微波波段，受工业脉冲、天电脉冲等外部干扰影响极小；又因微波天线方向性尖锐，致使噪声干扰很小，因此微波信道的传输质量较高，而且稳定性也很好。

——在无线通信中，当天线的面积一定时，天线的增益与波长的平方成反比。由于微波的波长短，所以容易做成高增益的天线，而且方向性强。

——与有线通信相比，微波不太受地理条件的约束，并具有较强的抵抗水灾、台风、地震等自然灾害能力，通信较为可靠。

——因微波通信组网只需建设站点，所以调整比较方便，而且建设速度快。

——微波通信投资和维护费用低。在通信容量和通信质量基本相同的条件下，按话路公里数计算，微波线路的建设投资只有同轴电缆的三分之一到二分之一，并可节省大量的有色金属。

微波通信有模拟微波和数字微波之分，在模拟通信时代微波传输的也是模拟信号，现在多以数字微波通信传输数字信号为主。

微波通信又称微波接力通信，它像接力赛跑一样，运动员手持接力棒、一棒接一棒地向前跑，而微波接力则是以微波频段载着客户信息，一站接一站地向前传播电磁波。从电磁波场强的分布来看，微波通信不像上述的短波通信。短波通信电磁波的发射恰似一盏没遮挡的灯泡发出的光波那样，四面八方都有辐射；而微波的发射则有点像手电筒把光束集中直射前方一样，它通过"锅盖"模样的天线，将电磁波集中成一束，并且一站接一站地往前传播。

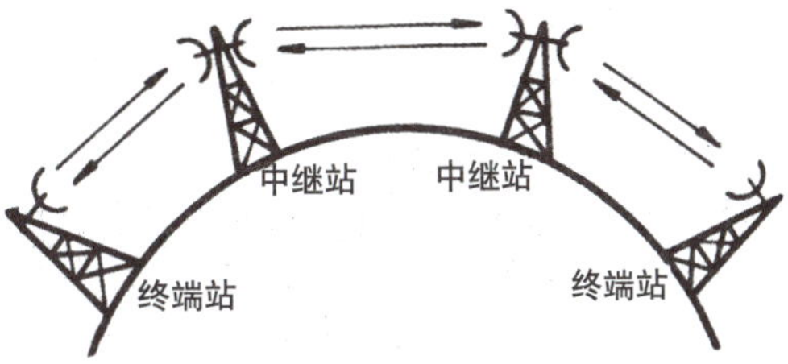

微波通信线路示意图

微波通信像前面讲到的载波一样，它是把客户低频信息搬送到微波的高频频段来传送，然后又像火车一样，一站一站地向前跑（传播）。由于微波的频率很高，所以用它当载波可以获得很宽的通带，通信设备的频带越宽，通信容量就越大。在一定意义上来说，也是利用微波技术来对信息传输"提速"和业务"展宽"。

微波通信通信容量大，传输效率高，工作稳定可靠，施工简单、成本低，因此成为世界各国广泛采用的通信手段。

改革开放使微波通信获得了新生。广州铁路局一马当先，于1988年6月开通了广州至衡阳数字微波线路。设备采用进口设备，使用7000兆赫PCM复用三次群480路，用以代替原有的架空明线路。整个传输通道采用微波和电缆PCM系统联合组成的方式。地区和长途交换采用数字程控交换机，全部系统构成了560公里的数字通信区段。从明线模拟通信跨越到微波通信，大大改变了该地段铁路通信长期落后的局面，为现场员工的工作、送来了方便和效率。

接着，沪杭、广深（广州至深圳）、浙赣、湘黔（株洲至贵州）、京沪……陆续建设了数字微波通信线路。为有线通信网的安全运行提供了无线传输通道。

数字微波通信线路的建设，无疑增强了铁路通信网的可靠性、灵活性，因而这项通信技术，在改革开放政策的阳光下又茁壮成长起来。

铁路微波通信车

微波天线

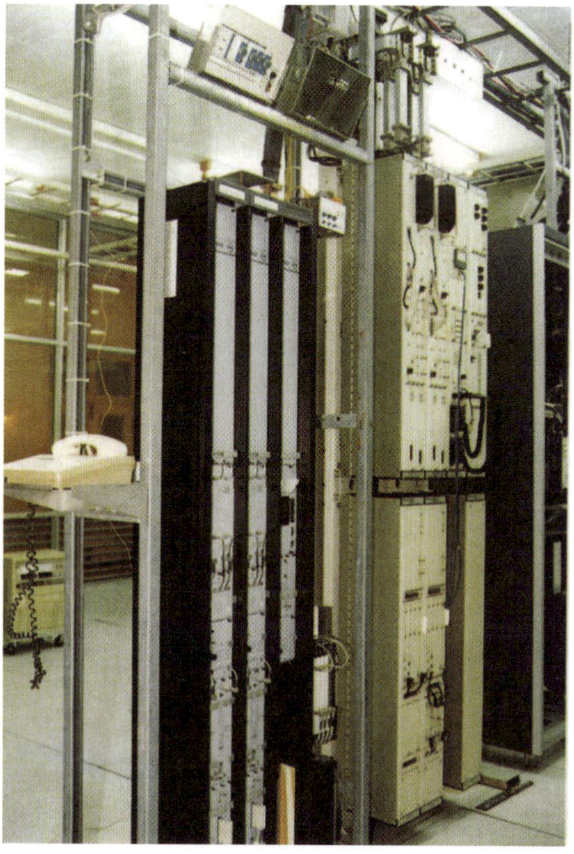

480路数字微波机械设备

卫星通信　方兴未艾

卫星通信是在地面微波通信技术和空间技术的基础上发展起来的。国际上一般以 1965 年发射的晨鸟卫星作为商用卫星通信的开始。我国于 1988 年发射的自行研制的东方红 2 号是实用通信卫星的开始。

1 什么叫卫星通信?

卫星通信是指利用人造地球卫星作为中继站，转发无线电信号，在两个或多个地点之间进行通信。卫星通信的英文名字叫微波卫星通信（MSC），可见它使用的频率是微波频段，但电磁波传播的途径则是经过天上的同步卫星来转发的。相当于微波通信的中继站设在天空中的卫星上了。

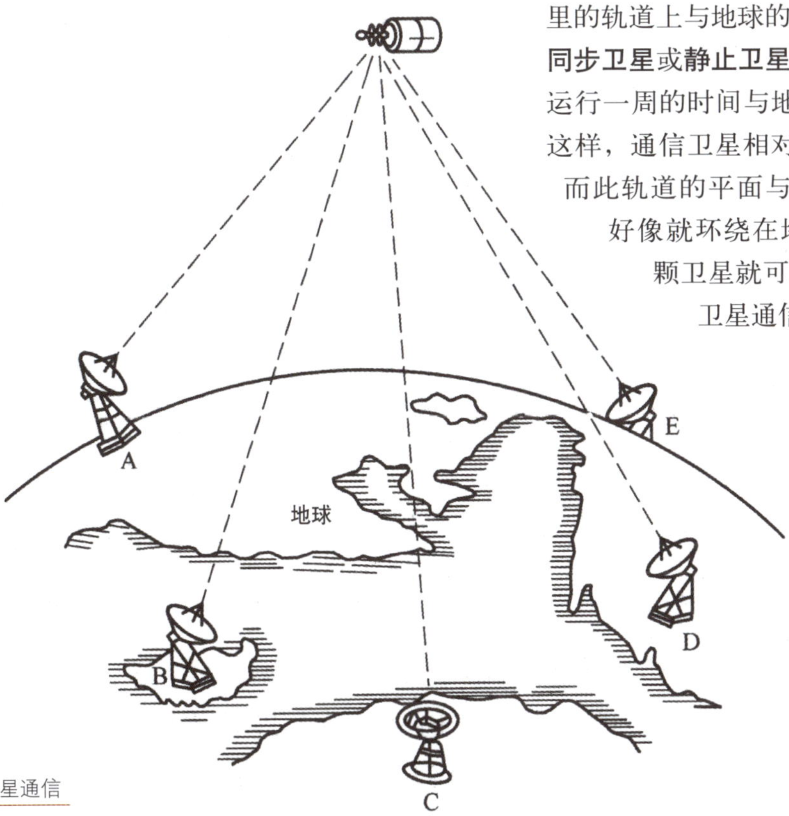

卫星通信

微波接力通信是靠一个一个中继站来完成接力任务的。中继站的天线，是设在地面铁塔上的。而卫星通信的中继站则是设在天上的同步卫星上。为什么要这样做呢，因为地上微波通信线路的中继站的距离不能太长，微波传播的途径必须走直线，不能拐弯，它受地球表面（球面凸起）的阻挡，中继站之间的距离一般地说 50 公里左右为宜，否则从技术、经济考虑就不合理。假若进行长距离通信，例如 18000 公里（这是一个通信卫星可以进行通信的最大距离），则需要设置 360 个中继站，造价高，维护不便，而且多次转发后信号质量会大受影响。

通信卫星一般在距地球赤道上空 3 万多公里的轨道上与地球的自转同步运行，因此也叫**同步卫星**或**静止卫星**。同步是指卫星环绕地球运行一周的时间与地球自转一周的时间相同，这样，通信卫星相对地面而言是静止不动的。而此轨道的平面与赤道平面的夹角为零度，好像就环绕在地球的“腰带”周围。三颗卫星就可覆盖全球，从而实现全球卫星通信。

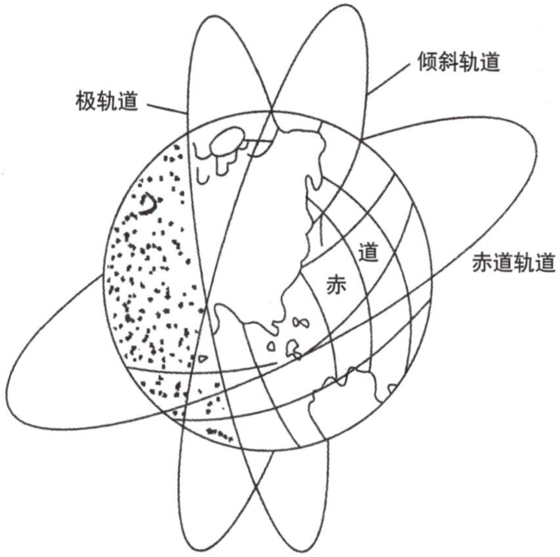

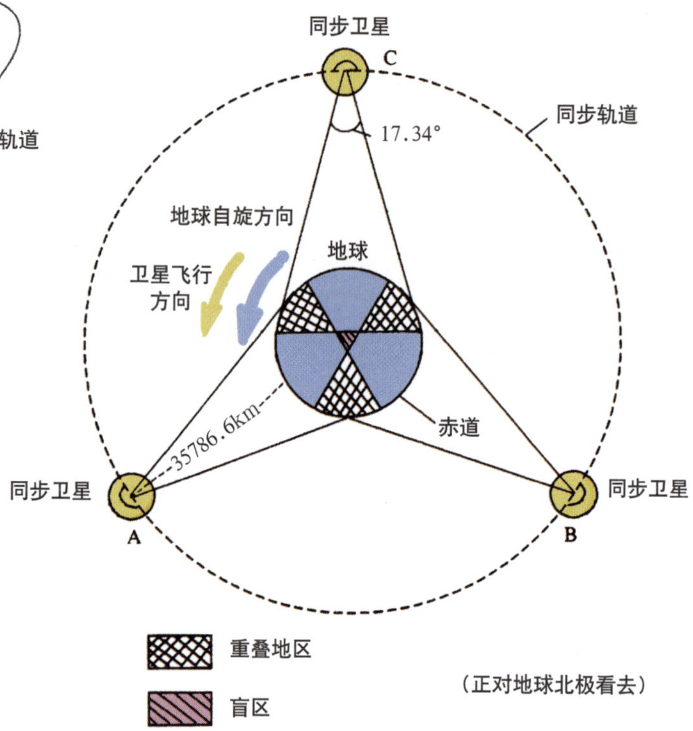

↑ 通信卫星的轨道

→ 利用同步卫星通信建立全球通信

2 卫星通信系统组成

卫星通信系统通常由通信卫星、地球站（也叫地面站）分系统、跟踪遥测指令分系统（也称为测控站）及监控管理分系统（也称监控中心）四大部分组成。

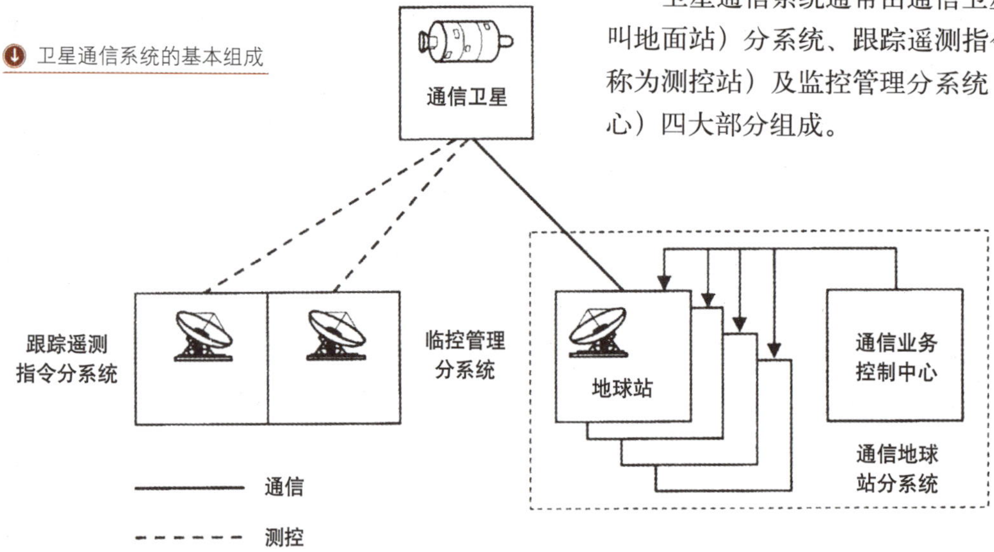

↓ 卫星通信系统的基本组成

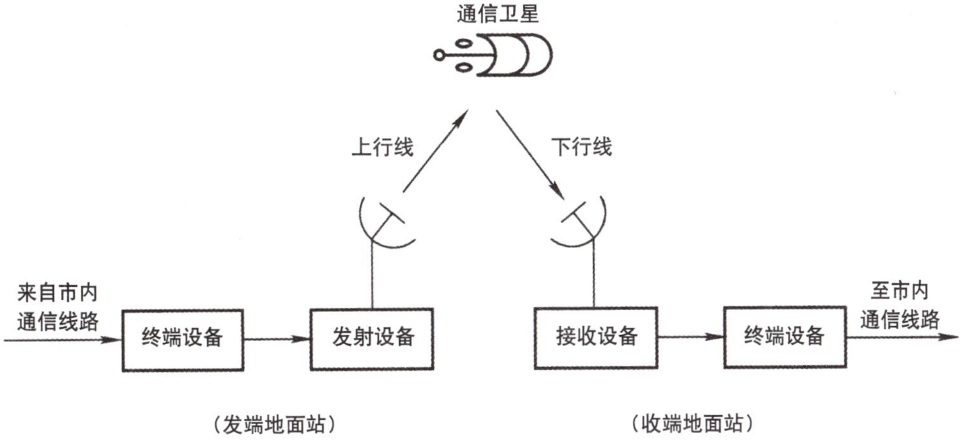

卫星地面站的功能

——通信卫星主要包括用于完成通信任务的转发器和天线，还有用于对卫星运行状态进行控制的星体遥测指令、控制系统，以及提供后勤保障的能源系统等。卫星转发器就相当于一个设在空中的微波中继站，是通信卫星的核心，它实质上是一部宽带收、发信机。通常一颗通信卫星上有若干个转发器，每个转发器占有一定的频段。

——地面站是卫星通信的主要组成部分，所有用户终端通过它们接入卫星通信线路。使用同一颗通信卫星的地面站有很多，组成一群。其主要任务是把用户信息发射到卫星转发器上，同时接收卫星发下来的信号转给用户。一般来说，地面站的天线口径越大，发射和接收能力就越强，功能也越多。

——测控站的任务是对卫星进行跟踪测量，控制其准确地进入轨道并到达指定位置；待卫星运转正常后，定期对卫星进行轨道修正和位置保持，必要时控制通信卫星返回地面。

——监控中心负责对已定点在轨道上的卫星在业务开通前后进行通信性能的监测和控制，以保证通信的正常进行。

3 卫星通信的特点

卫星通信同其他通信方式相比，具有以下一些特点。

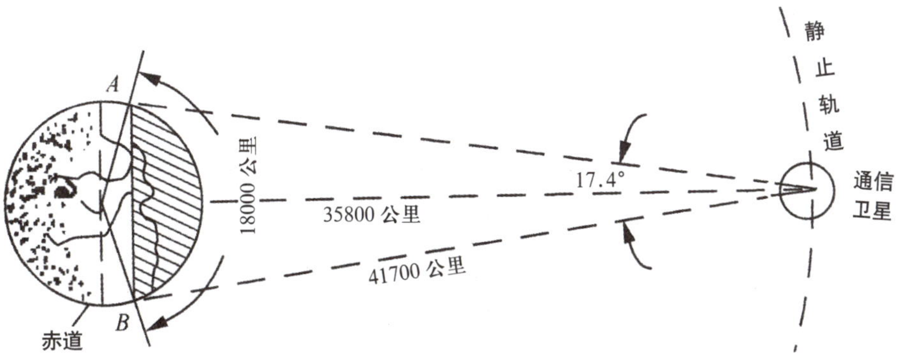

静止通信卫星的覆盖区

——通信距离远，通信费用与距离无关。

卫星通信的天线高（在天上）、覆盖面广（一个卫星的波束可覆盖地球的三分之一）、通信距离远，这是它的突出特点。利用静止卫星进行通信，其最大通信距离（两个地面站之间）可达 18000 公里左右。利用卫星通信，建站费用并不因两个地面站之间的距离远近和地理环境而有所变化，这是电缆、光纤、短波、微波通信都不能相比的，也是对于路网遍布全国的铁路通信来说，极为经济有效的。

——便于实现多址连接。

一般的通信类型，通常只能实现点对点的通信。而卫星通信是大面积覆盖，只要在卫星天线波束覆盖区域内的任何地面站，均可通过一颗通信卫星实现彼此相互通信。这种能同时实现多个方向、多个地点之间通信的能力，称为“**多址连接**”。有一颗在轨道的卫星，就相当于在其覆盖区内铺设了一条条可以通达任何一点的无形的电路。

——通信容量大，传送的业务种类多。

通信卫星采用微波频段，可供使用的频带很宽，适合传送大容量电话、电报、数据及宽带电视等多种业务。例如，第六代国际通信卫星（IS- Ⅵ）的容量达 3 万条双向话路，另加 3 路彩色电视。这样大容量的通信，除光纤外，没有其他通信手段可与之媲美。

——通信线路稳定可靠，传输质量高。

卫星通信的电波主要在大气层外的宇宙空间中传输，而宇宙空间接近真空状态，可看作是均匀介质，电磁波传播特性稳定。它不容易受到自然条件和人为干扰的影响，几乎不受气候、季节变化等影响，就是在发生磁暴及核爆炸的情况下，线路仍能畅通无阻。卫星线路的畅通率通常都在 99.8%。

但卫星通信也有不足之处，突出的一点就是“时延”问题。大家在电视上经常看到，节目主持人与对方（卫星通信的另一方）通话时，对方不能立即答话，而是延迟了一点时间。这是因为它们之间电磁波传播的途径太远了的缘故，从地面站到天上，又从天上下来，一上一下就传了约 8 万公里，双向通信有来有往，即使电磁波每秒传播 30 万公里，如此长距离也需要 0.54 秒才能沟通，使人听起来很不习惯。

4 卫星通信工作过程

卫星通信具体是怎样进行的呢？

来自地面通信网的多路信号先进入终端站的多路复用设备，该设备可以是传送模拟电话信号的频分复用设备，也可以是传送数字电话的时分复用复接设备，经其输出后，为多路复用信号，亦称基带信号。

以甲地到乙地的通信为例，我们看一下卫星通信的工作过程。

——甲地地面站将基带信号送至调制器，调制为中频信号（70 兆赫）；此信号在发射设备中经上变频成为上行微波信号 f1，进行功率放大后，从天线发往卫星。

——卫星收到地面站的上行信号，经放大处理，变换成下行的微波信号 f2，由卫星天线发往各地面站。

——乙地地面站收到从卫星送来的信号，在接收设备中经低噪声放大，并下变频为中频信号；再将中频信号解调，还原为基带信号；最后利用多路分解设备分路后送到各用户。

通信卫星使用的工作频段一般有 C 波段（6/4 吉赫）和 Ku 波段（14/11 或 14/12 吉赫）。

——C 波段，其上行频率为 5.925~6.425 吉赫，下行频率为 3.7~4.2 吉赫。大部分国际卫星通信，尤其是商业卫星通信都使用此频段，国内卫星通信也多有使用，主要用于电话、数据、电视、广播、海事等。

——Ku 波段，其上行频率为 14~14.5 吉赫，

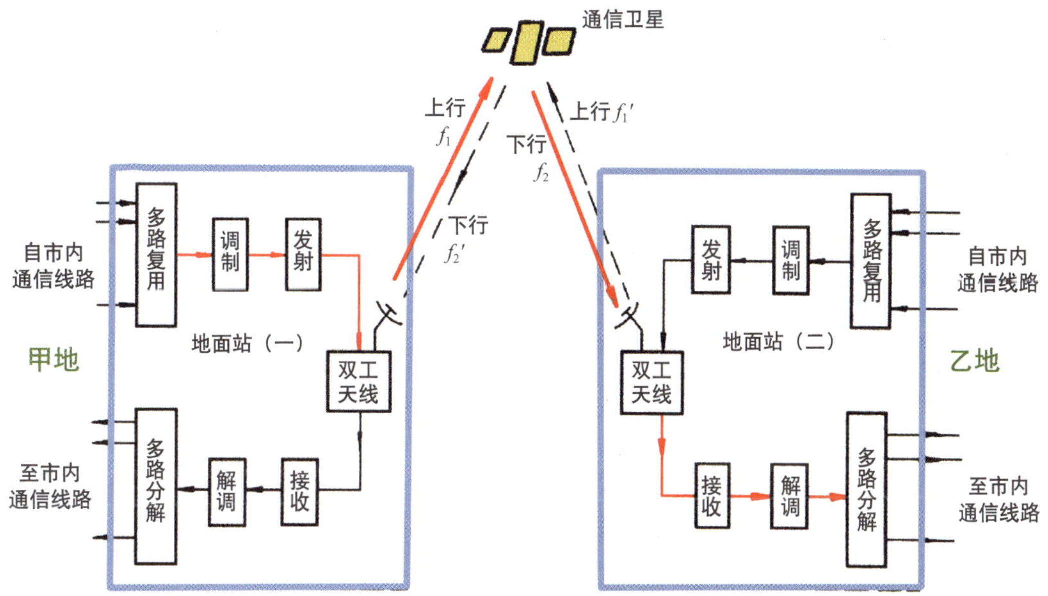

卫星通信基本原理

下行频率为10.95~11.2吉赫或11.45~11.7吉赫。新开发和使用的卫星通信频段，缓解了频谱拥挤和相互干扰，主要用于民用的卫星通信和广播卫星业务。

5 卫星通信在铁路上的应用

铁路有关部门对卫星通信在铁路应用的探讨起始于20世纪80年代。90年代中期，铁道部决定建设铁路卫星通信网一期工程、铁路卫星基层数据网工程（铁路卫星通信网二期工程）和铁路会议电视网工程。这些卫星通信工程，目前已全面实施。

卫星通信天线

（1）铁路卫星通信网一期工程

铁路卫星通信网一期工程的最大通信能力如下：

——可有3个传输速率为4兆比特/秒的载波同时工作，网络最大系统容量为12兆比特/秒；

——最多可提供240条卫星单向话路用于话音通信；

——为铁路分组交换网提供2304千比特/秒的容量进行数据传输；

——采用广播/选择回传方式解决铁道部与呼和浩特、济南、成都、昆明、兰州、乌鲁木齐铁路局之间召开电视会议所需的2兆比特/秒数字通道问题，最多提供2×2兆比特/秒容量；

——将铁路沿线事故现场图像（最高速率2兆比特/秒）传回铁道部和相关铁路局。

卫星通信机械设备

(2) 铁路会议电视网

1996年，为保证年底开通铁道部会议电话电视网，铁道部购置了6座卫星地面站，以弥补现有传输通道（2兆比特/秒）不能达到的铁路局。这6座地面站分别设在铁道部(北京)、呼和浩特、济南、成都、兰州和乌鲁木齐铁路局。

(3) 铁路卫星基层数据网

铁路现场信息来自四面八方，有很多地方并没有通路可以收集数据，这时候卫星通信只要建几个地面站就可以了。铁路卫星基层数据网是铁路分组交换数据网的一部分，它可以解决线路困难的信源点的数据采集和入网问题，并能提高铁路分组交换数据网的可靠性。

铁路卫星基层数据网属于VSAT卫星通信系统。**VSAT卫星通信系统**学名为“甚小天线地面站”，是20世纪80年代中期利用新技术开发的一种卫星通信系统，它是一种使用小型抛物面天线和低功率发射机的低成本的小型卫星地面站，其天线口径通常为0.3~2.4米，主要用来支持大型专用网络点对多点基础上的数据通信。过去的卫星通信系统，用户必须通过

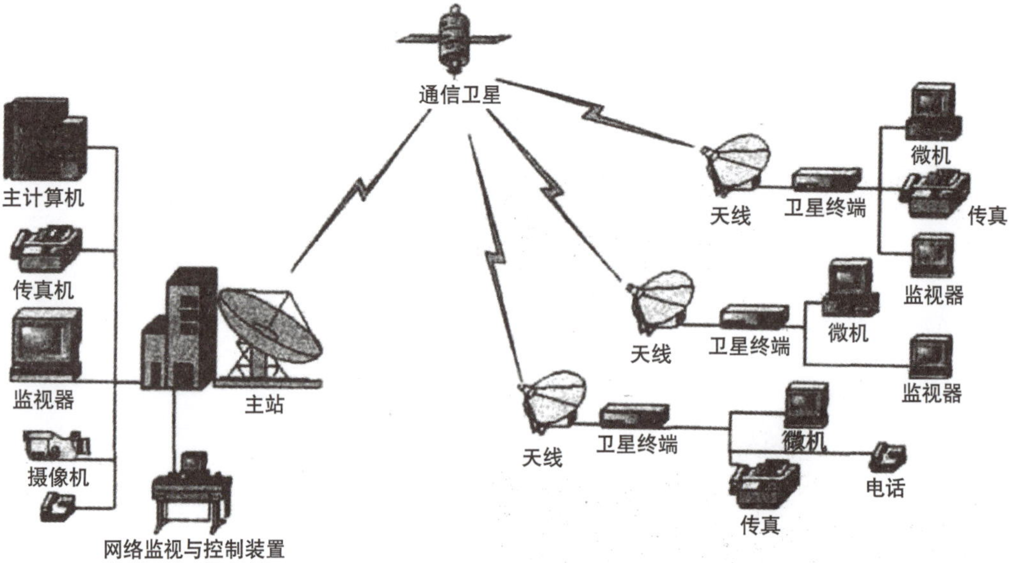

VSAT卫星通信网示意图

地面通信网汇接到卫星地面站才能进行通信。而VSAT系统的用户小站对环境条件要求不高，可以直接安装在用户屋顶，不必汇接中转，可由用户直接控制电路，方便灵活。由于其具有灵活性强、可靠性高、成本低、使用方便等特点，所以很快地发展起来。

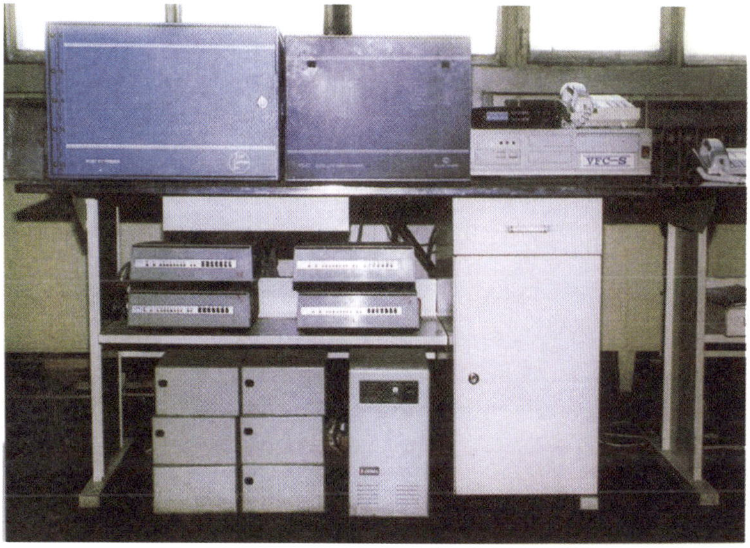

↑ 铁道部直属通信处的小型卫星地面站室内设备

典型的VSAT通信网由主站、卫星和众多的远端小站3部分组成。

铁路卫星基层数据网由1座中心地面站及网络管理系统（设在铁道部直属通信处）和若干远端地面站组成。中心站至远端站之间的通信经过一次卫星转接，而远端站之间的通信要由中心站中转，需经过两次卫星转接。

截至1999年3月，铁路卫星通信网已建成22个固定地面站、1个移动地面站和1个网络控制中心。铁路卫星基层数据通信已建成了1个中心地面站、1个网络管理中心和70余个远端数据地面站。我们国家幅员辽阔，地形变化多种多样，铁路遍布四面八方，各种地质灾害时有发生，铁路卫星通信的发展方兴未艾。

大名鼎鼎的 GSM-R

1 从掌上明珠手机说起

手机的使用，全球已达 40 多亿户。中国是手机用户大国，有6亿多用户。中国铁路的“手机”，包括现场使用的各种各样的单工步话机，以及双工手机等，也已十分普遍。手机已经成为现代信息社会人们的“掌上明珠”。

然而你知道吗？手机“麻雀虽小、五脏俱全”，小小的手机在手，就像你握住了一个几十年前的“无线电通信机房”。这所房子里不仅装有无线电收发信机、天线、电源等无线通信设备，还装有诸如处理模块、存储、外设模块等支持软件应用的计算机设备。

手机给人们通信带来了极大的便利

那么，手机是怎样进行移动通话的呢？

原来，每一个手机都有 3 个号码：

——一个 11 位的**移动用户号码**(MSISDN)，就是我们手机的电话号码，共 11 位数字。前三位数字代表移动运营商，例如，中国联通的用户前三位为 130 ~133；中国移动的用户前三位为 135~139，4~6 位为 HLR 号码，7~11 位为用户号码。这是手机的“姓名”。

——一个 15 位的**国际移动用户识别号码**(IMSI)，对此大家可能不太熟悉，它相当于每个手机的“身份证号”，而且是全球独一无二的、不带重复的。

——还有一个是在通信过程中，分配给手机的临时号码，叫**移动用户漫游号码**(MSRN)；这相当于手机的一个“临时通行证”，离开漫游地区后，此号码作废。

有了这三个号码，手机就可以走遍天下。

不过，说是走遍天下，前提条件是要在有移动通信网无线信号覆盖的地区中才行。移动通信的无线信号是怎样覆盖的呢？

现在的移动通信网（GSM）叫蜂窝移动通信网络，它像空中的一张布满无线电波的大网，分为若干个服务区，每个服务区又分为若干个移动交换区，每个移动交换区又分为若干个位置区，每个位置区由若干个基站小区组成。

小区——一个基站所覆盖的最小的可寻址无线区域。一般都设计成六边形，各小区连接起来，状如蜂窝，所以称为蜂窝移动通信网络。

位置区——移动台在此范围活动不需要进行位置更新就能被找到的区域，其中包含若干小区。

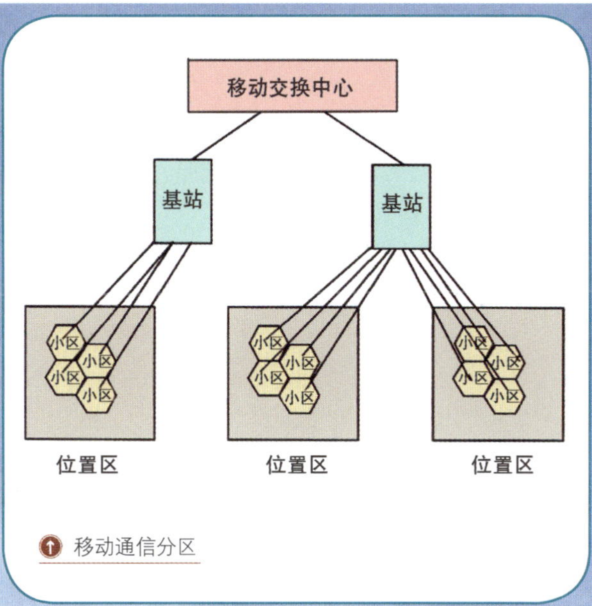

移动通信分区

移动交换区——一个移动交换中心管辖下的所有覆盖区域，可包含几个位置区。

每个移动交换中心设有若干通信基站，在基站竖起高高的天线铁塔，收发无线信号。天线铁塔形形色色，根据地形，高低各不相同。

但由于天线的功率有限，在距离较远的地方，或地形被山阻隔的地方，无线信号仍可能覆盖不到。

在无线信号能够覆盖的地方，移动通信网又是怎样通过这些小区找到移动的手机的呢？

由于手机用户到处流动，若来电话时，系统不能确定它当前的位置，就得对所有小区都进行呼叫。手机数量众多，这样挨个地寻找，呼叫

铁路客运专线的一个移动通信基站（左）及其天线塔

接续的时间会很长，甚至超过通话时间，系统效率太低。

于是，系统设置了两个数据库（寄存器）来管理手机的信息。

各大城市的移动通信网都拥有很大的数据库，里面记录着当地注册归属本地的每一个手机的位置、权限等档案信息，例如该手机所在的位置区号、有没有拨打国际长途的权限、有没有数据通信、短信的功能等等。这些数据库我们称作**归属位置寄存器**（HLR）。

在每一个移动交换中心（相当于电话局）还有一个小的数据库。这个小数据库我们叫做**访问位置寄存器**（VLR），它记录的是不归属本地、外来的漫游手机的动态信息。

打个比方，HLR 好比是手机原籍的户籍管理员，VLR 呢，好比是外来人口管理员。手机从一地到另一地移动时，就相当于流动人口，它的身份要由 HLR 和 VLR 这两大寄存器进行确认和管理。

当手机移动时，一旦从本地进入另一个新的移动交换中心的管辖区域（暂时称为新区），不管它是否正在通话，都会自动发出更新自己位置信息的申请，进行位置登记。此时，新区移动交换中心的 VLR 就向手机原籍的 HLR 发出协查通报。原籍的 HLR 根据报告中送来的该手机的 IMSI 号码，在自己的数据库里查证该用户信息，确认之后告知新区的 VLR。新区的 VLR 便给该手机发一个移动用户漫游号码（MSRN），作为“临时通行证”。与此同时，手机原籍的 HLR 也随即更新了该手机的位置记录。当手机离开了新区后，新区的 VLR 便删除该手机的有关信息。这个位置登记（“更换通行证”）的过程在非常短的一瞬间就完成了，以至于手机用户甚至感觉不到。

除此之外，整个移动网还每隔几十分钟就发起一次周期性位置更新处理过程，以保证位置信息的可靠性。也就是说，只要你的手机保持开机，不管你走到哪里，移动通信网随时都可以知道你所在通信小区的位置，从而保证你的通信畅通，即别人能呼叫到你，你也能呼叫别人，并进行通话。

2 GSM-R的诞生

GSM-R 是英文 GSM for Railway 的缩写，即铁路专用的 GSM。那么，GSM 又是什么意思呢？

GSM 原为欧洲为开发数字蜂窝移动通信系统而成立的专门小组（Group Special Mobile）的英文缩略语。随着移动通信设备的研制与开发及数字蜂窝移动通信网的成立，欧洲的专家们又重新将 GSM 定义为 Global System for Mobile Communication 的缩写，意思是“全球移动通信系统”的简称。现在世界上大多数国家的移动通信都是采用的 GSM 系统。

欧盟国家国土面积一般不大，铁路网、通信网的建设，尤其在“高速运行”条件下需要统一标准，以便互联互通。于是在国际铁路联盟（UIC）的支持下，一个欧盟各国共同关心的课题 GSM-R 就应运而生了。1993 年，国际铁路联盟（UIC）与欧洲电信标准组织（ETSI）协商，提出了欧洲各国铁路无线通信的 GSM-R 技术标准。1995 年，UIC 经过评估后最终确认。GSM-R 很快在欧洲取得巨大成功，截至 2003 年 6 月底，有德国、瑞典、瑞士、意大利、西班牙、英国、比利时、荷兰、芬兰等国家签订了全国铁路商用化合同，在 2005~2008 年完成全国 GSM-R 网络建设。

铁路综合数字移动通信系统（GSM-R）是在数字蜂窝移动通信系统（GSM）的基础上增加了调度通信的功能、并适合高速环境下综合数据业务的要求而设计的，也能满足国际铁路联盟提出的铁路专用调度通信的要求。

GSM-R 所面临的技术问题非常复杂，首先，它要解决无线电波的传播问题，既不能干扰别人、也不能被别人干扰；既要在平原地区通信也要在山区隧道中通信；既要在普通快车上通信也要在高速列车上通信；既要在晴好天气通信也要在恶劣气候环境下不中断。尤其是列车运行控制需要的数据信息，对传输的要求更加严格。另外，它还要在有线、无线通信设备之间，硬件、软件之间，解决一系列的技术难题，如繁杂的接口协议、频繁的移动管理、铁路特殊要求的调度优先级保证等等。

3 GSM-R网络结构

GSM-R 网络包括两个网络，即 GSM-R 陆地移动网络和固定用户网络

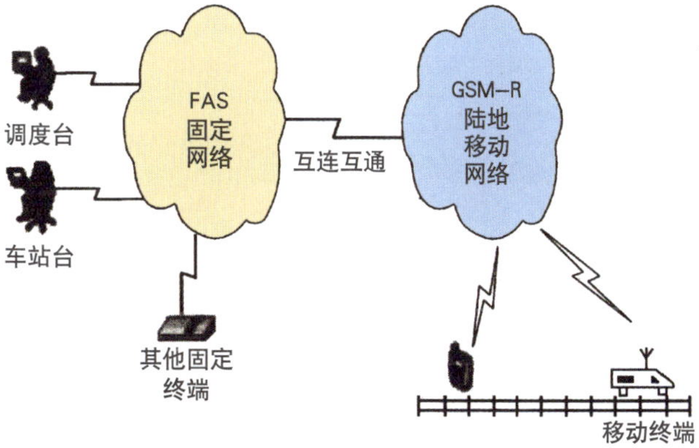

GSM-R 组成示意图

(FAS)。两个网络分别连接着移动终端和固定终端，并且彼此互连互通。

移动终端（MS），又称移动台，可放在机车或旅客列车上，它就相当于手机，通过无线接口接入到 GSM-R 系统，并提供人机接口，如按键、屏幕显示以及送话器、受话器等。

青藏线上的通信基站

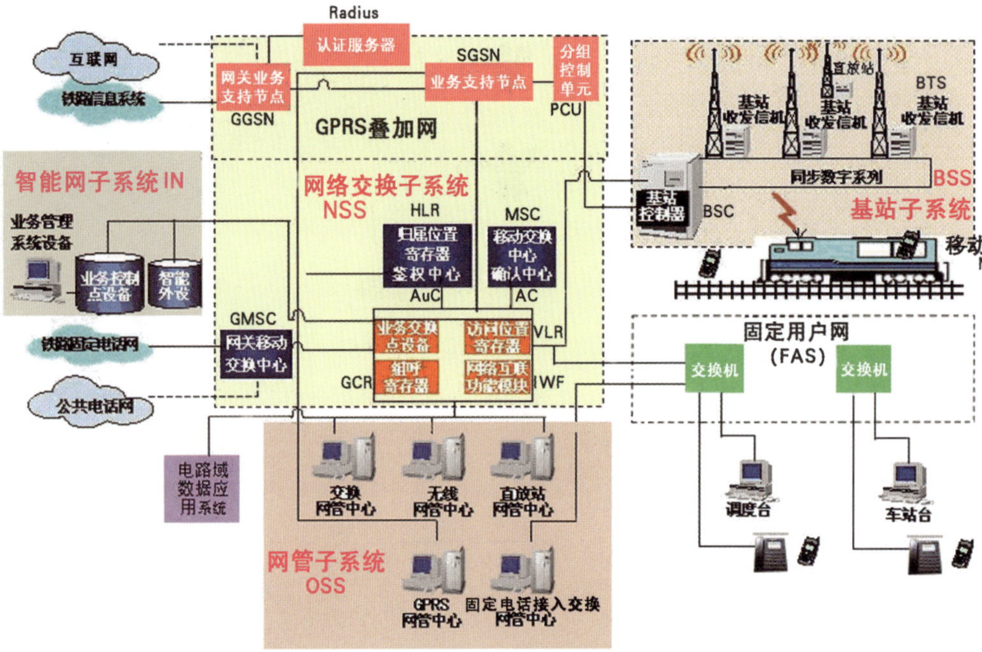

GSM-R 陆地移动网络结构图

固定终端是有线交换网络的终端，包括调度台、车站台等。

GSM-R 陆地移动网络是移动用户的交换网络，包括基站子系统（BSS）、网络交换子系统（NSS）、智能网子系统（IN）和网管子系统（OSS）4 个子系统。

（1）基站子系统（BSS）

由一个基站控制器和若干个基站收发信机组成。

——基站收发信机（BTS）主要负责与本覆盖区域内的移动台进行通信，并对空中无线接口进行管理。

——基站控制器（BSC）用来管理基站收发信机与移动交换中心之间的信息流。

（2）网络交换子系统（NSS）

主要包括数据库和交换机两大功能。

——归属位置寄存器（HLR）是一个数据库，存储了在网络中永久注册的移动用户数据信息，负责本地移动用户的“户籍管理”。

——访问位置寄存器（VLR）也是一个数据库，管理非本地移动用户（“外来人口”）的动态数据信息。

——组呼寄存器（GCR）是储存了可以进行语音组呼和语音广播用户的信息的数据库。

——鉴权中心（AuC）对用户的“身份证”（IMSI 号）进行检验，是否被允许入网，就像你进火车站乘车时要“检票”一样；由于无线通信电波在空中是全方位开放的，所以它还要为移动台和网络之间在无线路径上的通信进行加密，以防干扰。

——移动通信交换中心（MSC），简称**移动交换中心**，是网络交换子系统的核心，也叫移动交换机。它包含了移动交换区的所有交换功能，实现移动台之间或移动台与固定台的通信。但与固定通信交换机的差别在于它还要考虑到用户的移动性和一些特殊的过程管理，比如位置的登记、更新，移动台的越区切换（当移动台变换小区时保持通信连续），以及无线资源的管理等。

——网关移动交换中心（GMSC）是一个特定的移动交换中心。当网络收到的一个呼叫对象查不到其归属位置寄存器时，就连接到网关移动交换中心，由它在相应的归属位置寄存器中查询，找到被叫移动台的位置。它是专门负责"找人"的。同时，它通常还作为固定网络和移动网络之间的一个接入单元。

——互连功能模块（IWF）提供GSM-R网络与其他固定网络的连接。

(3) 通用分组无线业务系统（GPRS）

GPRS使得原来采用电路交换模式的传输模式变为分组交换模式，使移动通信与数据网络合二为一。它是在GSM-R系统的基础上引入几个主要组件，并对相关部件进行软件升级，叠加在GSM-R网之上的。

——GPRS服务支持节点（SGSN），是移动终端与GPRS网络之间的接口。

——GPRS网关支持节点（GGSN），是连接GPRS网和外部数据网的网关，它即可维护GPRS骨干网，又可连接多个外部数据网（包括X.25网和Internet互联网）。

——分组控制单元（PCU），负责处理无线信道的数据业务，对用户数据压缩、加密和转发。

(4) 智能网子系统（IN）

智能网使GSM-R网络能够灵活、方便地实现部分铁路特定的业务，并在将来引入新业务时，减少对GSM-R网络的改造。

(5) 网管子系统（OSS）

网管子系统也叫操作和维护子系统是相对独立的子系统，它专门为GSM-R网络提供管理和维护功能，如移动用户管理、移动设备管理、网络操作和控制等。它的具体功能由操作维护中心（OMC）来完成，其中OMC-R负责管理基站子系统；OMC-S负责管理网络子系统。

整个系统，除了基站和移动台之间是无线连接之外，其余如基站与交换机、交换机与交换机之间都是有线连接。一个移动用户要想与另一个移动用户（或固定用户）进行通信，就必须经过无线和有线两种传输过程。

4 中国铁路的GSM-R

我国从1994年就对GSM-R技术进行了跟踪调查研究。2003年，建于北方交通大学的铁道部GSM-R实验室，建成了GSM-R演示系统并成功地完成了中国国内在GSM-R平台上的无线列调的应用。迄今为止，我国铁路已在大秦线（大同至秦皇岛东676公里）、青藏线（格尔木至拉萨1142公里）和胶济线（青岛至济南385.6公里）建成并开通了GSM-R网络。

GSM-R在铁路沿线采用无线覆盖（每个小区最多覆盖一个车站），机车上采用无线终端（移动台），即机车综合通信设备，而车站台和调度台都是有线终端，采用有线、无线

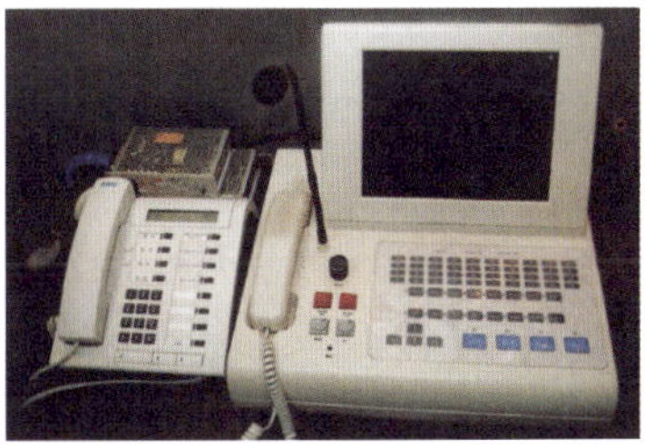

GSM-R调度台

铁道部GSM-R研究与应用模拟系统实验室

共同组网方式。在铁道部、铁路局设置固定通信网交换中心，就近与移动通信交换中心连接。沿线车站根据需要设置固定通信网交换中心，接入铁路局固定通信网交换中心，用有线网连接起来。既有铁路的干线调度、数字区段调度改造升级后接入 GSM-R 网络，其中车站台和调度台通过有线网的固定通信交换中心连接到 GSM-R 的移动通信交换中心上，从而实现有线和无线用户的通信。

GSM-R 网络的强大业务功能可以用一个公式来表达：

GSM-R 业务 =GSM 移动通信业务 + 高级语音呼叫业务 + 铁路基本业务

以调度通信为例。列车调度员的语音通信可以归结为 4 类：点对点通信、多方通信、语音组呼、语音广播呼叫。

——点对点即普通的二人通话。

——多方通信即所谓的“**大三角**”（调度员、车站值班员、机车司机）通信和“**小三角**”（车站值班员、机车司机、运转车长）通信。

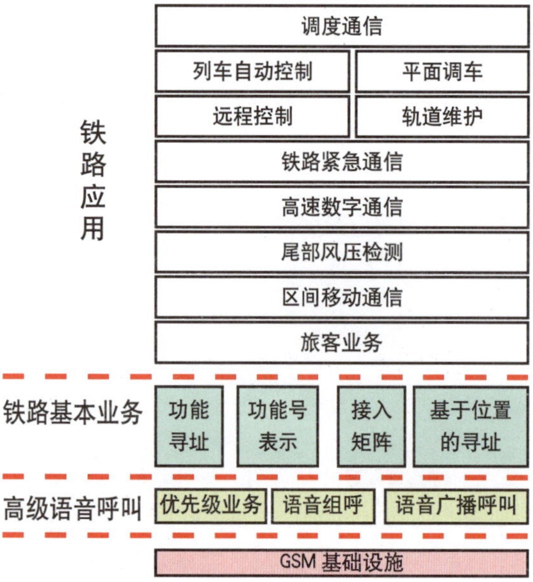

GSM-R 系统业务模型示意图

——**语音组呼**，即调度员同时呼叫若干个车站，并可以与个别人对话。

——**语音广播呼叫**，即一点对多点的广播，接收者只能收听。

为适应铁路最重要的调度通信，GSM-R 提供了高级语音呼叫功能：包括调度员的优先级业务、语音组呼业务、语音广播呼叫业务以及具有铁路特色的寻址功能等。

（1）高级语音呼叫

GSM-R 中设置了高级语音呼叫功能，包括三种业务：

——优先级业务（eMLPP）

对各种铁路业务预先定义成 7 个业务等级，并将设置存放在归属位置寄存器 HLR 中。当网络无空闲业务信道时，高优先级的呼叫可立即打断低优先级呼叫实现快速接通。

——语音组呼业务（VGCS）

在组呼寄存器（GCR）中预先定义了组功能码（简称组 ID）和组呼区域：“组功能码”规定了哪些身份的用户可参加组呼；“组呼区域”指明了组呼所覆盖的地理区域，以无线蜂窝小区为基本单位。组功能码和组呼区域结合在一起叫做“组呼参考”，由组呼参考唯一地确定一个组呼通信。组呼通信采用半双工方式，主持人讲话，其他人聆听；主持人停止讲话时，其他人可以申请讲话。该业务能以简捷的方式建立组呼叫，实现调度指挥、紧急通知等功能，尤其适用于铁路的行车调度部门。

——语音广播呼叫业务（VBS）

语音广播呼叫与语音组呼类似，可以实现一点对多点（一组用户）的通信。不同的是，它以单工方式工作，发起人讲，其他人只能听。该业务也很适合铁路的行车调度。

（2）铁路特色寻址

GSM-R 还包含另外一些铁路所特有的功能，例如功能寻址和基于位置的寻址。

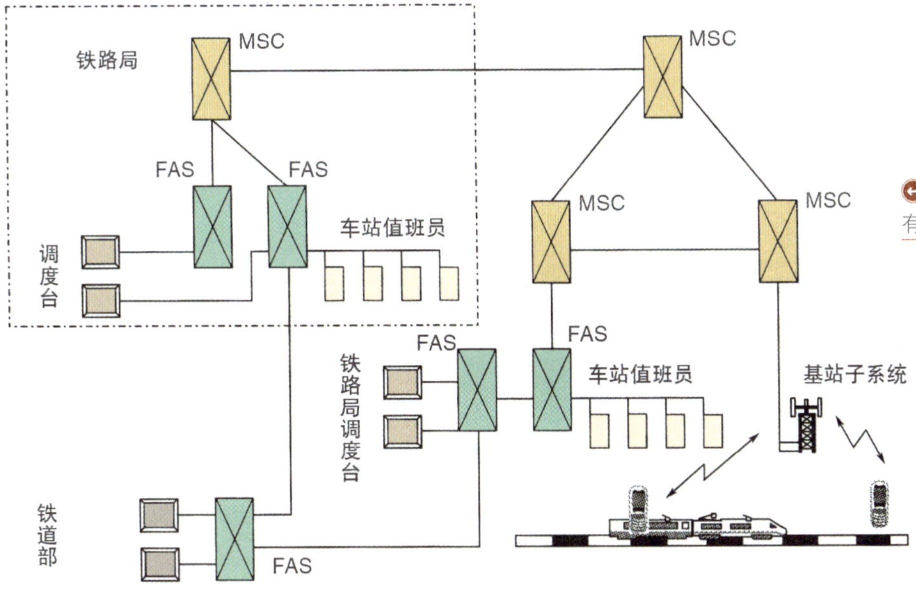

(MSC——移动交换中心；FAS——固定用户接入交换机)

GSM-R 调度通信系统、有线 / 无线组网方式示意图

——**功能寻址**

功能寻址可以按用户所担任的角色而不是它所使用的终端设备号码来找到他，适用于固定台呼叫移动台。例如，可以给每列正在运行的列车司机分配一个功能号。T13 次列车司机的功能号为 T1301。当司机驾驶 T13 次列车出发时，他必须向网络注册该功能号，网络即将该功能号与他当时所使用的机车电台的真实号码对应起来。当调度员或车站值班员要呼叫 T13 次列车的司机时，可以不必知道该司机姓名，也不必知道该司机使用的机车台的号码，只要向网络请求“我要呼叫 T1301”，网络查询数据库，就能将该呼叫接通。

——**基于位置的寻址**

移动台呼叫固定台时，由于固定台位置是不动的，可以采用基于位置的寻址。例如，当列车运行到北京调度所管辖车站范围时，若司机要呼叫调度员时，他并不需要知道调度员完整的电话号码，只需要呼叫代表调度员身份的短号码，如 1200，向网络发起呼叫请求“我要呼叫调度员”。网络识别该短号码，并根据移动台当时的位置，就能接通北京调度所的调度员。

以上两种寻址功能简化了呼叫操作，大大提高了工作效率。

5 十项全能　优势明显

GSM-R 开辟了中国铁路通信发展的一片新天地。简单概括起来说，它具有“十项全能”。

（1）调度通信及时准确

50 年前，当列车无线调度电话还没有出世的时候，调度员要想通知运行中的机车司机：前方需要加速、减速，或者有事故需要停车……只能通过调度电话通知车站值班员、用纸条写下来，放在装有路牌的皮套内，递给通过列车司机，这样，既危险也不及时可靠。如今，利用有线通信网和无线通信网组成的调度通信系统，使调度水平大为提升、调度通信及时准确。

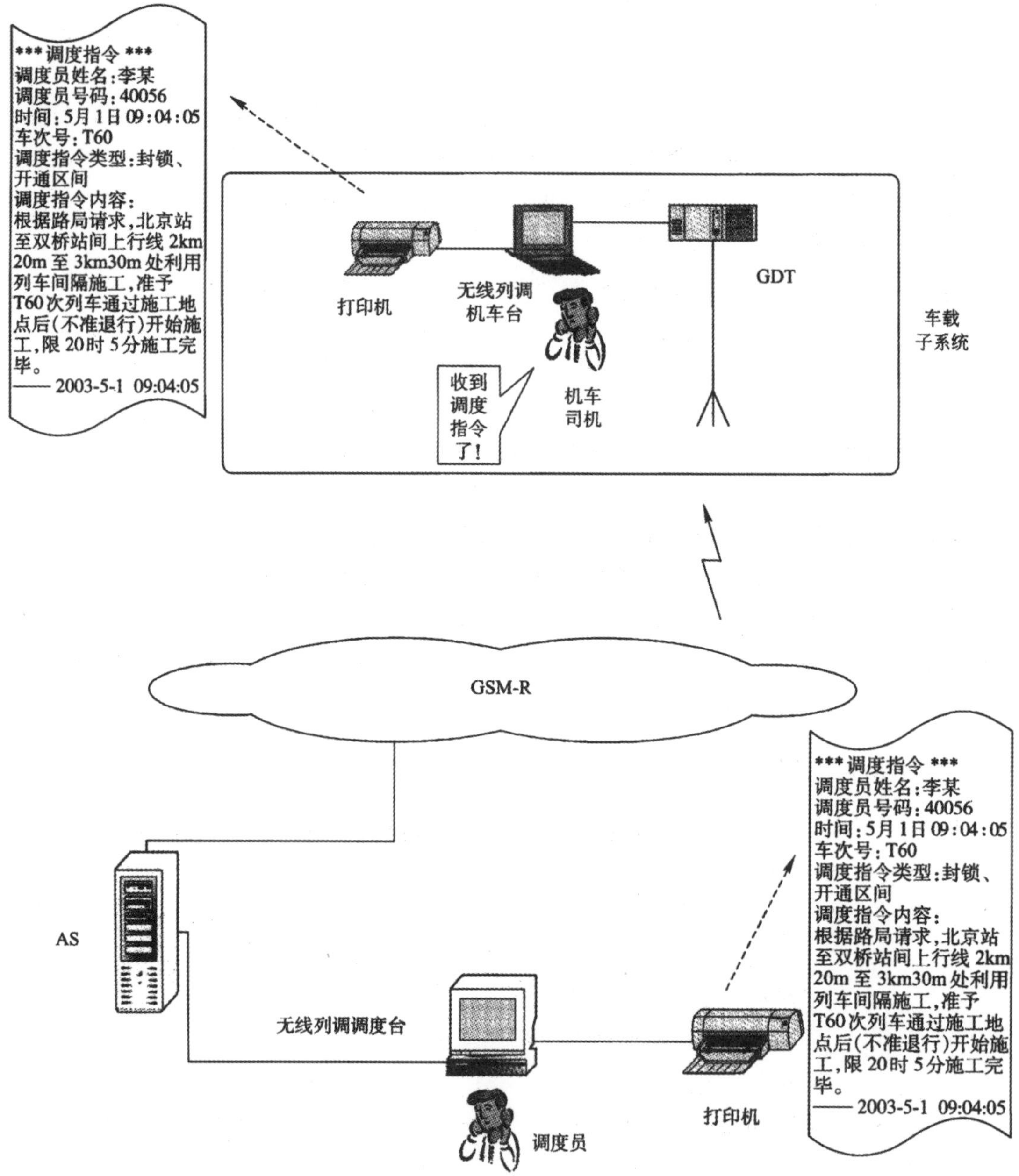

调度员下达调度命令的实例图

由于 GSM-R 的应用，有线、无线通信网既承载了过去调度电话的一切功能，又增添了“大三角”、“小三角”通信功能。这样，铁路运输中最具活力的列车司机、运转车长，就有了发言权。而且，在调度所、车站和机车三者之间还可以传输数据通信。

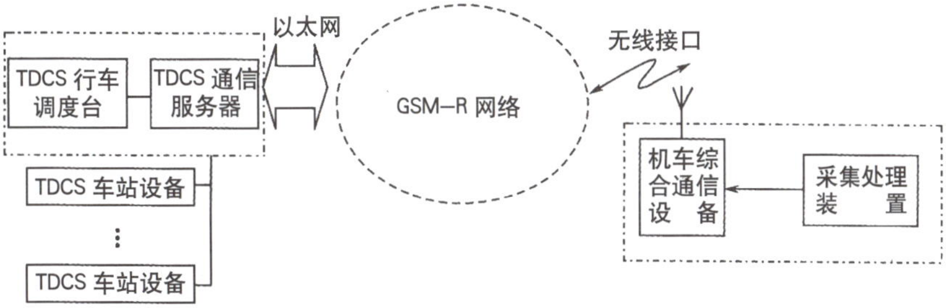

GSM-R 车次号传送系统

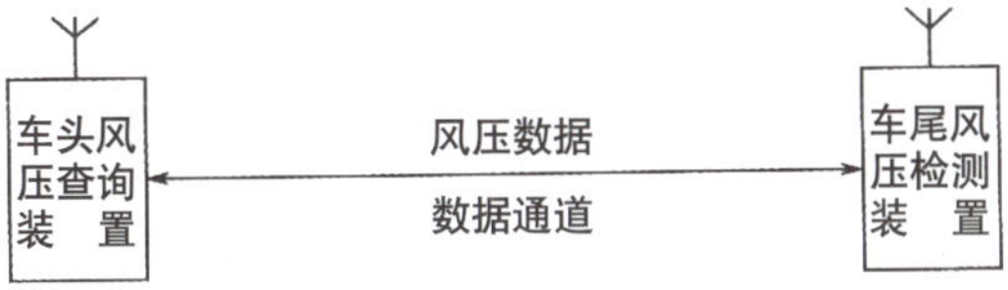

列车尾部风压检测系统

大秦线列车的可控列尾装置

（2）调度凭证有根有据

利用 GSM-R 系统的数据传输设备，可以在调度员下达命令时、开据调度凭证，为司机提供有根有据的书面材料。便于发生意外或事故时、分清是非责任。

（3）信息传送多种多样

GSM-R 系统在机车上安装了综合通信设备，为各种各样的信息传送提供了服务平台。例如，配合列车调度指挥系统（TDCS）、调度集中系统（CTC）等就可以了解列车运行的动态状况和它的车次号。

（4）列车风压一目了然

一趟飞奔的列车，除了有机车拉得动、跑得快以外，还要能停得住、停得稳。列车风压系统是列车制动的关键。过去，货物列车头部送风，尾部有守车、有气压表，运转车长要在风压正常的情况下才能发车。而机车司机则随时注视风压状况以确认列车状态正常。列车取消守车以后，为了司机监视风压状况，专门装备了风压系统设备。现在有了 GSM-R 以后，就可以利用它的数据传输功能来传递风压数据，使司机一目了然。

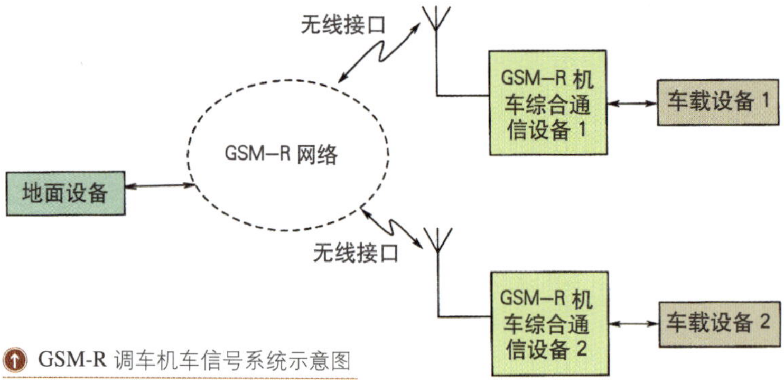

GSM-R 调车机车信号系统示意图

（5）调车信号风雨无阻

大家知道，机车上的信号显示是由地面设备发出的电信号控制的，它的传输通道一般为轨道电路或无线电波。在铁路站场上，没有机车信号的司机，在进行调车作业时，是靠调车员的手旗信号进行的。一遇风雨交加、浓雾遮天的气候，瞭望信号就十分困难。GSM-R 为调车机车信号和监控信息系统提供了良好的数据传输通道，从而完成机车上的信号显示。

（6）多机牵引同步高效

在铁路运输中，经常会遇到一列车由二三个或更多的机车来牵引，这时候同步操作就变得十分重要。在启动、加速、减速、制动等各个环节中，如果有的机车没有同步，就会降低运行效率、损坏车辆构件甚至会造成事故。

为了保证操作的可靠性和行车安全。GSM-R 为司机提供了多机牵引时的同步操作控制系统（Locotrol）。这样，多个机车牵引的列车，不论机车的位置是首尾分置，还是中间分布，都能够做到操作自如、同步高效。

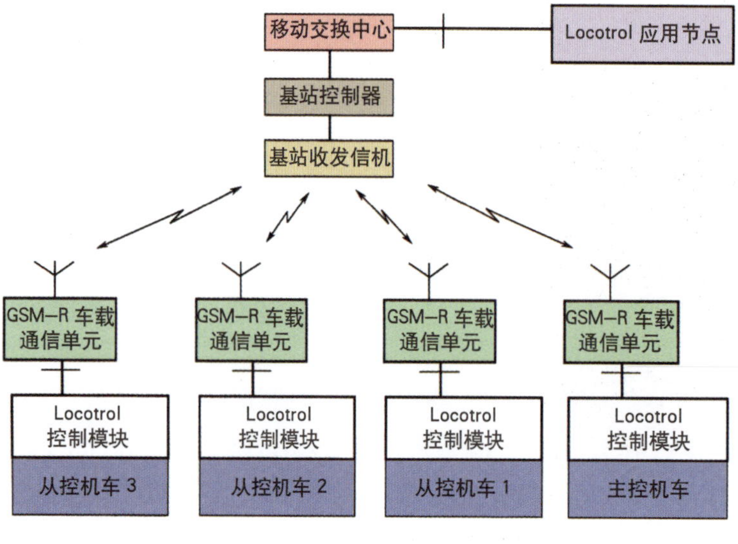

GSM-R 多机同步操作控制系统

（7）列车控制安全可靠

中国列车控制系统（CTCS）是在采用传统的闭塞系统或移动闭塞系统的条件下，增强列车自动控制功能的超速防护系统。同时，它也是一个辅助驾驶系统，帮助司机以安全的方式驾驶列车。

在中国 CTCS 共划分为 5 级。其中 CTCS 3 级、CTCS 4 级和 GSM-R 有着密切关系。

CTCS 3 级系统是一个利用轨道电路和 GSM-R 的列车运行控制系统。该系统的车载设备与地面设备配合工作，列车按固定闭塞方式运行。机车信号为主体信号。

CTCS 4 级系统则是一个完全利用 GSM-R 的（全无线）列车运行控制系统。该系统具有移动自动闭塞的特征。区间占用靠 GPS（全球定位）系统和 GSM-R 实时数据传输解决。这样的列车运行控制系统，在安全、效率的轨道上又跨进了一步。

(8) 区间通信随地可叫

区间通信是铁路基层单位（各站、段）广大员工在现场作业的基本通信工具。凡工务、水电、信号、通信、供电、桥隧守护等单位的员工均可以利用 GSM-R 的作业手持台与车站值班员、各单位调度员、以及自动电话用户进行联系。并且在紧急情况下还可以呼叫司机、与司机通话。这种随时随地、随叫随到的无线电通信方式，如同蜂窝无线移动通信（GSM）使用的手机一样，大大地方便了基层员工，提高了工作效率。

京津城际铁路旁的 GSM-R 通信基站天线

(9) 应急通信快速高效

应急通信系统是在现场发生自然灾害或突发事件时，建立现场与救援中心之间的紧急状态通信系统。利用 GSM-R 网，可以根据抢救者的角色，赋予优先、强插权，具有快捷、畅通的特点，以便及时沟通语言、图像和数据等内容，并能够及时保护现场、封锁现场，展开有效的救援活动。GSM-R 系统占用短号码部分资源，专门开通了一些特服（特种服务）号码，如障碍申告 112；电话查号 114；事故救援 117 以及面向社会的公众紧急呼叫，包括报警 110、火警 119 和救护 999。

利用无线通信进行现场抢救，比以往的有线通话柱方式方便、灵活得多，可以随时随地建立联系。

(10) 旅客通信精彩美妙

随着 GSM-R 的推广应用和不断完善，为旅客服务的平台，也会越加“展宽”，那时候旅客乘坐火车就像进入了“列车网吧”，不会感到寂寞、不会烦躁不安，因为车上可以预订车票、安排旅馆、提供网上办事条件。例如：发电子邮件、浏览网上的新闻、查询铁路有关信息，甚至上网看看在线电影、玩玩网络游戏、与朋友在网上聊天……可以说，你在家里所能享受的“数字生活”，在旅途中也不会冷落。随着通信技术的飞速发展，通信服务平台的“展宽”也是无所不在，真可谓“精彩没有终点站”。

有了“十项全能”，我们可以乐观地说，GSM-R 必将为铁路通信的未来奏响精彩美妙的新乐章。

第8单元

铁路红绿灯的学问

TIELU HONGLUDEN

TIELU HONGLUDENG D

E XUEWEN

UEWEN

人们忘不了2008年春节前，南方那场震惊全国的低温雨雪冰冻灾害。当高压电力线路因严重挂冰而断落，京广线南段铁路沿线大范围停电之后，铁路的电力机车已无法开行了，但还可以加挂内燃机车进行“摆渡”，将列车牵引出停电区段；最糟糕的是信号联锁设备因停电而无法工作，信号机灯光无法显示，电动道岔也无法扳动，一趟趟列车难以开行，堆积在沿线车站……危难时刻，铁路职工只能站在失去了灯光显示的信号机下，用手中的信号旗或信号灯进行人工引导接车；同时，站内的职工只能用转辙机的手摇把用人工扳动道岔，而信号设备自动检查轨道空闲的功能也改由人工代替，好在当时通信还没有中断，车站之间可以用电话闭塞，这样才勉强维持通车……后来，铁道部紧急调集173台发电机（车），确保停电车站恢复了信号供电，加上调集各地内燃机车赶来支援，京广线南段才逐步恢复了运输秩序。

这场罕见的冰雪灾害，最清楚不过地告诉了人们：信号设备发生故障对铁路运输影响之大。它使我们更加认识到，铁路的通信信号，确实是指挥列车运行、保证行车安全、以及提高运输效率、传递各种铁路业务信息、组织铁路运输生产的重要技术装备。

在冰雪灾害造成的信号停电时人工引导信号接车

什么是铁路信号？

一列满载旅客的火车驶近北京站，远远看到了北京古老的城墙和东便门角楼，这时，细心的乘客会看到，在铁路前方左侧进站口处，有一架指示火车进站的进站信号机点亮着黄色灯光，当火车头刚刚通过信号机，信号机的黄灯熄灭随即点亮了红灯，而站内若干组道岔早已按照列车进站的路径开通好了，并已锁闭固定，列车可以安全地经过这些道岔，转线进入指定的空闲股道，在站台旁稳稳地停靠。

读者可能会问：站内一趟趟列车，有进有出，你来我往，会不会在进出口咽喉处发生冲突呢？本列车会不会进入已有列车的股道撞上其他列车？其他的进站列车会不会闯入本列车所进入的股道？……放心吧，车站的信号设备早已将这些危险因素排除了。

那么，什么是铁路信号呢？

自有铁路以来，就需要用信号向驾驶列车的司机传递信息。首先是安全的信息。

火车和汽车、轮船、飞机都不一样，它固定在轨道上行驶。火车不带方向盘，这使得火车司机失去了主动避让其他列车的灵活性。

假如两个人同时面对面走上一座深山峡谷中的独木桥，如果谁也不肯相让就会互相冲撞使得有人坠入桥下，必须两个人同时停下，然后有一个人退回去，让另一个人通过。但是火车却做不到这样，两列相对行驶的列车若开到了同一条轨道上，就像面对面走上了独木桥，等到互相发现，由于火车拉得多、跑得快，即便紧急刹车，惯性作用还要使列车跑上几百上千米才能停下来，这时往往来不及避免发生迎面相撞的事故……

高速公路上经常发生汽车追尾事故，这是因为后面的车开得快、跟得紧，而前面的车突然一减速后面的车来不及刹车的缘故。在双线铁路上，每一条轨道上的列车都是同方向行驶，为了提高运输效率，两列车前后发车的间隔时间越短越好，但如果不加限制，前面的列车遇到障碍突然停车或减速慢行，而后面的列车速度较快，也就会像高速公路上那样发生列车追尾的事故……

列车不但要在铁路线上行驶，还要进入车站或在站内调车。列车在站内从一股道转到另一股道一般要通过道岔来转线，因此我们可以发现车站里道岔特别多。可万一扳错了道岔，就有可能让一列火车开进已经停有列车的股道上去，发生列车冲撞事故……

如何避免这样一些事故发生呢？

列车冲突基本表现为两列或多列列车同时误入同一空间，或者由于道岔位置失控导致列车驶入异线而造成列车侧面冲突。为防止这类事故的发生，铁路信号设备采取的基本措施是把铁路线路划分为若干一段一段的空间，这样的空间，在车站之间的区间叫做闭塞区间或闭塞分区，在车站内则称作进路。

如果在一个空间内同一时间只允许有一列车在其中运行，这样就不会发生列车冲突了。为此，首先必须在每个空间的入口处都设置把门的“哨兵”，向火车司机发出是否可以驶入空间的命令。这个“哨兵”就是信号机，信号机的显示就是列车是否可以驶入空间的凭证。允许列车进入时，我们称这时信号机的状态为“信号机开放信号”或“信号开放”；不允许列车进入时，我们称之为“信号机关闭信号”或“信号关闭”。

那么，信号机凭什么告诉司机是否可以驶入空间呢？信号机能由人工随意操作开放信号吗？显然不行。这里要有一套自动控制的技术。

自 1872 年发明了检测铁路线路上是否有车辆存在的闭路式轨道电路技术后，信号控制与轨道电路相结合，使信号显示能真实地反映线路的空闲状态，还能通过电路确认道岔的开通方向，从而有效地防止了行车冲突事故。在车站内的信号控制系统叫联锁设备；对站外区间的信号控制系统叫闭塞设备。

可以说，铁路运输安全离不开铁路信号，铁路信号是铁路运输安全的法宝。

有这样一个统计数字：从 1975 年到 2005 年 30 年间，全国铁路信号设备的经过技术进步、升级换代，车站集中联锁装备率由 22.9% 增长到 93.7%，区间自动闭塞装备率由 8.7% 增长到 37.8%，结果使同期全路重大、大事故率（指机车每百万走行公里平均发生的重大、大事故数）由 1.16% 降低到 0.004%，大幅下降了 290 倍。铁路信号在保证行车安全方面的作用由此

夜暮中的信号灯光

可见一斑。

除了保障安全，铁路信号还是提高运输效率和改善劳动条件的有效工具，它投资少、见效快。仅以信号设备为例，根据计算，采用电气集中联锁与采用非集中联锁相比，车站咽喉道岔的通过能力可提高 50% ～ 80%，站内到发线通过能力可提高 15% ～ 20%，与此同时，解放了大量扳道员的体力劳动；在双线区段，采用自动闭塞与采用半自动闭塞相比，运输能力可提高 1 ～ 2 倍……

铁路信号是铁路的独门绝技，它在铁路运输系统中无声地传达指示列车运行和调车作业的命令，它不仅向行车有关人员指示运行条件，同时又能对列车运行方向、运行间隔、运行进路以及运行速度进行控制，为此，它有一整套的理论、方法和技术。作为一门学问，铁路信号是根据铁路的特点，综合运用电子技术、通信技术、计算机技术、控制技术等而形成的一门综合性应用学科。

20 世纪 50 年代，北京铁道学院的信号专业名称曾经叫做“自动控制与远程控制”。从本质上说，铁路信号就是一种控制系统，是自动控制原理在铁路运输中的应用，属于智能交通的一种。它包括 3 个层次，在最外层表现为信号显示部分（包括信号机等装置），中间层是信号执行设备（包括道岔转辙机、继电器、轨道电路、自动停车装置等），在幕后起核心作用的最内层则是整个信号控制系统（包括车站联锁、区间闭塞、列车调度指挥系统、调度集中、列车运行控制等）。

铁路信号设备是用来保证行车安全的，那么它自身是否安全呢？放心吧，铁路部门对铁路信号设备的可靠性和安全性非常重视，除了选用安全可靠的器材之外，在设计上都要求符合“故障导向安全”（简称“故障—安全”）的原则，即要求信号设备或系统一旦出现故障后，在两种可能的状态中能自动地导向安全一方，防止出现灾难性后果。例如信号显示设备，当它本身发生故障时，最终能转为发出停车或限制较低速运行的信号，就可以避免更大的危险或损失。

“故障—安全”是铁路信号铁定的原则，不仅针对系统的电路和逻辑设计，对于构成系统的各种原部件、具体电路、数据甚至代码，处处都要考虑“故障—安全”的原则。

传统的铁路信号设备主要指信号显示设备、区间闭塞设备、车站联锁设备以及编组站驼峰信号设备和道口信号设备等。近年来，随着铁路向高速、重载方向的发展，铁路加强了信息化建设，数字通信、数据通信、移动通信等进入信号领域，铁路的通信、信号、信息技术一体化进程加快，出现了列车调度指挥系统、行车调度监控系统（包括调度集中、调度监督）和列车运行控制系统（包括机车信号和列车超速防护以及列车自动控制）等一系列先进的铁路信号新技术。无论列车跑得多快，铁路信号都在忠实可靠地为它保驾护航。

轨道旁忠实的“哨兵”

铁路信号显示的机具一般称作信号机。

信号机犹如一个忠实的“哨兵”，风吹不动、雨打不摇，巍然挺立在轨道旁边，通过它的灯光向司机发出各种行车指令，绿灯行，红灯停……火车司机在它面前必须绝对服从它的指示。

铁路信号就等同于人在说话，或者说是下达命令。但人的话音传播距离很有限，而且受现场嘈杂环境的干扰。铁路使用了无线列车调度电话后，才可以直接通过电波传播语音，但仍受各种地形和天气条件以及其他电波干扰，有时会听不清。聪明的铁路人就想出各种表达方式来传达铁路信号，在不同的场合下，例如车站的入口、出口，站间的线路当中或在紧急情况下等，用不同的视觉或听觉的表示方式。这些信号的显示，由信号显示设备来表达。

轨道旁的“哨兵”

其实,“信号机”只是“信号显示设备”(简称“信号装置”）中的一员,它有个大家族,“家族成员”还有很多，包括地面固定信号、机车信号、手信号、移动信号等，它还有一些“远亲”,包括信号表示器及各种标志等。这些“远亲”不像信号机家族成员那样有权威，所发布的都是必须执行的命令；它们只是用来给行车人员提个醒。

地面固定信号机有色灯信号机和臂板信号机两种。色灯信号机用不同颜色的灯光来显示信号。臂板信号机白昼用臂板的位置来显示信号；夜晚点灯后，随臂板位置改变也能显示不同颜色的灯光。

色灯式进站信号机

臂板式进站信号机

当前使用的信号机主要是色灯信号机，色灯信号机又可分为高柱和矮型两种类型。矮型信号机的显示距离达到 200 米即可，高柱信号机的显示距离一般要大于 800 米。

高柱信号机

矮型信号机

机车信号是设置在机车上的信号机，它一般复示地面信号机的显示，由于它就在司机的眼前，便于随时观察，特别是大雾和雨雪天气。随着列车速度的提高，由于司机往往来不及瞭望地面信号机，机车信号正逐步在取代地面固定信号机。

机车信号装置

手信号是有关行车人员用手持信号旗或信号灯做出各种规定动作来发出的信号。这两种信号方式很早就有了，因为它简单方便，一直用到现在。上了岁数的人可能都还记得，反映抗日战争的京剧《红灯记》中铁路工人李玉和，就是手持信号灯出场的。

昼间使用的信号旗

夜间使用的信号灯

当线路上出现临时性障碍或进行施工，要求列车停车或减速时，应按照规定设置移动信号牌，安放响墩、火炬或用手信号进行防护。

移动信号是一些信号牌或信号柱（柱上有灯）。

响墩安放在钢轨上，车轮轧压时响墩会发出爆炸声响。响墩爆炸声和火炬信号的火光均要求紧急停车。

响墩信号的安放

火炬信号

信号牌

道岔表示器

信号表示器没有防护意义，而是用来表示与行车有关设备的位置和状态，或表示信号显示的某种附加意义。例如，在非联锁区段的道岔旁，有道岔表示器。当它昼间显示中央划有一条鱼尾形黑线的黄色鱼尾板、夜间显示黄色灯光时，表示道岔位置开通侧向；当它昼间无显示、夜间显示紫色灯光时，表示道岔位置开通直向。

再如**发车表示器**，平时经常不着灯，当它显示一个白色灯光时，即告知列车头部的司机，列车尾部运转车长准许发车了。

发车表示器

信号标志有警冲标、站界标、预告标等。**警冲标**设在两股会合的路线交点以内，警冲标以外两股线路的线间距不足 4 米，它用来警示停在股道内的机车车辆不得伸出到警冲标以外线间距狭窄处，以免被邻线的通过列车刮蹭或发生碰撞。

让我们再来了解一下铁路信号显示所表达的意思。

表面上看，铁路信号和交通信号相似，也有红绿灯；但其实它与交通信号有着很大的不同。铁路信号显示的距离更远（可达千米）、显示的种类更丰富（光颜色就有六七种）。最大的不同在于：交通信号要靠司机自觉遵守，司机如果违章，像闯红灯什么的，往往在事后才处罚；而铁路信号的显示是火车司机必须绝对执行的命令，不执行怎么办？信号控制系统的自动停车装置当即就会迅速采取安全措施，给你来个下马威！并当场把你的违章行为记录下来。

信号机的显示就像是在铁路线旁睁着永不疲倦的“大眼睛”，它所表达的主要意思如下：

——当它点亮可爱的绿色灯光时，列车就可以放心大胆地通过它按规定速度运行；

——当它从老远处显现一个黄灯、或两个黄灯、或一个黄灯加一个绿灯时，那是在提醒

警冲标

火车司机："要注意喽，前方不远有情况，需要准备减速或开始减速了！"；

——当它瞪大了红色的眼睛时，司机必须立即采取制动措施，在它面前停下来，否则就会发生事故。

在指挥调车时，由于列车的速度不高，信号显示灯光也比较"温柔"：

——月白色灯光，准许越过该调车信号机进行调车；

——蓝色灯光，不准越过该调车信号机调车。

信号显示是给移动中的火车司机看的，必须在距离足够远的地方让司机能够看见，以便及时采取相应措施。这个距离叫**信号显示距离**，指的是从机车上以人眼正常视力能够清楚地辨认信号显示的铁路线路距离。对于进站信号机和区间闭塞分区的通过信号机而言，显示距离应不小于1000米。

信号机的显示内容受信号系统控制，例如进站信号机，受车站联锁设备的控制。当站内排好了空闲进路，并将其锁定，确保其他机车车辆都不能进入此进路，这时，车站才允许列车进站，进站信号机才能开放。列车进站可能只是借道通过，可能要在站内停车，而停车又可能进不同的股道，停靠不同的站台。当列车从正线通过时，不需要经过道岔侧向，速度可以快些；进正线停车时，速度则要慢些；而进侧线停车时，要经过道岔侧向，有时还要经过不止一处道岔，速度就要更慢。如何区分这些不同的情况呢？不要紧，进站信号机有不同的显示来明确地告诉司机：

——当车站允许列车不停车经正线股道通过车站时，进站信号机显示一个绿色灯光。

——当车站允许列车经道岔直向位置进入站内正线准备停车时，进站信号机显示一个黄色灯光；

——当车站允许列车经道岔侧向位置进入站内准备停车时，进站信号机显示两个黄色灯光；

——当车站不准许列车进站时，进站信号机显示一个红色灯光。

各种信号装置，它们各有各的岗位，各司其职。就拿信号机来说，有的站在车站门口把大门，不准列车或机车随意进站；有的站在车站出口处，让列车们有序地出站；有的站在区间沿线，一路上给列车提醒，留神前方有车；有的高高地站在调车场的驼峰顶上，指点推峰机车走走停停；有的就安在机车上，跟司机近距离交流……这些，我们后边结合具体系统设备再说。

信号灯玻璃镜片

S——上行
X——下行
D——调车信号机
F——复示信号机
L——进路信号机

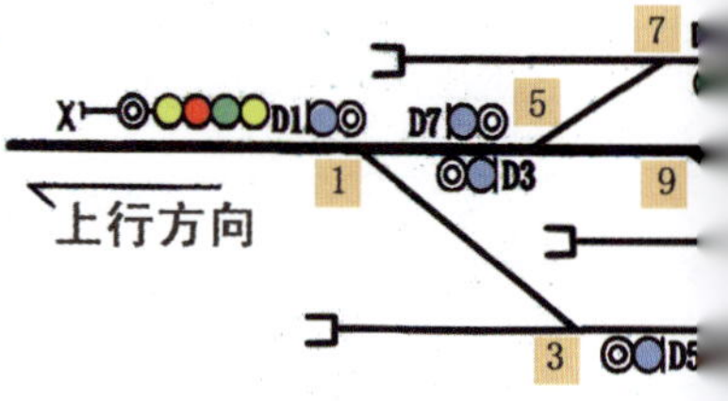

火车进站怎么转线?

1 火车转线靠道岔

车站内的道岔

打开车站平面示意图，首先可以看到站内有并行的几股道，这些股道的编号一般从靠站舍一边开始数（与车站相连的车场的股道接着另外编号）。其中用罗马数字标示的是正线。什么是正线呢？在车站两端各有一个进站信号机把守着，它们“岗哨”的外面就是区间的线路，而与区间线路直通（不需要转线）的站内股道就是**正线**。不是正线的股道叫**侧线**。

火车进站后怎样从正线转到侧线去呢？

车站每一端都有一群道岔，在这里站内的所有股道通过道岔汇集在一起后与区间的线路相连，这里就是列车进出站所必经的**车站咽喉区**，也是列车进入侧线各股道的转折处。进站的列车只有经过道岔与股道构成的进路，才能进入车站各个股道。顾名思义，**道岔**就是铁道线路分岔的地方，是列车从一股道转向另一股道的转辙设备。

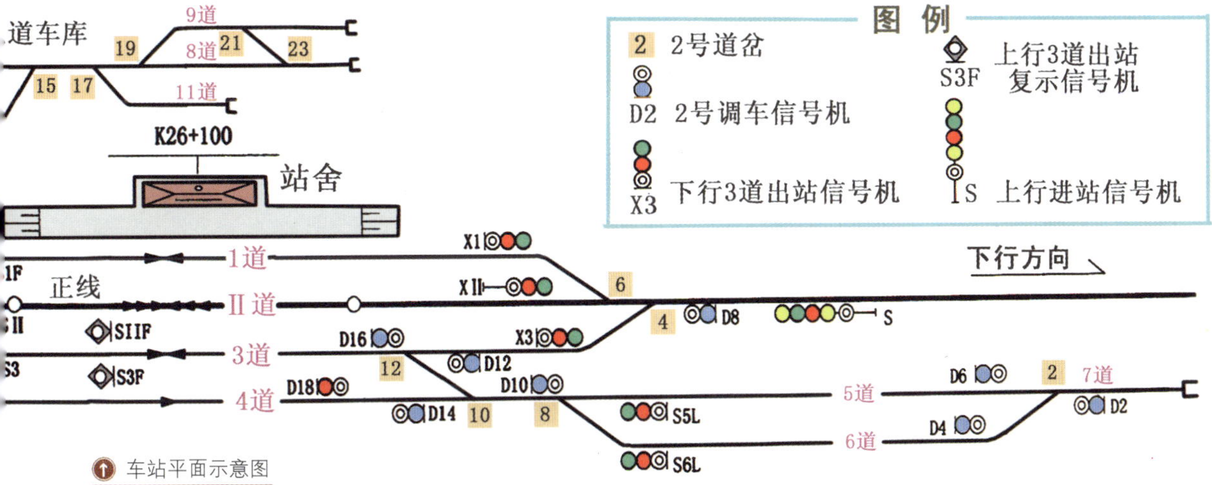

车站平面示意图

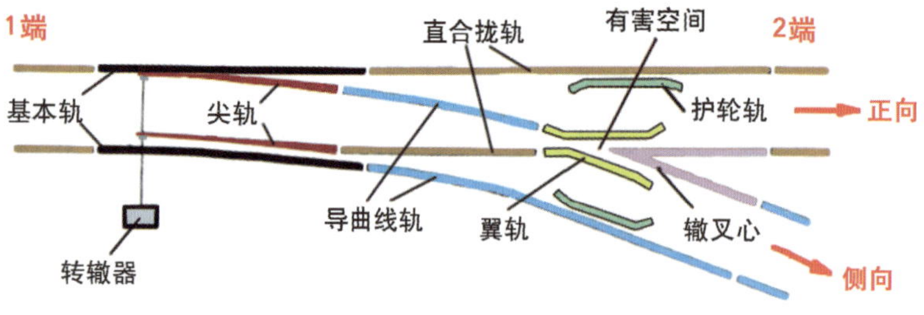

道岔的结构

普通道岔由于存在有害空间，列车高速通过时会发生晃动。此外，在有害空间部位设置的护轨，对高速通过的列车会产生很大的横向压力，由此产生的水平力不仅可能引起轨道变形，导致轨道和机车车辆损坏，恶化乘坐环境，甚至危及行车安全。因此，在高速铁路，要采用可动心轨辙叉道岔。这种道岔，辙叉的心轨也是活动的，可以和尖轨同时被扳动，与开通方向一侧的翼轨密贴，而与另一侧的翼轨分开，从而消灭了有害空间，车轮可以脚踏实地地通过辙叉，使列车过岔平稳，并可以提高通过道岔的速度。

各种道岔，不但形状不同，尺寸也不同。道岔是按号数来分大小的，号数越大的道岔越大，从1端到2端的距离也就越长，铺设时占地也就越多。这是因为，号数越大的道岔，实

道岔是线路一分为二的节点，以常见的单开道岔为例，这种道岔分岔的时候，有一股是直道，一股是弯道。它的一端（我们暂称为1端）只有一条线路（由两根平行的钢轨组成），另一端（我们暂称为2端）却分成两条线路。列车从1端往2端方向通过它，可以从一条线路转向另一条线路。2端的两条线路怎么能合并到1端一条线路上呢？奥妙在于辙叉，它使无论哪个方向（哪条线路）过来的列车都可以通过。从1端往2端过来的列车在分岔口究竟走哪个方向的线路呢？奥妙在于尖轨，它可以左右移动，它移动到不同位置，引导列车走不同方向。

让我们仔细看一下道岔的结构。

在1端，它有平行的一组两根可以左右移动的尖轨，尖轨外侧是两根固定的基本轨，尖轨或者紧贴一侧的基本轨而离开另一侧的基本轨、或者反过来，就是不能停在中间两头不靠。

与尖轨和基本轨相连接的是4根合拢轨。其中有两根是直的（直合拢轨），引导线路正向前进；两根是弯的（也称为导曲线轨），引导线路侧向拐弯。

在2端，即两条线路合并的地方，是辙叉部分。它由两根**翼轨**、1个**辙叉心**和两根护轮轨（也称**护轨**）组成。辙叉心与翼轨之间的空间叫做**“有害空间”**，因为列车的车轮走到这里暂时悬空了，容易引起脱轨。翼轨和护轨就是用来引导车轮方向，防止脱轨的。

可动心轨辙叉

际上它辙叉分开的角度反倒越小，也就是列车转线时偏离正线的角度小了，慢慢地向侧线过渡，而不是剧烈地摆向侧线一边，这样列车过岔的速度可以提高。

我国铁路主要线路上原来大多使用 9、12、18 号 3 个型号的道岔，它们所允许的列车侧向通过时速分别为 20、34、80 公里。2005 年我国铁路第五次大提速后，自主研制开发了具有世界先进水平的、侧向过岔时速达到 140 公里的 30 号道岔，使旅客列车在快速侧向通过道岔时安全、平稳。

2 控制道岔靠转辙机

道岔怎样转换方向呢？过去曾靠人工扳道，那是很辛苦的。20 世纪六七十年代计划经济时期，每人每月的粮食有定量，由政府发给粮票，一般人每月 30 斤，扳道员的粮食定量最高，每月 80 斤，可见其劳动强度之大。现在扳道岔全靠转辙机来拖动，只需车站值班员在室内按动电钮，有关的道岔就自动扳到需要的位置，又快又省劲。

一副道岔，加上转辙机，就成为道岔转辙装置。转辙机是道岔转辙装置的核心，另外还包括锁闭装置和各种杆件、安装装置等，由它们共同完成道岔的转换和锁闭。

转辙机按其动力和传动方式可分为：电动转辙机、电液转辙机和电空转辙机。

——**电动转辙机**由电动机提供动力，通过机械传动牵引动作杆拉动道岔尖轨转换。目前铁路使用的多数转辙机都是电动转辙机，包括我国曾大量使用的 ZD6 系列转辙机和新型的 S700K 型电动转辙机。

我国从 1956 年开始研制电动转辙机，从 ZD1 型、ZD2 型……一直到 1974 年投产的 ZD6 型（Z 代表转辙机、D 代表电动），其间还生产过 DFH（东方红）型，取得最大成功

ZD6-E 型电动转辙机

的是 ZD6 型，由于它结构合理、紧凑实用，迅速得到大量推广，曾经全路 96% 以上的电动转辙机都用 ZD6 型。ZD6 型电动转辙机使用的是直流电动机，拉力达到 2500 牛（约 255 公斤力），道岔转换时间不大于 3.2 秒。后来又根据现场需要对它进行过多次改进和完善，生产出 ZD6-A、ZD6-B……ZD6-E 等型号。ZD6-E 型电动转辙机，适用于 60 公斤 / 米的重轨，动作电流小，转换力增大（达到 5884 牛，相当于 600 公斤力），动程也大，并能对尖轨进行双锁闭。

——**电液转辙机**是电动液压转辙机的简称，由电动机提供动力，采用液压传动方式。我国从 1983 年开始研制电液转辙机，到 1990 年已先后研制出从 ZY 型、ZY1 型到 ZY6 型（Z 代表转辙机，Y 代表电液），共有 7 个型号。

ZYJ7 型电液转辙机

其中 ZY1~ZY6 同时配有 ZYJ1~ZYJ2（J 代表交流），相同数字的 ZY 型与 ZYJ 型功能相同，区别在于，ZY 系列是用直流电动机，ZYJ 系列是用交流电动机。后来又研制出了 ZYJ7 型电液转辙机，1997 年通过了铁道部技术鉴定，可用于 60 公斤 / 米钢轨 9、12、18、30、38 号道岔以及 75 公斤 / 米钢轨 12 号道岔，具有长寿命、高安全、高可靠等特点，曾获国家重点新产品证书和铁道部科技进步二等奖，并出口到伊朗。

——**电空转辙机**以压缩空气作为动力，用电磁换向阀控制。具有比电动转辙机更短的转换时间和结构简单、维护方便的特点，大多用在驼峰编组站。

为满足列车提速后的行车安全和提高运输效率的要求，道岔转换装置必须高度安全可靠、寿命长、少维护。但 ZD6 型电动转辙机达不到这样的要求，它的直向过岔速度只允许每小时 120 公里。为此，采用了性能更先进的 S700K 型电动转辙机或 ZYJ7 型电液转辙机。它们的共同特点是：采用了外锁闭、两根尖轨由联动改为分动（由多点牵引）、对可动心轨也用多点牵引，可实现全程密贴及全程夹异物检查，确保列车运行安全；另外，它们都采用了交流三相异步电动机，故障少，寿命长。

道岔转换中，尖轨不是转过来就完事了，还必须与基本轨密贴，否则会影响行车安全。比如，列车迎着尖轨运行时（从 1 端往 2 端方向），如果尖轨密贴不好，与基本轨的间隙超过 4 毫米，则机车车辆的车轮轮缘有可能撞着尖轨或从尖轨与基本轨的间隙中挤进去，从而造成脱轨或列车颠覆的严重后果。因而转辙机还必须配有锁闭装置，不但能转换道岔位置，还要负责任地把它锁住固定，让列车平安通过。

锁闭装置有内、外之分。

——**内锁闭转辙机**用转辙机内部的锁闭装置锁闭尖轨，是间接锁闭方式，锁住的是转辙机内的动作部分，而不是直接锁住尖轨。以往的 ZD6 系列转辙机等大多数转辙机均属内锁闭方式。内锁闭方式锁闭可靠度较差，列车对转辙机的冲击力大。

——**外锁闭转辙机**虽然内部也有锁闭装置，但主要由机外的外锁闭装置将与基本轨密

道岔外锁闭装置将与基本轨密贴的尖轨锁紧

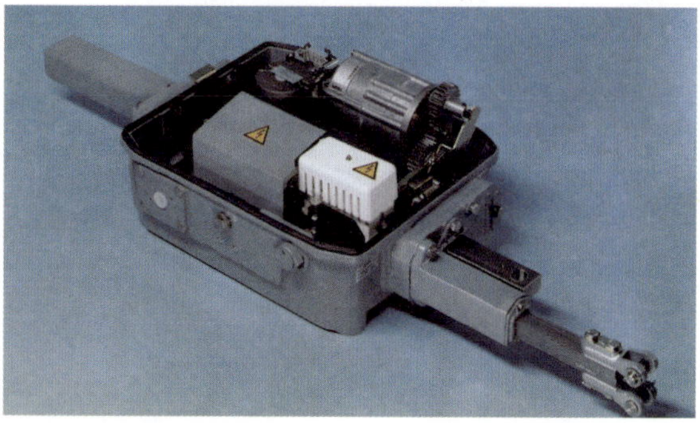

S700K 型电动转辙机

道岔外锁闭装置将与基本轨分离的尖轨固定

贴的尖轨直接与基本轨锁紧，并将另一尖轨也锁在固定位置，是直接锁闭方式。它比内锁闭的锁闭能力强多了。S700K 型电动转辙机和 ZYJ7 型电液转辙机均采用外锁闭方式。外锁闭方式锁闭可靠，列车对转辙机的冲击力非常小。

用 2 台转辙机转换辙叉心轨

当高速列车通过道岔时，即便其尖轨与基本轨密贴良好，但由于列车震动仍有可能使道岔状态改变，锁闭能力不强，将限制行车速度。要能让高速列车通过，必须采用外锁闭装置。

一般道岔由一台转辙机拖动转换，在高速列车通过的区段，使用大号码道岔，例如 18 号或 30 号道岔，因转换阻力大，需要几台乃至十几台转辙机拖动转换。

30 号道岔采用 6 台转辙机牵引尖轨

奇妙的电磁开关

在采用计算机之前，铁路信号控制曾大量使用继电器。继电器是什么呢？

继电器由线圈、衔铁、重锤片、拉杆组成一个电磁系统。其上部是接点系统，包括前接点、后接点和中接点，前、后接点是静止不动的，中接点在拉杆带动下可以移动。上、下托片用来使接点间保持一定距离。

当在线圈的1、4端子间通上直流电后，铁芯中便产生磁通，它通过轭铁、衔铁、气隙构成回路，其电磁吸引力就会吸动衔铁向右，从而推动拉杆向上，于是中接点离开后接点（称为“后接点断开”），与前接点接触（称为“前接点闭合”），这种状况叫做“继电器吸起”。

继电器断电时，衔铁失磁离开铁芯（称为“释放衔铁”），拉杆和重锤片依靠重力掉下，使中接点与前接点分开（称为“前接点断开”），与后接点接触（称为“后接点闭合”）。这种状况叫做“继电器落下”。

由此我们看到，继电器的通电与否，可以控制它的接点，就像一个开关，控制了这些接点所连接的电路，而这个开关本身，又是由电路控制的，这样，我们就可以用一个电路（继电器线圈的电路）控制另外的电路（继电器接点的电路）。这就是继电器工作的基本原理，它是一种电磁开关器件，

继电器原理示意图

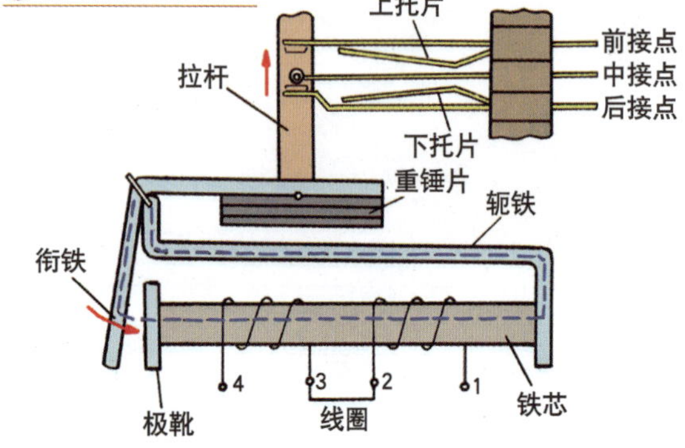

继电器可分为安全型和非安全型两大类，铁路信号设备采用安全型继电器。它与一般继电器不同，要求符合故障—安全原则，即发生故障时导向安全侧。

以八组接点的AX型无极继电器为例，它的接点组共有8组接点，一左一右，上下各4组。当线圈通电时，其铁芯励磁，衔铁吸合。将拉杆顶起，使前接点闭合后接点断开；断电时，衔铁释放，前接点断开，后接点闭合。在衔铁吸起和释放的两种状态中，规定以衔铁释放为安全侧，也就是以前接点断开、后接点闭合为安全侧。设计电路时，就要使安全侧的电路不会导致行车事故。当继电器在衔铁吸合状态，万一发生了线圈断线或短路的故障，靠衔铁及重锤片的自重，就能使衔铁离开铁芯，可靠地保持在释放状态，导向安全侧。另外，对于接点的材料，也要选用熔点高的，保证通过大电流时不会发生粘连而影响前接点断开。

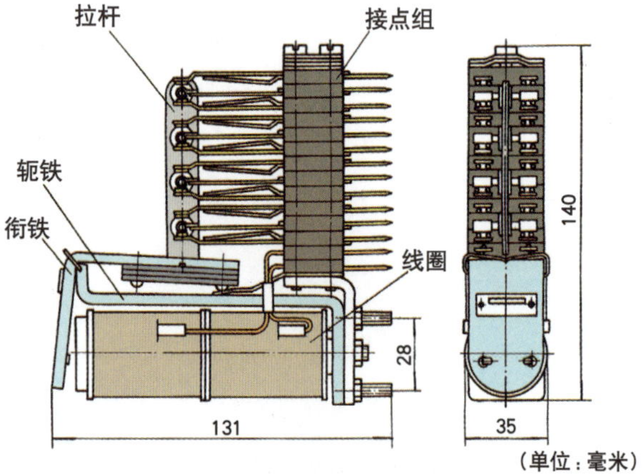

八组接点的AX型无极继电器

继电器的接点可以作为功率输出开关或构成信号控制或表示逻辑电路。6502车站电气集中联锁设备就是用一系列信号继电器构成的。

轨道上的“侦察员”

1 轨道电路

铁路利用轨道电路来检查轨道上是否有列车或车辆占用，因此，轨道电路就像一个埋伏在轨道上的“侦察员”，时时刻刻监视着轨道的状态。保证列车或车辆不会驶入有车占用的轨道上，以免发生撞车事故。

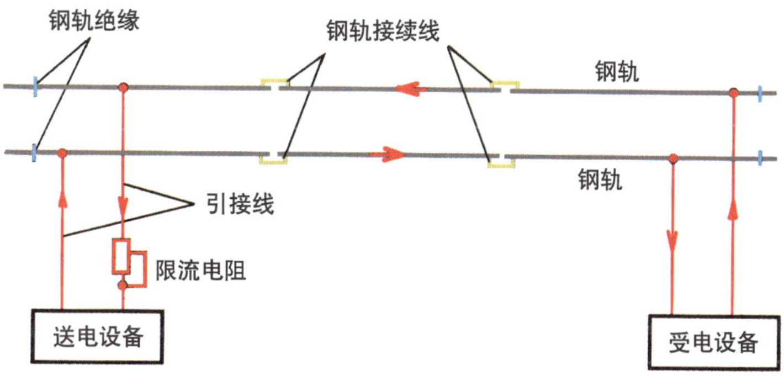

轨道电路的组成

轨道电路的送电设备与受电设备

轨道电路是由两条钢轨和钢轨绝缘节构成的电路，**钢轨绝缘**将相邻的两个轨道电路分隔开来，以免相互影响。两个绝缘节之间的钢轨线路距离，称作轨道电路长度。由于轨道电路两条钢轨之间的道砟有一定的漏泄电阻，使送电设备送出的电流不可能全部到达受电设备，部分电流经道砟泄漏，返回送电端；另外，钢轨本身也有电阻，所以轨道电路长度是受到限制的。

轨道电路的钢轨连接线

为了降低在一段轨道电路中间两钢轨接缝处的接触电阻，在钢轨接缝处增加了钢轨接续线。

引接线是轨道电路两端设备的导线。

送电设备向钢轨发送信号电流。不同制式的轨道电路，送电设备的组成也不同。限流电阻在送电端，用以调整轨道电路的信号电流。

受电设备用来接收送电设备经钢轨送出的信号电流，并控制有关设备执行命令，它是轨道电路的执行元件，大多采用轨道继电器。

当钢轨线路空闲时，轨道电路的送电设备经过限流电阻向钢轨线路送电，经过钢轨传输到受电设备使轨道继电器励磁吸起。当钢轨线路有车占用时，由于轮对的分流作用，使流过轨道继电器的电流急剧减小，造成轨道继电器失磁落下；一旦列车或调车车列出

信号机和轨道电路

清该轨道电路后，轨道继电器恢复吸起。此外，当钢轨折断后，无论送电设备如何送电，轨道继电器也会落下。因此，轨道继电器的吸起或落下，反映了是否有列车占用轨道电路或钢轨是否断裂。

轨道电路主要有两个作用：

（1）检查列车或车列占用

当列车在区间行驶或者列车和调车车列在站内运行时，通过轨道电路的轨道继电器吸起或落下，可以检查列车或车列对轨道区段的占用情况，从而获得该轨道区段是否空闲的信息，为建立进路、开放信号提供依据。也可以利用轨道电路被占用的条件（轨道继电器失磁落下）来关闭有关的信号机。另外，从哪一段轨道电路被占用可以看出列车的位置，实现列车粗略定位。

（2）向列车传送行车信息

交流方式的轨道电路还可以依靠电磁感应原理在钢轨和列车之间实现信息传输。例如移频自动闭塞的轨道电路，就是以不同低频信号键控载频向列车后方传送列车的位置和控制信息，从而控制通过信号机的显示，为后续列车运行提供行车指令，还向列车控制系统提供列车运行所需的前行列车位置、运行前方信号机状态和线路条件等信息，完成地—车之间的安全信息传输。

2 计轴器

除轨道电路外，也可以利用计轴器来检查轨道区段是否空闲。计轴器是用于完成计算机车车辆进出轨道区段的轮轴数，分析计算该区段是否有车占用的一种技术设备。

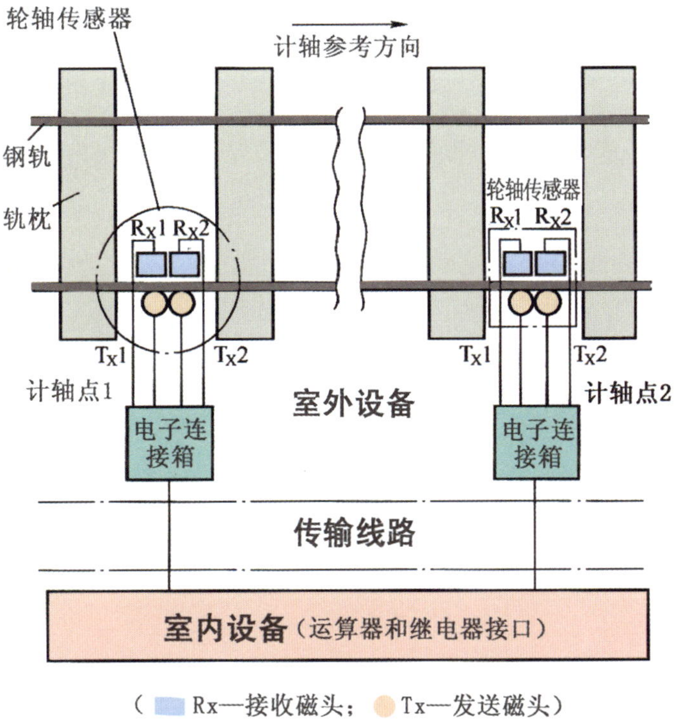

计轴设备的构成

计轴器由室内设备和室外设备两部分组成。室外设备包括并置轮轴传感器或称**磁头传感器**和电子连接箱；室内设备包括运算器、继电器等，或采用微型计算机构成计轴器主机系统。室外设备和室内设备通过传输线路连接起来。

如果机车车辆进入第一计轴点，通过第一计轴点磁头传感器，测出进入该区段的车轮轮轴总数，由此确定两个计轴点之间的区段内有车占用。当机车车辆从第二计轴点驶出时，由第二计轴点的磁头传感器测出离去的车轮轮轴总数。通过室内运算器的计算和分析，如果两计轴点的车轮轮轴总数相等，则表明由第一计轴点进入的机车车辆已全部离去，两计轴点之间的区段呈空闲状态。因此，计轴器可`实现轨道电路的部分功能，它能检测轨道区段的占用或空闲。它主要用于道床电阻很低，漏泄电流很大，轨道电路不能正常工作的轨道区段，如长大隧道内，还可用于自动站间闭塞，检查区间是否空闲。

第9单元

列车行驶一路平

LIECHE XINGSH

LIECHE XINGSHI YILU PINGA

安
ILU PINGAN

区间闭塞是怎么回事?

自有铁路以来，就存在着两个车站之间如何安全行车的问题。

早期的铁路，一般建的都是单线铁路，两个车站之间的线路就像“一根独木桥”，列车容易发生同向的追尾与相向的冲突事故。为了解决这个问题，人们想了很多办法。

1832年，美国开始在车站上设置信号机，用于两站之间传送接、发列车的信息。信号机上挂有笼状的东西，外面包有白布或黑布，吊在10米高的柱子上，称为“球信号”。当列车出发时，发车站将白球挂在柱顶，告诉邻站：列车已出发。此时接车站若将白球挂在柱中间，是指示列车进站停车；若将白球挂在柱顶，则是指示列车通过本站；将白球挂在柱下时，则要求列车在站外停车等候。而如果发车站将黑球挂在柱顶，则表示列车晚点。当时，站间还没有电报、电话之类的通信手段，车站工作人员要用航海望远镜观测信号，然后向司机传达。

从那个时代开始，信号机已经开始起到闭塞机的作用了，只不过两站间的闭塞还是靠人工保证，而不是靠设备保证。

那么，什么是“闭塞”呢?

“闭塞”一词，指的是与外界隔绝的意思，把一个地方“封锁”起来的意思。在铁路上，是指把有列车运行的线路区段封闭起来：在双线单向运行区段，不准许后续列车再驶入区间；在单线双向运行区段，还必须防止两个车站向同一个区间发车。这样，才可以防

球信号

止列车追尾或相撞。与闭塞相反的状态是**开通**，解除闭塞后，线路或区间就开通了。

最早的闭塞是站间闭塞。两个车站之间的铁路线路叫**区间**。实行区间闭塞，要求每一趟列车在由车站驶向区间运行时，必须满足 3 个条件：

——要验证区间线路空闲；

——要有进入区间的凭证；

——一旦有被允许的列车占用区间，即实行闭塞。在闭塞解除之前，不准许其他任何列车驶入。

如果把两个车站之间较长的区间（比如长 10 公里）分成若干段（比如说 1 公里一段），称作**闭塞分区**，并在其分界点安装通过信号机，防护该闭塞分区，这样两个车站之间就可以同时同方向运行多趟列车，提高了区间的通过能力。

我国铁路行车闭塞方式大致经历了从电报或电话闭塞、路签或路牌闭塞、半自动闭塞到自动闭塞的发展过程。目前，双线铁路主要采用自动闭塞，单线铁路主要采用半自动闭塞，还有极少量支线铁路仍采用电气路签闭塞。

↑ 区间的通过信号机

早期的人工闭塞

1 电报、电话闭塞

1841 年英国人库克提出了闭塞电报机专利。他在单针电报机的基础上，利用电流的方向，使指针向左倾表示线路占用，向右倾表示线路开通。这种电报闭塞方式，于 1851 年前后在英国得到普及。1876 年我国的吴淞铁路也曾采用了指针电报机用作闭塞。

闭塞电报机的指针

1876 年美国人贝尔发明了电话，随后铁路上就将电话用于站间闭塞。使用电话闭塞时，列车占用区间的凭证为路票。当区间空闲时，欲发车的甲站先用电话同乙站联系，乙站接到电话做好接车准备后，甲站即填写路票交给司机，同时做相应的区间行车登记。司机到达乙站，将路票交给乙站值班员，值班员同样要进行登记。一切手续办完后，该区间方可再运行下一趟列车。

路　　票

电话记录第　　号

车　次______

苏　州　──→　苏州西

苏州站（站名印）　　编号　123456

注：1.路票为预先印好区间（即站名）和编号的硬卡片（规格75毫米×88毫米）；
2.加盖㊖字戳记者，为路票副页。

路票的格式

电话闭塞的办法，列车凭路票行车，两站只需一部电话联系，简单易行，所以直到现在，当基本闭塞设备发生故障不能用时，根据列车调度员的命令，仍可采用这个原始的办法来办理站间闭塞。

2 电气路签、路牌闭塞

1878 年英国人泰尔发明了电气路牌机，用在单线铁路车站上。这种闭塞方式，列车以路牌作为占用区间的行车凭证。两站之间的路牌机成为一组，用导线连接起来，在同一时间内，只能从这组路牌机中取出一个路牌。直到把这块路牌放回其中任何一个路牌机中，才能从这组路牌机再取出路牌。这样，保证在同一时间内，只能允许一列车占用区间。

保存于北京交通大学运输陈列馆的路牌机

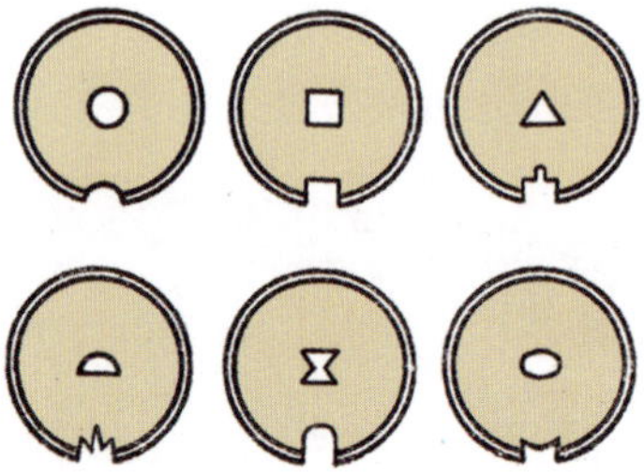
路牌的不同形状

路牌为铜制，有不同形状，用以分隔不同的区间，在两个相邻的区间，路牌形状不同。

1889年英国韦布和汤姆森发明了电气路签机，以路签作为行车凭证。其原理与路牌机类似，在共用同一区间的相邻两车站各安装一台路签机，用导线连接起来，构成锁闭关系，成为一组。同一组两台路签机的路签类型相同，但在组内不管哪台路签机中取出一根路签之后，无论哪台路签机就都不能再取出路签了；一直到所取出的路签再放回同组任何一个路签机当中，才能再取路签。这就保证了两个车站之间的区间内，同时只能运行一趟列车。

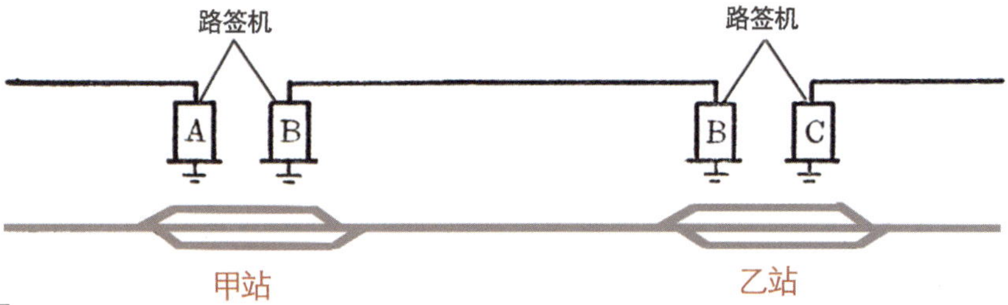

路签机使用连接图

路签为长约17厘米的钢棒，棒上有3个环套，路签一端还有个环槽，根据环套与环槽的不同距离区分不同形状的路签。为了使一个车站两端的区间不能通用同一个路签，每个车站上、下行两端的路签机必须使用不同形状的路签，使用同一形状路签的车站必须相隔3个区间。

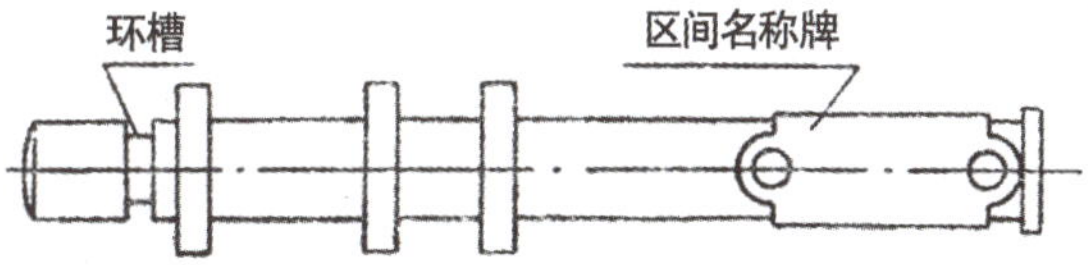

路签的形状

电气路签闭塞方式流传到世界不少国家，我国于1903年，在京奉铁路开始采用这种闭塞方式。最初用的是大型汤姆森式路签机，系英国利物浦铁路信号公司产品，后来在北京—山海关间改用小型汤姆森式路签机。1925年，苏联人特列格尔在从英国引进的汤姆森式路签机的基础上，发明了一种电气路签机，名为特列格尔电气路签机。1949年新中国成立后，面对的是旧中国遗留下来的各式各样的路签机和路牌机。1952年铁道部决定以特列格尔式路签机作为标准型，安排天津信号工厂生产，逐步向全路推广。1958年电气路签和路牌闭塞达到最高峰，实行这两种闭塞的线路达到2万多公里，占当时正式营业里程的71%。

保存于北京交通大学运输陈列馆的特列格尔式路签机

从人工到半自动

1 什么叫半自动闭塞?

路签、路牌的闭塞方式，都属于**人工闭塞**，列车出发的凭证（路签或路牌）需要车站值班员与司机进行人工交接。接送路签是很辛苦的事，而且影响运输效率。据资料统计，当时一个车站值班员每天为办理闭塞接送路签需要走行9到16公里路，花掉三四个小时的时间。这种闭塞方式，在运输不太繁忙的线路上使用尚可以，当列车速度不断提高、列车密度不断加大的情况下，就越来越不适应了，为此，人们研制出了半自动闭塞。

半自动闭塞是以出站信号机的允许信号显示（绿灯）作为列车占用区间的凭证。发车站的出站信号机必须经过两站同意并办理闭塞手续后才能开放。列车出发进入区间后，出站信号机自动关闭，区间处于闭塞状态；在列车未到达接车站以前，向该区间发车的所有信号机都不能开放，这样就保证了两个车站间的区间内同时只能有一趟列车在运行。列车到达接车站后，必须由接车站值班员来确认列车的完整到达，用专用的到达复原按钮发送复原信号之后，区间才能解除闭塞状态，还原到开通状态。

这种闭塞方式，因为区间由开通转为闭塞，是由出发列车自动完成的；而区间由闭塞还原为开通，要靠人工操作，所以是“半自动”的。

半自动闭塞在每个车站两端进站信号机的内侧需装设一段不小于25米的轨道电路。其作用，一是监督列车的出发，使发车站的闭塞机实行闭塞；二是监督列车的到达，然后由接车站的值班员办理到达复原。

2 64D型继电半自动闭塞

目前使用的半自动闭塞设备主要是：用于单线铁路的64D型继电半自动闭塞（简称**64D半自动闭塞**）和用于双线（过去叫复线）铁路的64F型继电半自动闭塞。

64D半自动闭塞设备由室内的半自动闭塞机、操作和表示设备、闭塞电源以及室外的专用轨道电路、外线等组成。一个区间两端的闭塞机，用两条外线连接起来，以完成闭塞功能。

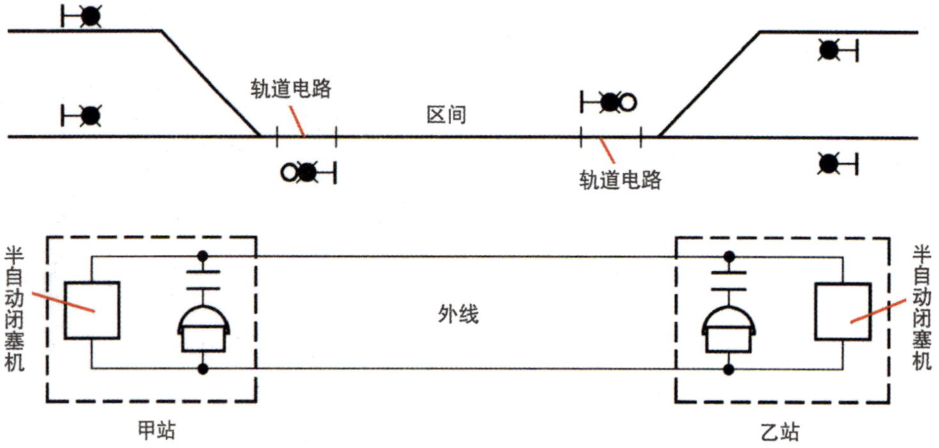

单线继电半自动闭塞示意图

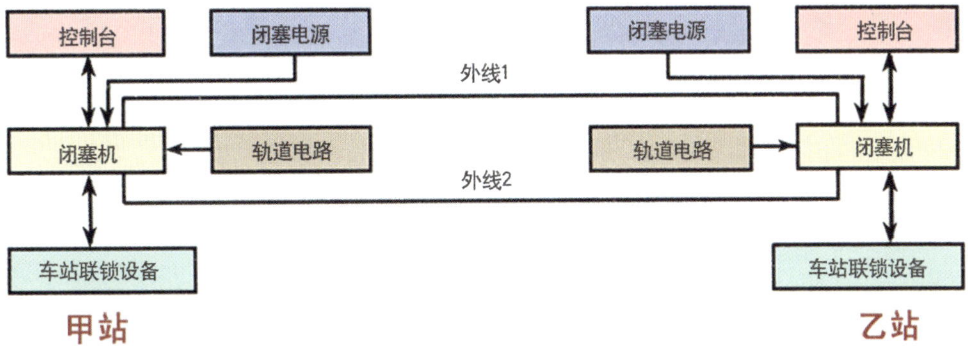

64D 型继电半自动闭塞设备间的联系

操作和表示设备包括：闭塞（复原）按钮、接车表示灯、发车表示灯、事故按钮等，装在车站联锁的信号控制台上（有关联锁，参见本书第 10 单元）。在色灯电锁器联锁的车站，闭塞按钮为三位自复式按钮，办理请求发车或同意接车时，向下按；办理到达复原或取消复原时，向上拉出。

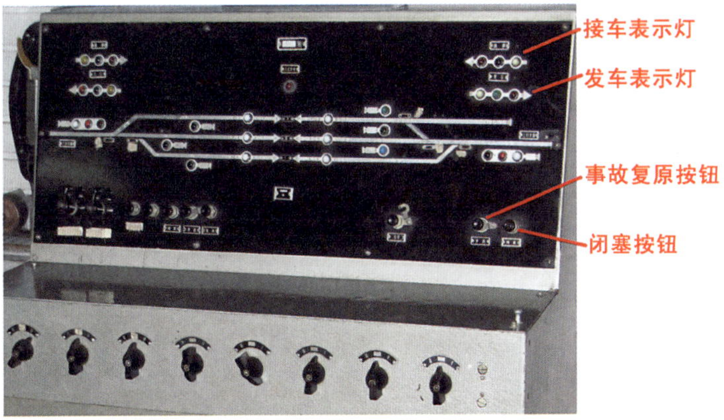

车站信号控制台上的 64D 半自动闭塞操纵和表示设备

64D 半自动闭塞正常办理闭塞的过程如下：

——请求发车

发车站值班员首先按下闭塞按钮，向接车站请求发车。此时接车站响铃，提请接车站值班员注意。

当发车站值班员松开闭塞按钮后，接车站自动向发车站发送回执信号，使发车站的发车表示灯亮黄灯（提示准备发车！），并响铃，告诉发车站值班员：请求已送到。与此同时，接车站的接车表示灯也亮起黄灯（提示准备接车！）。

——同意发车

接到发车站请求后，接车站值班员也按下闭塞按钮，向发车站发送同意接车的信号。此时，接车站的接车表示灯黄灯灭、改亮绿灯（提示可以接车了！！）；而发车站的发车表示灯也由黄灯改点绿灯（提示可以发车了！！），同时发车站第二次响铃，告诉值班员：对方已同意接车。

——列车出发

发车站值班员听到铃响、看到发车表示灯亮绿灯，即可办理发车进路，开放出站信号。当出发列车驶过进站信号机内方的轨道电路时，出站信号机自动关闭，同时发车站的发车表示灯变为红灯（提示不能再办理发车了！！！），并自动向接车站送出信号，使接车站的接车表示灯也改亮红灯（提示不能再办理接车了！！！），同时接车站响铃，告诉值班员：车已开过来。

——列车进站

接车站值班员听到铃响、见到接车表示灯亮红灯，应即及时建立接车进路，开放进站信号机，准备接车。当列车进入进站信号机内方的轨道电路时，接车站的发车表示灯和接车表示灯两个灯都亮起红灯（提示不能办理接车！！！同时列车刚刚到达，也不能办理发车！！！）。受车站联锁控制，进站信号机此时自动关闭。

——到达复原

列车全部进入接车站股道后，接车进路解锁。在确认列车完整到达后，接车站值班员拉出闭塞按钮（或按下复原按钮），办理到达复原。此时，接车站接、发车表示灯的红灯均熄灭，同时向发车站送出信号，使发车站的发车表示灯也熄灭，并第三次响铃，告诉值班员：列车到达，闭塞解除，闭塞机已复原。

1964 年我国研制成功了AX 系列安全型继电器，同年由铁道科学研究院研制出的 64D 半自动闭塞就全部采用了这种安全型继电器。64D 半自动闭塞具有设备简单、动作稳定、使用方便、维修容易、投资少、安装快等优点，于 1965 年被铁道部确认为标准型半自动闭塞设备，向全路推广。到 1985 年，继电半自动闭塞已发展到 4 万多公里，占全路营业里程的 81.8%，而路签和路牌闭塞已减少到 1500 多公里，仅占 2.9%，我国铁路闭塞方式半自动化任务已完成，运输效率和行车安全上了一个新台阶。

← 列车出站进入区间

3 自动站间闭塞

至 2005 年底，我国铁路单线区段约占营业里程的 61.7%，其中区间闭塞大多采用 64D 型继电半自动闭塞。总起来看，64D 半自动闭塞仍占据着全国铁路闭塞线路的“半壁江山”。

但 64D 半自动闭塞有一个漏洞，留下了安全的隐患。由于在长长的区间内未设置轨道电路，没有列车占用的检查设备，列车从区间开来后是否完整到达车站需要靠车站值班员人为确认，因而不能可靠地保证列车在区间的安全运行。例如，列车在区间丢车或站内有车辆溜逸至区间，闭塞设备都一无所知，这对行车安全却是个严重威胁。而人工检查又难免疏忽，还是要设法完善闭塞设备的功能。为此，人们研制出了自动站间闭塞设备。

自动站间闭塞是在 64D 半自动闭塞的基础上加装区间轨道检查设备来构成。

自动站间闭塞所用的区间轨道检查设备多采用计轴设备。每个区间安装两套计轴设备，分别设在两端的车站。我们前面已经介绍过，计轴设备和轨道电路一样，是埋伏在轨道上的“侦察员”。计轴设备的传感器，安在进站信号机内方无岔区段的一根钢轨上，负责给过往列车的轮对点数，过一个车轮（车轴）点一个数。比如一节车辆有两个转向架、共 4 个轮对，通过时就数 4 个数。接车站所点的数跟发车站核对，如果轴数一致，则认为列车完整到达；否则就断开半自动闭塞的复原电路，使之不能办理到达复原，同时发出声、光报警。

微机计轴设备由传感系统、微机控制系统、站间传输系统及执行单元等组成。

微机计轴设备使用电磁传感器来计轴，每通过一个车轮就发出一个脉冲，经通信电缆传送至设置在室内的微机进行识别、判断，从而计算出通过列车的轴数。

64D 半自动闭塞加装了计轴设备，如虎添翼，形成了自动站间闭塞，克服了原来功能不全的缺憾，确保了区间行车的安全。

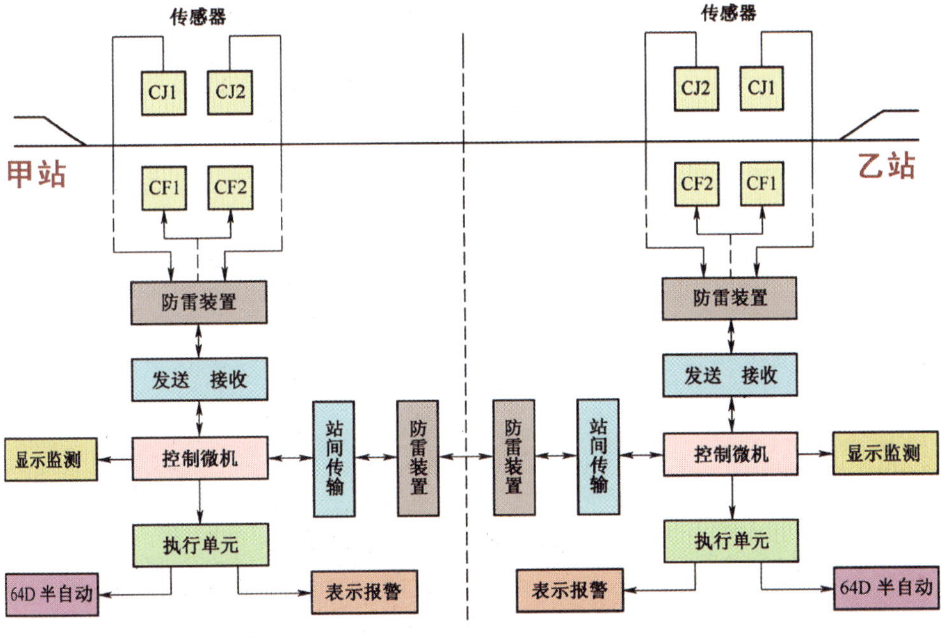

↑ 微机计轴系统

技术先进的自动闭塞

1 什么叫自动闭塞？

自动闭塞是将站间区间划分为若干个闭塞分区，每个闭塞分区都设有轨道电路，并在其入口处设防护该闭塞分区的通过信号机。根据列车运行及有关闭塞分区的状态，当列车轧上轨道电路时，自动变换通过信号机的显示，而司机只凭通过信号机的显示来行车。

如何划分闭塞分区呢？不能太稀也不能太密。显然，闭塞分区密一些，列车追踪行驶的间隔距离就会小一些（后车对前车跟得紧一些），这样对提高通过能力有好处。但闭塞分区的长度不能太短，它至少要大于列车的制动距离，这样才能保证列车在红灯面前停得住。若停不住，列车闯入红灯防护的闭塞分区，叫做“**冒进信号**”，容易酿成大的事故。至于闭塞分区的长度，受两方面限制，一要考虑信号机的显示距离，闭塞分区长了，司机看不到信号显示也不行；二要考虑轨道电路的长度，太长了轨道电路信号衰耗太大，不能可靠地工作。一般闭塞分区的长度在 1 公里左右。

与半自动闭塞相比，自动闭塞是更先进的闭塞方式，它有以下优点：

——两站之间的区间允许列车追踪运行（前车还未到前方车站，后车就可以出发，跟着前车走），从而大幅度地提高了行车密度，显著地提高区间通过能力。

列车行驶在单线自动闭塞区间

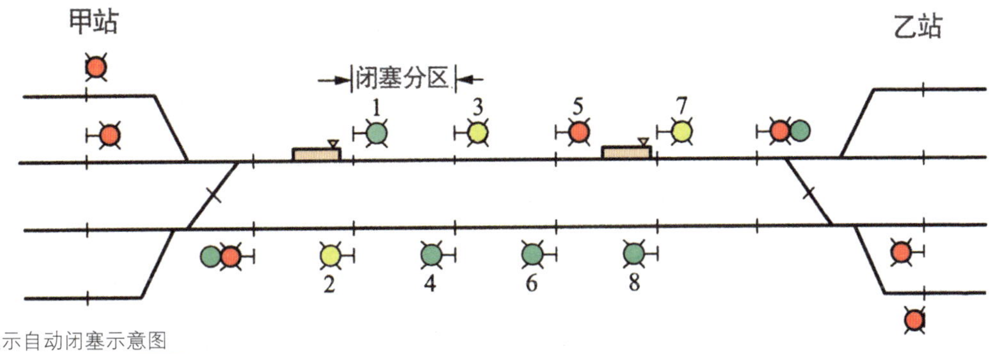

三显示自动闭塞示意图

——不需要办理闭塞手续，一切都已自动化，缩短了列车停站时间，因而既提高了通过能力，又减轻了车站值班员的劳动强度。

——通过信号机的显示能直接反映运行列车所在的位置以及线路忙闲状态，因而能确保列车在区间运行的安全。

（1）双线单向与单线双向

自动闭塞按行车组织可分为双线单向自动闭塞和单线双向自动闭塞。

在双线区段，多采用单方向运行的方式，即一条线路为上行线路，一条线路为下行线路，每条线路都单方向行车。因此，在每条线路上仅在一侧设置通过信号机即可。这样的自动闭塞，称为**双线单向自动闭塞**。

在单线区段，既要运行上行列车又要运行下行列车，为了调整双方向列车的运行，在线路两侧都要装设通过信号机，这种自动闭塞称为**单线双向自动闭塞**。

什么是上行和下行？这是铁路在线路上规定的行车方向，在干线上，朝向首都所在地（北京）的方向为**上行**，反之为**下行**；在支线上，朝向连接干线的方向为上行，反之为下行。

双线单向自动闭塞只须防护列车尾部，而单线双向自动闭塞必须对列车的头、尾都加以防范。为了防止两方向的列车正面冲突，平时规定正方向通过信号机亮灯，而反方向通过信号机灭灯。当需要改变运行方向时，由车站值班员确认区间空闲，并办理一定手续后，才能改为反方向运行。为此，单线双向自动闭塞必须设改变运行方向的电路。

（2）三显示与四显示

自动闭塞还有三显示和四显示两种制式。

三显示自动闭塞区段的通过信号机采用三显示机构，自上而下是黄、绿、红灯，能预告列车运行前方两个闭塞分区的状态。

——绿灯点亮时，表示前方两个闭塞分区空闲，准许列车按规定速度运行。

——黄灯点亮时，表示前方两个闭塞分区只有一个闭塞分区空闲，而下一个闭塞分区有车，要求列车注意运行或减速。

——红灯点亮时，表示前方没有闭塞分区空闲，要求列车在该信号机前停车。

平时，通过信号机点亮的是绿灯。如上图所示，当前一趟列车进入5号信号机防护的闭塞分区后，5号信号机自动点亮红灯，同时列车运行方向后一个闭塞分区的3号信号机点亮黄灯，而再后一个闭塞分区的1号信号机依然点亮绿灯。后续列车如果要进入1号信号机防护的闭塞分区，可以不必减速，按规定速度（视曲线、坡度等决定）运行。

随着列车速度和密度的不断提高，在一些繁忙的客货混运区段，客车和货车的运行速度和制动距离相差很大，客车的制动距离远大于货车的

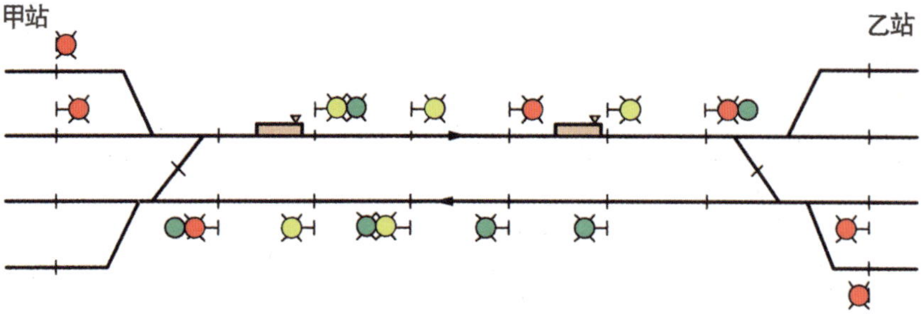

四显示自动闭塞示意图

制动距离。若闭塞分区的长度按客车制动距离设置，则影响货车的通过能力；若按货车制动距离设置，又不能适应客车安全制动的需要。为了兼顾这两方面的需要，可以使任何一个闭塞分区的长度大于或等于货车制动距离，而两个相邻闭塞分区的长度加起来就大于或等于客车制动距离，于是形成了四显示自动闭塞。

四显示自动闭塞区段的通过信号机仍采用三显示机构，自上而下是绿、红、黄灯，但多了一种绿黄显示，即同时点亮绿灯和黄灯，因此能预告列车运行前方3个闭塞分区的状态。

——绿灯点亮时，表示前方3个闭塞分区都空闲，准许客车按规定速度运行。

——绿灯和黄灯同时点亮时，表示前方3个闭塞分区只有两个空闲，要求客车注意运行。

——黄灯点亮时，表示前方3个闭塞分区只有一个闭塞分区空闲，而下一个闭塞分区有车，要求客车减速。

——红灯点亮时，表示前方已没有闭塞分区空闲，要求列车在该信号机前停车。

四显示自动闭塞增加了绿黄显示，对于客车来说，绿黄显示是注意信号，黄灯是减速信号。规定高速运行的客车以一定速度越过绿黄显示后必须减速，因为前面就是黄灯，以使列车在黄灯显示下不超速，然后在再下一个信号机的红灯面前可以停车。然而，对于低速、制动距离短的货车，

四显示自动闭塞的通过信号机显示绿黄信号

越过绿黄显示时，可以不减速。

四显示的自动闭塞，能预告列车运行前方 3 个闭塞分区的状态，能确保提速后的列车行车安全。列车最高运行时速在 120 公里以上的区段，必须采用四显示自动闭塞。四显示自动闭塞既保证了提速列车的运行安全，又保证了普速（普通速度）列车的通过能力，非常适用于不同速度列车共线运行的铁路区段。

我国铁路自动闭塞研制工作，从 20 世纪 50 年代初期就开始了，1954 年还进行了天津张贵庄到新河（今塘沽）28 公里的自动闭塞试点工程。1956 年铁道部成立了自动闭塞小组，指挥京沈线自动闭塞建设。但由于种种原因，自动闭塞在我国发展不是很快，而且形成的制式也很杂，推广应用较多的主要有交流计数电码、极频、4 信息移频自动闭塞 3 种。交流计数电码自动闭塞是 20 世纪 50 年代后期从苏联引进的，后经微电子化改造；极频、4 信息移频自动闭塞是我国在 20 世纪 60 年代自行研制的。它们共同的缺点是可靠性不够高、信息量太少、抗干扰能力不够强，不能满足列车提速、增加行车密度、增大载重量和电气化的需要。

在 1987 年开工、1992 竣工的京广线郑州至武昌段电气化工程中引进了当时比较先进的法国 UM71 自动闭塞，引进后进行了二次开发，以适应我国铁路客货混跑、区间不设保护区段等特点，并通过消化吸收实现了国产化。经过多年研究，最终形成了我国具有自主知识产权的无绝缘移频自动闭塞制式，其中，包括 ZPW-2000A、ZPW-2000R 等型号。

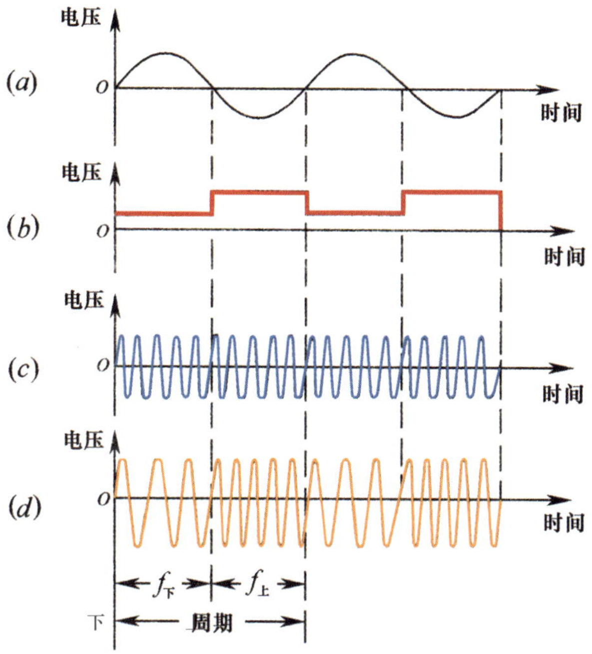

(a) 低频信号；(b) 整形后的低频键控信号；
(c) 载频信号；(d) 移频信号

⬆ 移频信号的调制波形

2 移频自动闭塞

（1）疏密相间的移频

移频类似于通信中的载波，是一种频移键控（FSK）方式。载波调制是用低频模拟信号调制高频模拟信号，移频则以低频的二进制数字信号来键控（相当于载波中的调制）高频的模拟信号（正弦波）。被键控的高频信号称为**载频**。载频信号的中心频率为 f_0，当低频键控信号输出低电位时，载频向下偏移 Δf（称为**频偏**），变为 $f_0-\Delta f$，称为低端载频（或称**下边频** $f_下$）；当低频键控信号输出高电位时，载频向上偏移，变为 $f_0+\Delta f$，称为高端载频（或称**上边频** $f_上$）。这样，所得到的移频信号就在低端载频和高端载频之间交替变化，而两者变化的次数与低频键控信号的频率相同。因为移频信号的变化，好似其频率在低端和高端之间忽高忽低、移来移去，故称为**移频**。

移频自动闭塞就是利用轨道电路传送这种移频信号构成的闭塞制式。它把按照低频信号的控制进行移频变化的高频载频信号作为载体，将低频信号传输给轨道电路接收器，经过解码后去控制通过信号机，不同的控制信号使通过信号机给出不同的显示。

（2）移频自动闭塞原理

在移频自动闭塞区段，移频信息的传输，是按照运行列车占用闭塞分区的状态，迎着列车的运行方向，自动地向着列车后方的闭塞分区传递信息的。每个闭塞分区的轨道电路中传输的移频信号是一个下边频 $f_{下}$ 和上边频 $f_{上}$ 交替变换的交流信号，$f_{下}$ 和 $f_{上}$ 每秒内变换次数等于低频键控信号的频率。

以 4 信息三显示移频自动闭塞为例，它的载频中心频率为 550、650、750 和 850 赫兹 4 种，上、下行的载频不同，相邻的轨道电路所用的载频也不同；频偏为 55 赫兹。它有 4 种低频控制信号：11、15、20、26 赫兹。其中：11 赫兹、15 赫兹、20 赫兹，均使地面信号机显示绿灯；26 赫兹，使地面信号机显示黄灯；无信号时，地面信号机显示红灯。三显示的地面信号本来只需要 2 种低频信号就够了：一个用来控制绿灯、一个用来控制黄灯，无信号控制红灯；但考虑到机车信号要求比地面信号机有更多的显示，因此使用了 4 种低频控制信号。

如图所示，下行线有 A、B 两列车运行。我们沿列车运行方向从前往后按轨道电路区段把闭塞分区分别标记为 1G、2G、3G、4G、5G。防护 1G 到 4G 的通过信号机分别是 7 号、5 号、3 号和 1 号。在下行方向线路上使用的载频频率为 550 赫兹和 750 赫兹（上行线路使用 650 和 850 赫兹的载频），相邻的分区用不同的载频频率相互间隔。

A 列车运行在 1G 分区，B 列车运行在 5G 分区。我们来看一下移频自动闭塞是如何工作的。

——由于 1G 有车占用，此时传输信号被列车短路，防护 1G 的 7 号信号机必然点亮红灯，同时，7 号信号点的发送设备自动向 2G 发送以 26 赫兹低频调制的中心载频为 750 赫兹的移频信号，该信号的频率在 695 赫兹与 805 赫兹之间变化，每秒变化 26 次。

——5 号信号点收到上述移频信号后，便使信号机点亮黄灯；同时，其发送设备又自动地向 3G 发送由 15 赫兹低频信号调制的、中心载频为 550 赫兹的移频信号。

——3 号信号点收到上述移频信号后，其信号机亮绿灯，同时其发送设备自动向 4G 发送 11 赫兹调制的、中心载频为 750 赫兹的移

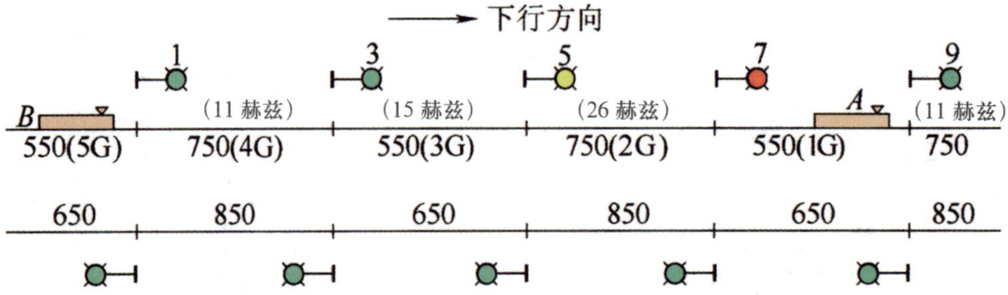

4 信息三显示移频自动闭塞工作原理

频信号，使 1 号信号机亮绿灯。

——后续列车 B 见到 1 号信号机的绿灯显示，可以按规定速度（不减速）运行，

如果 A 列车因故停在 1G 分区。那么，当 B 列车进入 3G 分区后见到 5 号信号机亮黄灯，则应注意减速运行；等进到 2G 分区，便可以使用常用制动（不需要紧急制动），在点亮红灯的 7 号信号机前停下来。

3 ZPW-2000A型自动闭塞

（1）系统构成

ZPW-2000A 的组成包括室内设备和室外设备两部分。

室内部分包括发送器、接收器、电缆模拟网络等。

室外部分包括调谐单元、空心线圈、匹配变压器、SPT 型铁路信号数字电缆和补偿电容等。

（2）技术特点

ZPW-2000A 型无绝缘移频自动闭塞系统（简称 ZPW-2000A），采用了无绝缘移频轨道电路；为避开电气化区段牵引电流谐波对轨道电路信号的干扰，选用了 8 种较高的载频，其下行载频频率为：1700-1（1701.4 赫兹），1700-2（1698.7 赫兹），2300-1（2301.4 赫兹）和 2300-2（2298.7 赫兹），4 种载频交替使用；

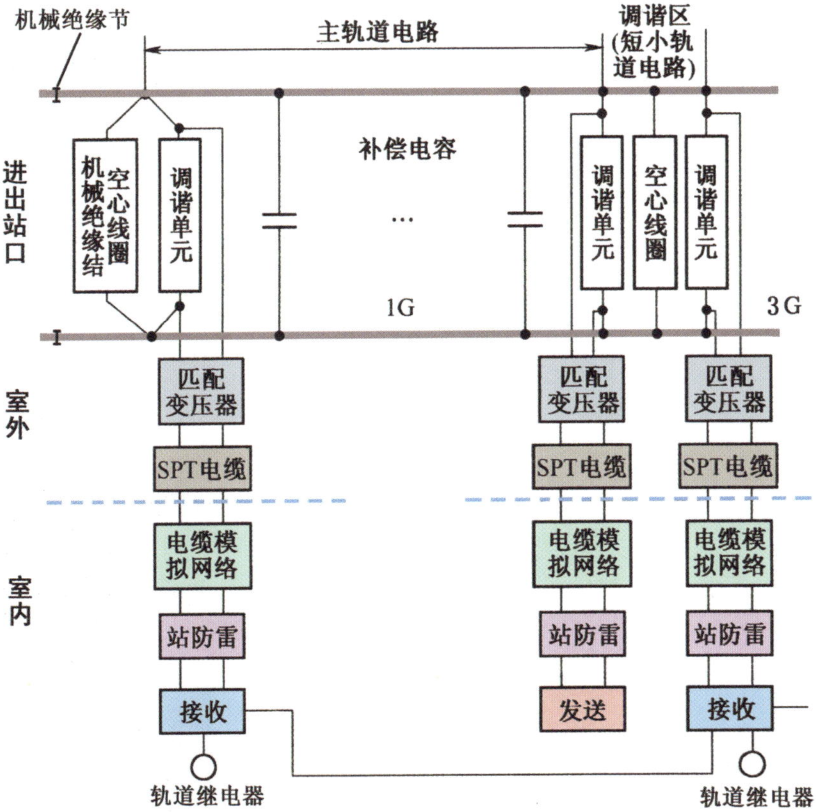

ZPW2000-A 系统构成

上行载频频率为：2000-1（2001.4 赫兹），2000-2（1998.7 赫兹），2600-1（2601.4 赫兹）和 2600-2（2598.7 赫兹），也是 4 种载频交替使用。频偏为 11 赫兹，就是说，如果载频频率为 2000-1，它的频率就在 1990.4 和 2012.4 赫兹之间来回偏移。

低频控制信号呢？选用了从 10.3 到 29 赫兹、每隔 1.1 赫兹一个，即取 10.3 赫兹、11.4 赫兹、12.5 赫兹……一直到 29 赫兹，一共 18 个，分别代表了不同的信息。如果低频为 29 赫兹，就意味着载频每秒来回偏移 29 次。

ZPW-2000A 无绝缘移频轨道电路的电气绝缘节是一段 29 米的短小轨道电路。它实际是由空心线圈、29 米钢轨和调谐单元构成的谐振区。在谐振区内，对本区段的移频信号呈现高阻抗（几欧姆），有利于本区段信号的传输和接收；对相邻区段的移频信号呈现低阻抗（只有百分之几欧姆），能可靠地短路相邻区段的信号，防止越区传输，从而实现了相邻区段移频信号的电气绝缘。同时，还解决了全程断轨检查问题。

ZPW-2000A 型无绝缘移频自动闭塞有较高的安全度，可靠的分路保证，具有断轨检查功能，能抗电气化大电流干扰，传输特性好，适用于无缝线路、双方向四显示以及发展列车自动控制的要求，因此采用这种制式的自动闭塞，是我国今后一个时期自动闭塞发展的基本技术政策。

无绝缘轨道电路轨边的匹配变压器

1G-FS
1700-2
8DG-JS
2300-2
6DG-FS
2000-2

第10单元

列车进站要听安排

LIECHE JINZHAN

LIECHE JINZHAN YAO TIN

AO TING ANPAI

NPAI

车站联锁是怎么回事？

1 至关重要的联锁

铁路车站是列车交会和避让的场所。在客运站，列车要停靠不同站台，供旅客上、下车。在编组站，货物列车要分解开来，送往不同股道，然后重新集结。在区段站，列车可能还要更换车头。可以把铁路车站看作是列车或机车车辆的临时“停车场”，但与长途汽车的停车场相比，铁路车站里面的行车线路排列得非常有序，管理得非常严格。且不说旅客在站内不能随意行走，只能通过天桥或地道到站台上；就是机车车辆也不能随意在站内开行。

火车在站内怎么走行呢？线路进入车站内必然分岔，形成许多并行的股道，列车或机车车辆只能在股道上分开停放或开行，股道是它们“歇脚”的地方和互不妨碍的通道。线路则通过道岔连结着不同的股道。

列车或机车车辆进出股道时，在站内运行所经过的径路（包括通过道岔转线），称为**进路**。按其中各个道岔的不同开通方向，可以构成不同的进路。为了安全，每条进路的入口处都有相应的信号机来防护，列车（或机车车辆）进站要听安排，必须依据信号的开放通过指定的进路进、出站。

进路分为列车进路和调车进路。**列车进路**是列车进出站用的；**调车进路**是机车车辆在站内进行调车作业往返用的。因此信号机也分进站、出站信号机和调车信号机。它们的“长相”不太一样，信号显示也有所不同，但无论哪种信号机，原则性都非常强，不具备一定的条件，绝对不会开放信号。因为如果不加限制，有可能所开放的进路上道岔的位置不对，本来要进1道却进了2道或者机车直接将道岔挤坏；有可能开放的进路上已停放着别的列车或机车车辆；还有可能进路

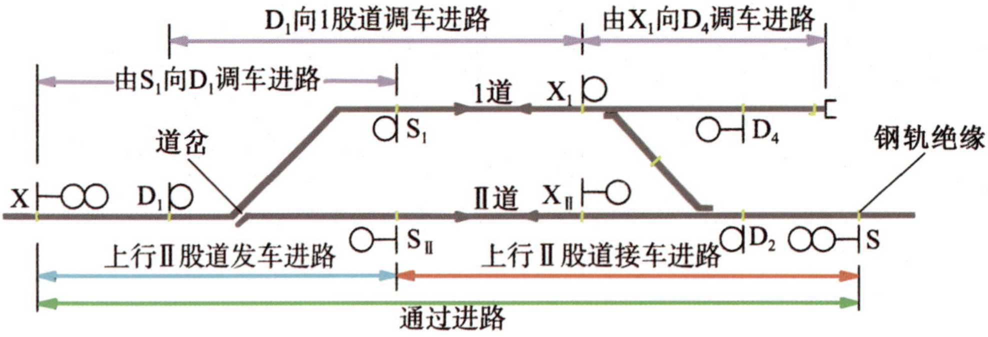

X——下行进站信号机
D_1——1号调车信号机
S_1——上行1道出站信号机
S_{II}——上行Ⅱ道出站信号机
X_1——下行1道出站信号机
X_{II}——下行Ⅱ道出站信号机
D_4——4号调车信号机
D_2——2号调车信号机
S——上行进站信号机

车站进路的示例图

开放后来自其他进路的列车又闯进来……那样将造成车辆脱轨、颠覆或相撞事故，严重的后果不堪设想。反过来说，正因为信号机的开放是有条件的，所以一旦信号开放，司机就可以放心地进入它所防护的进路了。

亮蓝灯的调车信号机

亮红灯的出站信号机

和谐号动车组进入北京站

站内的道岔很多，特别是大站，道岔多达上百组，可能排列的进路也很多。有些进路互相冲突，彼此叫做**“敌对进路”**（比如同一股道对向接车便会迎面相撞），是不能同时开放的。因此，当建立一条进路时，相关的道岔、进路和信号机之间必须互相制约，不能各行其是。这种车站内信号、道岔、进路之间的制约关系就叫做**联锁**。

举例来说，要开放进站信号让列车进入站内某一股道，必须先经过以下的步骤：

——确证该进路是空闲状态，没有被其他机车车辆占用；

——确证进路上的所有道岔都已被锁在正确位置，防止由于振动或临时扳动道岔而使运行中的列车脱轨；

——确证其他列车不会从正面、侧面和尾部闯入该进路而造成撞车事故。

只有上述 3 个条件都满足了，信号机才能开放，以保证行车或调车安全。

作为车站信号控制系统，**联锁设备**是保证铁路车站行车和调车作业安全的重要技术措施，它要根据各个车站的不同情况，在车站众多的信号机、道岔、进路之间建立一套逻辑严密、井然有序的相互制约关系。

带电锁器的道岔握柄和道岔表示器

车站值班室内继电联锁的控制台

2 非集中和集中

联锁设备可以分为非集中联锁和集中联锁两大类。

现存的**非集中联锁**主要是用电锁器来实现联锁关系，也叫**电锁器联锁**。其信号机可采用机械臂板信号机、电动臂板信号机或色灯信号机（根据车站电源情况）。其道岔用带电锁器的道岔握柄与转换锁闭器配合，由人工在现场扳动。道岔在不同位置时，电锁器内的电路接点相互转换，能实现道岔与信号机的联锁，但道岔需要就地分散操纵，不是集中在一处操纵，所以叫非集中联锁。非集中联锁办理进路时，车站值班员需要事先跟扳道员联系，联系中稍有疏忽就会发生办理错误，此种作业效率低，安全程度差，扳道员劳动强度大。现在仅在一些行车作业很少的支线上还有保留，逐步将被淘汰。

集中联锁指的是电气集中联锁，是用电气方法（逻辑电路）集中控制和监督全站的道岔、进路和信号机，并实现它们之间的联锁。

集中连锁有两种，即继电联锁和计算机联

车站值班员在操作计算机联锁设备

锁。**继电联锁**是用继电器组成的电路来进行控制并实现联锁；**计算机联锁**是用计算机软件来进行控制并实现联锁。虽然继电联锁和计算机联锁都属于电气集中联锁，但习惯上常将“电气集中”作为继电联锁的代名词。

随着计算机技术和网络通信技术的飞速发展，计算机技术已经应用到生产和生活的各个领域。铁路信号技术领域也不例外，计算机联锁正逐步取代继电联锁。到 2008 年底计算机联锁车站占联锁车站总数的 30.5%，今后将主要发展计算机联锁。

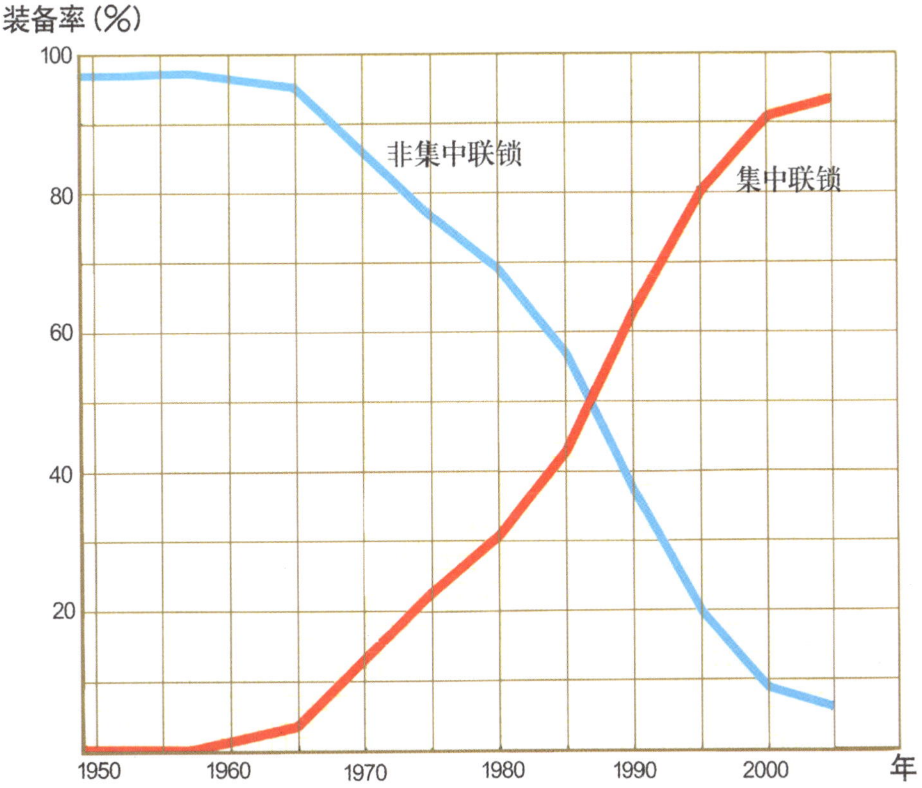

1949-2005 年我国铁路联锁设备发展情况

盛极一时的 6502

为迎接中华人民共和国建国十周年，1959 年，北京站（共有 77 组联锁道岔）装设了“型信 590”进路操纵式大站电气集中。这是我国自行研制的第一个大站电气集中设备。后来又曾研制过多种制式，几经改进和完善，1973 年，铁道部指示当时的电务工程总队在以往设计的电气集中电路基础上，设计一套便于大量推广使用的大站电气集中标准电路，定名为“电号 6502”。1977 年铁道部又决定，今后车站信号设备新建和大修时，均以“电号 6502”为主要型式，这就是大名鼎鼎的 6502 电气集中定型电路。该项科研成果于 1978 年获得了全国科技大会奖励，此后得到了大力推广，盛极一时。

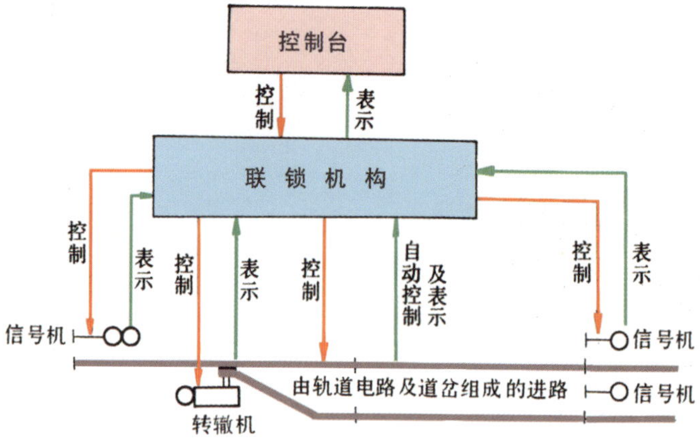

车站控制系统框图

1 电气集中联锁基本原理

电气集中联锁设备主要由室内的控制台、联锁机构、电源屏和室外现场设备组成，这些设备均由信号电缆连接起来，完成其控制功能。

电气集中联锁室外采用色灯信号机，道岔由电动或电液转辙机转换，进路上所有区段均设有轨道电路；控制台和联锁机构则都设在信号楼中，在室内进行集中控制和监督。联系室内外设备的信号电缆，将室内设备的控制命令传给转辙机和信号机，同时将室外信号机、转辙机、轨道电路的状况，实时地反映（表示）到室内设备上来。

6502 大站电气集中的继电器组合设备

工作人员通过控制台控制现场设备，并通过控制台上的站场模型表示盘来监视现场设备的工作状态。为了行车安全，控制现场设备时，需要通过联锁机构进行逻辑运算，排除敌对进路，并有序地执行控制命令。

电气集中联锁把全部道岔、进路和信号机集中起来控制和监督，在一定程度上实现了站内行车指挥的自动控制，能正确及时地反映现场行车情况，不像非集中联锁分散控制时需要联系的时间，而且完全清除了因联系错误而引起的事故，因而大大提高了行车安全程度和作业效率，并且极大地改善了行车人员（扳道员）的劳动条件。

2 6502电气集中的设备构成

6502 电气集中的室外设备有信号机、道岔转辙机、轨道电路以及连接室内外设备的电缆线路。

——信号机用于防护进路，无论是列车进路还是调车进路，每段进路口都必须设置信号机来站岗放哨；

——联锁区内的所有道岔都要安装电动（或电液）转辙机，用于可靠地转换并锁闭道岔，并可在室内集中操纵；

——进路是由轨道电路区段连接而成的。凡处于列车进路或调车进路上的站内股道及道岔区，都必须安装轨道电路，以便监督轨道上有无机车车辆占用，即检查进路空闲。

——电缆线路是连接室内、室外设备，传送控制和监督信息的通道。

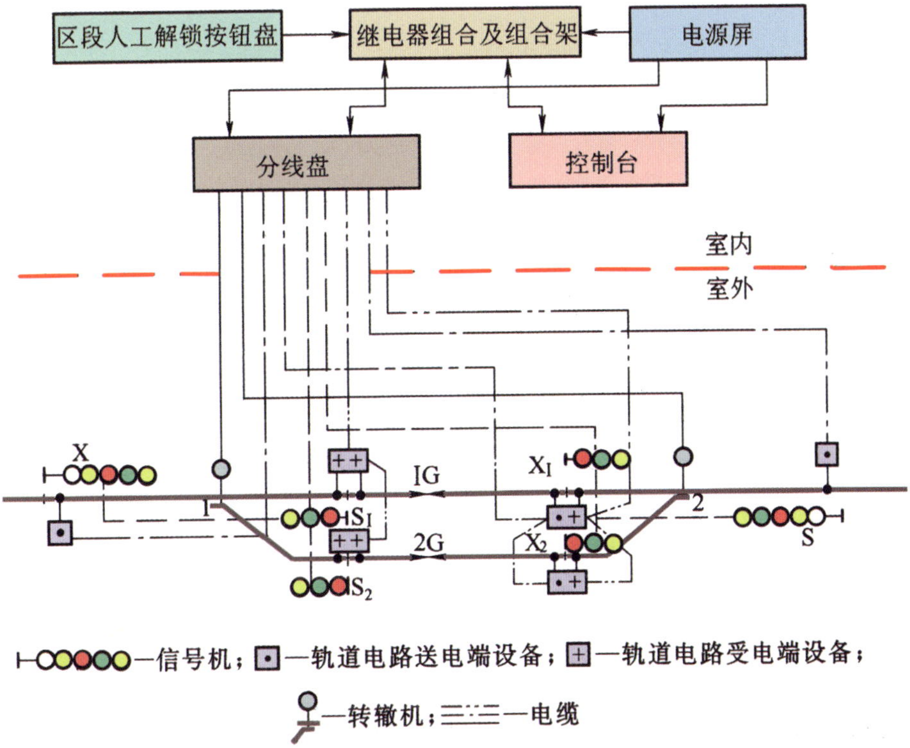

电气集中设备组成

电气集中联锁的继电器组合架

6502 电气集中的室内设备主要包括控制台、区段人工解锁按钮盘、继电器组合及组合架、电源屏等。

——**控制台**是车站值班员办理列车进路和调车进路的控制设备，用来控制道岔转换和信号开放，并对进路、信号、道岔进行监督。控制台设在信号楼控制台室或车站值班员室内。

——**区段人工解锁按钮盘**的作用是，在更换继电器、轨道电路停电恢复等情况下使设备解锁，恢复电路的正常状态；在道岔区段因故不能解锁时，办理故障解锁；在取消进路时，若发生不能关闭信号的情况下，也可用来关闭信号。区段人工解锁按钮盘与控制台同处一室。

——继电器插在**继电器组合**（简称**组合**）中，组合安装在组合架上，组合架设在继电器室内。组合和组合架的数量取决于车站规模。

——电源屏是电气集中的供电装置，供给稳定、可靠、符合使用条件的各种交、直流电源。它可设在继电器室或电源室。

3 6502电气集中的进路控制过程

6502 电气集中对列车进路或调车进路的控制过程可分为进路建立和进路解锁两个阶段。

- 进路控制
  - 1 进路建立
    - ①进路选择
    - ②进路锁闭
    - ③开放信号
  - 2 进路解锁
    - 自动解锁
      - 正常解锁
      - 调车中途返回解锁
    - 非自动解锁
      - 取消进路
      - 人工解锁
      - 故障解锁
      - ……

进路控制过程

（1）进路建立

此过程包括 3 个步骤：

——进路选择。根据车站值班员的操作，从许多进路中选取一条要办理的进路。在选择过程中主要是将有关道岔转换到与进路相符的位置，但在转换之前必须通过轨道电路检查道岔区段是否有车，道岔是否在锁闭状态等。

——进路锁闭。当进路选取后，在确证进路在空闲状态，道岔位置正确以及敌对进路没有建立的条件下，把与进路有关的道岔和敌对进路进行锁闭，使它们不能扳动和建立，称这种锁闭为进路锁闭。在建立进路的过程中，必须严格排查其他与本进路有冲突的敌对进路，并将它们锁在关闭状态。

——开放信号。在完成进路锁闭后，使防护进路的信号机开放允许列车或调车车列驶入进路。

（2）进路解锁

进路解锁与进路锁闭相对应，当列车或调车车列确实越过了道岔区段后，应使该区段内的道岔及相关敌对进路解除锁闭。进路解锁又可分为自动解锁和非自动解锁等。当列车或调车车列驶过进路后，进路自动解锁，属于正常解锁。进路解锁方式，根据各种不同情况还可以进一步细分。

6502 电路是继电逻辑电路，分为选择组电路和执行组电路两大部分。

选择组电路主要用来记录车站值班员按压按钮的动作，按要求自动选通所需进路，并将操作意图传给执行组电路。如进路上的道岔位置不对，则自动将其转换至所要求的位置。

执行组电路检查联锁关系，包括检查道岔位置正确、轨道电路区段空闲且锁闭、敌对进路未建立并被锁闭。待进路的所有联锁条件都得到满足，才能开放防护该进路的信号机。正常情况下，列车或调车车列驶过进路后，进路自动解锁，各种解锁条件的检查也通过执行组电路进行。

所有联锁条件都通过有关继电器接点来检查，即所有联锁功能都是通过继电电路实现的。

6502 电气集中设置了模拟站场形状的控制台，便于车站值班员操纵信号按钮，排列进路，有利于掌握站内行车和调车作业情况。它还具有以下特点：

——电路组合化。以道岔、信号机和轨道电路区段为单元，设计成定型的单元电路，称作继电器组合，简称组合。将各种组合按站场形状拼装起来即构成组合式电路。组合式电气集中具有简化设计、工厂预制、加速施工、便于维修等优点。6502 电气集中几乎是用定型组合拼成的，只需设计少量零散电路。

——采用双按钮选路方式。只需按压两个进路按钮（始端到终端），就能转换进路上的道岔、开放信号，而且无论进路中有多少组道岔均能一次转换，简化了操作手续，提高了效率。

——采用逐段解锁方式。把进路分成若干段，采用多次分段解锁的方式，即列车或调车车列出清一段解锁一段，提高了车站作业效率。

电气集中联锁中模拟站场形状的控制台

计算机联锁要当“大管家”

1978年，瑞典首先在哥德堡车站将计算机联锁投入使用。此后，日、美、英、法、德等国都相继研制了各自的计算机联锁系统。我国自20世纪80年代开始研制由微型计算机构成的计算机联锁系统，并且很快取得了成果。当时的铁道部通信信号公司研究设计处研制了适用于工矿企业铁路的计算机联锁系统，于1984年在南京梅山铁矿地下200米处的站场投入使用。铁道科学研究院通信信号研究所研制的驼峰尾部计算机联锁系统，作为国家“七五”（1986~1990年）攻关项目《郑州北编组站综合自动化》的子项目，于1989年末通过国家级鉴定，并在郑州北站上行场峰尾投入使用。

随着计算机技术、现代通信技术、安全技术和冗余技术的快速发展，20世纪90年代，计算机联锁系统得到长足的进步和发展。到目前为止，已有铁道科学研究院通信信号研究所、北京全路通信信号研究设计院、卡斯柯信号公司和北京交通大学微联公司等4家研制的计算机联锁系统，通过了铁道部认证可以在全路推广使用。到2008年底，全国铁路计算机联锁车站占集中联锁车站总数的30.5%。计算机联锁将逐渐成为车站信号控制的“大管家”。

1 计算机联锁的优势

计算机联锁是用微型计算机和其他电子元件、继电器（用于执行环节）等器件组成的具有故障—安全性能的实时控制系统，它利用计算机对车站值班员的操作命令和现场设备的表示信息进行逻辑运算，完成对信号机、道岔及进路的联锁和控制。计算机发出控制信息，现场发回表示信息。计算机联锁的彩色监示器代替继电集中联锁控制台的表示盘，还可根据需要多台并机使用。

与继电集中联锁相比，计算机联锁有以下显著优点：

——功能完善

继电集中联锁虽然经过不断改进和完善，但受到继电电路的限制或由于电路过于复杂和费用昂贵等原因，在联锁功能方面仍存在不足。这些问题，在计算机联锁设备中，可以用少量的硬件投资和发挥软件的作用加以解决。

计算机工作速度快、信息容量大，所以计算机联锁很容易实现自动控制功能，还能安全地实现自动选路和存储进路等继电集中联锁无法完成的功能。运行图变更时，能自动选择最佳方案。计算机联锁不仅可以扩大控制范围，适用于任何规模的车站（尤其是大型枢纽及远离咽喉区的信号设备等），而且还可以利用计算机进行站内行车业务管理，以提高工作效率。计算机联锁用彩色监视器的屏幕显示代替了继电集中联锁的表示盘，大大缩小了体积，丰富了显示内容，简化了结构，方便使用。

计算机联锁并机使用的显示器

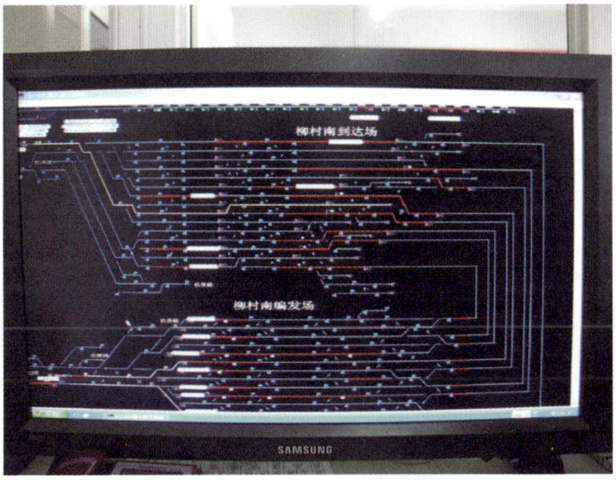

计算机联锁彩色监视器的屏幕显示

计算机联锁为提高办理列车进路的自动化程度创造了条件。例如，可将接、发车计划（包括列车车次号、到发股道、到发时间以及车站出入口等）预先存在计算机中，利用车次号选择接车进路，利用列车接近车站的信息确定办理进路的时机。简化了操作手续、减少了有关行车人员的直接联系，因而减少和防止了操作失误，提高了作业效率。

在行车信息管理方面，计算机联锁设备可以向旅客服务系统（如广播、车次到发显示牌等）、列车运行监示系统以及行车指挥系统提供信息，例如列车到发时间、列车占用线路情况、列车所在股道以及信号设备状况等。由于这些系统已经计算机化，系统之间很容易结合。

计算机联锁还能很方便地进行自身管理，包括对操作人员的操作、设备工作情况的记录和打印，对电子器件、信号设备的检测、诊断并给出必要的表示、打印等。自动监测功能能及时发现故障，确定故障位置。

——方便设计、施工和维护

计算机联锁使设计工作更加便捷。由于它采用积木式的模块化结构，容易实现标准化，进一步提高了工厂化施工的程度。电气集中联锁用硬件，即安全型继电器及其接点构成联锁关系，要更改联锁关系（如车站增设股道等）必须改动硬件和配线；而计算机联锁则是用计算机软件构成联锁关系，它将车站联锁的逻辑编成程序，无论站场如何变化，或遇到任何类型的站场，都不需要重新改变硬件系统，只要补充和改变软件中的程序，即可满足联锁的要求，便于站场变更。同时，它也易于实现故障检测和分析。

——降低工程造价

继电集中联锁全部采用继电器，组合间配线复杂，特别是信号楼和现场设备之间所用的电缆很多。而计算机联锁采用计算机软、硬件技术，用它取代成千上万台继电器，其价格也日益低廉。计算机联锁的信息可串行传输，能大大减少干线电缆。计算机联锁室内设备的体积远小于继电集中联锁，因而可大大节省房屋面积，这些都降低了工程造价。此外，计算机联锁易于实现标准化，可缩短设计周期和施工周期，并可降低设计、施工、维护费用。由于施工、改建和故障修复时间的缩短，减少了对运输的干扰，其经济效益是显着的。

2 计算机联锁系统的结构

计算机联锁系统的硬件部分可分为人机会话层（也称为人机对话层）、联锁层和监控层，相应地由人机会话计算机、联锁计算机和控制器来承担各层的任务。

——人机会话计算机接收来自操作台的操作输入，判明能否构成有效的操作命令，并转换成约定的格式，输送给联锁计算机。另外，接收来自联锁计算机的表示信息，将它们转换成显示器或控制台能够接受的格式。

——联锁计算机接收来自人机会话计算机的操作命令以及室外监控对象的状态信息，进行联锁逻辑运算，包括选择进路、检查进路空闲、锁闭敌对进路等，然后发出控制道岔转换

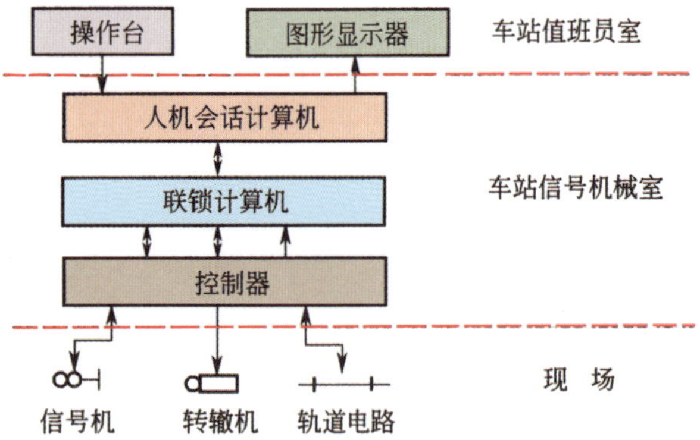

计算机联锁系统结构

和开放信号的命令。

——控制器用来实现控制对象与室内联锁计算机之间的联系。它接收来自联锁计算机的控制码，经过变换形成控制命令以驱动相应的控制电路；它又接收监控对象的状态信息，经过编码再传送到联锁计算机。

与硬件系统对应，计算机联锁的软件分为人机会话处理、联锁逻辑处理、执行表示 3 个软件包。

至于室外设备，计算机联锁保留了电气集中所采用的现场设备。

快速旅客列车进站

3 计算机联锁的进路控制

大家都知道，计算机是执行程序来工作的。要让计算机控制车站的联锁，即对进路进行控制，也必须制定一个完整程序，以便计算机按部就班地执行。

计算机联锁程序所处理的内容是多方面的，但其核心部分是进路控制。

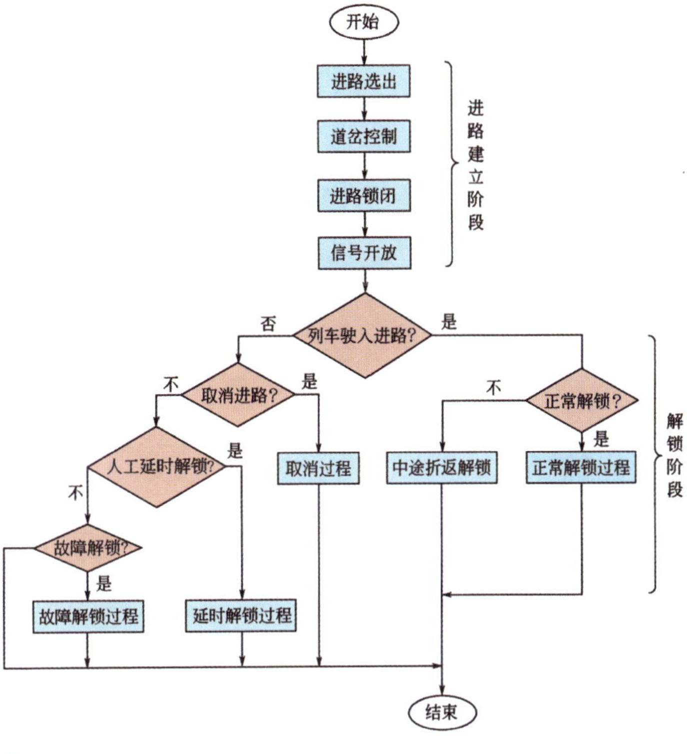

计算机联锁进路控制程序框图

可以看出，计算机联锁的控制程序严格地规定了联锁的执行步骤和条件，保证了系统工作的有条不紊。当然，所有的联锁条件检查，还要通过联锁计算机进行各种逻辑运算，检查各种联锁条件是否具备。

其实，计算机联锁所要执行的联锁程序原则上同继电联锁是一样的，但它通过计算机软件来执行，比带有许多机械接点的继电器电路要快得多，而且是无声无息地就进行完毕。

4 有备无患的冗余结构

为了提高系统的可靠性和安全性，计算机联锁大多采用了冗余结构。其冗余方式，分为双机热备、二乘二取二、还有三取二 3 类。

(1) 双机热备系统

这种系统由两台计算机组成，其中一个（模块 A）执行联锁，作为主机；另一个（模块 B）虽也带电工作，但只作为热备（即开机运行状态下备用），它也进行联锁运算，却无控制输出，

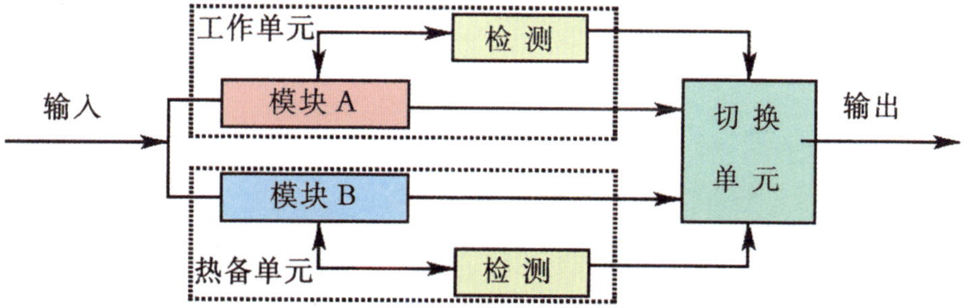

双机热备冗余结构

备而不用。这种系统是靠单机自我测试和监督，不够安全，而且存在双机切换的问题，切换失败将产生危险后果，因此，国外已不再发展，我国暂准在单线、支线、非提速区段使用。

（2）二乘二取二系统

这种系统由4台计算机系统，两两一对，组成两个子系统Ⅰ和Ⅱ，每个子系统中有同样的两台计算机A、B工作，执行联锁任务。其中一个子系统作为主机，负责输出控制指令；另一个子系统处于热备状态。子系统中两个计算机各执行一套编码相同的联锁程序，然后对它们的运算结果进行比较，如果一致就输出；如果不一致，就认为其中有一个计算机出了故障，立刻停止该子系统的输出，切换到另一个子系统输出。此系统中每一个子系统类似于双机热备制式中的一个单机，可称是双份的双机热备，虽说多用了两个计算机，但保险系数也加大了，更加安全可靠些。

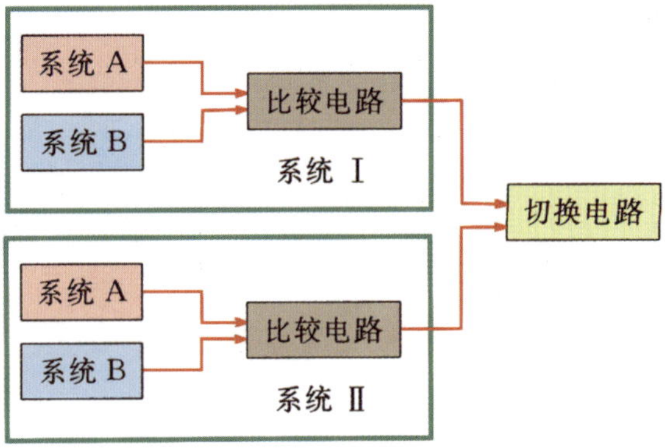

二乘二取二冗余结构

（3）三取二系统

这种系统用3台计算机组成联锁机构，各台计算机中执行同样的联锁软件，输出时运用多数表决器判断，少数服从多数，只要任何2台计算机运算结果一致（包括3台均一致），则认为联锁机构工作正常。如果有1台计算机发生故障，其运算结果在表决器中就被屏蔽掉了，不会将其错误结果输出。如果3台计算机中两台同时发生故障，则必须满足故障—安全的要求，不允许输出导致危险的结果。

另外，各计算机之间采用了两个并行的传输网进行通信，即双网通信。如果其中一个传输网中断或发生故障，另一个传输网仍能保证系统正常工作，提高了系统的可靠性。

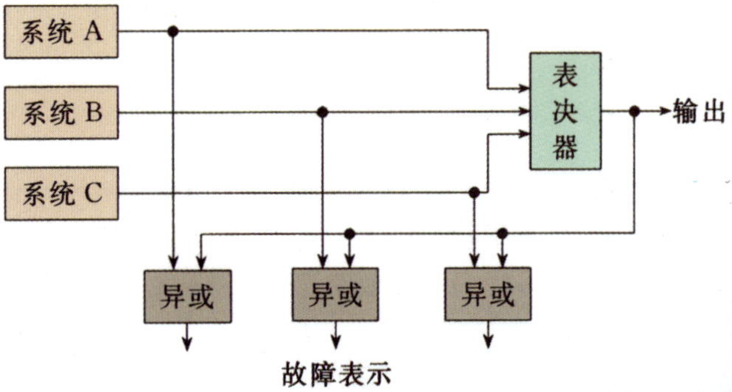

三取二冗余结构

动车组进站

第11单元

货车在此重新集结

HUOCHE ZAICI

HUOCHE ZAICI CHONGXIN

CHONGXIN JIJIE

IJIE

货运列车的“加工厂”

旅客长途旅行如需要中途转车，可以下车换乘；货物如果需要中转，不能卸车重装，而要将整车的货物重新进行“解编”。什么叫“解编”呢？

打个比方，南来北往的货物，到了分岔口，有往东的有往西的，怎么办？将到达的所有列车就地解散，叫做“**解体**”；然后让各车货物按照各自的去向，重新排队，往东的排一队、往西的排一队，再将往东的货车重新编成一列车，往西的也编成一列车，这就叫“**编组**”。货物列车的解体和重新编组，简称为“**解编**”，也叫“**改编**”。解编的地点，就在编组站。

全国铁路像一张大网，其中有许多节点，也就是道路的分岔口。编组站就坐落在这些分岔口上，它用于办理大宗货物列车解体和编组作业，并为此设置有专用调车设备。铁路货物列车到达编组站以后，在调车场将列车解体，按照每辆货车或车组（若干辆去向相同的车连

京九线上的阜阳北编组站

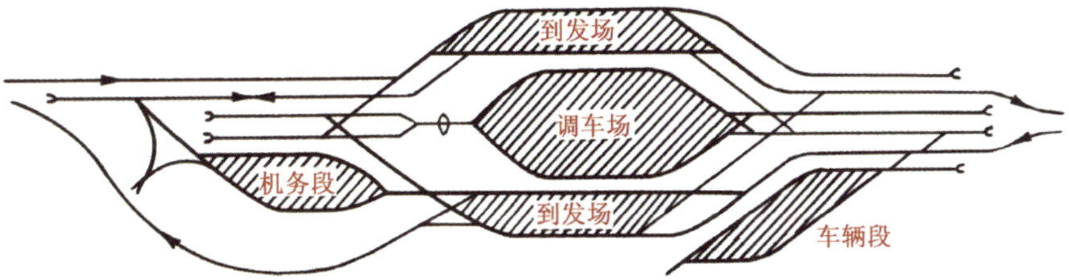

(a) 单向横列式车场

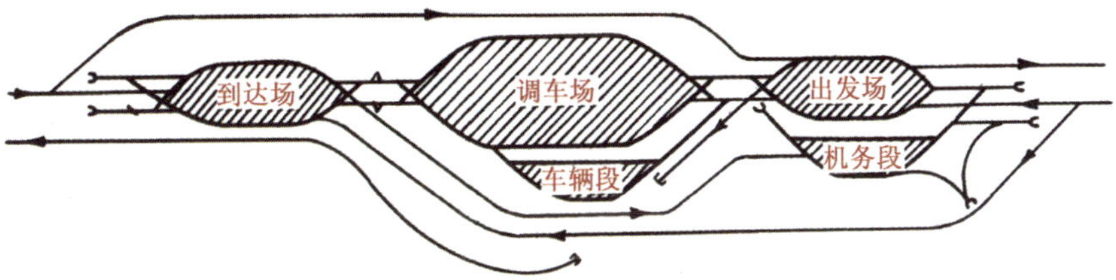

(b) 单向纵列式车场

单向横列式与纵列式车场

挂在一起，称为**车组**，也称**钩车**）的去向重编成新的列车，再发往各自的目的地。一列列长途跋涉、远道而来的列车开进来，一列列重新集结、焕然一新的列车又开出去，因此，编组站也被称作为货运列车的“加工厂”。

编组站在整个铁路网中的地位相当重要。有人曾作过粗略的统计，对于长距离运输，车辆平均完成一次装货到卸货的全周转时间，假定为 10 天，那么，在车站作业与停留要占 6 天，真正用在路上走行的时间只有 4 天。车辆在车站停留干什么呢？除了装货、卸货，有 60% 左右的时间是在途中编组站进行解编作业。可见，提高编组站的解编能力，是提高货物运输效率的关键。

编组站怎样进行解编呢？是靠调车机车对一列车中的车辆或车组进行调车作业来完成的。

为方便作业，编组站一般要设置几个车场，这是调车机车活动的“大舞台”，主要有到达场、出发场（如果到达场与出发场合用，就叫到发场）和调车场。需要改编的列车，先进到到达场，然后由调车机车牵引至调车场进行改编，改编之后，经过整理，再用调车机车牵引至出发场，最后开走，奔向新的目的地。

编组站的车场有横列式和纵列式。纵列式从到达、解体、编组到出发进行流水作业，效率高，但占地面积大。图中所示的单向纵列式车场，铁路上习惯称为“三级三场”。“三级“指的是列车要经过 3 个道岔咽喉区顺序进入到达场、调车场、出发场，”三场“指的是有 3 个车场。而图中的单向横列式车场，则称为“一级三场”，也是 3 个车场，但列车从一个咽喉区就可进入某一个到发场或调车场。

编组站既然是列车的加工厂，它的运输生产就也和一般的工厂生产一样，有一个作业流程，包括从待改编的列车到达之后开始，经过一系列技术作业，直至编组成新的列车从编组站出发为止。

编组站的整个作业过程，可以分为货车信息管理和作业过程控制两大部分。

1 货车信息管理

货车信息管理包括以下内容：

——接收列车到达前的预确报（指相邻编组站发来的出发列车编组顺序表，如车型、车号、载重、到站、货物品名等信息）；

——现车确认核对（相当于工厂的原材料检验）；

——编制解体作业计划（相当于工厂的头道工序加工工艺）；

——编制编组作业计划（相当于工厂的二道工序加工工艺）；

——编组后的现车确认（相当于工厂的产品质量检验）；

——向邻站发列车预确报（相当于工厂的产品“推销”，当然，对方必须接受）；

——货报和编制统计报表等。

2 作业过程控制

编组站的作业包括到达场、调车场、出发场3个环节，要前后衔接，一气呵成。

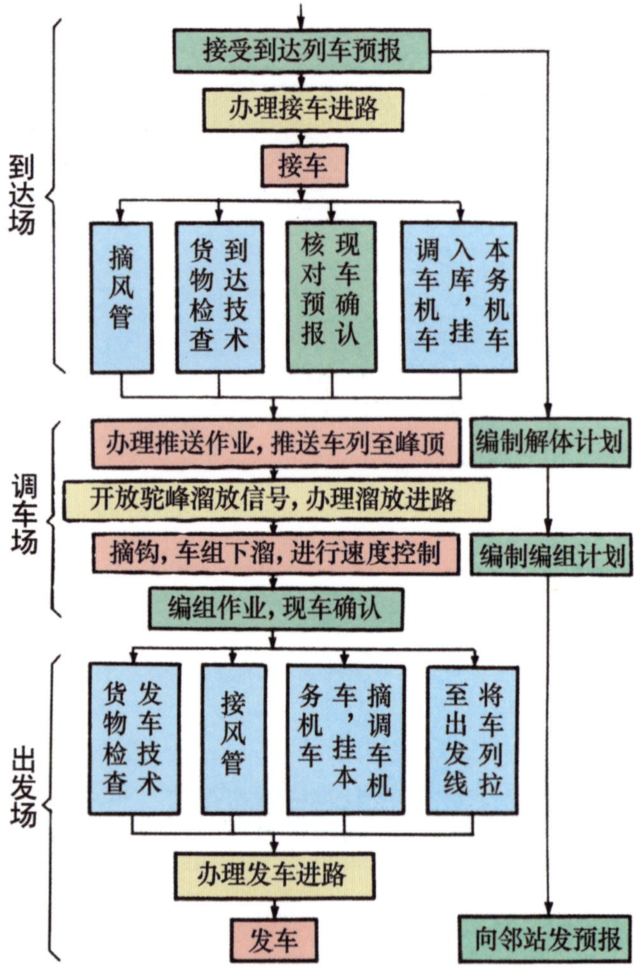

编组站作业流程

（1）到达场作业

进入编组站的列车首先开进到达场，在到达场的作业包括以下内容：

——办理接车进路。

——接车。

——对到达列车进行技术、商务检查。

技术检查是指对车辆的检修作业。货物列车重量大，在运行过程中冲击力也大，长途跋涉，车辆的走行部（转向架）和连接部分（车钩缓冲装置）很容易发生损坏，有些车辆配件可能磨耗超过标准或丢失，车辆的制动部分可能动作失灵，这将危及行车安全。因此，车辆来到了到达场，必须由检车人员对它仔细进行“体检”。

商务检查是指对车辆所装货物的装载加固情况的检查。经过一段长途旅行，货物的装载状态可能发生变化，需要进行装载整理，由货运检查员检查货物装载情况：篷布的苫盖及捆绑，车门、车窗、铅封等有无异状，罐车有无泄漏等，发现问题及时处理。

——摘掉风管连接。**风管**也称制动软管，将各车辆的制动管连接在一起，是供给各车辆制动缸所用压力空气的通道。

——让牵引列车运行到站的**本务机车**入库，换调车机车牵挂待改编车列（列车摘掉机车后剩下的车辆连挂在一起叫**车列**）。

——推送车列至驼峰调车场。

（2）调车场作业

列车的解编是在调车场进行的，在驼峰调车场的作业包括以下内容：

——进行提钩（将车辆之间相互连接的车钩松开）作业，根据不同去向将整个车列按车组断开。

——开放驼峰信号。

——办理溜放进路。

——车组下溜时进行速度控制。

——对溜放下来的车辆进行整理和调车作业，牵引至出发场。

（3）出发场作业

改编后的列车要从出发场开走，在出发场的作业包括以下内容：

——发车前的技术、商务检查。

——连接风管。

——摘下调车机车，挂上牵引新的列车开行的本务机车。

——办理发车进路。

——发车。

全国铁路有几十处大型编组站，其中较著名的如沈阳的沈阳南站（原苏家屯）、北京的丰台西站、郑州的郑州北站、襄樊的襄樊北站、徐州的徐州北站（原孟家沟站）、上海的南翔站、阜阳的阜阳北站等。铁路的大型编组站，日均出入货车总数达数十万辆，承担着全国铁路货物列车的主要改编任务。但是，随着铁路运输的发展，编组站的解编能力还不能满足需求，编组站的作业自动化程度有待不断提高。

焦柳线上的襄樊北编组站

铁路上的“骆驼”

人们大多见过骆驼。骆驼号称“沙漠之舟”，特别适于在沙漠地区生存。它的背上有一个或两个凸起的驼峰（亚洲骆驼为双峰、非洲骆驼为单峰），内存脂肪，这是它最明显的特征。

要说铁路上也有骆驼的“驼峰”，可能大家会奇怪。其实，这只是对铁路编组站调车场里一种调车设备的形象化说法。所谓**驼峰**，就是使调车场入口处的地形适当隆起，呈小丘状，称为驼峰，这样，将待解体的车列推上驼峰峰顶，调车员按作业计划将车钩摘开，车组便可以借助自身的重力溜放到指定的线路，与停留在同一条线路上的车辆连挂，组成新的列车，省时省力。1876年，世界上第一个简易驼峰在德国诞生。

骑在骆驼背上的人

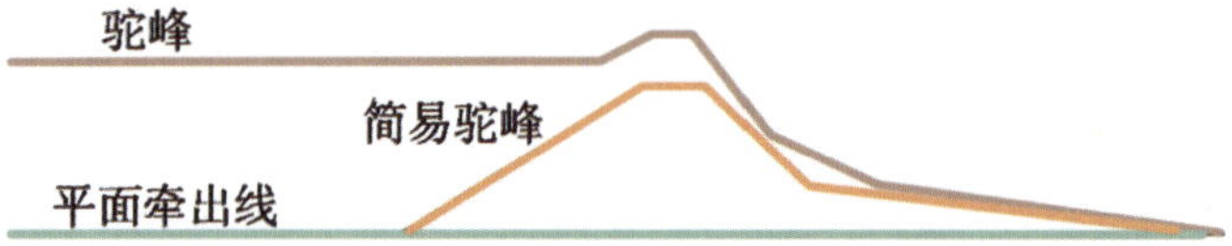

简易驼峰与一般驼峰的纵断面

在没有驼峰以前，调车作业都是**平面调车**，靠调车机车利用牵出线将拆散的各个车组一趟趟地拉出来，再推送到指定调车线路上，调车机车要在调车线和牵出线上多次往返，道岔靠人工就地扳动，调车员用手信号指挥机车，制动人员用车辆上的手闸进行制动，经常要在溜放的车辆上跳上跳下，全部作业由人工进行，不仅效率很低，而且安全性很差。

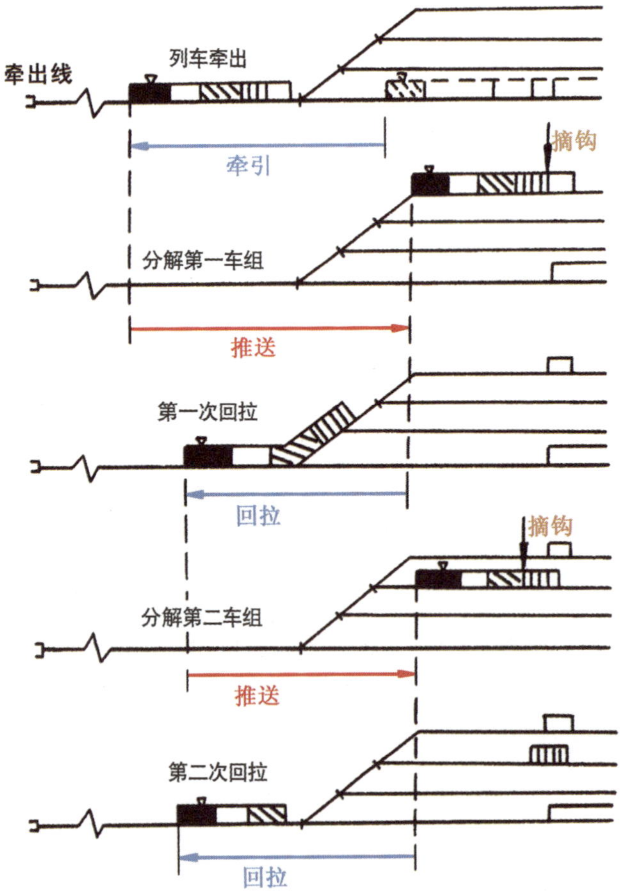

平面推送调车作业过程

驼峰调车取代了以往在平面调车时调车机车来回往返的牵出和推送，大大提高了解编能力，因而得到了迅速发展。

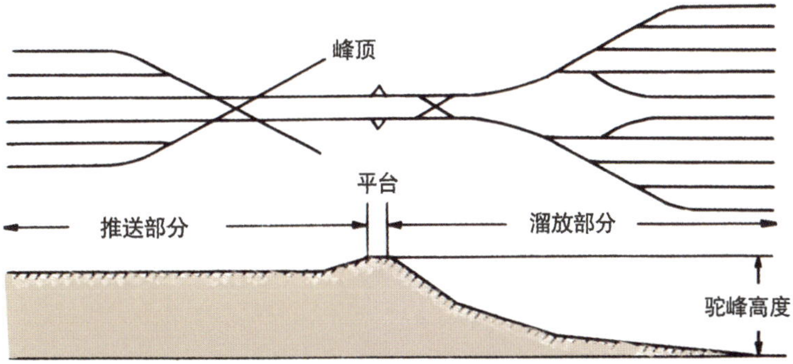

驼峰的平、纵断面示意图

驼峰调车作业过程是从驼峰调车机车挂上待解体的车列开始推峰起，至各车组在调车线内安全连挂为止。在这个过程中，需要解决的问题主要有 3 个，也可以说是三大技术关键，即溜放车组的速度控制，溜放车组的进路控制及推峰机车的速度控制。围绕着这三方面的改进，驼峰调车由早期的简易驼峰，到机械化驼峰、半自动化驼峰、自动化驼峰，最后发展到编组站综合自动化。

车辆上的手闸

1 简易驼峰

1958 年北京铁路局在丰台站，自己动手，平地起包，首先建成当时全国第一个“土驼峰”，将平面调车作业改变为重力调车作业。之后，国内铁路调车工人纷纷响应，他们自力更生，艰苦奋斗，在两年多时间内，先后建成“土驼峰”150 余处，大大提高了调车效率，改善了调车质量，成为中国铁路调车作业史上技术发展的一大飞跃。

所谓“土驼峰”即**简易驼峰**，它基本没有信号设备，就是一个土丘，溜放速度调整依旧采用人工在车辆上拧手闸和在车轮下塞铁鞋。仅仅是将机车推送溜放改成了通过驼峰依靠车辆的自重溜放。

铁鞋是一种对驼峰溜放车组进行人工减速的楔形减速工具，又名**制动铁鞋**。铁鞋主要用在简易驼峰和机械化驼峰。它可以

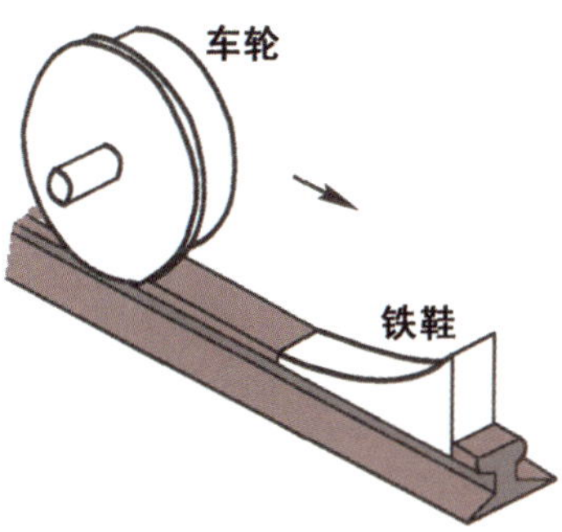

铁鞋作用原理

铁鞋

跨在钢轨上，在车轮的推动下沿着钢轨滑行。当车组在调车线上溜放过程中需减速或停下时，在车组的轮对前方轨条上人工放置铁鞋，一旦滚动的轮对压上铁鞋，轮对的踏面与铁鞋弧面接触，迫使轮对停止转动，而带着铁鞋向前滑行，像坐雪橇一样。这时的车辆借助铁鞋滑行摩擦消耗巨大的能量而减速，以达到制动的目的。

2 机械化驼峰

机械化驼峰比简易驼峰进了一大步，主要特征是采用了人工控制的减速器对车组溜放速度实施控制，同时对溜放进路实现了集中控制。世界上第一个机械化驼峰调车场于1924年在美国建成。中国于1960年首次在沈阳苏家屯站（今沈阳南站）建成机械化驼峰调车场，接着，在全国十几个路网性编组站基本上都实现了驼峰调车的机械化。

这种驼峰设备与简易驼峰的不同点，主要表现在：

——车站的车场由原来的横向布置，逐渐向纵向布置发展。

——驼峰的高度一般都提高到3米以上（简易驼峰的高度一般为1～2米）。

——驼峰的平纵断面更加合理，特别是溜放部分的加速坡加大到30‰～40‰，因此，车组起溜速度较高。

——在溜放部分设减速器制动位1～2个，以调整车组的溜放间隔。

——信号设备更加完善，加装了驼峰信号机、驼峰辅助信号机和复示信号机。有的还安装了驼峰机车信号。溜放进路改为电气集中控制，并普及了带有进路储存的预排进路，统称为驼峰自动集中。

机械化驼峰由设在驼峰头部的间隔制动减速器进行溜放间隔调整，溜放途中设两组减速器。车组进入调车线后，由铁鞋制动员利用铁鞋再进行调速。采用铁鞋制动虽较手闸优越，但由于操作不当，撞车和人身事故时有发生。为了保证作业安全，规定不能使用铁鞋调速实行车组连挂，要求留有 2 ~ 5 米“天窗”（指进入调车线内的车组停下来后，与前方既有停留车之间的距离）；但有时由于调速不当，“天窗”竟达几十米或上百米。因此，调车线的有效长不能充分利用，造成推峰机车下峰整理的次数和时间增加，严重地影响驼峰的解编能力，于是，改变机械化驼峰利用铁鞋进行调速的落后方法，便成为中国铁路 20 世纪 70 年代中期开始的编组站技术改造主要内容之一。

3 半自动化驼峰

半自动化驼峰是在机械化驼峰的基础上增加 1 ~ 2 个目的制动位减速器，采用测速、测重、测长、半自动控制机等新的技术设备，对车辆减速器实现了半自动控制。同时，它还对溜放进路进行了自动控制。世界上第一个半自动化驼峰于 1952 年在美国建成。我国铁路于 20 世纪 70 年代在丰台西编组站建成首个半自动化驼峰，到 80 年代得到了大量推广应用。

半自动化驼峰在进行调车时，由驼峰作业员根据气候条件和测长设备提供的线路空闲长度，目测被控车辆走行阻力，凭经验预先在控制台上选定一个车组离开减速器时应有的出口速度（称**定速**），此速度应使被控车组能在峰下调车线内与原有的停留车安全连挂，然后按下控制台上的股道按钮和定速按钮，相应的定

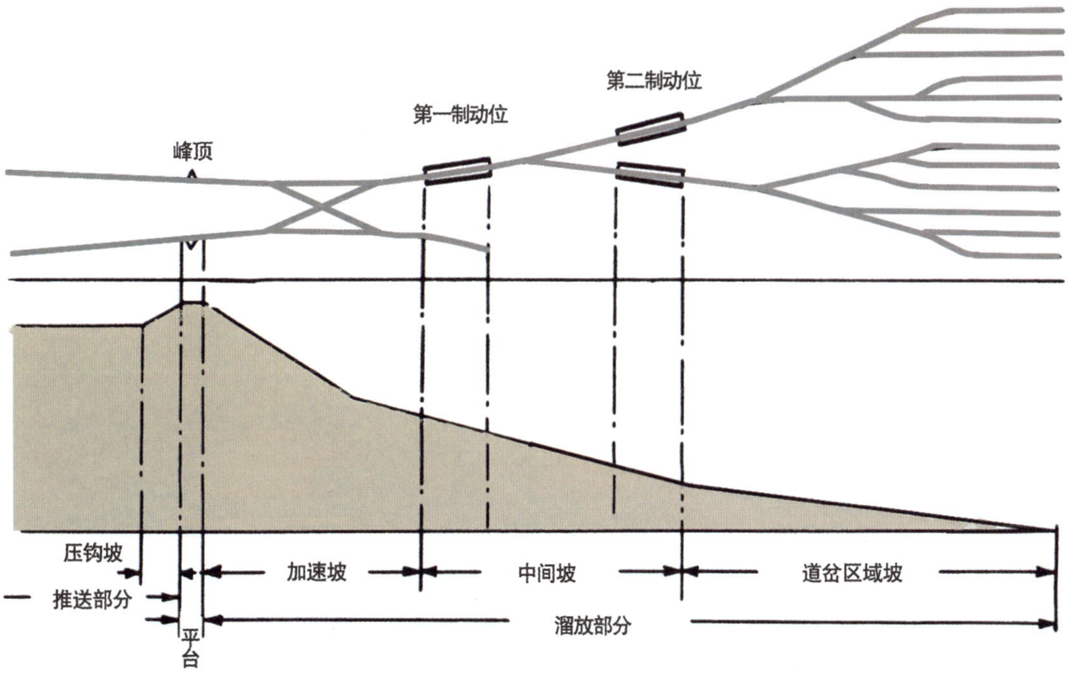

机械化驼峰头部平、纵断面示意图

速电路接通，给出一个定速值，并显示在控制台上。车组进入减速器区段，雷达控制机开机，此时比较电路将雷达测得的实际速度 $V_{雷}$与作业员给定的速度 $V_{定}$进行比较。当雷达测速大于定速加补偿速度时，控制电路给出制动命令，减速器对溜放车组进行制动；当雷达测速等于定速加补偿速度时，控制电路给出缓解命令，减速器缓解。这样，最终使溜放车组按作业员预先给定的速度离开减速器。由于定速是靠人工手动操作的，而对减速器的控制是自动的，所以对溜放速度的控制还属于半自动。

驼峰半自动控制台

驼峰半自动调速系统取得如下运营效果：

——提高了车辆安全连挂率。在距减速器250米的范围内，5公里/小时以下的安全连挂率为80%左右，最高连挂速度不超过7公里/小时。

——提高了驼峰解体能力。比机械化驼峰的设计能力提高10%～15%。

——保证了作业安全。由于采用了减速器半自动调速，车辆在股道内走行速度平稳，消灭了溜放车组高速接近停留车的可能性，大幅度减少了车辆冲突，减少了制动人员的工伤事故，特别是在气候恶劣，能见度低的条件下，调车安全有保障。

——显著地减少了铁鞋制动次数和铁鞋消耗量。与此同时，减少了铁鞋制动员，减轻了制动员的劳动强度。

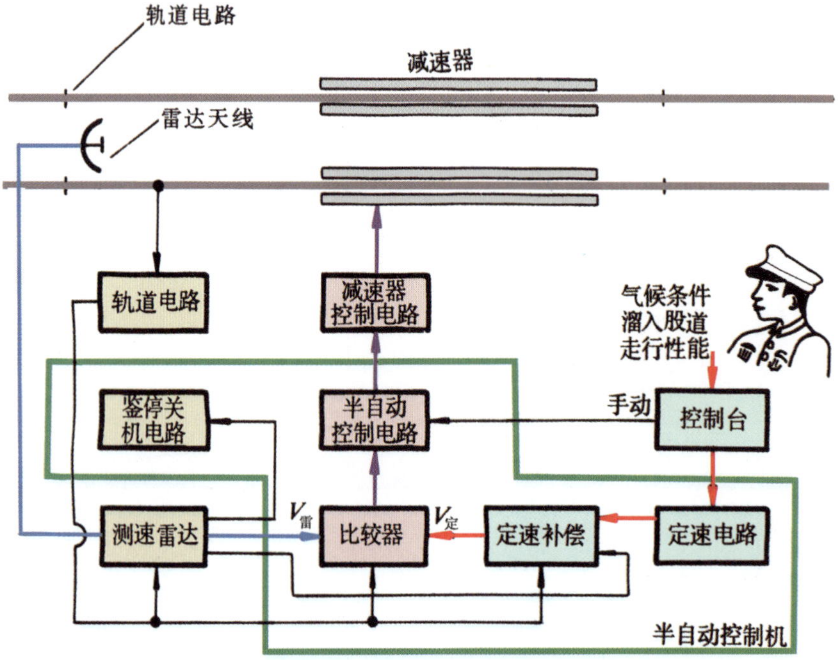

半自动驼峰原理示意图

4 自动化驼峰

自动化驼峰是在半自动化驼峰的基础上，增加计算机系统和部分基础设施（车轮传感器、光挡、气象站等），由计算机确定溜放车组在减速器出口的速度设定值，自动实现车组溜放速度控制，同时控制机车推送进路、车组溜放进路和峰下调车进路，还增加对推峰机车的速度控制。除驼峰头部的制动位以及调车线始端设减速器外，在调车线内适当位置也安装减速器、减速顶、推送小车等调速设备，彻底取消铁鞋制动，使对驼峰的进路、溜放速度、推峰机车速度进行控制的三大关键技术全部实现了自动化。

1965 年，美国建成世界上第一个计算机控制的自动化驼峰。我国于 1983 年在上海南翔编组站建成了第一个利用国产小型计算机为主体来控制的自动化驼峰，20 世纪 90 年代，驼峰自动化系统在我国铁路得到迅速发展。到 2008 年末，全路已有自动化驼峰 113 处。

驼峰夜色

车儿啊，你慢些走！

上世纪60年代，北京军区战友文工团歌唱家马玉涛的一曲《马儿啊你慢些走》，以其优美的旋律，唱出了祖国的美好景色和一日千里的发展，迅速传遍了大江南北……现在上点儿年纪的人，可能还都记得这首歌：

“马儿啊，你慢些走慢些走，我要把这壮丽的景色看个够……”

——驼峰调车场溜放的车辆或车组，也需要慢些走。

溜放车组的速度控制是驼峰调车中需要解决的难题之一。车组摘钩离开车列之后，失去了机车的控制，如何保证它逐步减速，到达目的地时乖乖地停下来，与既有停留车进行安全（不碰撞）地连挂呢？

最早的办法是利用车辆上自带的手闸制动，而后是用铁鞋制动，机械化驼峰开始用上了人工控制的减速器，半自动和自动化驼峰则不但用上了多种调速设备，而且还发展了各种驼峰测量设备，采集各种数据，利用计算机对减速设备进行自动化控制。

1 驼峰调速设备

在驼峰调车对解体车辆溜放作业中，为保证前后车组之间的间隔，并使溜放车组能够停在调车线的预定地点或与线上已停留车安全连挂，需要用调速设备对溜放车组的速度进行调整控制。

常用的驼峰调速设备有车辆减速器和减速顶两种。前者集中设置在线路上某些特定地点，称为**点式调速设备**。后者成群结队地分布在一段线路上，连续地对车组起减速作用，称为**连续式调速设备**。

（1）车辆减速器

车辆减速器是用于控制驼峰溜放车辆速度的设备。它是一种钳形结构，制动时从下边两旁抱紧车轮，有点儿不让走的意思，迫使车辆减速，以达到调整车辆溜放速度的目的。车辆减速器按控制原理可分为重力式和非重力式两种，按动力来源可分为气动、液压、电动三种。

车辆减速器

车辆减速器夹住车轮进行减速

车辆减速器动作快、效率高、力量可控，它能大大提高解编能力；它替代了人工作业，保证了调车作业和人身安全，并减轻了工人劳动强度；它替代铁鞋制动后，减少了钢轨磨耗和车轮踏面的擦伤，因此，它已成为机械化、半自动化和自动化驼峰编组站的主要调速设备，

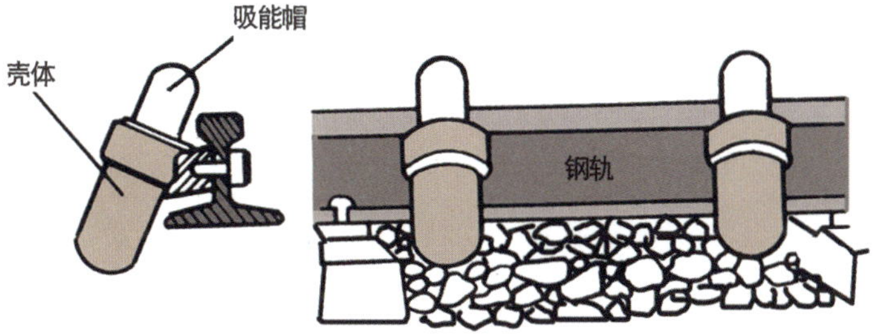

减速顶安装示意图

(2) 减速顶

减速顶是一种小型减速装置，又称油气减速单元。减速顶主要由吸能帽和壳体两部分组成。吸能帽安装在壳体内，壳体固定在钢轨内侧或外侧，壳体的作用是支承并引导吸能帽在壳内上下滑动。

减速顶其实是一只滑动油缸，内部充以一定数量的液压油和氮气，它不需外部能源和检测控制设备，利用溜放车组通过时的速度自动控制其内部油液的流动阻力，从而消耗车组动能，达到减速作用。减速顶的脾气是“吃软不吃硬”，车辆慢慢地过可以，要是快速通过，则要顶你一下。每个减速顶预先调整好了一个固有的临界速度，低于临界速度的车辆轧过时，其内部油液从容不迫地下泄，吸能帽在车轮压力下，乖乖地低头，基本没有减速作用；当超过临界速度的车辆轧过时，其内部油液来不及下泄，产生一定的阻尼作用，使吸能帽对车轮有个反作用力，起到减速作用。

哈尔滨铁路局科研所研制的减速顶安装在俄罗斯圣彼得堡编组站

减速顶制动能力不大，只有大量使用才能实现有效的制动，但个别失效也不会使车组失控。

2 驼峰测量设备

要对驼峰溜放车组的速度进行调整，必须及时了解车组重量、调车线空闲长度、车组实际溜放速度、车辆溜放阻力等参数，以便决定车组在减速器出口的速度。这些参数是分别由测重、测长、测速、车轮传感器等“侦察员”获取的。

（1）测重设备

测重设备设在驼峰下面第一分歧道岔入口前，用于测定溜放车组重量等级（一般分为4级）。

根据物理学的牛顿第二运动定律，在外力作用下，物体所获得的加速度与其质量（俗称重量）成反比。也就是说，用同样的力去推一辆车，较轻的车比较重的车走得快。反过来也一样，使重车减速总比使空车减速要费更大的劲儿。因此，在控制车组的溜放速度时，不可不了解车组的重量。溜放车组的重量，是调整溜放车组速度的重要依据。

测重的方案很多，我国目前大多采用嵌在轨腰内的压磁式测重器。传感器直接装在轨腰上，利用压磁效应，测量轮重负载对钢轨产生的剪应力，其输出电压与之成正比，由此将车轮重量转换为电信号，并划分为若干等级，再将测量结果提供给驼峰溜放控制系统，用于计算车组溜放阻力。

压磁测重传感器

（2）测长设备

调车线空闲长度是确定减速器出口速度的主要依据。调车线空闲长度即车组溜放到目的地所要走行的距离。距离远，路漫漫，则出口速度可以高些；否则就要将速度降低。

测长器是利用测量轨道电路短路阻抗的方法来测量调车线的空闲长度，并将测量结果提供给驼峰溜放控制系统。

测长器按轨道电路的频率可分为工频测长器和音频测长器。

（3）测速雷达

在减速器点式调速方式中，车组溜放速度的调整，是通过控制车组离开减速器出口速度来实现的。这就需要连续测量和监视溜放车组在减速器区段走行的瞬时速度，与要求其具有的出口速度进行比对，从而实现对溜放速度的自动控制。

当我们站在轨道旁，一列车向我们迎面驶来，我们听到列车的声音会随着列车的驶近频率逐渐变高；而当列车从我们身边驶过后背离我们而去的时候，我们听到的列车声音，会随着列车的远去而频率逐渐降低。这种物理现象就是多普勒效应。

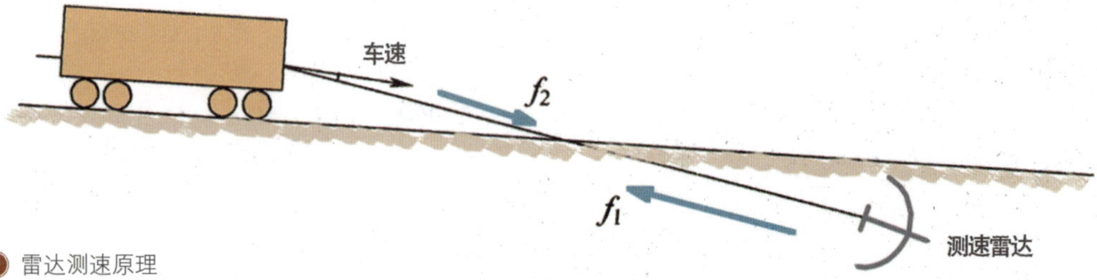

雷达测速原理

电磁波和声波一样，也有多普勒效应。测速雷达工作在微波频段，它就是利用多普勒效应实现对车辆溜放速度测量的。测速雷达按信号波长可分为厘米波雷达和毫米波雷达。由于毫米波的雷达信息量大、结构简单、体积小、可安装在线路旁边而不必安装在线路中心，使测速的精度及可靠性大为增加，并极大地方便了现场维护，所以目前已基本淘汰了厘米波雷达而采用毫米波雷达。

当雷达天线向被测的移动车组发射频率为f_1的微波波束时，微波经运动车组反射后频率将偏离f_1而变成f_2，f_1与f_2的差值称为**多普勒频率**。多普勒频率的大小与车组移动速度成正比，因此，只要测出了多普勒频率，就可以获得车组实际溜放速度。

（4）车轮传感器

车轮传感器又称**踏板**，在驼峰自动化系统中用于计轴、测速、测阻及车辆走行判向等。

车轮传感器分无源和有源两种。无源传感器的基本原理是在一块永久磁铁外面绕以感应线圈，当车轮轮缘通过时，磁通量发生变化，线圈产生的感应电动势，即传感器产生的车轮信号。有源传感器是利用电感和振荡电路组成谐振回路，在没有金属接近时，振荡电路谐振于某一频率，输出信号达到最大值；当有金属接近时，产生涡流损耗，使振荡电路输出信号幅值急剧下降，通过检测输出信号幅值变化，得到车轮信号。

一般在峰下测重区段装有两块踏板，用来测定车组轴数和轴距；在道岔绝缘保护区段内装一块踏板，以判定车组是否“追钩”（指后续车组追及前行车组或与前行车组进入同一轨道电路区段）；减速器的入口、出口各装一块踏板，以测定车组的速度。当雷达测速装置发生故障时，可用踏板测速代替雷达测速。

车轮传感器（踏板）

3 驼峰调速方式

解体车辆一旦与车列脱钩，其速度就失去了机车的控制，必须依靠地面设备进行调速。最主要的调速设备是车辆减速器，通常设置三个制动位：峰下减速器制动位（第一制动位），线束减速器制动位（第二制动位）和调车线始端减速器制动位（第三制动位）。其中前两组减速器主要用于调整车组之间的间隔，称作**间隔制动位**。调车线始端的减速器主要用于目的制动，称作**目的制动位**。我国铁路调车允许的连挂速度较低（5 公里 / 小时），为了精确控制连挂速度，通常在调车线股道内适当位置增设减速器、减速顶、推送小车等辅助调速设备。

调速设备为什么要分为间隔制动和目的制动呢？

——**间隔制动**，主要用于保证溜放时后续车组与前行车组之间的空间间隔，以便让前一车组通过之后，来得及转换分路道岔，使后一车组能进入另一股道。如果间隔没有保证，就可能发生超速尾追、冲撞等事故，或使车组跟着前车错溜进非目的股道。

——**目的制动**，主要是使车组在股道上走行时能达到预期的目的地，如果目的地停有车辆，则以安全的速度与既有的停留车连挂。连挂的速度如果过大，冲击力将对车辆的连接部分或车上的货物造成损失。另外，还要求车组不要在到达集结地点以前中途停车（即所谓“**开天窗**”），而未能与停留车连挂。

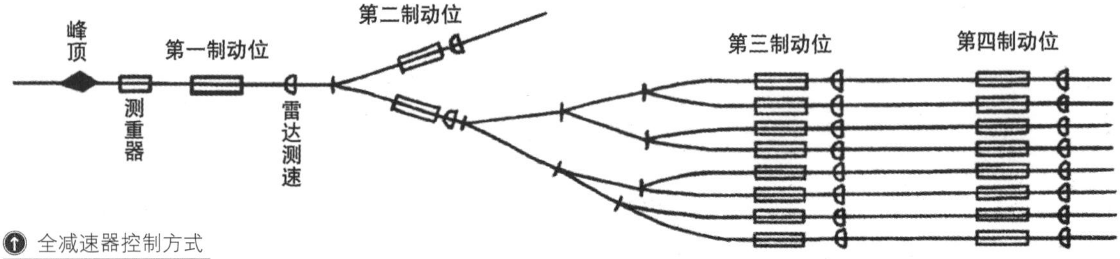

全减速器控制方式

目前，各国铁路驼峰自动化的调速方式不尽相同，主要体现在目的制动方式上不同。一般间隔制动都采用减速器方案，即在驼峰头部咽喉区设置一个或两个减速器制动位；至于调车场内股道上的目的制动，则采用了不同的调速方式。

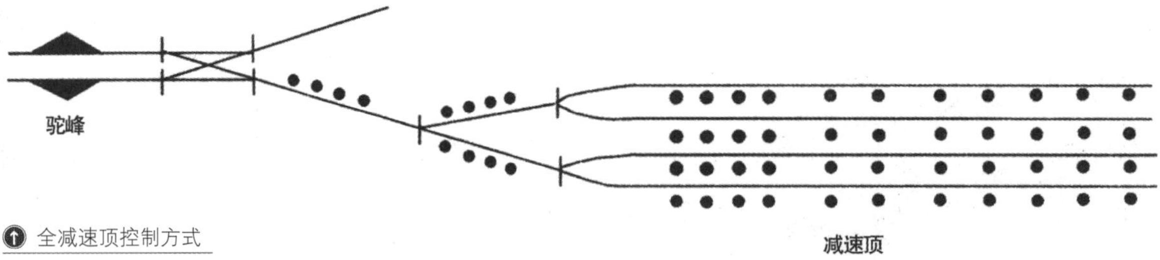

全减速顶控制方式

我国铁路从 1960 年就开始自动化驼峰的研究，并把丰台西站作为试验点。后来，铁道部根据国际上技术发展状况，组织了多方案的研究试验。到 1985 年末，我国铁路编组站的技术改造，基本上形成了 3 种方式：以丰台西、南翔编组站为代表的、以减速器为主要调速设备的点式调速系统（全减速器控制方式）；以广州北站、杭州艮山门站为代表的连续式调速系统（全减速顶控制方式）；以西安东、孟家沟（今徐州北）编组站为代表的点连式调速系统（减速器—减速顶方式和减速器—推送小车方式）。

(1)点式调速系统

这种调速系统也称**全减速器控制方式**，采用了 4 个减速器制动位，其中第一、第二个制动位设在驼峰头部咽喉区，以间隔制动为主；第三、第四制动位设在调车场股道内，以目的制动为主。

点式控制的优点是单位制动能力大，能提高推峰速度和溜放速度，作业效率较高；控制灵活，适应性强。缺点是需要一套自动控制、测量、计算设备，投资较大；控制范围较大时，安全连挂率较低。

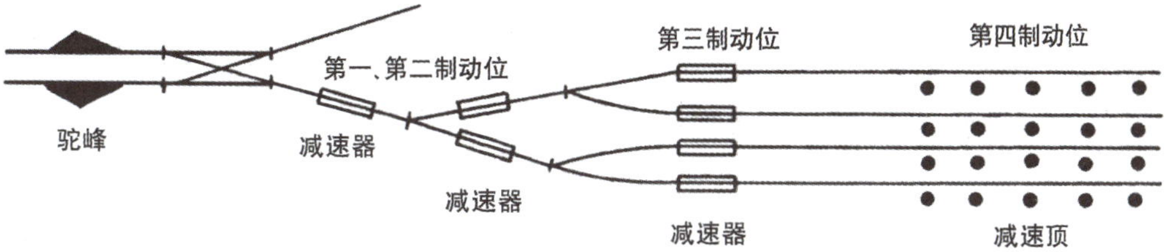

点连式控制方式

(2)连续式调速系统

这种调速系统也称**全减速顶控制方式**，特点是调车场内不设减速器，用密集的减速顶代替减速器，有的甚至从驼峰头部开始，全部采用减速顶。

由于减速顶本身就可以对经由其上的车辆自动调速，不需要外加测控或控制设备，而且调速是连续进行的，因此这种方案有其优点，但它的溜放速度不能很高，并且全场安装减速顶的数量十分可观，达到数千乃至上万，致使运营过程中的养护维修工作量相当大。它只适用于对安全连挂速度要求苛刻（比较低）和对解体能力要求不高的小能力驼峰调车场。

(3)点连式调速系统

这种调速系统，第一、第二制动位的间隔制动仍用减速器控制；调车场第三制动位装设减速器、第四部位装设减速顶，其目的制动采用了点式加连续式的控制方式。

另外，点连式调速系统第四部位，也可以利用推送小车推送调车线上的溜放车组，使其安全连挂。

与连续式相比，点连式第三制动位的制动能力大，调节速度范围宽，有利于车组以较高的速度通过道岔区进入调车线，从而提高了驼峰的解体能力；又可以减少调车场股道内调坡工程量和安装减速顶的数量，从而节省改建工程投资。

20 世纪 80 年代，根据我国铁路允许连挂速度低、要求解体能力高的特点，经过专家反复论证，认为我国铁路自动化驼峰调车的目的调速以点连式为宜。

世界领先的 CIPS

CIPS 是英文 Computer Integrated Process System 的缩写，意思是“计算机集成过程控制系统”。用在自动化驼峰编组站上，可以叫“**编组站综合集成自动化系统**”。

2007 年 4 月 18 日成都北编组站综合集成自动化项目正式开通运营，使几代铁路人的努力终于成为现实，给铁路运输生产带来了可靠的安全作业和巨大的运输效益。

1 管、控一体化

前面我们已讲过，编组站的整个作业过程，可以分为货车信息管理和作业过程控制两大部分，简称为管、控两大部分。

编组站的解体和编组作业，需要车、机、工、电、辆诸多工种和部门的协同配合。国内编组站现有的自动化技术模式尽管在某些工种和作业过程中实现了自动化或计算机管理，如无线

成都北编组站的驼峰调车场

平面调车指挥系统、货车车号自动识别系统、车站计算机联锁系统、驼峰自动化系统、调车机遥控系统、编尾停车器自动控制系统、铁路运输管理信息（TMIS）等，但这些系统相对独立，没有统一规划集成，作业离不开人工操作，同时，各系统的信息资源没有共享。

编组站CIPS系统完成了编组站的管、控一体化，决策自动化和综合信息化，使我国编组站综合自动化水平迈上了一个新的台阶。管、控一体化作为CIPS系统的首要目标，将将编组站生产调度指挥的各种计划，如接发车计划，调车机车工作计划，调车计划等，转换成调度指令集，在符合车站各项技术作业条件的基础上，实时触发指令集当中的指令，然后将指令直接下达到联锁、驼峰、停车器等过程控制分系统，操控进路自动办理。

成都北站的车站调度员在工作

成都北编组站作业过程实现一楼一屏的集中控制，完成了作业集中办理。车站办理的列车到发、调车解编、机车走行等作业在统一的一个屏幕上显示，取代了现有编组站各信号楼分场操作的方式，取消了各工种、各岗位间的链接界面。

因进路由计算机按标准自动择机办理，作业更加规范，防止了人为错办和延办，生产安全更有保障，生产效率得到了提高。

成都北站的调度大厅

2 全新的工作模式

CIPS 系统执行管、控一体，为各个岗位工作人员的工作方法带来了改变和革新。下面以车站值班员和驼峰值班员岗位为例，可以看出，其工作重心从大量人工操作转变为监控指令集的执行和处理突发事件上了。

（1）到达场值班员

在传统模式下，到达场值班员需要办理许多业务：收到邻站发车请求，办理同意接车同时设定接车股道；邻站发车报点后，选排接车进路；通过车机联控，司机得到接车场别及股道信息，值班员得到即将到达列车的机车号；接车完毕，进行接车报点；办理本务机入段进路；根据调车计划，办理调机折返进路；当商检、列检、排风摘管等到达技术作业结束，办理推峰解体进路，准备进行推峰解体作业。

在 CIPS 自动模式下，到达场值班员只需要在收到邻站的发车请求后办理同意接车，在

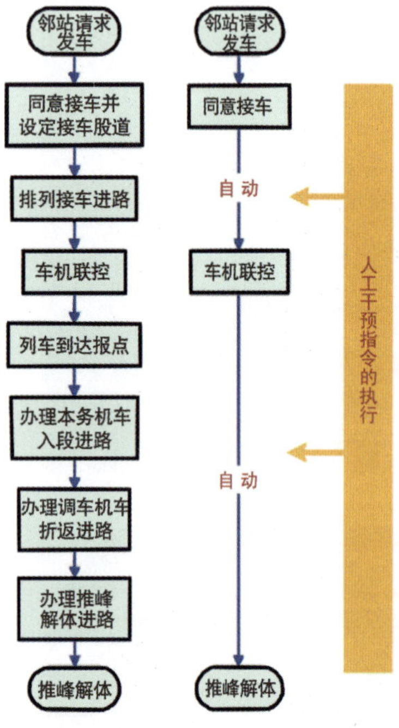

到达场值班员新旧操作流程对比

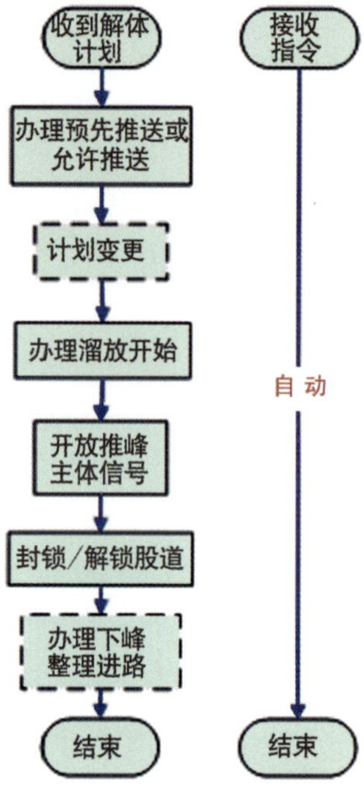

驼峰值班员新旧操作流程对比

适当时机与司机进行车机联控就可以使列车到达作业顺利完成。该流程中的其他作业环节均由系统自动生成的指令集下达到联锁过程控制子系统自动执行。

（2）驼峰值班员

在传统模式下，驼峰值班员全面负责驼峰自动化子系统的监控与操作。收到解体计划后，驼峰值班员办理车列预先推送或允许推送；溜放之前或溜放过程中可按实际情况进行计划变更；到达场推送进路锁闭后，办理溜放开始同时选择解体计划和峰位；根据溜放情况实时操控驼峰主体信号；根据编组场峰尾具体情况封锁或解锁股道；解体作业结束后，如果还需要进行下峰整理作业，办理调机的下峰进路和上峰进路。

在 CIPS 自动模式下，驼峰控制子系统完全受控于综合管理分系统下达的指令，驼峰值班员在这个过程中监视整个溜放过程，并负责手动重新开放驼峰主体信号。

调车机车开上驼峰

调车机车实现了遥控

（3）出发场值班员

在传统模式下，出发场值班员需要办理许多业务：收到编组计划后办理调机进路，将编好的列车从编组场牵出；列车牵至发车股道上，摘掉机车后办理调机返场进路；办理本务机挂头进路；当商检，列检等车站技术作业结束后，向邻站请求发车；收到邻站同意后，办理列车发车进路，并与机车司机进行车机联控；列车发出后进行人工报点。

在CIPS自动模式下，出发场值班员的工作被简化了。只需在满足发车条件时向邻站请求发车，即可完成发车作业。该流程中的其他作业由指令下达到系统自动执行。

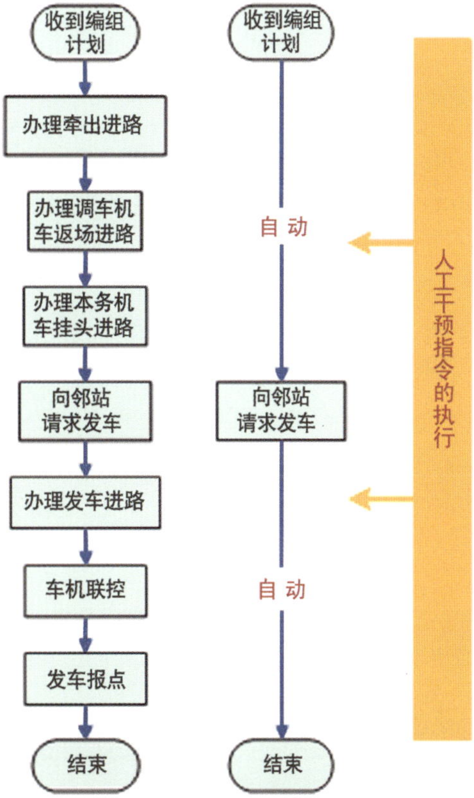

出发场值班员新旧操作流程对比

改编后的列车集结待命

据初步统计，同以往传统的自动化驼峰编组站管理比较，成都北站主要行车岗点由30个减为11个，主要作业人员由486人减为285人（例如取消了信号员岗位，减少了基层助理值班员的数量），作业方式由费时费力的人工控制改为自动控制人工监督，作业效率、调车质量和安全程度都大大提高。

成都北站实现的CIPS系统，完全具有我国的自主知识产权，其中发明专利5项，实用新技术1项，符合我国铁路实际，具备了世界领先水平。

蓝天白云下的成都北编组站

第12单元

运筹帷幄决胜千里

YUNCHOU WEIWO

YUNCHOU WEIWO JUESHEN

UESHENG QIANLI
IANLI

铁路信号网络化

上个世纪90年代中期，计算机网络技术得到长足进步和飞速发展，开始应用到国民经济各个领域、各个行业，铁路信号也不例外，其中比较典型的就是列车调度指挥系统。列车调度指挥系统的英文缩写叫TDCS（Train opration Dispatching Command System）。它是将调度管理信息系统DMIS（英文Dispatch Management Information System的缩写）规范而成的，使其能更好地发挥综合调度指挥平台的作用。

到2007年底，全国铁路TDCS第三期工程建成，全面覆盖了铁道部和18个铁路局（公司）以及全路70条繁忙干线和主要干线共4400多个车站，成为我国铁路运输调度指挥系统现代化建设的标志。

TDCS是干什么用的呢？它是一个覆盖全国铁路的大型计算机网络系统，它将计算机技术、网络技术、通信技术、多媒体技术及数据库技术等与铁路信号技术相互融合，从根本上改变了我国铁路信号在调度指挥手段、列车控制技术等方面的落后面貌。它实现了以列车调度为核心的铁路运输指挥系统，对全路运输调度进行集中管理、透明指挥、实时监视、自动调整，不但是增强各级运输调度指挥手段、提高运输效率和效益的重要技术改造项目，也是铁路信号技术的整体水平提高，向铁路信号网络化发展的重要标志！

提起TDCS的身世，说来话长，它的前身是调度监督和调度集中，二者都属于“列车调度指挥自动化系统”，它们的产生和发展走过了漫长的道路。TDCS就是在调度监督和调度集中的基础上发展起来的。

为了更好地了解列车调度指挥自动化系统，先让我们更多地了解一下铁路的列车调度工作。

1 列车调度员的职责

火车，不管是客车还是货车，都是按照列车运行图行驶的。**运行图**是铁路专用的一种图表，其横轴方向表示时间，一般以10分钟为一格，以细线表示，半小时用点线，整小时用粗线，列车到发时刻只填写10分以下的个位数字；纵轴方向表示列车走行区间，以车站为分界点。在此坐标图中画出的的斜线或折线则表示列车运行的轨迹或者说时空位置，即几点几分到什么地方。

我们看右面最简单的一张单线区段列车运行图。上部横轴最上方的数字表示相应的纵线对应的时间为18点、19点、20点和21点，上部横轴下方和其他横轴标出的数字是列车通过时分的个位数，十位数则根据纵线小时线后边第几格来确定，每一格10分钟，5格就是50分钟，例如最上部横轴下方左侧的第一个7代表18点17分、第二个7代表18点57分，余类推。纵轴上A、B、C、D分别代表4个车站。

图中蓝线所示为运行图原计划的列车运行时刻（称为**图定时刻**）。

——左上方11005次列车按图定时刻18点17分从A站通过，18点37分通过B站，18点57分在C站通过，然后继续向下行方向行驶。

——左下方的11006次列车图定时刻为18点25分从D站通过，18点49分到C站停车，会让11005次列车，待其通过后19点00分再开出，19点24分通过B站，然后继续向上行方向行驶。

原计划的两趟列车行车路线如绿箭头所示。

列车调度员是行车的统一指挥者，他的主要任务就是实现按图行车，遇到列车早点、晚点、加开时，要及时采取调整措施，使晚点列车恢复正点；同时注意列车到发车站及在区间运行的情况，及时处理临时发生的问题，防止行车事故，等等。

假设，上图中11005次列车因故晚点40分，18点57分才过A站，以后通过各站时刻均晚点40分钟，即如图中斜向右下方的红线所示。这时如果11006次列车按原计划行驶，就会与晚点的11005次列车在C站和B站之间的区间内相撞！或者，11006次在C站死等11005次列车19点37分通过C站后再走，那将耽误很多时间。

于是列车调度员就要变更11006次列车的会让站。他可以将11006次列车与11005次列车的会让地点由C站改在B站，并提前通知11006次列车的司机和C站的车站值班员，指示11006次列车在C站不停车；再通知B站的车站值班员，指示11006次列车在B站停车会让11005次列车。这样就使11006次列车没有受11005次列车晚点的影响，正点在19点45分通过A站。变更后的行车如黄箭头所示。

当城市道路十字路口红绿灯因故障而灭灯时，路口秩序就会大乱，这时人们渴望交通警察赶来指挥交通，恢复秩序。铁路上的列车调度员，就相当于城市的交通警察，没有调度指挥或调度指挥不力，铁路行车秩序也会大乱。

2 调度集中和调度监督

传统的行车调度指挥方法是以调度电话为主要通信工具，调度员通过调度电话呼叫车站值班员，下达列车运行计划和调度命令，然后由车站值班员办理进路，开放信号和接发列车；另一方面，车站值班员又要利用调度电话向调度员报告一趟趟列车到达、离开或通过车站的

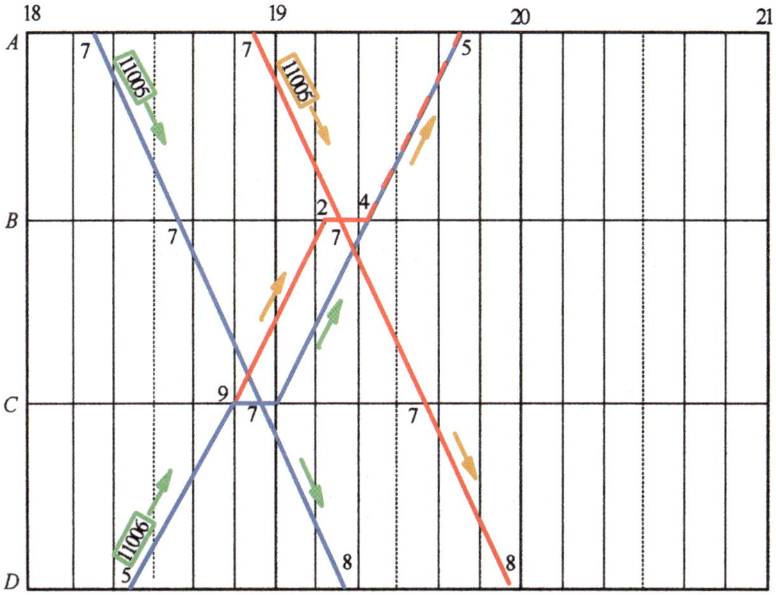

列车运行图示例

时间，以及其他有关事项。但列车一旦驶出车站，走入两站之间的区间，就进入了“盲区”，此时列车的位置只能由调度员来估算。如果列车在区间晚点，必须等它到达下一个车站，调度员才能知道晚点了多少。信息的延迟和人工传递时可能发生差错是传统调度指挥方法先天不足造成的。

要知道，列车调度员必须准确及时地掌握列车的位置、列车的运行状态并掌握那些控制列车运行的信号设备状态，预计下一段时间在自己管辖区段列车的运行趋势，才不至于“瞎指挥”。当数十列乃至上百列列车在调度区段内穿插运行时，调度员只靠一部电话、一个个车站地收集和记录列车运行信息，又一个一个车站地下达命令，这种原始的方法使调度员工作捉襟见肘、不堪重负，必然影响列车运行调整的质量。

1925 年美国人怀特提出了一种新的调度方式：以信号显示代替行车命令和时刻表来指挥列车运行。在由这种调度方式控制的铁路区段内，列车无论是进入车站股道还是闭塞分区，均按信号显示运行，不需要另外的行车命令，也不分列车的优先等级，而这些信号显示由一个规定的地点（控制中心）来控制，简化了许多中间环节，因而将这种调度方式定名为**调度集中**，英文缩写为 CTC（Centralized Traffic Control）。

世界上第一套调度集中设备于 1927 年在美国纽约中央铁路斯坦利至伯威克间 59.5 公里单线和 5.3 公里双线铁路上安装运用，调度所设在福斯托利亚。

调度集中打破了列车进入车站和区间必须由车站发给行车凭证的规定，实行由列车调度员控制信号设备的显示来保证行车安全的制度，它既是行车方式的革新，又是一种暂新的铁路信号制式。

调度集中在美国兴起后，受到世界各国的广泛关注。到 20 世纪 60 年代，调度集中已成为世界铁路现代化的发展方向。各国铁路的实践表明，调度集中具有明显的经济效益与社会效益。

中国铁路从 1958 年开始研究行车调度控制系统，包括调度集中和调度监督。先是引进和仿制，1959 年在北京至天津间开通使用了由当时苏联进口的调度监督设备。1963 年按苏联技术仿制生产了第一套调度集中设备，在宝成铁路宝鸡至凤州段 91 公里的山区单线铁路上开通使用。我国自行研制的第一套调度集中设备于 1969 年在成昆线成都南至燕岗间正式投入使用，定名为 DD-1 型调度集中。1973 年结

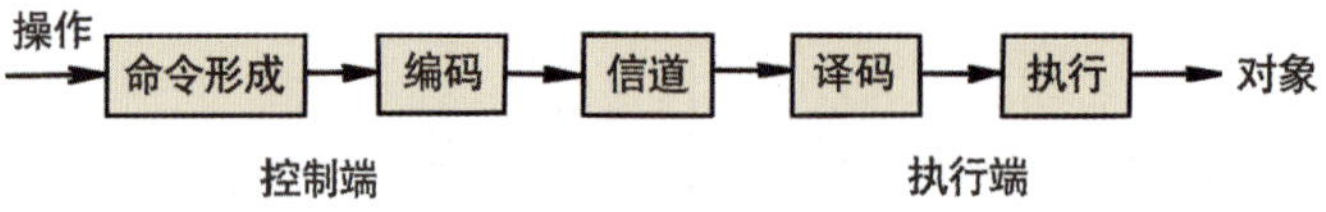

（a）遥控系统方框图

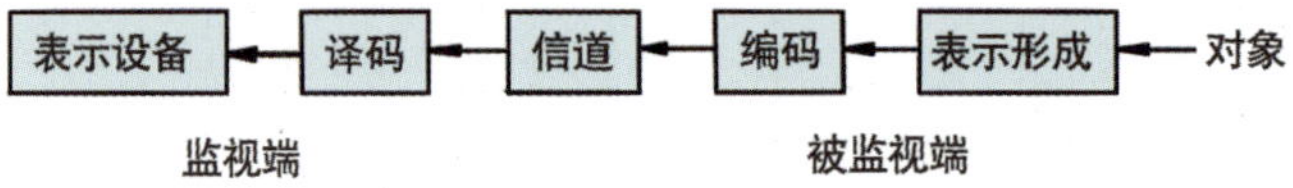

（b）遥信系统方框图

遥控与遥信系统方框图

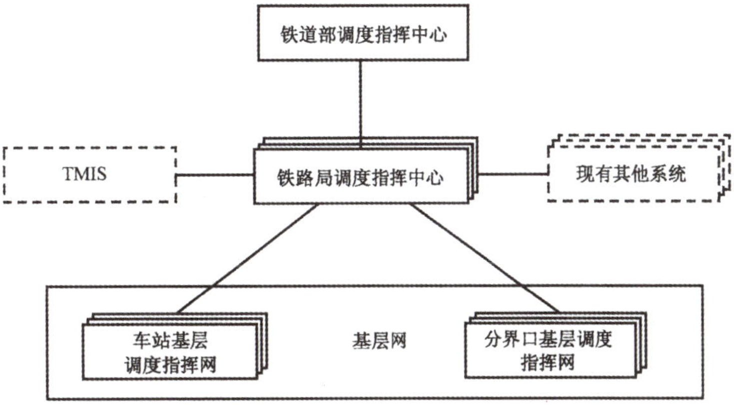

我国铁路调度指挥系统构成

合津浦铁路（天津至南京浦口）双线改造工程，我国又自行研制了调度监督设备，1979 年定名为 DJ-1 型调度监督。以后，又不断研制出多种型号的调度集中和调度监督设备。

其实，调度集中与调度监督是同属于列车调度指挥自动化系统的“亲哥儿俩”，一个属于遥控系统（也包含遥信），一个属于遥信系统。

所谓调度集中是指列车调度员在调度所内不但可以监视其管辖区段内列车的运行，并直接控制车站的列车进路和信号，减少由车站值班员执行的中间环节。

调度监督比调度集中省事，它只是将列车运行的信息从沿线车站传递到调度所并显示在表示盘或显示器上，使调度员能及时准确地掌握这些信息，但不能直接控制进路和信号。

按说，调度集中比调度监督功能更全面，应该发展更快些。但它在中国却长期徘徊不前，还不如调度监督发展得快。最主要的原因是我国铁路运输状况复杂，线上客货混跑，站内调车作业多，对行车造成干扰。当车站有调车作业时，调度员就要把进路及信号控制权交还车站值班员；调车作业完毕，车站值班员又要将控制权交还调度员，这样频繁地交换控制权，工作很不顺。我国几万公里的铁路线上，调度集中的安装里程，1995 年为 1226 公里，到了 2005 年，为 1828 公里。装备率（占全部营业线路里程的百分比）仅为 2.9%。调度监督发展较快，从 1995 年的 5504 公里发展到 2000 年的 10319 公里（不包括枢纽、分界口及路外），但装备率也只有 17.6%。

这时，一种新兴的、以调度监督为基础的、功能更强大的列车调度指挥自动化系统发展起来了，它就是现在的 TDCS。

1995 年，我国开始研制 DMIS，2005 年将其更名为 TDCS，从此铁路列车调度指挥系统开始走向综合化、智能化和网络化。

3 后起之秀TDCS

TDCS 是实现铁路各级运输调度对列车运行实行集中管理、透明指挥、实时监视、自动调整的现代化信息系统，它是依靠计算机和网络等技术手段而形成的新型通信信号设备。

我国铁路调度指挥是以列车调度为核心，以站、段为基础，实行铁道部和铁路局两级调度指挥管理的体制。TDCS 的设计分为三层网络体系结构。其中，原有的 TMIS 即铁路运输管理信息系统是 TDCS 的一个重要信息（例如列车的编组计划）来源。

网络第一层是铁道部调度指挥中心（简称

铁道部调度指挥中心

铁道部 TDCS），这是系统的核心。它以铁道部调度指挥中心大楼为主体，组成一个局域网，通过专线通道、铁路分组交换网（X.25 网）、路由器与 18 个铁路局调度指挥中心远程连接，进行信息交换，并建立全路各专业技术资料库；能够获得各铁路局分界口、重要铁路枢纽、主要干线等的运输状况和基层网等实时信息。

铁路局调度指挥中心（简称铁路局 TDCS）处在系统的第二层，由中心机房设备、调度所设备和远程工作站设备三大部分组成。在各铁路局所在地建有铁路局调度指挥中心局域网，通过专线通道、分组交换数据网、路由器与铁道部、相邻的铁路局调度指挥中心远程连接，进行信息交换。铁路局调度指挥中心不仅是指挥和管理中心，同时也是行车控制中心，因此，它不仅完成基层网信息的汇总、处理和标准化，同时还可以具有调度集中功能。

第三层是基层信息采集层（简称基层网

铁路局调度指挥大厅

TDCS），安装在各车站，是列车调度指挥系统所需要的有关列车运行信息、列车车次号、信号设备状态等相关数据的主要来源。TDCS 基层网主要由车站计算机网络设备、车站分机采集及控制设备、车站值班员终端 3 部分组成。车站分机可以是调度监督分机或调度集中分机。

车站的值班员终端（也称值班员台），具

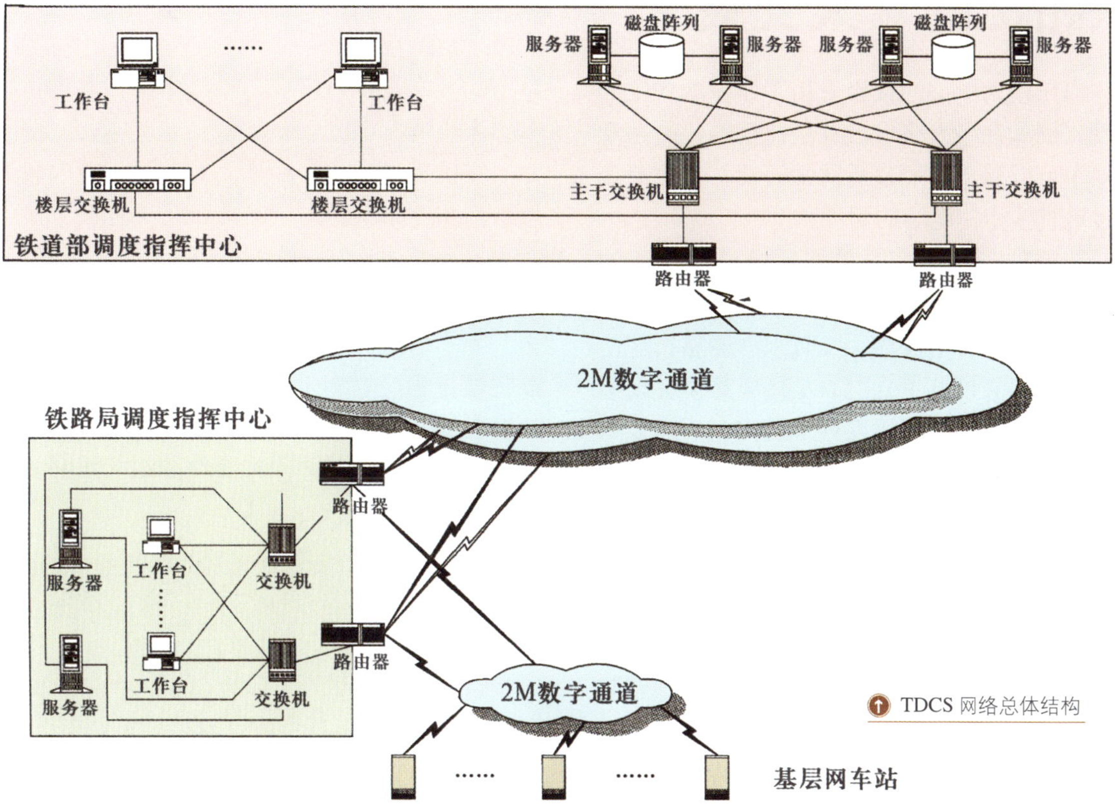

TDCS 网络总体结构

车站调度室

有人工修改车次号、人工和自动报点、调度命令和阶段计划的签收、现在车上报及车站统计报表自动生成和打印等功能。

为适应3层网络体系结构，TDCS构造了一个覆盖全国铁路的大型网络。各局域网间通过专线方式或采用专线为主用通道、数据网链路为备份通道的方式连接，进行远程信息交换。

铁路上的“大交警”

现在，大城市的交警采用了许多现代化的手段，例如在各大路口设置了监视器，对违章机动车可以自动拍照事后通知处罚，但它不能实时地直接指挥现场的司机。

铁路的列车调度员就好比是城市交通的交通警察（简称交警）。但铁路的列车调度员，除了维护铁路行车秩序、及时采取调整措施使晚点列车尽量恢复正点之外；还要努力完成运输计划。这就不只是接发列车的问题，还要组织车站的卸车、及时排出空车和组织装车等，并要顾及机车、车辆、技术站的能力等各方面。

铁路采用的现代化列车调度指挥系统，包括了调度集中和调度监督的功能，也采取了现代化的监视手段，对主要干线等进行 24 小时不间断的监视，但铁路的监视范围遍及全国，范围远远超过一个城市；况且铁路的列车调度控制系统还要下达调度命令，不仅传送给车站还直接传送给司机，司机当场就得执行，可见，铁路的“大交警”比城市交警厉害多了。

可是，以往铁路传统的调度方法做不到这些。

传统的调度方法中，调度员手中的“武器”是“四大件”：一张图（运行图）、一支笔、一把尺、一块橡皮，对外联络则全靠一部电话。首先根据上级的日计划编制 3~4 小时的阶段计划、下达计划，然后根据车站值班员反馈的信息，随时了解列车运行情况，并用铅笔、橡皮、尺子在运行图上画线，对晚点列车进行调整，再将调整命令发布给有关车站和司机。

列车调度员的工作分两班，第一班从 18 点 01 分到次日 6 点；第二班从 6 点 01 分到 18 点。

上班前先要参加接班会，与刚下班的调度员进行交接，主要包括列车运行情况，特别要注意重点列车（例如超限或限速列车）、调度命令的发布及执行情况，沿线小站列车甩挂货车的作业情况等。

在值班过程中，他要面对管辖区段内数十上百列川流不息的车流，做好以下工作：

——编制 3~4 小时的列车运行阶段计划，包括列车到发时分的修改、列车增开、列车停运、列车信息的变更、股道和区间禁用的指定以及慢行区段的指定等，然后用调度电话向车站发布调度命令；

——及时向主要站段进行列车到达时刻的预确报；

——不停地听取各车站的电话汇报，掌握列车运行及车站作业情况，填记列车运行实迹图；

——随时调整列车运行，确保分界口交车、排空、装车、卸车任务的完成，确保列车正点、特别是重点旅客列车正点，以及编组站、区段站列车均衡到达和调整机车交路，调整之后还要用调度电话将命令传达给车站和司机；

——按规定提供编制日（班）计划的资料。

下班之后，他还要参加对下一班的接班会……

这些就是以往列车调度员一天下来高度紧张繁忙的工作内容，当列车密度加大和遇到意外事件以及施工干扰时，其工作的劳累更可想而知。

TDCS 是全新的现代化列车调度指挥系统，它将列车调度员的许多工作都交由计算机系统智能化地自动完成了，而且还把信息采集和自动控制的功能强化了许多。且看 TDCS 都有什么本事：

——它能实现对列车在车站和区间的实时监控，动态调整、自动生成列车运行 3~4 小时阶段计划，实现列车调度命令的自动下达和实迹运行图的自动描绘；

——它能实现分界口交接列车数、列车运行正点率、行车密度、早晚点原因、重点列车跟踪等实时的宏观统计分析，并形成相关统计报表；

——它还能显示铁路铁路路网、沿线线路、车站、救援列车分布等技术资料和气象资料，为铁路事故救援、灾害抢险、防洪等提供决策参考。

下边就让我们分别来看一下各级 TDCS 的功能。

1 铁道部TDCS的功能

铁道部 TDCS 的功能包括：宏观显示处理、分界口列车调度指挥管理、跨局客车及行包专列管理、资料查询和管理、运行图管理、列车动态跟踪和信号设备状态实时监视等。

我们仅以列车动态跟踪和信号设备运用状态的实时监视为例。

（1）列车动态跟踪

在铁道部的调度监视台上实现了列车动态跟踪的功能，提供全路列车实际位置、车次号信息和列车早晚点信息显示。其信息来源于基层网 TDCS 现场采集的轨道电路的占用和出清状态判断列车位置并跟踪之，同时采用无线车次号校核系统自动校核，从而获得列车车次号。

图中白长方框中的符号表示车次号，红色代表客车、蓝色代表货车。列车位置由被占用的轨道电路、闭塞分区或半自动闭塞区间来确定，一般以“红光带”和对应的车次号表示。股道上的列车位置由车次号居中压在股道上表示，列车在区间的位置由车次号位于区间上来表示。列车运行方向由车次号的白长方框头部白色小箭头来表示。列车的早点、晚点情况，用窗口显示在

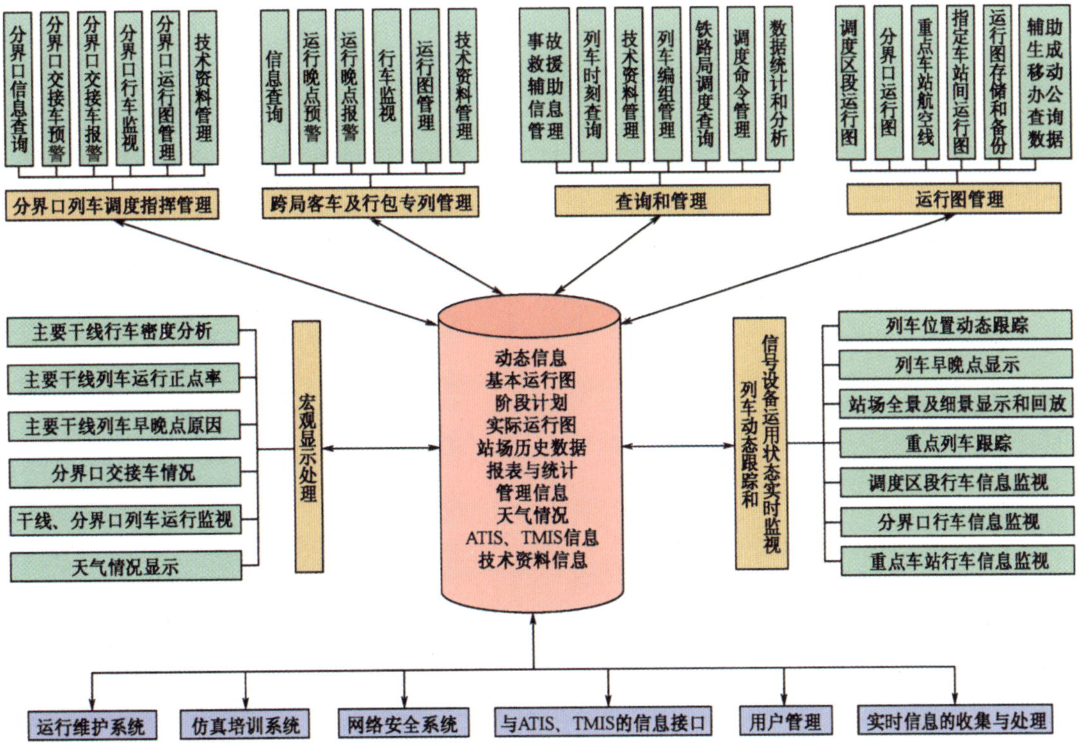

铁道部 TDCS 系统功能

车次号方框的尾部（正点时不显示）。

（2）信号设备运用状态实时监视

信号设备运用状态实时监视功能提供全路各车站的进路排列、信号显示、轨道电路实际占用以及列车车次号信息的显示。其依据也是从基层网采集的真实数据，基层网信息经过铁路局的 TDCS 传送到铁道部的传输时间小于 10 秒钟。

在监视屏幕上，信号机开放关闭的如下显示：

——进站和出站信号机，默认底色为黑屏，红色表示禁止，绿色表示开放；

——调车信号机，默认底色为黑屏，白色表示开放，关闭时该信号机隐蔽；

——区间通过信号机，默认底色为黑屏，红色表示该区间有车，禁止驶入；黄色表示该区间无车，前一区间有车，列车降速缓行；绿色表示该区间及前一区间均无车，列车正常行驶；无色（显示为底色）表示关闭。

在监视屏幕上，股道、进路、区间的占用、空闲均作如下显示：默认底色为蓝色，红色表示占用（即所谓的“红光带”），白色表示锁闭，蓝色表示空闲。

铁道部的调度员可根据需要调出全国任一个铁路区段的情况在屏幕上显示，包括主要干线和铁路局分界口（以电子地图形式）、全路的任一枢纽、全路的任一港口与口岸（与国外交界处）、全路的任一煤炭装卸点等，其中列车动态行驶情况和各种信号设备的运用状态以及作业状况一目了然。这样高度完美的调度监督功能，TDCS 靠着计算机网络轻易地实现了。

不仅如此，铁道部的 TDCS 还具有许多其他功能，例如气象系统，可提供各地气象信息，包括：6 至 24 小时全国降水实况；24 小时铁

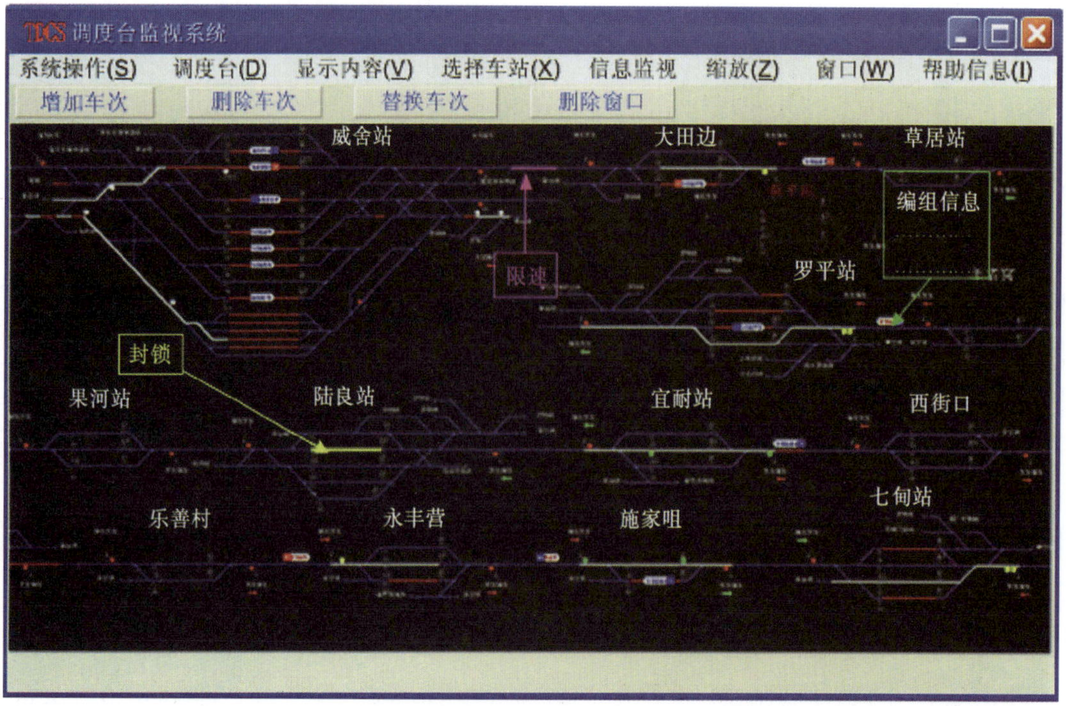

TDCS 列车动态跟踪和信号设备运用状态实时监视屏幕

路沿线主要车站最新天气实况；24 小时全国降水量预报及铁路沿线主要车站未来 24 小时天气预报；对强热带风暴、强降水、强降雪、强冷空气、大范围浓雾等重大灾害性天气发生的时间、地域及可能产生的影响发出警报；宏观显示天气变化趋势的卫星云图等。这些气象信息为列车调度指挥的决策提供了及时而必要的依据，以减少由天气因素对铁路运输所造成的损失。

2 铁路局TDCS的功能

TDCS 系统的重点在铁路局调度指挥中心，它实现对全局的列车进行实时、集中、透明指挥，用自动化的手段调整运输方案。

列车运行计划的自动生成、调整及下达是铁路局 TDCS 最重要的核心内容之一。铁路局 TDCS 根据基本运行图生成日班计划，再根据日班计划自动生成阶段计划。阶段计划中的车次及到发时刻与实际运行信息进行比较，如果一致则按计划执行，若有差异，例如出现晚点，则对计划进行调整。调整有人工调整和自动调整两种方式。调整后的计划再下达各车站，按新计划排列进路、开放信号、接发列车。然后通过基层网自动采集列车到发时刻以及车次跟踪信息，并通过网络传送到调度指挥中心。这些信息作为实际运行信息存放在中心数据库，随时与运行计划比较决定是否需要调整。

3 ～ 4 小时的阶段计划由计算机的自动调整替代调度员人工调整，特别是单线调度区段，极大地减轻了调度员的工作强度，调度员只要把握住几个重点会让策略，进行人工干预，其他工作交给计算机来做就可以了。

列车调度台延续多年的一张图、一支笔、一把尺、一块橡皮“四大件”的人工操作模式被现代化的计算机网络所替代，调度员通过简单的点击鼠标即可实现运行线的自动铺画、调整，阶段计划和调度命令的下达等操作；列车运行的到发时刻由系统自动采集，实迹运行线自动生成。列车实迹运行图自动绘制，车站行车日志自动生成，每班的运行图可打印输出；成功地甩掉了人工绘制运行图、报点报车次和手工填写行车日志的传统作业方式。

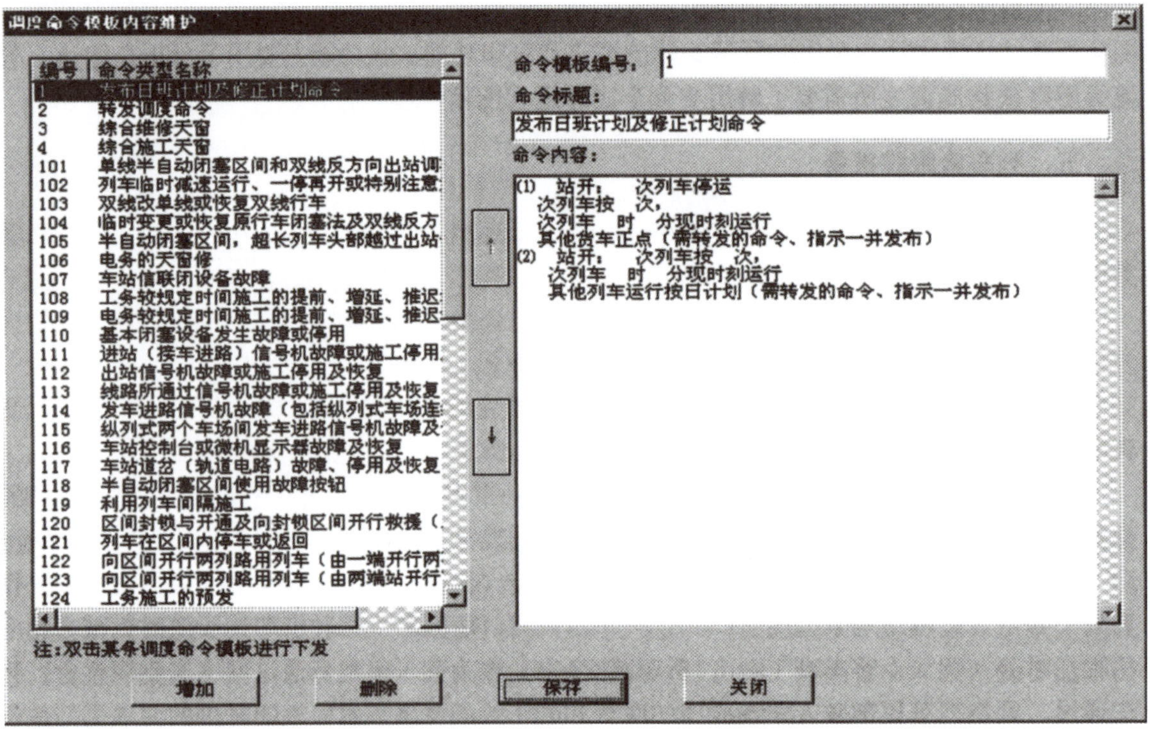

调度命令模板窗口

调度员和车站值班员的信息交换全部采用网络传输，包括计划的下达、列车到发时刻的上报、调度命令的下达等。调度命令采用模板方式，计算机内有现成的各种调度命令格式（即模板），调度员只要对选定的模板进行简单的编辑，就可以产生所需要的调度命令，再点一下所要下达命令的车站站名，就立即将调度命令下达到车站，方便又快捷。

系统还具备人机交互功能，可以通过多种方式向计算机数据库进行查询、统计及调阅历史资料。

有了TDCS系统，彻底改变了过去车站值班员用电话向调度员人工报点、调度员用电话向车站下达计划和命令，车站手抄再复诵的落后方式。调度员通过计算机网络来下达和获取相关的信息，实现信息的共享，不再单纯依靠电话的联系，走进调度指挥中心，你会看到一个非常安静的场所，调度人员的工作环境大大改善；大量重复、简单的作业环节被计算机替代了，大大减轻了人的劳动强度。

3 基层网TDCS的功能

偌大的全国铁路列车调度指挥系统像一座摩天大厦，它的根基在哪里？靠的就是全国数千个车站的基层网TDCS。这么说还不全面，还可以把整个TDCS系统比作人的神经系统，它从铁道部伸向铁路局，末梢在哪里？也是在车站的基层网TDCS。“麻雀虽小五脏俱全”，不要小看了基层网TDCS！算下来，基层网TDCS的功能竟也有11项之多：

（1）信息的采集和传送

这是基层网的最基本功能，通过安装在每个车站的车站分机，系统采集得到现场的动态信息，然后通过传输设备及时发送到铁路局

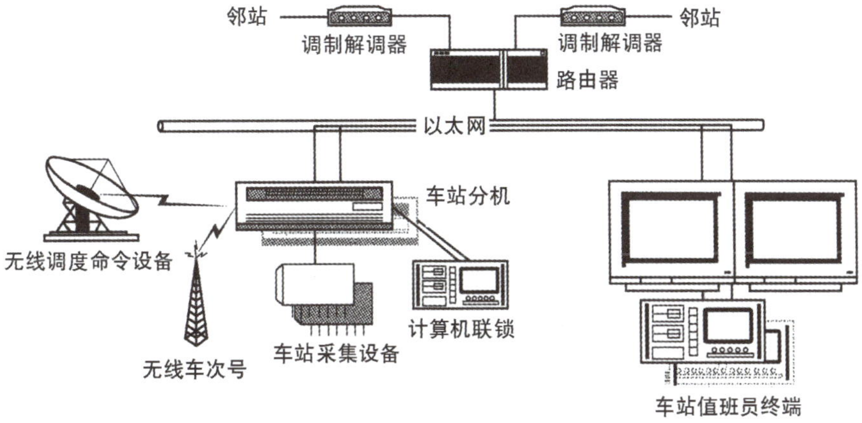

TDCS 基层网构成

TDCS 中心。车站分机是通过与车站联锁设备的接口采集信号机、股道、进路的信息的。

(2) 无线车次号校核

列车调度指挥的对象主要是列车，无线车次号校核是对列车“身份”的最后确认，非常重要。如果车次号搞错了，张冠李戴，那指挥就全乱套了。

以往我国的调度监督系统依靠人工输入列车车次号，一般是在调度所或编组站的出发场设置列车车次号输入设备，在列车进入调度区段时再人工置入列车车次号，此后列车在整个调度区段内运行时完全靠逻辑推理追踪列车车次号。但我国列车运行情况复杂，客货混运，

机车运行监控装置

多数车站有调车作业，车站停电或信号故障都会增加逻辑推理追踪列车车次号的难度。

无线车次号传输是 TDCS 车次号校核的重要手段。在 TDCS 系统中，车站的无线通信设备负责接收机车上的列车运行监控装置发出的与车次有关的信息，再通过基层网 TDCS 传送给铁路局 TDCS。

(3) 车次跟踪及自动报点

由于车站分机与车站联锁设备是对接的，它可通过列车占用和出清轨道电路的变化实现对列车车次的自动跟踪，实现列车的自动报点（何时进站、何时通过、何时出站等），并可显示列车的早点、晚点时分。

(4) 车次和到发点的人工管理

TDCS 的软件具有车次跟踪功能，但由于多种原因，有时还会发生信息丢失、时序错误的现象，所以专门在车站值班员终端（简称车站终端）上提供了修正车次号的手段，当车次追踪出现错误时，可以进行人工修正。

(5) 显示本站和邻站信息

基层网 TDCS 的车站终端上为车站值班员显示区间信号的开放情况以及列车在区间的运行情况，使值班员能够准确掌握所有区间列车的实际运行位置和运行速度等信息；此外，车

站终端还能显示上行和下行方向邻站的信息，扩大了值班员的视野，对于提前做好接发车准备工作和提高线路的通过能力非常有利。

（6）调度命令的签收和打印

当调度指挥中心向车站发送调度命令时，调度命令签收按钮将会闪烁并有声音报警，提示值班员签收。调度命令签收后即自动存入车站系统，车站值班员可以查询和打印。

（7）调度命令无线传送

基层网 TDCS 可将调度员拟写的调度命令、车站值班员拟写的行车凭证，通过无线通道发送到机车上。

（8）阶段计划的签收和打印

当调度指挥中心向车站发送阶段计划时，阶段计划签收按钮会闪烁并有声音报警，提示值班员签收。

（9）行车日志的管理

基层网 TDCS 自动产生列车的到站、出发时间，列车的车次、到发点、占用的股道等，显示在车站终端上。终端实时生成行车日志中的有关项目，有些项目无法自动生成，值班员可根据情况填写。

（10）现在车管理

车站值班员可在车站终端上输入车站现在车（指车站截至某一统计时刻现有的货车数量）、运用车（指现在车中参与运输的车辆，分空车和重车）信息，包括存车股道、车辆的类别和辆数、车辆的去向和说明。车站运用车信息的上报，有利于调度员掌握车站的现在车和运用车的情况，更好地组织货运。

（11）甩挂车作业和列车速报表

车站值班员接收调度员下发的列车甩挂车信息，并可存储和查询。

我国铁路的 TDCS 分为三期工程建设，经历了十几载，其功能边建设边完善，今后还将不断完善。但 TDCS 作为现代化的铁路列车调度指挥系统，把铁路的信息化建设和发展推进了一大步。过去我们常说“锦绣大地铺路网”，指的是地上的铁路网，其实，还有一个通信网、信息网、信号网三网合一的大网，覆盖在全国铁路网之上，它就是 TDCS，它 24 小时不间断地保证着铁路运输大通道的安全畅通与高效，并将发挥越来越重要的作用。

新一代的调度集中

调度集中的英文缩写是CTC。前面说过，由于我国铁路运行条件复杂，沿线几乎各站都有调车作业，原有的调度集中系统没有把车站的调车进路纳入系统，智能化程度低，造成调度人员与车站值班员频繁交换控制权，影响了中国铁路调度集中的发展。

为了改变调度集中在我国发展的落后局面，必须突破以下技术瓶颈：

——使行车和调车可靠地自动隔离；

——利用计算机进行运行图的编制和调整；

——完善地面对机车（地对车）的信息传输技术。

中国铁路决心开发新的调度集中系统，2003年11月，第一套新一代的分散自律型调度集中系统在青藏公司西宁至哈尔盖调度区段投入试运行。2004年铁道部运输局和科技司组织制定的《分散自律调度集中系统技术条件（暂行修订稿）》发布。接着，有关单位相继开发研制出了相应的设备，并通过了铁道部的技术审查。

分散自律的概念最早来自日本东京圈城市铁路的控制系统。日本属于地震多发国家，为了使铁路调度指挥中心（简称调度中心）在遭受地震袭击瘫痪后各个车站还能在一定时间内正常接发列车，东京圈城市铁路控制系统在各个车站设立了自律计算机，接收调度中心下达的运行计划，当与中心的通信中断后，各个车站可以按照中心下达的运行计划自行接发列车。

分散自律调度集中系统不同于传统的调度集中系统，它采用计算机分布式网络控制技术和信息化处理技术，将列车运行调整计划下传到各个车站自律机中自主自动地执行，它最突出的特点是：整个系统的目标和任务事先按一定方式分配给各子系统，然后由子系统间通过数据通信进行信息交换和相互协调，独立完成目标或任务，这种上层适当放权、不要事必躬亲的做法，非常适合我国铁路运输的特点。

1 不同的调度集中

列车调度员的主要任务是按运行图指挥行车，使列车正点运行。如果把从列车调度人员编制列车运行调整计划到车站执行信号控制作为一个列车调度指挥过程，那么按功能它可以分为5个模块：

——编制列车调整计划；

——生成进路操作命令；

——联锁系统检查条件；

——控制电路执行；

——被控对象（信号、道岔等）动作。

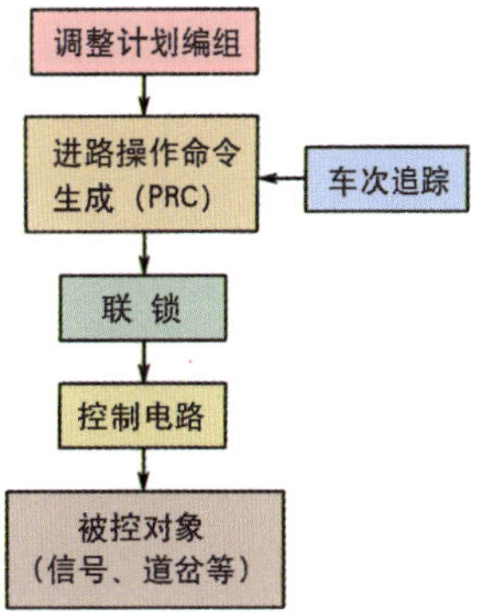

列车调度与车站联锁

传统的调度方法是由人工根据列车实际运行情况和运输组织的当前要求，对运行计划及时调整，并下达给车站值班人员予以执行。人工编制列车调整计划是一项相当繁重的脑力劳动。而利用计算机可以自动编制列车调整计划，调度人员只要对计算机编制的调整计划进行适当的修改就可以使用了。这就是将编制列车调整计划的工作智能化，TDCS系统已经做到了这一点。

但是从调整计划到实际执行还要经过一个中间环节，就是生成进路的操作命令，这个模块简称 PRC。其功能就是根据列车调整计划，编制列车进路操作命令（相当于在联锁设备上确定进路的始端和终端按钮），并在车次号追踪系统的控制下适时地将进路操作命令下达到车站联锁设备，以办理进路。这个环节过去是由车站值班员人工完成的，现在也可以由计算机来处理。计算机处理这个环节叫做“进路程序控制”。为了生成列车进路操作命令，计算机需要事先知道以下信息；

——车次号

知道了车次号就可以确定列车的运行方向（是上行还是下行）和为哪一列车排进路。

——运行区段和站名

根据运行区段和站名可以确定列车的进站口和出站口。例如下图中，运行在 A—B 区段的下行列车，其在 Z 站的入口为 a，出口为 b；运行在 A—C 区段的下行列车，其在 Z 站的入口为 a，出口为 c；虽然都是下行列车，但这是两个不同方向。有了入口和出口的信息，就知道了接车进路的始端和发车进路的终端了。

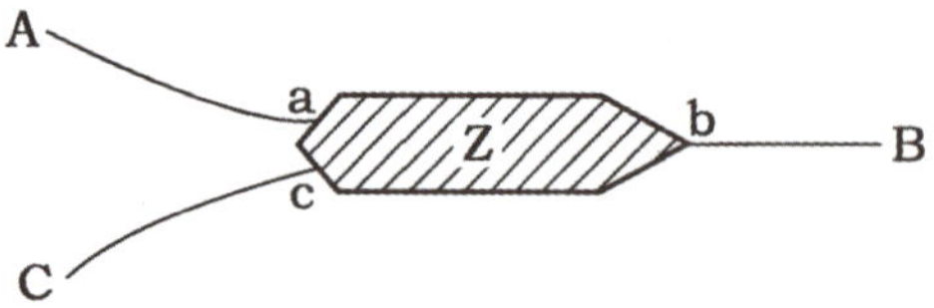

多出口车站

——股道号

有了股道号就确定了接车进路终端和发车进路的始端。

只要提供以上信息，计算机完全可以根据列车调整计划自动生成每一列车的接车进路和发车进路的操作命令。所有计划内的列车操作命令生成后存于存储器中，就等待执行的时机了。

在列车调整计划中包括了列车到达时刻、发车时刻、停站时间以及通过时刻。如果这些时刻不变动，那么相关进路的执行时机也就确定下来了。如果有所变动，则可根据车次号追踪系统提供的列车接近车站的时间信息以及相关规定，对进路办理时机自动地作相应调整。

可见，由计算机处理的 PRC 是个智能模块。但将 PRC 放在调度中心还是放在车站，结果是大不一样的。

让我们来比较一下传统的 CTC、分散自律型 CTC 和区域集中联锁系统。

（1）传统的 CTC

传统的 CTC 将 PRC 模块放在调度中心的计算机里实现，其列车进路操作命令经由通信网适时地下达到各车站的分机，再由联锁机执行排进路。

这种传统的 CTC 在我国铁路上曾装配过上千公里，但未能发挥其应有的控制功能。主要原因之一是调度中心集中办理列车进路和各车站自行办理调车进路经常发生矛盾，而不能协调工作。另外，调度人员不能及时获取股道使用信息，或者不能直接指定哪一列车用哪一股道，在计划中不能列出列车使用的股道号，从而也就无法自动生成列车进路操作命令了。

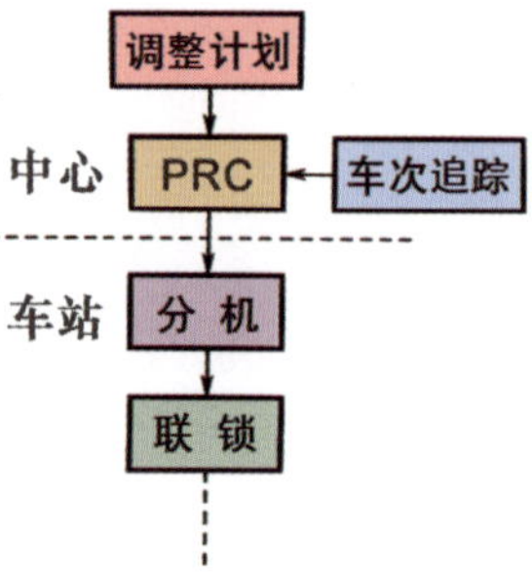

传统 CTC 系统

（2）分散自律型 CTC

分散自律型调度集中系统的突出特点是将 PRC 模块的功能下放由各个车站设备来实现，也就是说，调度中心将列车调整计划直接下达给各个车站的计算机，由车站计算机自动生成列车进路操作命令并下达给联锁设备予以执行。这样即可由车站计算机统筹调车进路与列车进路，较好地解决了列车作业与调车作业的矛盾。车站计算机既受调度中心控制，又按各自调车作业情况自行处理进路，所以称作**自律机**。

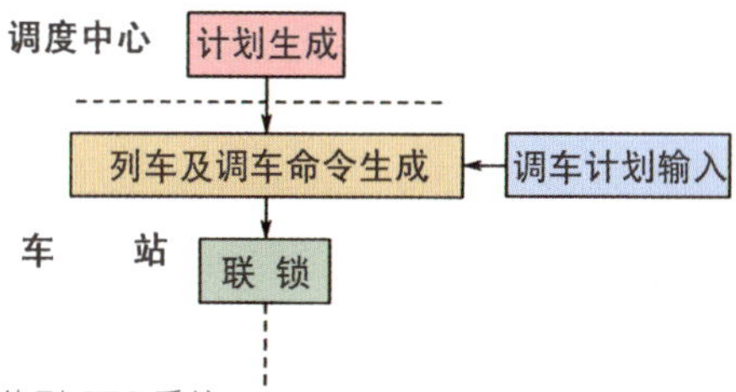

分散自律型 CTC 系统

（3）区域集中联锁系统

区域集中联锁系统突出特点是将所辖区段各个车站的 PRC 模块和联锁模块的功能均集中在调度中心由计算机实现。在该系统中容易实现车站间的闭塞联系，节省了站间闭塞联系通道。车站控制设备相对简单，各车站节省了人机对话设备。但对调度中心提出了更高的可靠性和安全性的要求，控制风险相对集中。

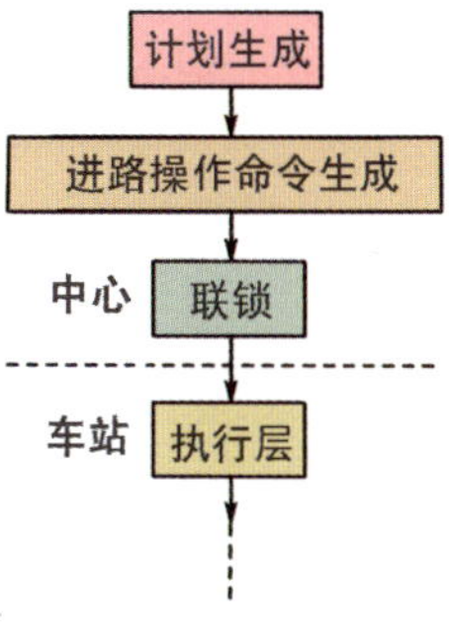

区域集中联锁系统

2 妙哉！分散自律

分散自律调度集中系统具有两种控制模式：其基本模式是**分散自律控制模式**；当系统出现故障或发生其他紧急情况（如车站发现有危机行车安全的情况）时，车站值班员可以用非常站控按钮，将该站的控制模式转为**非常站控模式**。

分散自律型调度集中是建立在 TDCS 平台上的，它涵盖了 TDCS 的全部功能，在此基础上还具备调度集中的控制功能和分散自律的控制特点，简单来说，就是要能够实现：

——列车编组信息管理；

——调车作业管理；

——列车、调车进路人工和计划自动选排；

——分散自律控制；

实施调度集中的必要条件是车站具备集中联锁（继电联锁或计算机联锁），区间具备自动闭塞或自动站间闭塞。调度集中对车站实行分散自律控制时，联锁条件仍由车站联锁设备保证。

一个路局原则上设置一个调度中心子系统，可控制若干个调度区段。相邻铁路局之间按 TDCS 方式交换信息。

通信系统是分散自律调度集中正常运用的重要基础，应满足以下要求：

——调度员、司机、车站值班员之间必须具有良好可靠的语音通信条件；

——调度命令（含许可证等）、接车进路预告信息、调车作业通知单应能可靠传送到机车；

——无线通信车载设备具备车次号校核、列车停稳、调车请求、信息回执等信息发送功能。

我们以 FZt-CTC 型分散自律调度集中为例。该系统由调度中心子系统、车站子系统和网络子系统 3 部分组成。在铁路局调度中心接入 TDCS，并进行信息交换。

——调度中心子系统包括中心机房设备和调度所设备。调度所设备包括调度员工作站、助理调度员工作站、值班主任工作站、控制工作站、计划员工作站等。

——车站子系统包括机房设备和运转室设备。机房设备主要是车站自律机；运转室设备主要有车务终端和综合维修终端等。

其工作原理可概括为：中心实现计划管理、车站完成进路自动控制。车站根据计划生成进路命令，交由联锁系统排列进路；进路控制以列车计划为主、调车作业为辅，在保证列车计划顺利执行的前提下，实现对调车作业的约束管理。同时，系统具备调度中心、车站人工直接控制的能力以及 TDCS 的全部功能。

调度集中的控制信息依据不同处理阶段分为计划、指令和命令 3 个层次。

——计划是形成指令队列前处理阶段的信息；

——指令是车站自律机存储的进路信息；

——命令是车站自律机输出的进路操作信息。

在正常情况下，FZt-CTC 系统以设备自动控制为主，人工干预为辅但有优先权。工作程序是这样的：

——在调度中心，列车调度员在行调台根据日班计划自动生成列车运行调整计划，结合列车运行实际，经过自动和人工调整，调度员确认后适时下达到车站自律机中；

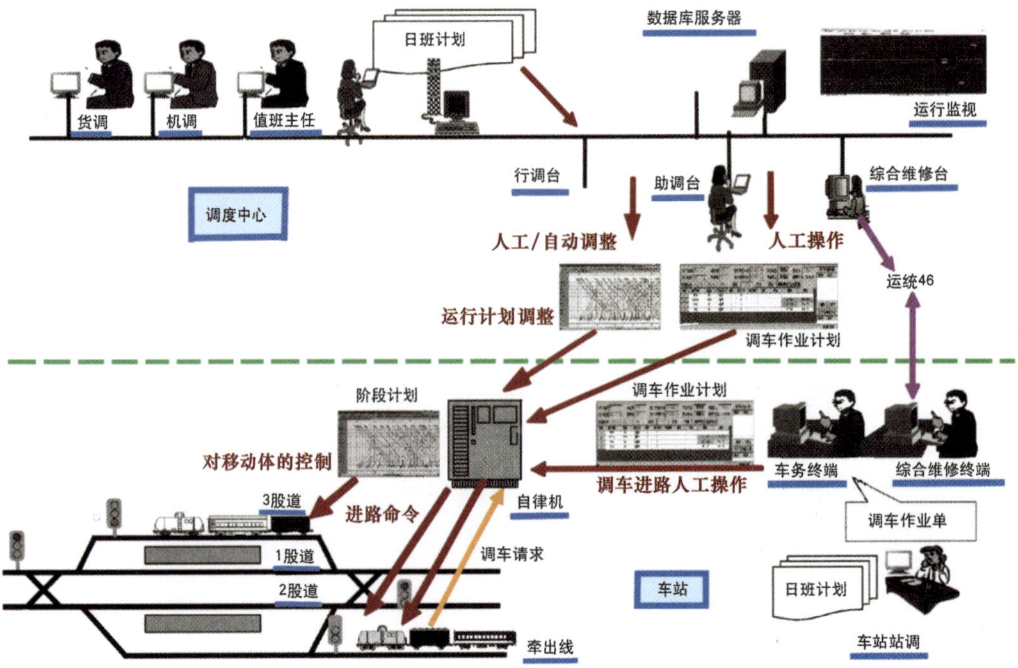

分散自律调度集中系统工作原理

——同时，助理调度员（在助调台）、车站值班员（在车务终端）编制的调车计划也下发到车站自律机中；

——两种计划在自律机中经过自律运算，在保证列车运行调整计划顺利执行的前提下，实现列车作业和调车作业在时间和空间上的隔离，自动排列进路，并将列车进路预告、调车进路、调度命令等信息通过无线通信系统传送到机车，协调有序地完成列车计划和调车计划。

在系统按计划自动执行过程中，随时可以进行人工干预：调度员可以在调度中心人工排列、变更列车进路；调度员、车站值班员也可以人工排列调车进路并输入钩作业（每一个车组溜放）的时分，但调车进路能否执行，受到列车运行调整计划的约束。

新一代分散自律调度集中系统是建立在 TDCS 技术平台上的自动控制系统，它的设计在世界上是独一无二的，具有世界先进水平；它的投入使用，标志着我国在列车调度指挥自动化领域进入了世界先进行列。它还将继续完善和发展，

传统信号的大变革

1 信号要管地也管车

传统的铁路信号对列车的控制完全借助于地面信号机的显示，应该说，这种控制很不彻底。首先，大雾、雨雪、风沙等不利的天气和地形、建筑物及线路旁植物的影响，给司机不间断地瞭望信号造成困难。其次，列车运行的安全要靠人的控制而不是靠设备保障，司机即便能看清信号，还必须严格遵守信号并正确驾驶，稍有疏忽，便可酿成大错。而人的疲劳等精神因素不可避免会带来安全的隐患。

为此，人们研制出了装在司机室内的**机车信号**（也称**车载信号**），改善了司机对信号的瞭望条件。机车信号系统包括地面设备和车载设备两部分，地面设备（例如轨道电路）的信息通过电磁感应传送到机车上，车载设备经过解调和译码以后，控制机车信号灯光和自动停车装置。由于我国铁路的自动闭塞曾出现多种制式，各种制式的机车信号互不兼容，为此又研制出可以走遍全路的**通用机车信号**。但很长一段时间，机车信号只是作为复示地面信号显示的“配角”，唯有地面信号才是行车凭证。随着列车运行速度提高，地面信号灯光在司机眼前一闪而过，司机在列车制动距离内来不及看清信号显示并及时采取制动措施。为此又研制出**主体化机车信号**，把机车信号作为行车凭证。

CRH$_2$ 型动车组司机室操纵台

机车信号与自动停车装置配套安装，可防止列车冒进信号。**自动停车装置**当地面信号显示停车信号或限速信号时，可产生报警；若司机不予理会（按压警惕按钮），它便实施紧急制动，强迫列车停车。但如果司机只是按压警惕按钮而未实施人工制动，列车仍可能冒进信号。随着技术进步，人们研制出了更加安全的列车超速防护系统。

列车超速防护系统由地面设备、车载设备和车地之间信息传输媒体 3 部分组成。列车运行中，地面设备不断地将速度控制信息、运行地段的实时参数等信息通过传输媒体传送给车载设备。车载设备根据接收到的信息，实时计算出列车运行的最大允许速度，用来监控列车运行。若列车运行速度超过最大允许速度，车载设备自动实施不同等级的制动，迫使列车减速或停车，保证行车安全。

列车运行控制系统（简称**列控系统**）就是以列车超速防护为主要功能的一种信号控制系统。它根据列车在铁路线路上运行的客观条件和实际情况，对列车运行方向、运行间隔和运行速度进行全方位监控和调整，并具有报警、制动及运行记录的功能。

列控系统用速度信号取代了存在模糊含义的色灯信号（例如要求减速的黄灯信号对于到底减多少并不明确），显示了列车应有的安全速度值，它以车载信号作为行车凭证，并以车载信号设备直接控制列车。列控系统的出现，使铁路信号出现了一个重大转折，即由对地面设备的控制转向对移动列车的直接控制，并具备了智能化的特点。

2 中国列车运行控制系统

中国列车运行控制系统，英文缩写为CTCS。它分为5个应用等级。

——CTCS-0级为提速前既有线的现状，由通用机车信号和运行监控记录装置组成，并不具有严格意义上的列车运行控制功能。

——CTCS-1级由主体化机车信号和安全型运行监控记录装置组成，面向列车最高运行时速为160公里的区段。

——CTCS-2级满足时速200公里高速列车运行的安全要求，是基于轨道电路和点式应答器传输控车信息的列控系统。

——CTCS-3级面向客运专线等时速300公里以上的高速铁路，是基于GSM-R无线传输控车信息并采用轨道电路等方式检查列车占用的列控系统，地面可不设通过信号机，机车司机凭车载信号行车。

——CTCS-4级是完全基于无线传输控车信息的的列控系统，地面可不设通过信号机，机车司机凭车载信号行车，并且取消轨道电路。

以CTCS-2级列控系统为例，该系统包括地面设备和车载设备两部分。

——地面设备包括信号楼内的车站联锁设备、车站列控中心、地面电子单元（LEU）和室外的轨道电路、应答器等轨旁设备。

——车载设备包括车载安全计算机（VC）、轨道电路信息接收模块（STM）、应答器信息接收模块（BTM）、人机界面（DMI）、速度传感器、列车接口单元（TIU）、运行记录单元（DRU）、轨道电路信息接收天线、应答器信息接收天线等。

轨道电路、应答器用于地对车的信息传输。轨道电路传输的为**连续信息**，包括行车许可、空闲闭塞分区数量、道岔限速等；应答器提供的为**点式信息**，包括线路长度、线路坡度、线路临时限速值、进路信息等。更高级的CTCS系统还可由无线移动通信系统GSM-R提供无线传输通道，实现车载子系统与地面子系统之间的安全信息双向传输。

应答器向机车传输的信息都以固定的格式——报文来传送。**无源应答器**主要传送地面固定信息（例如线路长度、坡度等），其报文通过无线读写器写入；**有源应答器**通过电缆与地面电子单元（LEU）连接，负责向列车传送实时可变的信息（例如临时限速、车站进路等），其报文由列控中心、车站联锁等设备通过LEU发给它。

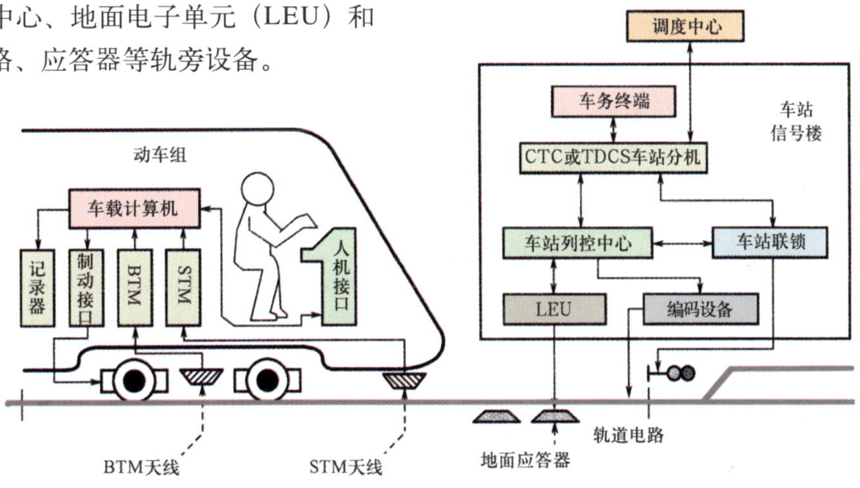

CTCS-2系统构成示意图

当列车通过无源应答器上方时，应答器接收到车载天线发射的电磁能量后，电子电路工作，把存储的数据报文循环发送出去，直到列车离去、能量消失。

车载天线将天线接收到的数据报文传送给应答器传输模块，经过滤波、放大、解调后，对接收到的数据报文进行解码，变成用户报文，然后发送到列控车载主机内的安全计算机进行处理。安全计算机将它从各接收模块获取的轨道电路信息（表示列车应在前方第几个闭塞分区停车）、列车制动力、线路坡度、列车当前运行速度等参数，生成**目标距离模式曲线**，包括从最高速至应该停车处的一条连贯光滑的列车速度监控曲线，以及用虚线表示的列车实际驾驶曲线。列车减速运行在监控曲线下即可，若超速碰撞了监控曲线，列控车载设备将自动触发常用制动或紧急制动，防止列车超速运行。

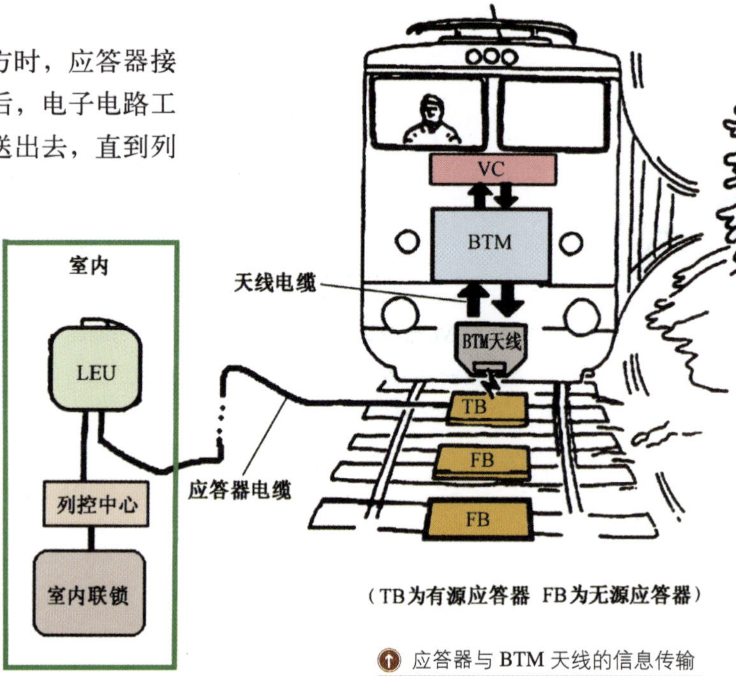

应答器与BTM天线的信息传输

设置在轨道中间的应答器

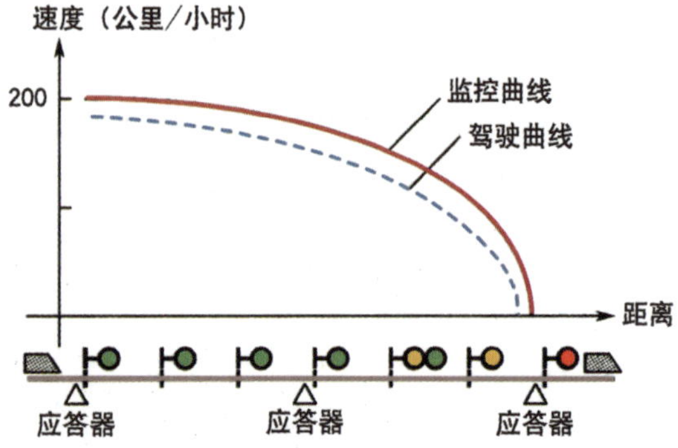

目标距离模式曲线

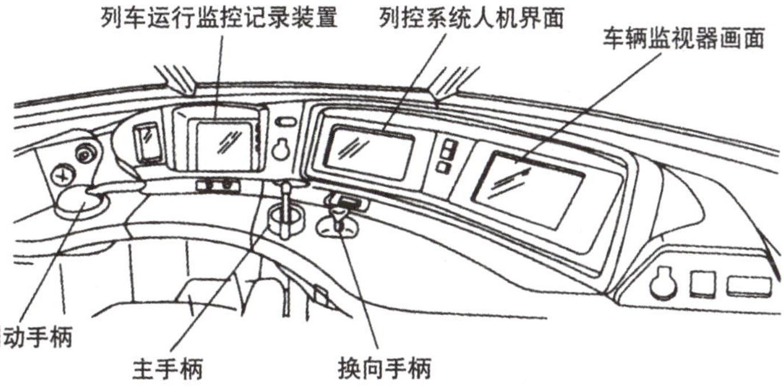

➔ CRH_2 型动车组司机室操纵台示意图

列控系统的人机界面（DMI）可用图像、声音的形式输出速度信息及各种显示信息，也可以输入各种司机的指令。

传统的铁路信号是调度、联锁、闭塞、信号等设备各自分头发展，而现代化的铁路信号系统由列车调度控制系统（例如 TDCS 和 CTC）及列车运行控制系统（例如 CTCS）两大部分组成，既管地也管车，是一种综合自动化系统，它集电子技术、计算机技术、通信技术、自动控制技术之大成，体现了系统化、网络化、信息化、智能化、通信信号一体化的特点。现代铁路信号正在发生革命性的大变革。

附录：专业术语中外文对照

A	ANSI	American National Standards Institute	美国国家标准化协会
	ASCI	Advanced Speech Call Items	先进语音呼叫业务
	ATM	Asynchronous Transfer Mode	异步传输模式
	AuC	Authentication Center	鉴权中心
B	B-ISDN	Broad Band Integrated Services Digital Network	宽带综合业务数字网
	BSC	Base Station Controller	基站控制器
	BSS	Base Station System	基站子系统
	BTS	Base Transceiver Station	基站收发信机
C	CCITT	Consultative Committee of International Telegraph and Telephone	国际电报电话咨询委员会
	CIPS	Computer Integrated Process System	编组站综合集成自动化系统
	CIR	Cab Integrated Radio	机车综合无线通信设备
	CTC	Centralized Traffic Control	铁路调度集中
	CTCS	Chinese Train Control System	中国列车控制系统
D	DCE	Data Communication Equipment	数据通信设备
	DDN	Digital Data Network	数字数据网
	DNS	Domain Name Server	域名服务器
	DTE	Date Terminal Equipment	数据终端设备
	DTMF	Dual Tone Multi Frequency	双音多频
	DWDM	Dense Wavelength Division Multiplexing	密集波分复用
E	EIR	Equipment Identification Register	设备识别寄存器
	eMLLP	Enhanced Multilevel Precedence and Preemption	增强型多优先级和预先占用
F	FA	Functionnal Addressing	功能寻址
	FAS	Fixed Access Switching	固定用户接入交换机
	FDM	Frequency Division Multiplexing	频分多路复用
	FR	Frame Relay	帧中继
G	GCR	Group Call Register	组呼寄存器
	GGSN	Gateway GPRS Support Node	关口GPRS支持节点
	GMSC	Gateway Mobile Switching Center	关口移动交换中心
	GPH	General Purpose Handset	通用手持台
	GPRS	General Packet Radio Service	通用分组无线业务
	GPS	Global Positioning System	全球定位系统
	GSM	Global System for Mobile communication	全球移动通信系统
	GSM-R	GSM for Railway	铁路综合调度移动通信系统
	GTP	GPRS Tunneling Protocol	GPRS隧道协议
H	HLR	Home Location Register	归属位置寄存器
	HTTP	Hyper Text Transfer Protocol	超文本传输协议
I	IMSI	International Mobile Subscriber Identification Number	国际移动用户识别码
	IN	Intelligent Network	智能网
	IP	Internet Protocol	因特网（国际互联网）协议
	ISDN	Integrated Service Digital Network	综合业务数字网
	ISO	International Standardization Organization	国际标准化组织
	ITU	International Telecommunications Union	国际电信联盟
L	LAN	Local Area Network	局域网
	LDA	Location Dependent Addressing	基于位置的寻址
	LLC	Logical Link Control	逻辑链路控制
	LMSI	Local Mobile Station Identity	移动用户的位置识别号

M	MAN	Metropolitan Area Network	城域网
	MCU	Multipoint Control Unit	多点控制设备
M	MO-PP	Mobile Origination	移动台发起（短消息）
	MPLS	Multiple Protocol Label Switch	多协议标记交换
	MSC	Mobile Switching Center	移动交换中心
	MSISDN	Mobile Station international ISDN number	移动台国际ISDN号码
	MSRN	Mobile Station Roaming Number	移动用户的漫游号
	MT	Mobile Terminal	移动终端
	MT-PP	Mobile Termination	移动台接收（短消息）
N	NNI	Network Network Interface	网络—网络接口
	NSS	Network and Switching Subsystem	网络交换子系统
	N-ISDN	Narrow Band Integrated Services Digital Network	窄带综合业务数字网
O	OMC	Operation and Maintenance Center	运行维护中心
	OPH	Operation Purpose Handset	作业手持台
	OPS	Operational Purpose for Shunting handset	调车手持台
	OSS	Operation maintenance SubSystem	运行和维护子系统
P	PCM	Pulse Code Modulation	脉冲编码调制
	PCU	Packet Control Unit	分组控制单元
	PDH	Plesiochronous Digital Hierarchy	准同步数字系列
	PDP	Packet Date Protocol	分组数据协议
	PSDN	Packet Switching Data Network	分组数据交换网络
	PSTN	Public Switching Telephone Network	公共交换电话网
Q	QoS	Quality of Service	业务（服务）质量
R	RLC	Radio Link Control	无线链路控制
S	SDH	Synchronous Digital Hierarchy	同步数字系列
	SGSN	Serving GPRS Support Node	服务GPRS支持节点
	SMS	Service Management System	业务管理系统
	SMS	Short Message Service	短消息服务
	SN	Service Node	业务点
	SP	Signaling Point	信令点
	SPNP	Support of Private Numbering Plan	专用拨叫方案
	SSP	Service Switching Point	业务交换节点
T	TAX		机车安全信息综合监测装置
	TCP	Trasmission Control Protocol	传输控制协议
	TDCS	Train operation Dispatchiing Command System	铁路列车调度指挥系统
	TDM	Time Division Multiplexing	时分复用
	TE	Terminal Equipment	终端设备
	TMIS	Transportation Management Information System	铁路运输管理信息系统
	TMSI	Temporary Mobile Subscriber Identity	移动用户的临时身份识别号
	TRAU	Transcoder Rate Adapter Unit	编译码速率适配单元
U	UIC	法文：Union Internationale des Chemins de Fer	国际铁路联盟
	UNI	User Network Interface	用户网络接口
V	VBS	Voice Broadcast Service	语音广播呼叫业务
	VGCS	Voice Group Call Service	语音组呼叫业务
	VLR	Visitor Location Register	访问位置寄存器
	VSAT	Very Small Aperture Terminal	甚小口径卫星终端站
W	WAN	Wide Area Network	广域网

后 记

通信信号是伴着铁路的诞生而诞生、随着铁路的发展而发展的一种电子信息应用技术。如今铁路经过多次提速，列车速度每小时350公里已屡见不鲜，铁路越来越成为社会关注的亮点；通信信号更是不断发展，日新月异，新技术层出不穷，令人目不暇接、眼花缭乱。我们这些曾经为中国铁路通信信号艰苦奋斗半个世纪的老科技人员为此感到由衷的高兴。因此在三年前，中国铁道出版社向我们约稿，我们欣然接受了——“发挥余热”的理念存在，同时也是职业本能和兴趣使然。

为了写好这本科普书，出版社领导专门邀请了科普作家协会的陈芳烈先生为我们上课，讲解“立足于科、着眼于普、晓之以理、动之以情”的写作要点。我们理解，这应该是一本“有科学、有技术、有文学、有艺术、有历史、有故事”的趣味性大众读物；但这对我们这些只编写过“科技论文”、“技术规范”、“通信信号史”的人来说，不能不说是一个挑战。第二个挑战就是我们作者二人都已年逾古稀、退休多年，而通信信号、计算机技术发展迅速，使我们不得不“现学现卖”。第三个挑战就是用电脑“打”书、而不是用笔写字了，汉字输入不说、插图列表也都不得不“赶鸭子上架”地寻找、绘制。

有了这三个挑战，我们佩服出版社向我们约稿的胆量。当然，我们也就兢兢业业“整日打书自奋蹄”。现在书就要出版了，兴奋之余，我们仍感到有些不安和遗憾。如此大跨度的历史变迁、大范围的技术更新换代、大量的中外专业术语以至名目繁多的概念，要在这不足20万字的书内表达，我们看得准吗？说得明白吗？体会得到位吗？举例恰当吗？心中实在忐忑不安。由于我们编写经验不足，本书中顾此失彼在所难免，期盼读者对书中不当之处给于批评指正。

本书作者，陆嘉森是在中国铁路通信信号集团公司（包括前30年在研究设计院）工作了40余年的教授级高级工程师、“官”至副总工程师；谢肇桐是在中国铁道科学研究院工作40余年的研究员、“官”至通信信号研究所所长，至今仍担任《铁道通信信号》杂志主审。俩人都享受了国务院的政府津贴。我们哥儿俩的缘分很好，1952年在第一次全国统一高考、统一院系调整、统一分配的浪潮中，萍水相逢，共同考取了同一所大学——北京铁道学院（今北京交通大学)，同一个系（当时的电信系)，被分配到不同的班（一个通信、一个信号)。如今机缘巧合，共同写书，又勾起了我们半个多世纪的美好回忆！这本书，也算是为我国铁路通信信号60年来的发展，留下一点儿历史见证吧。

本书就要与读者见面了，我们感谢出版社给予了方方面面的帮助，其中最辛苦的要数责任编辑吴大公了，他在使这本书更加“科普化”方面下了很大的功夫，包括改写文字和编配插图。在本书的形成过程中，我们还得到了中国铁道学会自动化委员会、中国铁道科学研究院通信信号研究所的支持，得到了铁道部运输局基础部通信处马芳处长、中国铁通公司原副总经理周孝先先生、中国铁道科学研究院通信信号研究所钱度铭副研究员、北京全路通信信号研究设计院通信所张毅刚所长和沈鸿斌高级工程师等人的热心关怀，他们提供的文献资料、图片等对我们很有帮助，在此表示深切的谢意！

编著者　谨识

鸣 谢

本书在编辑过程中，参用了中国铁道出版社、《铁道知识》杂志社的大量相关资料；我们还得到铁道部运输局基础部、中国铁路通信信号集团公司、北京全路通信信号研究设计院、中国铁道科学研究院、中国铁通集团有限公司和北京交通大学运输陈列馆等单位提供的支持，内蒙沁园联合体监理站高级工程师常会森、北京现代通信信号工程咨询公司高级工程师郜丙熙以及《铁道知识》杂志社的罗春晓等同志给予了热心的帮助；中国科技会堂的沈萌协助对书中一些黑白线条图进行了重新彩绘，使之更加生动直观，在此，一并致以诚挚的感谢！

图片的摄影作者有（按书中出现的先后顺序）：

罗春晓　代世模　吴大公　孟令旸　黄荣国　张关春

王永杰　傅樟绩　谢　影　张长利　孔庆宽　翟有丰

曹　宁　唐振江　王明柱　陈孚平　杨晓晨　原瑞伦

高凤城　梁乐庚　许　国　郑　昶　王　嵬等

由于一些图片年代久远，加上作者及其工作单位的变迁，虽经多方寻找，仍有一些图片的作者不详，未能署名，成为了“无名英雄”，对此请予谅解，并请知情者或本人来电来信告知，我们在核实后将及时付给作者稿酬，并向他们表示崇高的敬意！

愿我们大家共同努力，把铁路科普工作做得更好！

编　者

2009 年 6 月 5 日